Houghton
Mifflin
Harcourt

SENDEROS

ESTÁNDARES COMUNES

Autoras del programa
Alma Flor Ada
F. Isabel Campoy

Houghton
Mifflin
Harcourt

SENDEROS

ESTÁNDARES COMUNES

Mi primer libro de convivencia en la naturaleza
por Salatiel Barragán

Libro para leer

Unidad 3

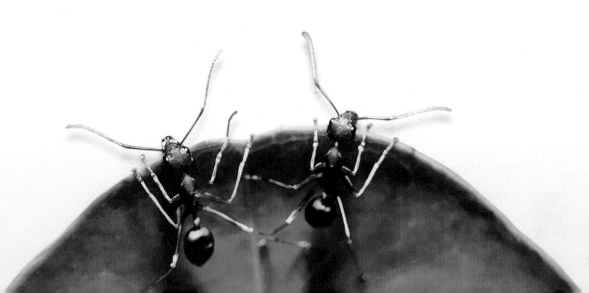

Unidad 4

Don Quijote
por Miguel de Cervantes Saavedra

Unidad 5

¡Hola, lector!

Estás por empezar un viaje de lectura que te llevará desde el mundo submarino de un cuento popular japonés hasta las zonas inexploradas estadounidenses de Sacagawea, en 1804. En el camino, aprenderás cosas asombrosas a medida que te transformas en mejor lector.

Tu viaje de lectura empieza con un cuento sobre un perro extraordinario llamado Winn-Dixie.

Tienes por delante muchas otras aventuras de lectura. ¡Solo da vuelta a la página!

Atentamente,

Las autoras

unidad 1

Vocabulario en contexto

VOCABULARIO CLAVE

consolar
mencionar
provocar
como debe ser
pensar
haber
seguro
avanzado
característico
talento

Librito de vocabulario

Tarjetas de contexto

L.4.6 acquire and use general academic and domain-specific words and phrases

1 **consolar**

A menudo, los amigos se consuelan cuando atraviesan momentos difíciles.

2 **mencionar**

No menciones los errores de una amiga a otros. Guárdatelos para ti.

3 **provocar**

El niño estaba disgustado y no le provocaba beber nada. Dejó toda su bebida.

4 **como debe ser**

Dos nuevos amigos se presentan como debe ser: con un apretón de manos.

Aprende en línea

▶ Estudia cada Tarjeta de contexto.

▶ Usa dos palabras del Vocabulario para contar una experiencia que hayas tenido.

5 pensar

Para enviarle un saludo por correo electrónico a un amigo, esta niña piensa en lo que va a escribir.

6 haber

Para disfrutar mejor de este excelente día y respirar aire fresco, había que pasear en bicicleta.

7 seguro

Estos amigos están muy seguros de que se están divirtiendo mucho en el parque de atracciones.

8 avanzado

Con su nivel avanzado de ajedrez, este hombre puede enseñarle a jugar a su joven amigo.

9 característico

Es característico de los jóvenes tomarse fotos divertidas, como lo hacen estas dos niñas.

10 talento

Estos amigos comparten su talento para la música. Esta cualidad les da muchos momentos de diversión.

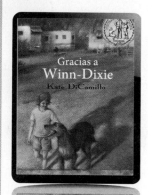

Leer y comprender

Aprende en línea

☑ DESTREZA CLAVE

Estructura del cuento Mientras lees *Gracias a Winn-Dixie,* pregúntate cuáles son las partes más importantes del cuento. Los sucesos del cuento forman la **trama.** Busca detalles que te ayuden a imaginarte el **entorno,** o dónde y cuándo transcurre el cuento. Presta atención a los **personajes** nuevos a medida que se presentan. Usa un organizador gráfico como el siguiente como ayuda.

Personajes	Entorno
Trama	

☑ ESTRATEGIA CLAVE

Resumir Cuando **resumes** un cuento, describes brevemente a los personajes y los sucesos principales. Resumir te puede ayudar a entender y recordar un cuento. Mientras lees *Gracias a Winn-Dixie,* haz una pausa al final de cada página para resumir lo que acabas de leer y asegurarte de que lo entiendes.

ESTÁNDARES COMUNES **RL.4.1** refer to details and examples when explaining what the text says explicitly and when drawing inferences; **RL.4.3** describe a character, setting, or event, drawing on details; **RL.4.2** determine theme from details/summarize

UN VISTAZO AL TEMA PRINCIPAL

Ayudar a los demás

Hacer favores, ayudar con las tareas y ofrecerse a participar de proyectos comunitarios son todas maneras de ayudar a los demás. A veces, para ayudar a los demás es suficiente hablarles o escucharlos.

Gracias a Winn-Dixie es un cuento sobre cómo una persona nos puede hacer sentir en casa aunque recién hayamos llegado. La manera en que los personajes se relacionan puede mostrar a los lectores el significado de ser amigos.

TEXTO PRINCIPAL

☑ DESTREZA CLAVE

Estructura del cuento

Examina los detalles acerca de los personajes, el entorno y la trama.

☑ GÉNERO

Ficción realista Es un cuento con personajes que parecen reales y sucesos que podrían ocurrir en la vida real. Mientras lees, busca:

▶ un entorno que podría ser un lugar real,

▶ una trama con un comienzo, un desarrollo y un final y

▶ personajes que tengan los mismos sentimientos que las personas.

ESTÁNDARES COMUNES **RL.4.2** determine theme from details/ summarize; **RL.4.3** describe a character, setting, or event, drawing on details; **RL.4.6** compare and contrast the point of view from which stories are narrated; **RL.4.10** read and comprehend literature

CONOCE A LA AUTORA

Kate DiCamillo

Kate DiCamillo creció en Florida, donde tiene lugar este cuento. Escribió *Gracias a Winn-Dixie* durante una época en que, por primera vez en su vida, no tuvo un perro como mascota. DiCamillo cree que observar el mundo atentamente y prestar atención a las cosas es lo más importante para convertirse en un buen escritor.

Aprende en línea

Gracias a *WINN-DIXIE*

POR KATE DiCamillo

Opal es una niña de diez años que acaba de llegar a Naomi, un pueblo de Florida. Como todavía no tiene amigos, se siente muy sola. Su único amigo es un perro muy grande al que ha llamado Winn-Dixie, como el supermercado donde lo encontró.

Pasé mucho tiempo ese verano en la Biblioteca Conmemorativa Herman W. Block. El nombre Biblioteca Conmemorativa Herman W. Block pareciera referirse a un sitio impresionante, pero no lo es. Solo es una vieja casita llena de libros donde hay una encargada, la Sra. Franny Block. Es una anciana muy bajita de pelo gris muy corto y fue la primera amiga que hice en Naomi.

Todo empezó cuando a Winn-Dixie no le gustó que yo entrara en la biblioteca, porque él no podía. Yo le enseñé a asomarse a una de las ventanas, apoyándose en sus patas traseras, para que pudiera verme mientras yo elegía mis libros. Se sentía bien siempre y cuando me pudiera ver. Pero el caso es que la primera vez que la Sra. Franny Block vio a Winn-Dixie parado sobre sus patas traseras mirando por la ventana, no pensó que fuera un perro. Creyó que era un oso.

Esto es lo que sucedió: Yo estaba seleccionando libros mientras canturreaba para mí misma cuando de repente oí un grito agudo y espantoso. Fui corriendo hasta la parte delantera de la biblioteca y allí estaba la Sra. Franny Block, sentada en el suelo, detrás de su mesa.

—¿Sra. Franny? —dije—. ¿Se encuentra bien?

—¡Un oso! —contestó.

—¿Un oso? —pregunté.

—¡Ha vuelto! —dijo ella.

—¿Ha vuelto? —pregunté—. ¿Dónde está?

—Ahí fuera —dijo señalando con el dedo a Winn-Dixie que, apoyado en sus patas traseras, me buscaba desde la ventana.

—Sra. Franny Block —dije—, eso no es un oso. Es un perro. Mi perro, Winn-Dixie.

—¿Estás segura? —preguntó.

—Sí, señora —respondí—, estoy segura. Es mi perro. Lo reconocería en cualquier sitio.

ANALIZAR EL TEXTO

Punto de vista ¿Desde qué punto de vista se cuenta el cuento? ¿Qué palabras indican el punto de vista?

23

La Sra. Franny seguía sentada, temblorosa y desconcertada.

—Venga —dije—. Déjeme ayudarla. No pasa nada.

Le tendí una mano. La Sra. Franny se agarró a ella y la levanté del suelo de un tirón. No pesaba casi nada. Una vez de pie, empezó a comportarse como si se sintiera muy avergonzada, diciendo que yo debía pensar que era una vieja tonta que confundía un perro con un oso, pero que había tenido una mala experiencia hacía mucho tiempo con un oso que había entrado en la Biblioteca Conmemorativa Herman W. Block y que jamás había conseguido superarla del todo.

—¿Cuándo pasó eso? —le pregunté.

—Bien —contestó la Sra. Franny—, es una historia muy larga.

—Bueno, no importa —dije—. Mi mamá y yo nos parecemos en que nos gustan las historias. Pero antes de que empiece a contármela, ¿podría pasar Winn-Dixie y escucharla también? Se siente solo sin mí.

—No sé qué decirte —contestó la Sra. Franny—. No se permite la entrada de perros en la Biblioteca Conmemorativa Herman W. Block.

—Se portará bien —respondí—, es un perro que va a la iglesia.

Y antes de que pudiera decir sí o no, salí, agarré a Winn-Dixie y entré con él. Se dejó caer en el suelo de la biblioteca, con un "juuuummppff" y un suspiro, justo a los pies de la Sra. Franny. Ella lo miró y dijo:

—Verdaderamente es un perro muy grande.

—Sí, señora —contesté— y también tiene un corazón muy grande.

—Bien —respondió la Sra. Franny. Se inclinó y le dio unos golpecitos a Winn-Dixie en la cabeza. Winn-Dixie movió el rabo de un lado a otro y olfateó los pequeños pies de la anciana—. Déjame que vaya a buscar una silla y me siente para poder contarte esta historia como debe ser.

—Hace muchos años, cuando Florida estaba todavía en estado salvaje, lo único que había eran palmeras y mosquitos tan grandes que podían agarrarte y llevarte volando —empezó a contar la Sra. Franny Block—. Yo era una muchachita no mayor que tú, y mi padre, Herman W. Block, me dijo que iba a regalarme lo que le pidiera para mi cumpleaños. Cualquier cosa que yo quisiera.

ANALIZAR EL TEXTO

Escenas retrospectivas ¿Qué detalles del texto te indican que en la selección hay una escena retrospectiva? ¿Por qué la autora incluyó esa escena?

24

La Sra. Franny dio un vistazo a la biblioteca y se inclinó hacia mí.

—No quiero parecer presumida —dijo—, pero mi papá era un hombre muy rico. Muy rico.

Hizo un signo de asentimiento con la cabeza, se echó hacia atrás en la silla y continuó:

—Y yo era una muchachita que adoraba leer. Así que le dije: "Papi, el regalo que más me gustaría para mi cumpleaños es una biblioteca. Una pequeña biblioteca sería maravilloso".

—¿Le pidió usted una biblioteca?

—Una pequeña —dijo la Sra. Franny, haciendo un gesto de asentimiento—. Lo que yo quería era una casa pequeña que no tuviera otra cosa más que libros, pero también quería compartirlos. Y mi deseo se realizó: mi padre me construyó esta casa, la misma en la que estamos ahora sentadas, y muy jovencita me convertí en bibliotecaria. Sí, señorita.

—¿Y qué pasó con el oso? —dije.

—¿Ya mencioné que Florida era una tierra salvaje en esa época? —preguntó la Sra. Franny Block.

—Sí, me lo dijo, sí.

—Era salvaje. Había hombres salvajes, mujeres salvajes y animales salvajes.

—¡Como los osos!

—Sí, señorita, así es. Bueno, tengo que decirte que yo era una niña sabelotodo. Era una verdadera sabionda con mi biblioteca llena de libros. Sí que lo era. Creía que tenía las respuestas para todo. Pues bien, un jueves muy caluroso, estaba sentada en mi biblioteca con todas las puertas y las ventanas abiertas y la nariz metida en un libro, cuando una sombra cruzó mi mesa. Y sin levantar la vista, sí señora, sin ni siquiera mirar hacia arriba, pregunté: "¿Desea que le ayude a buscar algún libro?".

Bien, nadie me respondió. Yo pensé que podría tratarse de un hombre salvaje o de una mujer salvaje, intimidado por todos estos libros e incapaz de hablar. Pero entonces me vino a la nariz un olor muy característico, un olor muy fuerte. Levanté los ojos muy despacio y justo frente a mí había un oso. Sí, señorita, un oso muy grande.

—¿Cuán grande? —pregunté.

—Vamos a ver —dijo la Sra. Franny—. Puede que unas tres veces el tamaño de tu perro.

—¿Y qué ocurrió entonces? —le pregunté.

—Bien —dijo la Sra. Franny—, lo miré y me miró. Levantó su narizota y olfateó y olfateó como si intentara decidir si le provocaba un mordisco de una bibliotecaria jovencita y sabelotodo. Y yo sentada allí pensando: bien, si este oso piensa morderme no se lo voy a permitir sin luchar. No, señorita. Así que lentamente y con mucho cuidado levanté el libro que estaba leyendo.

—¿Qué libro era? —pregunté.

—Pues mira, *La guerra y la paz*, un libro enorme. Lo levanté lentamente, apunté con cuidado y se lo arrojé al oso mientras gritaba: "¡Márchate!". ¿Y sabes lo que pasó entonces?

—No, señora —respondí.

—Pues que se fue. Pero hay una cosa que jamás olvidaré: se llevó el libro con él.

—¡Nooo! —respondí.

—Sí, señorita —respondió la Sra. Franny—. Agarró el libro y salió corriendo.

—¿Volvió? —pregunté.

—No, nunca lo volví a ver. Los hombres del pueblo se burlaban de mí. Solían decir: «Sra. Franny, hoy hemos visto a ese oso suyo en el bosque. Estaba leyendo su libro y dijo que era muy bueno y que si le permitiría tenerlo una semana más». Sí, señorita. Me fastidiaban mucho con eso —suspiró—. Supongo que soy la única que queda de esos días remotos. Supongo que soy la única que se acuerda del oso. Todos mis amigos, todos los que conocí cuando era joven, están muertos.

Suspiró nuevamente. Se veía triste, vieja y arrugada, tal como yo me sentía a veces, en un pueblo nuevo, sin amigos y sin una mamá que me consolara. Yo suspiré también.

Winn-Dixie levantó la cabeza, nos miró, se sentó y le enseñó los dientes a la Sra. Franny.

—Mira, ¿qué te parece? —dijo—. El perro me está sonriendo.

—Es un talento que tiene —contesté.

—Pues es un talento estupendo —dijo la Sra. Franny—, un talento estupendo de verdad.

Y le devolvió la sonrisa a Winn-Dixie.

—Podríamos ser amigas —le dije a la Sra. Franny—. Quiero decir, usted, yo y Winn-Dixie podríamos ser amigos.

La sonrisa de la Sra. Franny se hizo aun más grande y dijo:

—¡Sí, sería estupendo! Estupendo de verdad.

Y exactamente en ese momento, justo cuando los tres habíamos decidido ser amigos, Amanda Wilkinson, la del ceño fruncido, entró en la Biblioteca Conmemorativa Herman W. Block. Se acercó hasta la mesa de la Sra. Franny y dijo:

—He terminado *Johnny Tremain* y me ha gustado muchísimo. Ahora quiero algo todavía más difícil porque soy del nivel de lectura avanzada.

—Sí, querida, ya lo sé —dijo la Sra. Franny y se levantó de la silla. Amanda actuó como si yo no estuviera allí. Pasó por mi lado sin mirarme.

—¿Se permite la entrada de perros en la biblioteca? —preguntó a la Sra. Franny mientras se alejaban.

—A algunos —respondió la Sra. Franny—, a un pequeño grupo selecto.

Al decir esto, se volvió hacia mí y me guiñó un ojo. Yo le devolví una sonrisa. Naomi se había convertido en mi primera amiga y nadie iba a estropeármelo, ni siquiera Amanda Wilkinson, la del ceño fruncido.

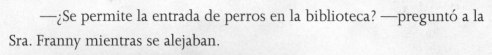

ANALIZAR EL TEXTO

Estructura del cuento ¿Qué sucesos del cuento llevaron a que Naomi se convirtiera en la primera amiga de Opal? ¿De qué manera influyó el entorno en los sucesos?

Ahora analiza

Cómo analizar el texto

Usa estas páginas para aprender acerca de Estructura del cuento, Punto de vista y Escenas retrospectivas. Luego, vuelve a leer *Gracias a Winn-Dixie* para aplicar lo que has aprendido.

Estructura del cuento

Gracias a Winn-Dixie es un cuento de ficción realista sobre una niña que se muda a un pueblo nuevo. Los cuentos de ficción tienen un comienzo, un desarrollo y un final. La **trama** está formada por los sucesos del cuento. Por lo general, estos sucesos se cuentan en el orden en que ocurren. Los **personajes** son las personas del cuento. El **entorno** es el tiempo y el lugar donde se desarrollan los sucesos del cuento.

Puedes usar evidencia del texto, o detalles, de *Gracias a Winn-Dixie* para describir los personajes, los sucesos y el entorno. ¿Quiénes son los personajes más importantes de *Gracias a Winn-Dixie?* Vuelve a leer el comienzo del cuento. ¿Cuál es el primer suceso?

Personajes	Entorno
Trama	

RL.4.1 refer to details and examples when explaining what the text says explicitly and when drawing inferences; **RL.4.3** describe a character, setting, or event, drawing on details; **RL.4.6** compare and contrast the point of view from which stories are narrated

Punto de vista

El **punto de vista** es el ángulo desde el cual se escribe un texto.

- Cuando el narrador es un personaje del cuento, el cuento se narra desde el **punto de vista de la primera persona.** El narrador usa las palabras *yo*, *mí* y *conmigo*.

- Cuando el narrador es un observador externo, el cuento se narra desde el **punto de vista de la tercera persona.** El narrador usa las palabras *él*, *ella*, *ellos* y *ellas* para referirse a los personajes.

Escenas retrospectivas

A veces, los autores escriben sobre un suceso que ocurrió antes del momento en que se desarrolla el cuento principal. Esto se llama **escena retrospectiva.** Piensa en la historia que la Sra. Franny le cuenta a Opal. ¿Qué suceso le cuenta y cuándo ocurrió?

33

Es tu turno

mi **Escritura genial**

REPASAR LA PREGUNTA ESENCIAL

Turnarse y comentar

Repasa la selección con un compañero y prepárate para comentar esta pregunta: *¿Cómo se ayudan los amigos?* Usa evidencia del texto y tu propia experiencia para explicar tus ideas a tu compañero.

Comentar en la clase

Para continuar comentando *Gracias a Winn-Dixie,* explica tus respuestas a estas preguntas:

1. ¿Por qué crees que la autora eligió contar el cuento desde el punto de vista de la primera persona?

2. ¿Por qué la Sra. Franny y Opal se hacen amigas?

3. ¿Cómo sabes que la Sra. Franny y Opal seguirán siendo amigas?

¿CÓMO SE DICE?

Comentar el lenguaje formal y el lenguaje informal La autora Kate DiCamillo usa lenguaje formal para mostrar al lector cómo es la Sra. Franny. Frases como "Sí, señorita" y "¡Sí, sería estupendo!" te ayudan a sentir que la Sra. Franny es anticuada. Haz una lista de otras razones por las que puedes usar lenguaje formal en vez de lenguaje informal. Compara tu lista con la lista de un compañero y hablen sobre sus ejemplos.

Respuesta A veces, el autor escribe un cuento dentro de un cuento. ¿Cuál es la escena retrospectiva de *Gracias a Winn-Dixie*? ¿Piensas que el cuento sería igual de interesante sin la escena retrospectiva? Escribe un párrafo o dos que identifiquen la escena y reflejen tu opinión sobre ella. Usa palabras y frases como *por ejemplo* para conectar tus opiniones con las razones y los detalles del texto.

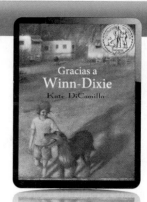

Sugerencia para la escritura

Expresa tu opinión al comienzo de la respuesta. Al final, escribe una oración de conclusión que resuma tu opinión.

Aprende en línea

ESTÁNDARES COMUNES **RL.4.3** describe a character, setting, or event, drawing on details; **W.4.1b** provide reasons supported by facts and details; **W.4.1c** link opinion and reasons using words and phrases; **W.4.9a** apply grade 4 Reading standards to literature; **SL.4.1a** come to discussions prepared/explicitly draw on preparation and other information about the topic; **SL.4.1d** review key ideas expressed and explain own ideas and understanding; **L.4.3c** differentiate contexts that call for formal language and informal discourse

TEXTO INFORMATIVO

Gracias a
BookEnds

☑ GÉNERO

Un **texto informativo**, como este artículo de revista, proporciona datos y ejemplos acerca de un tema.

☑ ENFOQUE EN EL TEXTO

Gráficas Un texto informativo puede incluir una gráfica de barras, un diagrama que emplea barras para comparar medidas o cantidades. Estudia la gráfica de la página 38. Observa el título y los detalles. Explica la información de la gráfica.

RI.4.7 interpret information presented visually, orally, or quantitatively

Gracias a
BookEnds
por John Korba

P iensa en lo que estás haciendo en este momento. Estás aprendiendo algo nuevo. ¿Cómo lo haces? Leyendo un libro.

Aprendes todo tipo de cosas de los libros: cosas divertidas, o importantes, o incluso extraordinarias. Los libros pueden hacerte sonreír y pueden consolarte cuando estás triste.

¿Qué sucedería si no tuvieras este libro ni ningún otro? Una vez, un niño de ocho años de edad llamado Brandon pensó en eso y tuvo una excelente idea.

La gran idea de un niño pequeño

Un día de 1998, Brandon Keefe volvió de la escuela a su casa con un resfriado. Su madre, Robin, debía asistir a una reunión, así que lo llevó con ella. La reunión se realizaba en un lugar llamado Hollygrove, en Los Ángeles, California. Hollygrove es una organización comunitaria que ayuda a los niños y a sus familias.

No todas las bibliotecas para niños están tan bien provistas como esta. Es en ese momento cuando BookEnds entra en acción.

Durante la reunión, Brandon jugaba en un rincón. Los adultos se veían muy serios. Querían comprar libros y donarlos al centro para niños, pero no tenían mucho dinero. Brandon se quedó pensando en aquello. Estaba seguro de que podría ayudar, pues tenía gran talento para resolver problemas.

Al día siguiente, Brandon estuvo de regreso en la escuela. Su maestra habló a la clase sobre la necesidad de ayudar a la comunidad y pidió ideas. Brandon le contó a la clase sobre el centro para niños y su necesidad de libros. Después habló sobre su idea de realizar una colecta gigantesca de libros.

La clase de Brandon organizó la colecta de libros. Pronto llovieron donaciones de todas partes de libros nuevos y usados. Los equipos de voluntarios, que consistían en estudiantes, maestros y personal administrativo de la escuela, recogían y clasificaban los libros. A todo esto, Brandon no le había mencionado este proyecto a su madre.

Un día Robin fue a la escuela para recoger a Brandon, que estaba esperándola con una gran sorpresa: ¡847 libros para la biblioteca nueva!

"Fue uno de los mejores días de mi vida", dijo Robin.

Nace BookEnds

Robin sabía que había muchos lugares que necesitaban libros para niños. Vio que la idea de Brandon también los podría ayudar, así que fundó una organización llamada BookEnds.

BookEnds ayuda a los niños de las escuelas a realizar colectas de libros y luego los lleva a los niños que los necesitan. Desde 1998, los voluntarios de BookEnds han donado más de un millón de libros a más de trescientos mil niños.

Brandon es un adulto ahora. Sigue participando en BookEnds y piensa seguir haciéndolo.

¡Tú también puedes hacerlo!

¿Tú y tus compañeros de escuela tienen muchos libros que ya no volverán a leer? Entonces, quizá tu escuela quiera realizar una colecta de libros.

Paso 1: Busca un lugar que necesite libros.

Paso 2: Recoge libros que todavía estén en buenas condiciones.

Paso 3: Clasifica los libros según el nivel de lectura (los niños no deberían recibir libros que sean demasiado fáciles o demasiado avanzados).

Paso 4: ¡Entrega tus libros y verás cómo aparecen las sonrisas!

Un ejemplo de la campaña de recolección de libros de BookEnds, 2005–2007

Escuela	Número de libros donados
Bay Laurel	5,500
Beverly Vista	4,000
El Marino	2,200
Hawthorne	3,600
Palisades	1,700
Warner	3,600

Fuente: Página web de BookEnds

Comparar el texto

DE TEXTO A TEXTO

Comparar acciones ¿Cómo ayudan a los demás los personajes de *Gracias a Winn-Dixie* y los estudiantes de *Gracias a BookEnds*? Busca un ejemplo en cada selección de alguien que ayuda a otra persona. Trabaja en grupo para hacer una lista. Agrega a la lista otras ideas para ayudar a otros.

EL TEXTO Y TÚ

Escribir una narración Piensa en cuando hiciste un nuevo amigo. Escribe acerca de esa experiencia y explica por qué fue importante para ti. Asegúrate de describir con detalles el lugar y el momento para que los lectores puedan visualizar el relato. Comparte el relato con un grupo.

EL TEXTO Y EL MUNDO

Escribir una propuesta Piensa en un lugar de tu comunidad que recibiría con gusto una donación de libros. Escribe un plan de cómo podrían tú y tus compañeros de clase organizar una colecta de libros. Luego comenta la idea a tu clase.

Aprende en línea

ESTÁNDARES COMUNES **RL.4.3** describe a character, setting, or event, drawing on details; **W.4.3b** use dialogue and description to develop experiences and events or show characters' responses; **W.4.10** write routinely over extended time frames and shorter time frames

L.4.1f produce complete sentences, recognizing and correcting fragments and run-ons; **W.4.3d** use concrete words and phrases and sensory details; **L.4.3a** choose words and phrases to convey ideas precisely

Gramática

¿Qué es una oración? Una **oración** es un grupo de palabras que expresa un pensamiento completo. Las oraciones se componen de sujeto y predicado. El **núcleo del sujeto** es la palabra principal que nombra a la persona o cosa de la que se habla. El **núcleo del predicado** es la palabra que dice qué es o qué hace el sujeto. Una oración simple tiene un sujeto y un predicado.

Oraciones completas

núcleo del sujeto   núcleo del predicado
Una mujer pequeña ocupa el escritorio.

núcleo del sujeto   núcleo del predicado
Muchos niños visitan la biblioteca.

Un **sujeto completo** contiene todas las palabras que indican quién o qué realiza la acción de la oración. Un **predicado completo** incluye todas las palabras que indican qué es o qué hace el sujeto de la oración.

Inténtalo **Con un compañero, identifica el núcleo del sujeto de cada oración. Luego, identifica el núcleo del predicado de cada una.**

1 Varios estudiantes retiraron libros de la biblioteca.

2 El nuevo libro sobre perros es muy buscado.

3 La amable bibliotecaria está al lado de la puerta.

Puedes crear oraciones interesantes si añades palabras descriptivas al núcleo del sujeto. El núcleo del sujeto y las palabras que lo describen forman el sujeto completo.

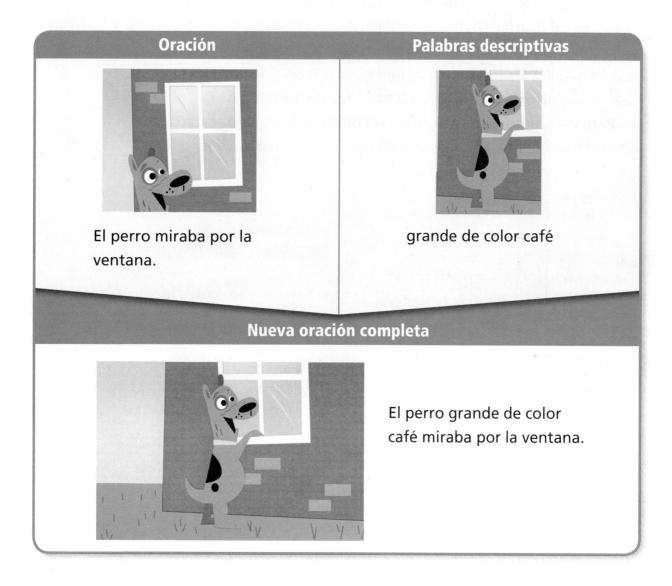

Oración	Palabras descriptivas
El perro miraba por la ventana.	grande de color café

Nueva oración completa

El perro grande de color café miraba por la ventana.

 ## Relacionar la gramática con la escritura

Mientras revisas tu párrafo descriptivo, asegúrate de que cada oración tenga sujeto y predicado. Agrega palabras descriptivas al núcleo de los sujetos para convertirlos en sujetos completos.

ESTÁNDARES COMUNES **W.4.3d** use concrete words and phrases and sensory details; **W.4.10** write routinely over extended time frames and shorter time frames; **L.4.3a** choose words and phrases to convey ideas precisely

Escritura narrativa

✅ **Ideas**   Un buen **párrafo descriptivo** tiene detalles claros y coloridos para describir lugares reales o imaginarios. Por ejemplo, la autora de *Gracias a Winn-Dixie* describe la biblioteca como "una vieja casita llena de libros". Busca en tu párrafo dónde podrías añadir detalles vivaces para mantener interesado al lector. Usa la Lista de control de la escritura mientras revisas tu trabajo.

    Para un cuento, Vanessa escribió el borrador de una descripción de un apartamento. Después añadió más detalles para ayudar a que los lectores se lo imaginen.

Lista de control de la escritura

✅ **Ideas**

  ¿Incluí detalles vivaces?

✅ **Organización** ¿Puse mis detalles en un orden lógico?

✅ **Elección de palabras** ¿Usé palabras y frases relacionadas con los sentidos?

✅ **Voz** ¿Di a mi descripción una atmósfera o un sentimiento especial?

✅ **Fluidez de las oraciones** ¿Escribí oraciones fluidas y completas?

✅ **Convenciones** ¿Usé las reglas de ortografía, gramática y puntuación correctamente?

Borrador revisado

El apartamento de la Sra. Henry era

muy pequeño y alegre. Siempre que uno
              a panqueques
entraba en él, olía ~~bien~~. En las paredes,

había dos ventanas soleadas y fotos
, como la de un chihuahua en una sillita para muñecas
chistosas. El sofá de la señora Henry tenía
     peluda de color azul
una funda que ella misma había hecho en

croché y, junto al sofá, había una mesa
conchas, pajaritos de porcelana y fotos de la familia
llena de ~~cosas interesantes~~.

42

La casa de la Sra. Henry

por Vanessa Brune

El apartamento de la Sra. Henry era muy pequeño y alegre. Siempre que uno entraba en él, olía a panqueques. En las paredes, había dos ventanas soleadas y fotos chistosas, como la de un chihuahua en una sillita para muñecas. El sofá de la Sra. Henry tenía una funda peluda de color azul que ella misma había hecho en croché y, junto al sofá, había una mesa llena de conchas, pajaritos de porcelana y fotos de la familia. Lo mejor era la pecera con pececitos de colores y guppis de rayas azules y rojas. En la arena del fondo de la pecera, un buzo exploraba buscando tesoros. El tubo de aire del buzo burbujeaba silencioso mientras los peces nadaban en círculos suaves o con movimientos rápidos. El apartamento de la Sra. Henry era un lugar fascinante para visitar.

Leer como escritor

¿Qué hace que sean vivaces los detalles de Vanessa? ¿Dónde puedes añadir detalles claros y coloridos en tu descripción?

En mi trabajo final, añadí algunos detalles vivaces. Además, me aseguré de haber escrito oraciones completas.

43

Lección 2

Vocabulario en contexto

✓ **VOCABULARIO CLAVE**

injusticia
numeroso
segregación
alimentar
capturar
sueño
enfrentamiento
preferir
recordar
ejemplo

Librito de vocabulario

Tarjetas de contexto

L.4.6 acquire and use general academic and domain-specific words and phrases

---

1 injusticia

Algunas personas pasan su vida luchando contra la injusticia, o desigualdad.

2 numeroso

Muchos grupos de personas firman una petición. Sus numerosas voces pueden modificar las leyes.

3 segregación

En el pasado, las leyes sobre la segregación separaban a los afroamericanos de los estadounidenses blancos.

4 alimentar

Muchos grupos tenían la esperanza de poner fin al hambre y alimentaban a las personas con comidas saludables.

Aprende en línea

▶ Estudia cada Tarjeta de contexto.

▶ Redacta una nueva oración de contexto usando dos palabras del Vocabulario.

5 capturar

Algunos dirigentes son capturados por motivos políticos, como lo fue Nelson Mandela.

6 sueño

Muchas personas tienen el sueño de que exista un trato justo para todos. Ese es su objetivo.

7 enfrentamiento

Al evitar los enfrentamientos, los adultos inspiran a los niños a trabajar por un cambio pacífico.

8 preferir

Algunos estadounidenses preferían trabajar en grupo a favor del cambio.

9 recordar

Las personas pueden mirar hacia atrás y recordar cuando recibieron un trato injusto.

10 ejemplo

Es fácil admirar a un líder que establece un ejemplo de justicia e igualdad.

Leer y comprender

☑ DESTREZA CLAVE

Propósito de la autora Mientras lees *Mi hermano Martin*, piensa en el **propósito de la autora,** o las razones de la autora para escribir. ¿Quiere informar, entretener o persuadir a los lectores? Para encontrar pistas, observa los detalles del texto. Presta atención a los detalles que elige la autora para apoyar sus puntos de vista. Observa qué tipo de palabras elige para describir a una persona o un suceso. Usa un organizador gráfico como el siguiente para descubrir y explicar el propósito de la autora.

Detalle	Detalle	Detalle

Propósito de la autora

☑ ESTRATEGIA CLAVE

Verificar/Aclarar Mientras lees *Mi hermano Martin*, **verifica**, o examina, lo que entiendes de las palabras individuales y de las ideas. Si algo no tiene sentido, detente para **aclararlo**. Si vuelves a leer la oración o el párrafo confuso y usas claves de contexto, puedes aclarar el texto.

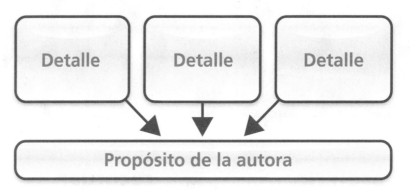

ESTÁNDARES COMUNES

RI.4.8 explain how an author uses reasons and evidence to support points; **Rf.4.4c** use context to confirm or self-correct word recognition and understanding

46

Derechos civiles

Los derechos civiles son los derechos que tienen todas las personas como ciudadanos de Estados Unidos. Hasta la década de 1960, muchos afroamericanos no tenían los mismos derechos que los demás estadounidenses.

Uno de los líderes más poderosos de la lucha por los derechos civiles fue el doctor Martin Luther King, hijo, que lideró protestas pacíficas. Gracias a esas protestas, con el tiempo se lograron cambios en las leyes sobre los derechos de todos los habitantes de Estados Unidos. En *Mi hermano Martin,* su hermana cuenta las experiencias de la infancia que inspiraron a su hermano a dedicar su vida a la lucha por los derechos civiles.

TEXTO PRINCIPAL

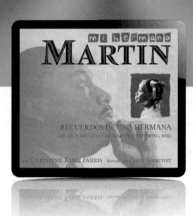

☑ **DESTREZA CLAVE**

Propósito de la autora Usa detalles del texto para deducir las razones que tuvo la autora para escribirlo.

☑ **GÉNERO**

Una **biografía** relata los sucesos de la vida de una persona, escritos por otra persona. Mientras lees, busca:

▶ información sobre por qué la persona es importante y

▶ opiniones y juicios personales basados en hechos.

ESTÁNDARES COMUNES **RI.4.3** explain events/procedures/ideas/concepts in a text; **RI.4.8** explain how an author uses reasons and evidence to support points; **RI.4.10** read and comprehend informational texts; **L.4.5b** recognize and explain the meaning of idioms, adages, and proverbs

CONOCE A LA AUTORA

CHRISTINE KING FARRIS

Christine King Farris es la hermana de Martin Luther King, hijo. *Mi hermano Martin* es su segundo libro acerca del famoso líder del movimiento por los derechos civiles. El primero fue *Martin Luther King: Su vida y su sueño.* Además de ser escritora, también es profesora universitaria y conferencista.

CONOCE AL ILUSTRADOR

CHRIS SOENTPIET

Nacido en Corea del Sur, Chris Soentpiet fue adoptado por una familia hawaiana a los ocho años de edad. Conoció a algunos miembros de su familia de origen cuando investigaba para su libro *Peacebound Trains (Trenes de paz).* La investigación y la exactitud son muy importantes para Soentpiet. Usa modelos vivos, les confecciona trajes y fotografía los modelos antes de comenzar a pintar.

MARTIN

RECUERDOS DE UNA HERMANA

CRECER JUNTO AL REV. DR. MARTIN LUTHER KING, HIJO.

por **CHRISTINE KING FARRIS**
ilustrado por **CHRIS SOENTPIET**

PREGUNTA ESENCIAL

¿Qué podría llevar a una persona a tratar de cambiar el mundo?

49

Mi hermano Martin y yo nacimos en la misma habitación. Yo fui una bebé nacida antes de tiempo. Mis padres me ubicaron en una gaveta en el armario del dormitorio del piso superior. Unos días después tuve una cuna. Al año y medio de esa fecha, Martin pasó su primera noche en esa cuna heredada, en esa misma habitación.

La casa donde nacimos pertenecía a los padres de mi madre, nuestros abuelos, el reverendo A. D. Williams y su esposa. Nosotros vivimos allí con ellos y nuestra tía abuela Ida, hermana de nuestra abuela.

No mucho tiempo después de Martin —a quien llamábamos M. L. porque nuestro padre tenía el mismo nombre—, nació Alfred Daniel nuestro hermano menor. Lo llamábamos A. D. en honor a nuestro abuelo.

A mí me llamaban Christine y, como tres gotas de agua, crecimos juntos. Nuestros días y habitaciones estuvieron llenos de cuentos, aventuras, muñecas y juegos como Tinkertoy, Monopoly y las damas chinas.

Aunque papá, que era un ministro importante de la iglesia, y nuestra querida mamá, cuya fama musical se extendía a lo largo y ancho del territorio, a menudo tenían que trabajar lejos de casa, nuestra abuela siempre estaba con nosotros para cuidarnos. Recuerdo los días en que, sentados a sus pies, ella y la tía Ida nos contaban fascinantes historias de cuando eran niñas y nos leían sobre los lugares maravillosos del mundo.

Y, por supuesto, mis hermanos y yo contábamos unos con otros. Los tres nos manteníamos unidos como las páginas de un libro nuevo. Y como niños normales que éramos, estábamos casi siempre tramando algo.

Nuestra mejor travesura la hicimos con un chal de piel que pertenecía a nuestra abuela. Parecía que el chal estaba vivo, con sus patitas, su cabecita y sus brillantes ojos de vidrio. Así que, de vez en cuando, en la tenue luz del atardecer, lo atábamos a un palo y, escondidos detrás del matorral que estaba delante de nuestra casa, lo hacíamos moverse frente a los desprevenidos caminantes. ¡Ay! ¡Los gritos de terror se podían escuchar en todo el vecindario!

Después llegó la época en que mamá decidió que todos sus hijos debían aprender a tocar el piano. A mí no me desagradaba tanto, pero M. L. y A. D. preferían estar afuera en vez de tener que quedarse encerrados con nuestro maestro de piano, el señor Mann. Él era capaz de golpearte los nudillos con una regla sólo por tocar las teclas incorrectas. Una mañana, M. L. y A. D. decidieron aflojar las patas del taburete del piano para que no tuviéramos que practicar. No se lo dijimos al señor Mann y, cuando se sentó...
¡*PUM!* Se fue al suelo..

Pero, en general, éramos niños buenos y obedientes, y M. L. aprendió a tocar algunas canciones en el piano. Incluso se animó a cantar con nuestra madre en una o dos ocasiones. Dado su amor por el canto y la música, estoy segura de que se habría convertido en un músico tan bueno como nuestra madre, si su vida no lo hubiera llevado por otro camino.

Y eso fue exactamente lo que pasó.

Mis hermanos y yo crecimos hace mucho tiempo. En esa época, ciertos lugares de nuestro país tenían leyes injustas que declaraban que estaba bien mantener separadas a las personas negras, porque nuestra piel era más oscura y nuestros antepasados habían sido capturados en la lejana África y traídos a América como esclavos.

Atlanta, en Georgia, la ciudad donde crecimos, tenía esas leyes. Debido a esas leyes, mi familia rara vez iba al cine o visitaba el Grant Park y su famoso ciclorama. De hecho, hasta el día de hoy no recuerdo haber visto jamás a mi padre en un tranvía. Debido a esas leyes, y a la deshonra que implicaban, papá prefería mantener a mis hermanos y a mí cerca de casa, donde estuviéramos protegidos.

Vivíamos en un vecindario de Atlanta que hoy en día se llama Sweet Auburn. Fue bautizado así por la avenida Auburn, la calle en que estaba nuestra casa. En nuestro lado de la calle se alzaban viviendas de dos pisos similares a la casa en que vivíamos. Del otro lado, había una compacta fila de casas bajas y una tienda que pertenecía a una familia blanca.

Cuando éramos niños, jugábamos todos juntos a lo largo de la avenida Auburn, incluso los dos niños cuyos padres eran los propietarios de la tienda.

Y como nuestra casa era el lugar de reunión preferido, esos niños jugaban con nosotros en nuestro patio trasero y corrían con M. L. y A. D. hasta la estación de bomberos que estaba en la esquina, donde observaban las bombas hidráulicas y los bomberos.

La idea de no jugar con esos niños porque eran diferentes, porque ellos eran blancos y nosotros éramos negros, jamás se nos ocurrió.

Sin embargo, un día M. L. y A. D. fueron a buscar a sus amigos del otro lado de la calle, como lo habían hecho cientos de veces. Pero volvieron a casa solos. Los niños les habían dicho a mis hermanos que ya no podían seguir jugando juntos porque A. D. y M. L. eran negros.

Y eso fue todo. Poco tiempo después, la familia vendió la tienda y se mudó de vecindario. Nunca volvimos a verlos ni a saber de ellos.

ANALIZAR EL TEXTO

Explicar sucesos históricos ¿Qué sucedió aquí? ¿Por qué los niños blancos no tenían permitido seguir jugando con M. L. y A. D.?

Si pienso en el pasado, me doy cuenta de que fue solo una cuestión de tiempo hasta que se nos presentaron las provocaciones de crueldad e injusticia, de las cuales papá, mamá, abuela y tía Ida nos habían estado protegiendo. Pero, en ese entonces, fue un golpe demoledor que parecía surgido de la nada.

—¿Por qué la gente blanca trata tan mal a la gente de color? —le preguntó después M. L. a mamá. De pie frente a ella, M. L., A. D. y yo hicimos un esfuerzo por entenderla cuando nos explicó los motivos de todo eso.

Sus palabras nos explicaron por qué nuestra familia evitaba tomar tranvías y el cartel de "SOLO BLANCOS" que nos impedía subir al ascensor del ayuntamiento de la ciudad. Sus palabras nos dijeron por qué había parques y museos que las personas negras no podían visitar, por qué algunos restaurantes se negaban a servirnos, por qué los hoteles no nos darían alojamiento y por qué en los cines solo se nos permitiría ver las películas desde la platea alta.

Pero sus palabras también nos dieron esperanza.

Mamá sencillamente respondió: —Porque simplemente no entienden que todos somos iguales, pero, algún día, será mejor.

Y mi hermano M. L. alzó su rostro y, mirando a nuestra madre a los ojos, pronunció palabras que nunca he olvidado.

Dijo: —Mamá, un día voy a cambiar este mundo.

ANALIZAR EL TEXTO

Propósito de la autora ¿Cuál es la perspectiva de la autora con respecto a las personas de color? ¿Qué razones y evidencias ofrece que revelan esta perspectiva?

En los años siguientes, hubo otras situaciones que nos recordaron la existencia del cruel sistema llamado segregación, cuyo propósito era mantener sometidas a las personas negras. Pero fue papá quien nos enseñó, a M. L., a A. D. y a mí, a expresarnos en contra del odio y la intolerancia y a defender lo que es justo.

Papá era el ministro de la iglesia bautista de Ebenezer. Después de perder a nuestros amigos, cuando M. L., A. D. y yo escuchábamos a nuestro padre hablar desde su púlpito, sus palabras tenían un significado nuevo para nosotros.

Y papá llevaba a la práctica lo que predicaba. Siempre se defendía cuando se veía frente al odio y la intolerancia, y todos los días nos relataba sus enfrentamientos durante la cena.

Cuando un vendedor de zapatos les dijo a papá y a M. L. que solo los atendería en la parte trasera de la tienda porque eran negros, papá llevó a M. L. a otro lugar a comprar sus zapatos nuevos.

En otra oportunidad, un oficial de policía detuvo a papá y lo llamó "muchacho". Papá , que no tenía pelos en la lengua, señaló a M. L., sentado junto a él en el carro, y dijo: —Él es un muchacho, pero yo soy un hombre: hasta que no me trate como tal, no lo escucharé.

Estas historias nos alimentaban tanto como la comida que se servía en nuestra mesa.

Los años pasaron y aprendimos muchas lecciones. Hubo numerosos discursos, marchas y premios. Pero mi hermano jamás olvidó el ejemplo de nuestro padre, ni la promesa que le había hecho a nuestra madre el día en el que sus amigos le dieron la espalda.

Y cuando ya era mucho mayor, mi hermano M. L. tuvo un sueño...

... que cambió el mundo.

Ahora analiza

Cómo analizar el texto

Usa estas páginas para aprender acerca de Propósito de la autora, Explicar sucesos históricos y Expresiones idiomáticas. Luego, vuelve a leer *Mi hermano Martin* para aplicar lo que has aprendido.

Propósito de la autora

Mi hermano Martin describe la infancia del doctor Martin Luther King, hijo, en Atlanta. ¿Por qué crees que su hermana, Christine, escribió esta biografía? ¿Cuál fue el **propósito de la autora,** o la razón para escribirla? Para responder esto, ten en cuenta los puntos específicos que incluye la autora y las **razones** y la **evidencia** que se usan para apoyarlos. Reunir estos detalles puede ayudarte a determinar el propósito de la autora.

Vuelve a leer la página 56 para buscar detalles que ayuden a revelar el propósito de la autora. ¿Qué dice la autora sobre las leyes de su ciudad en la época en la que ella y sus hermanos estaban creciendo?

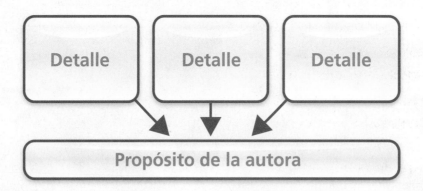

| Detalle | Detalle | Detalle |

Propósito de la autora

RI.4.3 explain events/procedures/ideas/concepts in a text; **RI.4.8** explain how an author uses reasons and evidence to support points; **L.4.5b** recognize and explain the meaning of idioms, adages, and proverbs

Explicar sucesos históricos

Los autores de biografías relatan no solo la vida de las personas sino también los **sucesos históricos** que ocurrieron durante la vida de esa persona. Para comprender los sucesos históricos, piensa en la información del texto que relata lo que sucedió y por qué sucedió. Por ejemplo, en *Mi hermano Martin*, la autora dice que su familia rara vez iba al cine. Esto se debía a las leyes que mantenían separadas a las personas negras.

Expresiones idiomáticas

Una **expresión idiomática** es una frase que significa algo distinto a lo que sugieren las palabras individualmente. Por ejemplo, el señor King podría haberse mordido la lengua cuando lo paró el oficial de policía pero, en vez de eso, habló. La expresión idiomática *morderse la lengua* significa "quedarse callado". Las expresiones idiomáticas sirven para hacer que las ideas sean más convincentes.

Es tu turno

 mi Escritura genial

REPASAR LA PREGUNTA ESENCIAL

Turnarse y comentar

Repasa la selección y prepárate para comentar esta pregunta: *¿Qué podría llevar a una persona a tratar de cambiar el mundo?* Mientras comentas la pregunta, túrnate con tu compañero para identificar los sucesos clave y las evidencias del texto e indica por qué son importantes. Responde las preguntas de tu compañero y viceversa.

 **Comentar en la clase**

Para continuar comentando *Mi hermano Martin*, explica tus repuestas a estas preguntas:

1. ¿Cómo crees que el hecho de tener modelos de conducta sólidos afectó el deseo de M.L. de crear el cambio?

2. ¿De qué manera el doctor Martin Luther King, hijo, es un modelo de conducta para los demás?

3. ¿Crees que los padres de M. L. hicieron bien en proteger a los niños de la segregación? ¿Por qué?

¡LIBRE AL FIN!

Hacer una línea cronológica Trabaja en un grupo pequeño para volver a leer la selección y hacer una lista de los sucesos más importantes de la niñez de M. L. King. Usa la lista para hacer una línea cronológica de los sucesos. Agrega dibujos a la línea cronológica para mostrar qué estaba pasando en los momentos importantes.

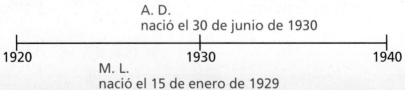

A. D.
nació el 30 de junio de 1930

1920   1930   1940

M. L.
nació el 15 de enero de 1929

Respuesta ¿Qué te enseñó *Mi hermano Martin* sobre la infancia del doctor Martin Luther King, hijo? Escribe un párrafo en el que expliques lo que aprendiste e indiques cuáles son los detalles que te parecieron más interesantes. Usa datos y ejemplos de la selección para explicar tus ideas. Finaliza tu párrafo con una conclusión convincente.

Sugerencia para la escritura

Comienza tu párrafo con una introducción. Asegúrate de que cada oración de tu párrafo tenga un sujeto y un predicado.

ESTÁNDARES COMUNES

RI.4.3 explain events/procedures/ideas/concepts in a text; **W.4.1d** provide a concluding statement or section; **W.4.9b** apply grade 4 Reading standards to informational texts; **SL.4.1c** pose and respond to questions and make comments that contribute to the discussion and link to others' remarks; **SL.4.1d** review key ideas expressed and explain own ideas and understanding

POESÍA

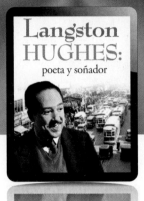

✓ GÉNERO

En **poesía,** como en estos poemas líricos, se usa el sonido y el ritmo de las palabras para sugerir imágenes y expresar sentimientos.

✓ ENFOQUE EN EL TEXTO

El mensaje del poeta

Los poetas a menudo usan descripciones o imágenes para expresar sentimientos y transmitir un mensaje al lector. Comenta las imágenes que usa Langston Hughes en cada poema. ¿Cuál es su mensaje para el lector en cada poema?

RL.4.2 determine theme from details/summarize; **RL.4.10** read and comprehend literature

Langston HUGHES:
poeta y soñador

Langston Hughes fue un famoso poeta afroamericano cuyas palabras inspiraron e influyeron a las personas de todo el mundo. Al igual que Martin Luther King, hijo, Hughes creía que el sueño, o meta, de una persona podía cambiar el futuro. En los poemas siguientes, Hughes escribe sobre los sueños y por qué son tan importantes.

Langston Hughes, 1902–1967

De niño, Langston Hughes debió mudarse de una ciudad a otra de la región central de Estados Unidos. Sin una vivienda permanente, buscó consuelo en la lectura. Los libros lo alimentaban como la comida. Se convirtió en un lector voraz y en escritor. Publicó sus primeros poemas y cuentos cuando estaba en la escuela secundaria.

De joven, Hughes viajó por el mundo. Escribió acerca de sus enfrentamientos con todo tipo de personas. En nuestro país, debía enfrentarse a las leyes injustas de la segregación que separaban a las personas debido a su raza. Hughes reflexionó profundamente acerca de la injusticia.

Hughes se mudó a Harlem, un vecindario afroamericano ubicado en la ciudad de Nueva York. De todos los lugares de la ciudad, Harlem se convirtió en el lugar que prefería. Allí, los escritores, los artistas y los músicos creaban magníficas obras de arte. La carrera de Hughes como escritor alcanzó su plenitud. Escribió numerosos poemas, cuentos, obras de teatro y artículos. En gran parte de su obra reprodujo la cultura y las experiencias de los afroamericanos para compartirlas con los lectores de todo el mundo.

Langston Hughes es considerado uno de los poetas más importantes del siglo XX. Su obra ha inspirado a muchos futuros escritores.

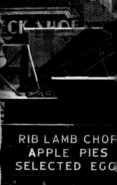

Para ti

Adaptación de este poema de Langston Hughes

Ven a soñar, ven a leer,
ven sobre el mundo a aprender,
no sobre el mundo a ti cercano,
sino otro mundo allá lejano,
más allá del nuestro, lleno de desconsuelo.

Sueña con el alma, sueña sin fronteras,
deja que tus sueños vuelen sin cadenas,
ven conmigo y ayúdame a soñar,
que juntos un mundo podemos crear
¡donde no hayan penas!

Sueños

Adaptación de este poema de Langston Hughes

Aférrate a los sueños,
pues si los sueños mueren,
la vida es un pájaro de alas rotas,
que volar no pueden.

Aférrate a los sueños,
pues si los sueños se marchan,
La vida es un páramo desierto,
helado por la escarcha.

Guardián de sueños

Adaptación de este poema de Langston Hughes

Traigan sus sueños a mí,
soñadores,
traigan todos a mí
sus íntimos sones,
que yo he de cantarles
sobre una nube celeste,
lejos de los dedos crueles
del mundo demasiado agreste.

Escribe un poema sobre tus sueños

¿Tienes un sueño especial? Escribe un poema sobre ese sueño. Intenta recordar los detalles importantes y mostrar tus sentimientos. Tu sueño puede ser grande o pequeño. Podría ser algo que esperas lograr mañana, el mes próximo o dentro de muchos años.

¡Mira adónde te llevan tus sueños!

Comparar el texto

Comparar y contrastar Martin Luther King, hijo, y Langston Hughes hablaron sobre sus sueños. ¿En qué se parecían sus sueños? ¿En qué se diferenciaban? Comenta tus ideas con un compañero.

EL TEXTO Y TÚ

Escribir un párrafo Martin Luther King, hijo, y Langston Hughes soñaban con lograr que el mundo fuera un lugar mejor. Escribe sobre un sueño que tengas para mejorar tu vecindario, tu ciudad o, incluso, el mundo.

EL TEXTO Y EL MUNDO

Comparar formas La prosa es la escritura que consiste en oraciones y está organizada en párrafos. La poesía es la escritura que consiste en líneas. Muchos poemas están organizados en grupos de líneas llamados estrofas o versos. Compara el poema "Sueños" con la biografía *Mi hermano Martin.* ¿Cómo está organizado cada tipo de texto? ¿De qué manera cada texto te enseña algo sobre el mundo que te rodea? Toma nota de tus conclusiones y compáralas con las conclusiones de un compañero.

RL.4.1 refer to details and examples when explaining what the text says explicitly and when drawing inferences; **RL.4.2** determine theme from details/summarize; **RL.4.5** explain major differences between poems, drama, and prose/refer to their structural elements; **W.4.10** write routinely over extended time frames and shorter time frames

Gramática

¿Cuáles son las cuatro clases de oraciones? Una oración que afirma algo es una **oración enunciativa**. Las oraciones enunciativas terminan con un punto. Una oración que interroga sobre algo es una **oración interrogativa**; empieza y termina con un signo de interrogación. Una oración que le dice a alguien que haga algo es una **oración imperativa**; termina con un punto y, a veces, empieza y termina con un signo de exclamación. Una oración que expresa una emoción fuerte es una **oración exclamativa**. Las oraciones exclamativas empiezan y terminan con un signo de exclamación.

Oración	Clase de oración
M. L. tenía una hermana mayor.	oración enunciativa
¿Tienes hermanos o hermanas?	oración interrogativa
Escucha su famoso discurso.	oración imperativa
¡Ese discurso es tan inspirador!	oración exclamativa

Inténtalo **Túrnense con un compañero para leer cada una de las oraciones siguientes. Digan qué clase de oración es.**

1 ¿Cómo puedo ayudar a difundir el mensaje del doctor Martin Luther King, hijo?

2 Ayúdame a encontrar mi ejemplar del libro escrito por su hermana.

3 Se lo regalaré a un amigo.

4 ¡Ésa es una buena idea!

Evita usar demasiadas oraciones enunciativas cuando escribes. Transforma algunas de las oraciones enunciativas en oraciones interrogativas, imperativas o exclamativas. Así, tu escritura será más vívida y contribuirá a mantener la atención de tus lectores.

Oraciones	Clases de oraciones variadas

Esta semana estuvimos escribiendo poesía. Escribí un poema impresionante. Se trata de mis sueños para el futuro. Tal vez te gustaría escucharlo.	¿Puedes creer que esta semana estuvimos escribiendo poesía? ¡Escribí un poema impresionante! Se trata de mis sueños para el futuro. ¡Escúchalo!

 ## Relacionar la gramática con la escritura

Mientras revisas tu escritura, busca oportunidades de usar oraciones interrogativas, imperativas y exclamativas, además de oraciones enunciativas.

W.4.3b use dialogue and description to develop experiences and events or show characters' responses; **W.4.4** produce writing in which development and organization are appropriate to task, purpose, and audience; **W.4.10** write routinely over extended time frames and shorter time frames; **L.4.3a** choose words and phrases for effect; **L.4.3b** choose punctuation for effect

Escritura narrativa

☑ **Elección de palabras** Cuando la autora de *Mi hermano Martin* dice que la segregación era "un golpe demoledor" o que se "alimentaban" del orgullo de la familia, sus palabras nos ayudan a entender sus sentimientos. En tu **narración**, usa palabras que capturen los sentimientos y las acciones. También elige signos de puntuación para causar un efecto. Usa la Lista de control de la escritura cuando revises tu trabajo.

Víctor hizo el borrador de una escena de un muchacho que hizo valer sus derechos. Después agregó algunas palabras que muestran más claramente cómo se sentían sus personajes y cómo actuaron.

Lista de control de la escritura

☑ **Ideas**
¿Mostré los sucesos de manera gráfica?

☑ **Organización**
¿Conté los sucesos en orden?

☑ **Elección de palabras**
¿Usé palabras descriptivas?

☑ **Voz**
¿Mi diálogo suena natural?

☑ **Fluidez de las oraciones**
¿Usé diferentes clases de oraciones?

☑ **Convenciones**
¿Usé las reglas de ortografía, gramática y puntuación correctamente?

Borrador revisado

James no podía creer su buena suerte. Su ~~La~~ casa nueva ~~de James~~ estaba al lado de una cancha de básquetbol. Agarró ~~Él tomó~~ su pelota y se fue para allá. corriendo

Pero, cuando llegó, había otro muchacho lanzando a la canasta.

—¿Puedo hacer unos lanzamientos? —preguntó James.

—Ahora, no —dijo el muchacho—. Yo llegué primero.

Ni su rostro ni su voz eran amigables. ~~Su rostro no era amigable. Su voz tampoco era amigable.~~

Esperó pacientemente James se sentó en el banco. ~~Miró~~ durante una hora y después volvió a preguntar.

Juego limpio: Escena de un cuento

por Víctor Álvarez

James no podía creer su buena suerte. Su casa nueva estaba al lado de una cancha de básquetbol. Agarró su pelota y se fue para allá corriendo.

Pero, cuando llegó, había otro muchacho lanzando a la canasta.

—¿Puedo hacer unos lanzamientos? —preguntó James.

—Ahora, no —dijo el muchacho—. Yo llegué primero.

Ni su rostro ni su voz eran amigables.

James se sentó en el banco. Esperó pacientemente durante una hora y después volvió a preguntar. El muchacho siguió lanzando la pelota como si nada. James se enrojeció y se puso de pie.

—¡Eh! —dijo con voz fuerte y firme—. Esta cancha es de todos, no solamente tuya.

El muchacho se detuvo. Su mirada de sorpresa se transformó en una sonrisa avergonzada.

—Sí, tienes razón. Es tu turno —dijo, y después añadió—: Me llamo Cole, ¿y tú?

Leer como escritor

¿Qué hace Víctor para que el relato sea más emocionante? ¿Cómo describe Víctor sus personajes y sus acciones?

En mi trabajo final, agregué palabras que muestran mejor cómo se sienten y cómo actúan mis personajes. Además, me aseguré de usar diferentes clases de oraciones, incluida una exclamación para causar un efecto.

Vocabulario en contexto

VOCABULARIO CLAVE

aislado

virtual

acceso

devorar

intransitable

remoto

obtener

conservar

extremo

ávido

Librito de vocabulario

Tarjetas de contexto

ESTÁNDARES COMUNES **L.4.6** acquire and use general academic and domain-specific words and phrases

---

1 aislado

Una isla que está aislada se encuentra alejada de otras islas u otros terrenos.

2 virtual

Una biblioteca virtual está en línea o en una computadora, no en una ubicación física.

3 acceso

Si necesitas conectarte, tienes que ir a un lugar con acceso a Internet.

4 devorar

A algunas personas les gusta tanto leer que devoran los libros.

Aprende en línea

▶ Estudia cada Tarjeta de contexto.

▶ Comenta una fotografía. Usa una palabra del Vocabulario distinta a la de la tarjeta.

5 intransitable

La carretera estaba intransitable, o bloqueada, debido a la arena que la cubría.

6 remoto

A veces, la manera más fácil de llegar a una aldea remota es en barco.

7 obtener

Los hospitales obtienen, o reciben, sangre de las personas que la donan.

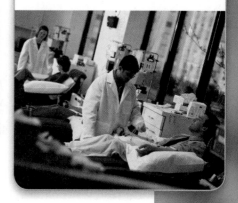

8 conservar

A veces, las personas se visten típicamente para conservar, o recordar, la historia de su cultura.

9 extremo

Los colores de una cebra son extremos. Las rayas blancas y negras son opuestas.

10 ávido

A Nathan le gusta el béisbol, pero también es un ávido lector. Le encantan los libros.

Leer y comprender

☑ DESTREZA CLAVE

Causa y efecto La estructura de un texto tiene que ver con la forma en la que están organizadas las ideas. Las selecciones de no ficción pueden estar organizadas por una secuencia de sucesos, por las similitudes y las diferencias, y por las causas y los efectos. Una **causa** es un suceso que hace que ocurra otro suceso. Un **efecto** es lo que ocurre como consecuencia de la causa.

Mientras lees *Mi bibliotecario es un camello*, busca un patrón de causas y efectos. En cada sección nueva de texto, hazte estas preguntas: *¿Qué ocurre? ¿Por qué ocurre? ¿Qué efecto tiene ese suceso?* Usa un organizador gráfico como el siguiente para mostrar las causas y los efectos.

Causa	Efecto
•	•
•	•
•	•

☑ ESTRATEGIA CLAVE

Visualizar Mientras lees, usa los detalles del texto para crearte imágenes mentales de los personajes, los lugares y las cosas que describe el autor. **Visualizar** los personajes y los lugares te ayudará a seguir el hilo de lo que estás leyendo.

Los medios de comunicación

El término *medios de comunicación* se refiere a todos los tipos de fuentes de información y entretenimiento, como libros, periódicos, revistas, televisión, radio e Internet. En la mayoría de los lugares del mundo, es rápido y fácil buscar libros para leer y películas para mirar. Pero, ¿qué ocurre cuando las personas viven en lugares aislados en los que no hay bibliotecas ni acceso a Internet ni carreteras para trasladarse?

Mi bibliotecario es un camello cuenta cómo obtienen libros los niños que viven en lugares remotos.

TEXTO PRINCIPAL

Margriet Ruurs

Margriet Ruurs viaja por el mundo y comparte su amor por los libros con los niños. Margriet ha dado clases de lectura y escritura en países tan lejanos como Pakistán, Indonesia y Malasia. Ha escrito más de veinte libros e incluso ha abierto un pequeño hostal temático sobre libros.

 DESTREZA CLAVE

Causa y efecto Piensa en cómo está organizado el texto. Busca relaciones de causa y efecto y explícalas o explica cómo un suceso lleva a otro.

 GÉNERO

Los **textos informativos** brindan datos y ejemplos sobre un tema. Mientras lees, busca:

▶ encabezamientos que comiencen secciones de información relacionada,

▶ fotografías y leyendas y

▶ organizadores gráficos que ayuden a explicar el tema, como mapas, fotos y pies de fotos.

ESTÁNDARES COMUNES **RI.4.4** determine the meaning of general academic and domain-specific words and phrases; **RI.4.5** describe the overall structure of a text or part of a text; **RI.4.7** interpret information presented visually, orally, or quantitatively

Mi bibliotecario es un camello

Cómo reciben libros los niños de todo el mundo

por Margriet Ruurs

PREGUNTA ESENCIAL

¿Por qué son importantes los libros y las bibliotecas para las personas y las comunidades?

No en todas las comunidades hay una biblioteca. Sigue leyendo para aprender más sobre algunas de las maneras más raras en las que los bibliotecarios entregan libros a las comunidades de áreas alejadas.

CANADÁ

Nunavut, que significa "nuestra tierra" en la lengua de los inuit, es un territorio extenso situado al norte de Canadá. La región ártica se extiende desde el Polo Norte hasta Arviat al sur y desde Kugluktuk al oeste hasta Panjnirtung al este. Las distancias son grandes y muchas aldeas están muy aisladas. Los Territorios del Noroeste van desde Nunavut al este hasta Yukón al oeste.

Los pueblos más grandes como Iqaluit, Tuktoyaktuk y Yellowknife tienen sus propios edificios de biblioteca pública, pero muchas comunidades son demasiado pequeñas. Algunas de esas comunidades, como Fort Liard, tienen una biblioteca virtual que ofrece acceso a Internet. Sin embargo, aunque en la comunidad no haya una biblioteca física, el sistema de biblioteca pública de los Territorios del Noroeste ofrece libros a todas las personas que viven en el norte a través de un programa de afiliación por correo.

Tyson Anakvik, Colin Igutaaq, James Naikak y Cameron Ovilok son amigos y viven en Cambridge Bay, Nunavut. Piden libros por correo electrónico o por teléfono. Los libros no llegan a su aldea a través de una biblioteca ambulante sino por correo. El programa de afiliación por correo envía a los niños cualquier libro que les gustaría leer. Si la biblioteca no tiene un libro en el sistema, los bibliotecarios piden el libro prestado a otra biblioteca de Canadá y lo envían por correo. Incluso incluyen un sobre con una estampilla y una dirección para que los niños no tengan que pagar para devolver el libro.

Los cuatro amigos llevan a su pequeña amiga Liza a pasear en trineo cuando van a la oficina de correos a buscar sus libros. Los niños tienen muchas ganas de que llegue la noche para leer. Los días de invierno, el sol no se asoma más allá del horizonte y, cuando el termómetro marca 50 grados bajo cero, a los niños les gusta acurrucarse con un buen libro junto a la chimenea. Mientras los vientos del norte soplan por la tundra, leen novelas fantásticas y novelas de acción. Liza está ansiosa por encontrar buenos libros ilustrados en el paquete.

Los niños pueden quedarse con los libros hasta seis semanas. Después, los embalan y van hasta la oficina de correos para devolverlos a la biblioteca. A partir de ese momento, van todos los días al correo... hasta que llega otro paquete enorme con libros nuevos para devorar en su rincón remoto del ártico canadiense.

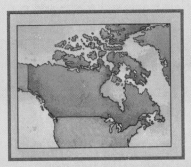

Canadá

Capital: Ottawa

Población estimada: 30,532,900

Canadá está ubicado en América del Norte y es el segundo país más grande del mundo. El punto más extremo del este de Newfoundland está más cerca de Inglaterra que de Calgary, Alberta. Canadá es tan ancho de este a oeste que tiene seis zonas horarias diferentes. Canadá tiene dos idiomas oficiales: inglés y francés. Además, los indígenas canadienses hablan sus propias lenguas. Los pueblos originarios del Norte se llaman inuit y hablan inuktitut.

FINLANDIA

En el medio del archipiélago de Aboland hay una gran masa de agua llamada Gullkrona, que significa "corona de oro". Recibió ese nombre por la reina Blanka de Namur (1316–1363). Según cuenta una leyenda antigua, mientras estaba de viaje hacia Finlandia, la reina Blanka prometió entregar su corona de oro al lugar más hermoso que viera durante el viaje. Ese lugar resultó la bahía del sur de Finlandia, así que la reina dejó que la corona se hundiera en el mar. Ahora el lugar se llama bahía de Gullkrona.

La costa sur de Finlandia bordea el golfo de Finlandia. El archipiélago, en el suroeste, está formado por miles de islas rocosas. Algunas islas solo reciben turistas durante el verano, pero otras están habitadas todo el año. Los habitantes de esta región de Finlandia hablan finlandés y sueco. Desde 1976, la biblioteca de Pargas ha llevado libros a los habitantes de estas islas en barco biblioteca: *Bokbåt* en sueco o *Kirjastovene* en finlandés.

El barco, llamado *Kalkholm*, que significa "isla de piedra caliza" en sueco, mide 4 metros de ancho y 12 metros de largo y lleva cerca de seiscientos libros. El bote, que tiene una tripulación formada por un bibliotecario y un asistente, navega por las islas y hace alrededor de diez paradas. Los niños llegan por las costas rocosas y se pelean por recoger los libros. Como los inviernos en Finlandia son muy fríos, el barco solamente navega entre mayo y octubre.

Maj-Len, la encargada de la biblioteca de Pargas Stad, supervisa el funcionamiento del barco biblioteca. «La lectura se ha convertido en una actividad muy importante para los niños que esperan el barco biblioteca», dice Maj-Len, y añade: «Si el barco no llega, es posible que estos niños no lean nada en absoluto. Siempre están muy contentos de vernos a nosotros y a sus libros nuevos».

República de Finlandia

Capital: Helsinki

Población estimada: 5,156,000

Finlandia está en el norte de Europa. Al menos un tercio del país forma parte del norte del círculo polar ártico. El país tiene dos idiomas oficiales: finlandés y sueco. Otros idiomas incluyen el lapón y el romaní.

Laponia es una región que se extiende por Noruega, Suecia, Finlandia y una parte de Rusia. La mayor parte de Laponia se encuentra en el círculo polar ártico y otras zonas están cubiertas de nieve y hielo durante todo el año.

En el norte de Laponia, cuatro pueblos comparten un autobús que es una biblioteca ambulante, que también lleva libros para niños. Lo especial de este autobús es que las comunidades de tres países comparten su servicio: Finlandia, Suecia y Noruega.

Estos jóvenes lectores están muy agradecidos por los libros que les llevan los camellos.

Estos camellos están listos para llevar libros a los niños que viven en aldeas remotas.

KENIA

Las carreteras que van hasta Bulla Iftin, doscientas millas al noreste de Nairobi, son intransitables por la arena del desierto, incluso para los carros que tienen tracción en las cuatro ruedas. Pero los jóvenes que viven en las aldeas nómadas de la región están ávidos de lectura. Por eso, los bibliotecarios usan el medio de transporte más económico: ¡el camello!

Los camellos que llevan libros viajan cinco días por semana. Pueden llevar cargas pesadas y necesitan poca agua en el calor del desierto. Un camello puede llevar hasta quinientos libros, que pesan cerca de cuatrocientas libras. Un conductor y un bibliotecario dividen los libros en dos cajas. Luego, ensillan las cajas en el lomo de un camello, que cubren con una esterilla de césped para protegerlo. Otro camello lleva una carpa que se usa como techo de la biblioteca.

Los estudiantes de Bulla Iftin esperan con ansias la llegada de los camellos. Cuando la caravana por fin llega a la aldea, los niños observan cómo el bibliotecario arma la carpa y expone los libros en estantes de madera. El bibliotecario coloca la esterilla de césped en el piso, a la sombra de una acacia, para que los niños se puedan sentar. Los estudiantes pueden disfrutar de sus libros nuevos por dos semanas. Cuando los camellos vuelven, los niños pueden intercambiar esos libros por libros nuevos.

ANALIZAR EL TEXTO

Interpretar elementos visuales ¿De qué manera se relacionan con el texto el mapa y la bandera que aparecen en cada sección? ¿Por qué crees que la autora incluyó esas imágenes?

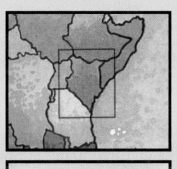

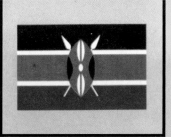

República de Kenia

Capital: Nairobi

Población estimada: 32,000,000

Kenia es un país de África Oriental. El clima de Kenia es muy variado. La costa, que está sobre el océano Índico, es calurosa y húmeda. En el continente, el clima es templado, pero la parte norte del país es seca. El idioma oficial es el inglés. El idioma nacional es el suajili.

MONGOLIA

Durante siglos, los habitantes de Mongolia han llevado un estilo de vida nómada, desplazándose por las estepas, una llanura extensa cubierta de pastizales, con su ganado. Muchos habitantes todavía son arrieros de ganado y se mueven con su manada mientras los animales van pastando. La vida de los nómadas no ha cambiado mucho desde ese entonces si no fuera porque ahora a los arrieros les gusta usar "caballos de hierro", es decir, motocicletas en vez de caballos reales. Muy pocas personas tienen teléfono, televisión o acceso a computadoras, pero la mayoría sabe leer. Prácticamente no hay analfabetos en este país.

Jambyn Dashdondog es un reconocido escritor de libros para niños de Mongolia que quería encontrar una manera de llevar libros a los niños de las familias de los arrieros, que viven dispersas en el desierto de Gobi. Para llevar los libros por el desierto, se usa un carro tirado por un caballo (o también por un camello).

Junto con la Fundación Cultural para Niños Mongoles, el señor Dashdondog pudo obtener un microbús y diez mil libros, la mayoría donados por Japón. Los libros japoneses se traducen al mongol y el señor Dashdondog hace viajes con el microbús para llevar libros a los niños del campo.

La gira se llama *Amttai Nom* que significa "libros dulces". ¿Por qué? Porque antes de compartir los libros, los niños reciben alimentos, entre ellos algunas golosinas. Después de que los niños escuchan cuentos y eligen libros, el señor Dashdondog pregunta:

—¿Qué fueron más dulces: los libros o las golosinas?

Y los niños siempre responden: —¡LOS LIBROS!

—Acabo de volver de visitar a los niños de los arrieros del gran desierto de Gobi —dijo el señor Dashdondog, que ha visitado a casi diez mil niños en los últimos dos años—. Recorrimos unos mil quinientos kilómetros en dos semanas. Y eso fue en invierno, por lo que hacía frío y había nieve. No teníamos combustible especial para el invierno, por lo que tuvimos que usar el combustible de verano, que se congelaba durante la noche y se nos paraba el microbús. Pero no pasamos frío: ¡las historias y los héroes nos mantuvieron abrigados!

ANALIZAR EL TEXTO

Vocabulario específico de un campo
¿Cómo se relacionan las palabras *nómada*, *estepa*, *ganado* y *campo*? ¿Cómo se relaciona esto con el tema del texto?

Mongolia

Capital: Ulán Bator

Población estimada: 2,300,000

Mongolia es un país extenso del noreste de Asia cuya superficie ocupa más de un millón y medio de kilómetros cuadrados. En todo el país hay muchísimos espacios deshabitados, ya que hay menos de dos millones y medio de habitantes. El idioma oficial es el mongol.

Para conservar la cultura y las tradiciones, los niños aprenden el antiguo alfabeto cirílico mongol, que se escribe de forma vertical de arriba abajo.

En el país hay cordilleras altas y también llanuras desérticas extensas, con el desierto de Gobi al sureste. En ese desierto todavía hay leopardos de las nieves, caballos salvajes e íbices. La mayoría de las carreteras de Mongolia no están pavimentadas y el terreno es escabroso. El clima es de extremos: frío en invierno y muy caluroso y seco en verano.

Algunos lectores peruanos reciben sus libros en una carreta tirada por un burro.

PERÚ

Los niños de Perú pueden recibir sus libros de maneras diferentes e innovadoras.

El centro CEDILI – IBBY de Perú es una institución que envía libros en bolsas a familias de Lima. Cada bolsa contiene 20 libros, que las familias pueden guardar por un mes. Los libros vienen en cuatro niveles de lectura diferentes para que los niños aprendan a leer. El proyecto se llama *El libro compartido en familia* y permite que los padres compartan la dicha de los libros con sus hijos.

En las pequeñas comunidades rurales, los libros se entregan en maletas de madera y bolsas de plástico. Esas maletas y bolsas contienen libros que la comunidad puede guardar y compartir por los tres meses siguientes. El número de libros de cada maleta depende del tamaño de la comunidad. En estos pueblos pequeños, no hay edificios de bibliotecas y los habitantes se reúnen, en la plaza, para mirar los libros que pueden leer. En las regiones costeras, los libros a veces llegan en carretas tiradas por burros. Los libros se guardan en la casa del promotor de la lectura.

En la antigua ciudad de Cajamarca, los promotores de la lectura de varias zonas rurales seleccionan y reciben una gran colección de libros para su región. El programa se llama *Aspaderuc*. El promotor de la lectura les presta los libros a sus vecinos y, después de tres meses, envía una nueva colección de libros a cada zona. Los libros de este sistema son para niños y adultos.

Y por último, pero no por ello menos importante, el programa *Fe y alegría* brinda una colección de libros para niños de escuelas rurales. Los libros se envían de una escuela a otra en un carro. Los niños, que están ansiosos por mirar los libros cuando llegan, se vuelven ávidos lectores.

República del Perú

Capital: Lima

Población estimada: 28,000,000

Perú, en América del Sur, limita con el océano Pacífico, entre Ecuador y Chile. La costa tropical, la cordillera de los Andes y el río Amazonas hacen de Perú un país diverso e interesante. Los peruanos hablan en español. El quechua es el segundo idioma oficial del país. La historia de Perú incluye la civilización inca que, hace quinientos años, ocupaba gran parte del continente sudamericano.

▲ La biblioteca en elefante va hacia aldeas remotas en el norte de Tailandia.

TAILANDIA

En Omkoi, una región del norte de Tailandia, no hay escuelas ni bibliotecas. Los pueblos tribales no saben leer ni escribir. El gobierno de Tailandia espera revertir esta situación con un programa de alfabetización que incluye llevar libros a aldeas remotas en la selva.

A una serie de estas aldeas solo se puede llegar a pie. Esto dificulta el transporte, especialmente durante la temporada de lluvias. ¿Cómo se llevan libros a quienes más los necesitan, si viven en regiones montañosas inaccesibles del norte de Tailandia? ¡En elefante!

El Centro de Educación No Formal de Chiang Mai tuvo la idea de usar elefantes como bibliotecas. Los elefantes ya se usan para arar los arrozales y cargar troncos y cultivos. Ahora se usan más de veinte elefantes en la región de Omkoi para llevar libros. Los equipos de elefantes pasan entre dos y tres días en cada aldea. En cada viaje se visitan siete u ocho aldeas, por lo que cada equipo tarda entre dieciocho y veinte días en completar un viaje.

El programa de envío de libros en elefante abastece a treinta y siete aldeas y brinda educación a casi dos mil habitantes de la región de Omkoi. Incluso han diseñado pizarras especiales de metal que no se rompen cuando los elefantes las llevan por terrenos escabrosos.

Esas pizarras se usan para enseñarles a leer y escribir a los niños tailandeses. (Además, hay equipos de dos personas que llevan libros a cerca de dieciséis aldeas y materiales de aprendizaje a otras seiscientas personas).

En Bangkok, la capital de Tailandia, convirtieron viejos vagones de trenes en una biblioteca. El tren se llama *Hong Rotfai Yoawachon*, que significa "Biblioteca en tren para jóvenes". El tren abastece a los niños de Bangkok que no tienen hogar. La División de la Policía Ferroviaria de Bangkok se dio cuenta de que necesitaban un lugar seguro para los niños de la calle, por eso renovaron los vagones viejos de la estación de ferrocarril, donde pasaban el tiempo muchos de los niños. La policía restituyó los trenes a su antigua grandeza, con paneles de madera y artefactos luminosos de cobre. Convirtieron los vagones en una biblioteca y un salón de clases. Allí, los niños aprenden a leer y a escribir. La policía incluso hizo un jardín alrededor del tren, donde se siembran hierbas y verduras.

ANALIZAR EL TEXTO

Causa y efecto ¿Por qué el Centro de Educación No Formal de Chang Mai organizó un programa de envío de libros en elefantes? ¿Qué efecto tiene el programa del centro?

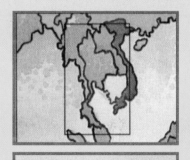

Reino de Tailandia

Capital: Bangkok

Población estimada: 62,860,000

Tailandia, que significa "la tierra de la libertad", se encuentra en el Sudeste Asiático. El clima varía de una temporada a otra: seco en enero y febrero, caluroso en marzo y mayo, húmedo de junio a octubre y frío en noviembre y diciembre. El idioma oficial del país es el tailandés.

Ahora analiza

Cómo analizar el texto

Usa estas páginas para aprender acerca de Causa y efecto, Interpretar elementos visuales y Vocabulario específico de un campo. Luego, vuelve a leer *Mi bibliotecario es un camello* para aplicar lo que has aprendido.

Causa y efecto

Mi bibliotecario es un camello cuenta sobre seis lugares remotos del mundo y sobre cómo consiguen libros para leer los niños que viven allí. La selección está organizada en seis secciones que tienen la misma estructura del texto. Cada sección describe una **relación de causa y efecto** diferente. Por ejemplo, la sección sobre Canadá explica que muchas aldeas de la región de Nunavut son demasiado pequeñas y remotas para tener sus propias bibliotecas. Como consecuencia, se inició el programa de afiliación por correo.

Vuelve a leer las páginas 84 y 85. ¿Cuál es la causa por la cual las carreteras son intransitables en esa parte de Kenia? ¿Cuál es el efecto de que las carreteras sean intransitables?

Causa	Efecto
•	•
•	•
•	•

 ESTÁNDARES COMUNES

RI.4.4 determine the meaning of general academic and domain-specific words and phrases; **RI.4.5** describe the overall structure of a text or part of a text; **RI.4.7** interpret information presented visually, orally, or quantitatively; **L.4.4a** use context as a clue to the meaning of a word or phrase

Aprende en línea

Interpretar elementos visuales

Cada parte de *Mi bibliotecario es un camello* incluye una característica especial llamada **barra lateral**. Una barra lateral es una sección independiente que se desprende del texto principal y da información que no se incluye en el texto principal. La barra lateral de la página 85 muestra un mapa de Kenia y la bandera de Kenia. Estos **elementos visuales**, junto con las fotografías y los pies de fotos de la página 84, te ayudan a aprender más sobre Kenia y sus habitantes.

Vocabulario específico de un campo

El área de conocimiento especial de un tema es el **campo**. Cada campo tiene su propio conjunto de palabras importantes. Esas palabras forman parte del **vocabulario específico de un campo**. *Mi bibliotecario es un camello* es una selección de estudios sociales e incluye palabras de vocabulario como *tundra* y *archipiélago*, que describen tipos de terreno. Busca claves del contexto de estas palabras en el texto. Por ejemplo, *miles de islas rocosas* es una clave del significado de *archipiélago*.

Es tu turno

REPASAR LA PREGUNTA ESENCIAL

Turnarse y comentar Repasa la selección con un compañero y prepárate para comentar esta pregunta: *¿Por qué son importantes los libros y las bibliotecas para las personas y las comunidades?* Túrnate con tu compañero para repasar y explicar las ideas clave. Háganse preguntas para aclarar sus ideas y usen la evidencia del texto para apoyar sus respuestas.

 Comentar en la clase

Para continuar comentando *Mi bibliotecario es un camello,* explica tus respuestas a estas preguntas:

1. ¿Por qué las personas trabajan mucho para brindar los servicios de una biblioteca?

2. ¿Por qué crees que los niños de Mongolia dicen que los libros son más dulces que las golosinas?

3. ¿Crees que todas las personas tendrían que tener acceso a los libros? ¿Por qué?

INVESTIGA SOBRE UN PAÍS

Hacer un cartel En *Mi bibliotecario es un camello,* la autora incluye información sobre cada uno de los países que menciona. Elige un país para investigar. Luego, haz un cartel que brinde detalles sobre ese país, como su ubicación, su cultura y algunas ciudades famosas o lugares de interés. Incluye también elementos visuales que ilustren los detalles clave sobre el país.

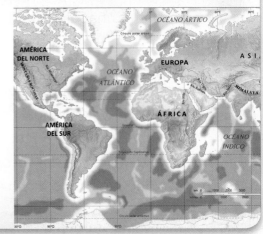

ESCRIBE SOBRE LO QUE LEÍSTE

Respuesta Piensa en las diferentes bibliotecas que se describen en *Mi bibliotecario es un camello*. Escribe un párrafo que explique cuál de las bibliotecas te gustaría usar y por qué. No olvides apoyar tu opinión con detalles y ejemplos del texto. Asegúrate también de mencionar el país donde se encuentra la biblioteca y cómo llegan los libros.

Sugerencia para la escritura

A medida que escribas la respuesta, intenta usar más de un tipo de oración. Por ejemplo, usa signos de puntuación para producir efectos e incluye signos de exclamación para mostrar un sentimiento de alegría o sorpresa.

ESTÁNDARES COMUNES **RI.4.1** refer to details and examples when explaining what the text says explicitly and when drawing inferences; **W.4.1b** provide reasons supported by facts and details; **W.4.7** conduct short research projects that build knowledge through investigation; **W.4.9b** apply grade 4 Reading standards to informational texts; **SL.4.1a** come to discussions prepared/explicitly draw on preparation and other information about the topic; **SL.4.1d** review key ideas expressed and explain own ideas and understanding; **L.4.3b** choose punctuation for effect

TEXTO INFORMATIVO

De una idea a un libro

por Kim Becker
ilustrado por Remy Simard

☑ GÉNERO

Los **textos informativos,** como este artículo, dan información sobre un tema. Este tipo de texto incluye elementos visuales, como fotografías y diagramas.

☑ ENFOQUE EN EL TEXTO

Procedimientos A menudo, los textos informativos explican cómo se creó o se construyó algo. Los procedimientos están explicados paso a paso y, generalmente, aparecen en una tabla o en un diagrama. Busca el diagrama de este artículo.

ESTÁNDARES COMUNES RI.4.3 explain events/procedures/ideas/concepts in a text; RI.4.7 interpret information presented visually, orally, or quantitatively; RI.4.10 read and comprehend informational texts

Aprende en línea

¿Alguna vez te preguntaste cómo se hace un libro? Se necesitan muchas personas para hacer un libro. Para que un libro pase de ser una idea a un producto terminado pueden pasar meses e incluso años.

Un libro comienza cuando a un autor se le ocurre una idea para escribir un libro. Los autores obtienen ideas de diferentes maneras. Pueden obtener ideas de sus propias vidas, de mirar el mundo que los rodea o de la lectura misma.

Después, un autor puede planificar el libro y hacer un bosquejo. A veces, los autores investigan para reunir información. Pueden leer libros o artículos o pueden hacer entrevistas o visitar lugares.

Luego, el autor comienza a escribir. Los autores pueden escribir durante meses o años para terminar un manuscrito. Un manuscrito es el texto que produce un autor para publicarlo. A veces, los autores hacen muchos cambios o incluso vuelven a empezar durante el proceso de escritura.

Por último, el autor envía el manuscrito completo a una editorial. Si la editorial decide publicar el libro, el autor trabaja con un editor. El editor lee el manuscrito y, luego, recomienda cambios para mejorar el libro. Un corrector también lee el manuscrito y corrige los errores gramaticales.

Después de que el autor hace los cambios sugeridos, un diseñador puede decidir cómo será el aspecto del libro. El diseñador puede elegir el tipo de letra y el tamaño y la forma del libro. Algunos autores de libros ilustrados hacen sus propias ilustraciones. Si no, se elige un ilustrador para que ilustre el libro.

Primero, el diseñador o el ilustrador decide cuáles son las escenas que se ilustrarán y planea cuáles son las ilustraciones que deben ir en las páginas. Luego, el ilustrador hace bosquejos de las ilustraciones que irán en cada página. A medida que hacen bosquejos, los ilustradores deciden el aspecto de los personajes y el entorno. Para ello, usan técnicas como la perspectiva y el punto de vista para mostrar los sucesos del cuento con claridad.

Los bosquejos se envían a la empresa editorial. El editor se asegura de que las ilustraciones cuenten la historia con claridad. El diseñador comprueba cómo entrarán las palabras y las ilustraciones en las páginas. Y puede hacer sugerencias para mejorar los dibujos.

Después de que se hacen los cambios de diseño, el ilustrador comienza a crear las ilustraciones finales. El ilustrador elige las herramientas con las que trabajará, como pintura, pasteles, crayones o una computadora. A medida que trabaja, el ilustrador puede hacer cambios en las ilustraciones. Puede cambiar los colores, la perspectiva o la composición de las ilustraciones. Crear todas las ilustraciones puede llevar meses.

Cómo se **hace** un**libro**

Un autor escribe un manuscrito.

Un editor ayuda al autor a revisar el manuscrito y lo prepara para publicarlo.

Los libros se guardan en un depósito hasta que las tiendas y las bibliotecas los compran.

La imprenta imprime las páginas. Se encuadernan y se recortan las páginas. Se agrega la cubierta del libro.

Las ilustraciones finales se envían a la editorial. El diseñador ajusta cómo entrarán las ilustraciones y las palabras en las páginas. Las páginas terminadas se envían a la imprenta. Muchos libros todavía se hacen con páginas de papel. Sin embargo, hay muchos títulos disponibles en forma de libros electrónicos.

La imprenta usa una prensa enorme para hacer las páginas. En una hoja grande de papel se pueden imprimir muchas de las páginas de un libro ilustrado. Las imprentas pueden imprimir miles de páginas en pocas horas. Después, se envían a encuadernar las hojas grandes de papel con las páginas impresas. En el taller de encuadernación, las páginas se doblan en cuadernillos llamados signaturas. Las signaturas se agrupan, junto con las guardas, y se cosen. Luego, se recortan los bordes de las signaturas encuadernadas y se pegan las signaturas en la cubierta del libro. Los libros terminados se envían al depósito de la editorial, donde se guardan hasta que las bibliotecas y las librerías los compren.

A menudo, un diseñador elige el estilo del libro y el ilustrador. Después, el ilustrador hace los bosquejos.

El editor y el diseñador comprueban que las palabras y las ilustraciones combinen.

El diseñador termina las páginas, que se envían a la imprenta o se convierten en un libro electrónico.

El ilustrador crea las ilustraciones finales.

Los lectores de libros electrónicos han cambiado la manera en la que se hacen algunos libros. Las editoriales venden algunos libros en forma de libros electrónicos. Sin embargo, algunos autores directamente no acuden a las editoriales. En lugar de enviar un manuscrito a una editorial, algunos autores convierten ellos mismos sus manuscritos en libros electrónicos. Muchos sitios web ofrecen servicios que ayudan a los autores a convertir sus manuscritos en un formato de libro electrónico. Otros sitios web ofrecen la ayuda de diseñadores de libros electrónicos que se aseguran de que las fotos o las ilustraciones combinen con las palabras. Por último, se carga el libro electrónico de un autor en las librerías virtuales de Internet. Los clientes pueden comprar y descargar los libros electrónicos de esos sitios web.

Comparar el texto

Comparar textos Con un compañero, compara *Mi bibliotecario es un camello* y *De una idea a un libro*. Comenta estas preguntas: ¿Cómo está organizado *Mi bibliotecario es un camello*? ¿Cómo está organizado *De una idea a un libro*? ¿Las selecciones son de ficción o no ficción? Después de comentar las ideas, trabaja con tu compañero para escribir la respuesta a cada pregunta.

Hacer un plan Imagina que vives en una comunidad que no tiene acceso a una biblioteca. Escribe una carta a la biblioteca más cercana y sugiere una manera de que se envíen libros a tu comunidad. Usa ideas de *Mi bibliotecario es un camello* y tu imaginación.

Se necesita bibliotecario Imagina que la Sra. Franny Block de *Gracias a Winn-Dixie* está cansada de vivir en Naomi, Florida, y quiere cambiar de ambiente. ¿En cuál de las bibliotecas que se describen en *Mi bibliotecario es un camello* crees que le gustaría trabajar? Para responder la pregunta, piensa en las cosas que le gustan y en las cosas que no le gustan a la Sra. Franny Block. Luego, escribe un párrafo en el que expliques tu opinión. Da razones y detalles que apoyen tu opinión.

Aprende en línea

ESTÁNDARES COMUNES **RI.4.1** refer to details and examples when explaining what the text says explicitly and when drawing inferences; **RI.4.5** describe the overall structure of a text or part of a text; **W.4.1a** introduce a topic, state an opinion, and create an organizational structure; **W.4.1b** provide reasons supported by facts and details

Gramática

¿Qué son los guiones de diálogo? Los **guiones de diálogo** son signos de puntuación que se usan para señalar lo que dice cada uno de los personajes dentro de un relato. Se usa un guión de apertura junto a la primera palabra del personaje, sin dejar espacios de por medio. La primera palabra después de un guión de apertura siempre se escribe con mayúscula. El guión de cierre depende de si sigue hablando el personaje o el narrador.

Uso de los guiones de diálogo

Si el narrador quiere interrumpir el diálogo, usa un guión de cierre después de la última palabra del personaje, con un espacio de por medio.

⬜—Leer es muy bueno ⬜—dijo el bibliotecario.

Si después del comentario del narrador, el personaje continúa hablando, se usan dos guiones: uno de apertura y otro de cierre.

⬜—Leer es muy bueno ⬜—dijo el bibliotecario⬜—. Cuando lees, aprendes.

De lo contrario, el diálogo termina con un punto final y no se agrega el guión de cierre:

El bibliotecario dijo: ⬜—Leer es muy bueno.

Inténtalo **Copia las oraciones. Agrega guiones de diálogo y asegúrate de escribir los signos de puntuación correctamente y de poner las palabras en mayúsculas donde corresponda.**

1 la biblioteca es mi lugar favorito dijo Sarah.

2 Danielle respondió: ¡el mío también!

3 Yo prefiero los cuentos de ficción añadió Sarah.

4 A mí también me gustan los cuentos de ficción comentó Danielle pero prefiero los poemas.

102

Usar guiones de diálogo puede ser difícil. Si no los usas bien, puedes confundir a los lectores. Cuando corrijas lo que escribiste, asegúrate de colocar los guiones correctamente para dejar en claro quién está hablando. No olvides pegar el guión de apertura a la primera palabra, que va en mayúscula, y dejar un espacio antes del guión de cierre.

Uso incorrecto de los guiones de diálogo	Uso correcto de los guiones de diálogo
—¿Puedo llevar este libro sobre Mongolia? preguntó Jared—.	—¿Puedo llevar este libro sobre Mongolia? —preguntó Jared.
Por supuesto dijo el bibliotecario.	—Por supuesto —dijo el bibliotecario.

 ## Relacionar la gramática con la escritura

Mientras editas tu escritura narrativa esta semana, presta atención al diálogo entre los personajes. Asegúrate de usar los guiones de diálogo y los signos de puntuación correctamente. Corrige los errores que observes. La puntuación correcta del diálogo es una parte importante de la buena escritura narrativa.

Escritura narrativa

✔ **Voz** En *Mi bibliotecario es un camello*, el diálogo, es decir, la conversación entre dos o más personas, muestra cómo hablan las personas y cómo se sienten. Los buenos escritores muchas veces usan el **diálogo** en la **escritura narrativa** para mostrar lo que dicen los personajes, los sentimientos de esos personajes, las cosas que les gustan y sus respuestas a las experiencias.

Iris hizo el borrador de un diálogo entre un hermano y una hermana. Después lo revisó para que el diálogo fuera más natural y eligió signos de puntuación para producir efectos.

Lista de control de la escritura

☑ **Ideas** ¿Incluí algunos gestos y acciones?

☑ **Organización** ¿La secuencia tiene sentido?

☑ **Elección de palabras** ¿Usé palabras adecuadas para mis personajes?

☑ **Voz**

¿Mi diálogo muestra cómo se sienten los personajes?

☑ **Fluidez de las oraciones** ¿Usé tipos de oraciones diferentes?

☑ **Convenciones** ¿Usé los guiones de diálogo correctamente? ¿Usé los signos de puntuación para producir un efecto?

Borrador revisado

El papá de Ashley y Daniel tenía gripe y dolor de estómago.

—Hagamos tarjetas de buenos deseos para papá —dijo Ashley.

Daniel hizo una mueca.

¡Qué aburrido!
—No me gusta hacer tarjetas.

—Bueno, ¿qué otra cosa le gustaría a papá?

—Ya sé —dijo Daniel—. ¡Hagamos brownies!

—¿Serían para él o para ti? ¡Papá tiene gastroenteritis!

El regalo de los buenos deseos

por Iris Panza

El papá de Ashley y Daniel tenía gripe y dolor de estómago.

—Hagamos tarjetas de buenos deseos para papá —dijo Ashley.

Daniel hizo una mueca. —¡Qué aburrido!

—Bueno, ¿qué otra cosa le gustaría a papá?

—Ya sé —dijo Daniel—. ¡Hagamos brownies!

—¿Para él o para ti? ¡Papá tiene gastroenteritis!

—¡Uy! Claro. Me olvidé. ¡Vaya!

De repente, Ashley dio una palmada sobre la mesa.

—Me diste una gran idea. Podemos hacerle un certificado para un regalo sorpresa. Cuando se mejore, lo podrá cambiar, y la sorpresa será…

—¡Brownies caseros! —dijo Daniel—. ¡Hagámoslos ya!

Leer como escritor

¿Qué agregó Iris para que su diálogo muestre los sentimientos de los personajes? ¿Cómo puedes hacer que el diálogo de tu narración muestre cómo se sienten los personajes y cómo responden a una situación?

En mi diálogo final incluí palabras y expresiones más naturales. Usé los signos de puntuación para mostrar sentimientos y alegría.

!El valor de L.E.A.!

DINERO:
Guía para niños

✓ VOCABULARIO CLAVE

ayudar

robo

inocente

plan

con lástima

juzgar mal

sospechoso

favor

especular

salvar

Librito de vocabulario

Tarjetas de contexto

Trabajo comunitario en equipo

ayudar

L.4.6 acquire and use general academic and domain-specific words and phrases

Vocabulario en contexto

1 ayudar

La persona que ayuda, o auxilia, a otros a resolver problemas es muy apreciada.

2 robo

Encontrar y arrestar a los responsables de robos es una tarea de la policía.

3 inocente

Cuando te acusan de una travesura, sé honesto y admite tu error si no eres inocente.

4 plan

Un plan puede ser de gran ayuda cuando una solución incluye muchos pasos.

Aprende en línea

▶ Estudia cada Tarjeta de contexto.

▶ Haz una pregunta y usa una palabra del Vocabulario en esa pregunta.

5 con lástima

A veces, las personas deben resignarse y, con lástima, admitir que un problema no tiene solución.

6 juzgar mal

El encargado de comprar el alimento para las mascotas juzgó mal la cantidad que comen.

7 sospechoso

La maestra imagina quién puede haber escondido las llaves: tiene un sospechoso en mente.

8 favor

Si un adulto te ayuda a resolver un problema, podrías cortar el césped de su jardín para devolverle el favor.

9 especular

Este meteorólogo especula, o supone, que la temporada invernal ha terminado.

10 salvar

Debes aprender a leer mapas: te pueden salvar en caso de tener una emergencia.

Leer y comprender

Aprende en línea

✓ DESTREZA CLAVE

Tema Mientras lees *¡El valor de L.E.A.!*, observa cómo se relacionan los personajes de la obra y sus acciones para enseñar una lección al público. Esa lección es el **tema** de la obra. Para descubrir el tema, observa cómo se relacionan los escenarios de la obra, los personajes y las acciones de los personajes en cada escena para enseñar una lección. Usa un organizador gráfico como el siguiente para ver cómo se relacionan estos elementos para crear el tema.

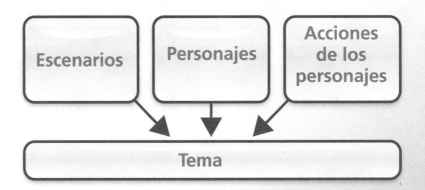

✓ ESTRATEGIA CLAVE

Analizar/Evaluar Mientras lees *¡El valor de L.E.A.!*, pregúntate por qué los personajes de la obra dicen y hacen ciertas cosas para **analizar** el texto. Luego, pregúntate cuál es el efecto de sus acciones para **evaluar** el texto. Las respuestas a estas preguntas pueden ayudarte a comprender el mensaje del autor.

Recaudar dinero

Una comunidad es un grupo de personas que viven en la misma zona o tienen un interés en común. Formar parte de una comunidad significa que las personas trabajan y se ayudan mutuamente. Las personas pueden ayudar a su comunidad de varias maneras: pueden juntar la basura tirada, plantar árboles y recaudar dinero para ayudar con el mantenimiento de escuelas, bibliotecas u otros recursos de la zona.

Tal vez no te des cuenta, pero cada contribución, por más pequeña que sea, es muy importante cuando se trabaja en conjunto para ayudar a la comunidad. En *¡El valor de L.E.A.!,* aprenderás cómo un grupo de jóvenes recauda dinero para ayudar a su comunidad.

TEXTO PRINCIPAL

✅ DESTREZA CLAVE

Tema Examina los pensamientos y las acciones de los personajes para reconocer el tema de la obra.

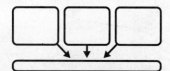

✅ GÉNERO

Una **obra de teatro** es una historia que se puede interpretar frente a un público. Mientras lees, busca:

▶ acciones y sentimientos de los personajes que se muestren mediante diálogos,

▶ actos que están divididos en escenas y

▶ una trama con un problema y una resolución.

ESTÁNDARES COMUNES **RL.4.2** determine theme from details/ summarize; **RL.4.3** describe a character, setting, or event, drawing on details; **RL.4.5** explain major differences between poems, drama, and prose/refer to their structural elements

 Aprende en línea

CONOCE A LA AUTORA
Crystal Hubbard

De niña, mientras crecía en St. Louis, Missouri, Crystal Hubbard soñaba con ser escritora. Ahora vive cerca de Boston, Massachusetts, con su familia y dos pececitos que se llaman Eyeballs y Rocks. Hubbard ha escrito para los periódicos del área de Boston y le gusta escribir especialmente biografías de deportistas.

CONOCE AL ILUSTRADOR
Eric Velásquez

Eric Velásquez debe a su familia su amor por las artes. De sus padres aprendió a apreciar la ilustración y el cine, y de su abuela, el amor por la música. Velásquez ha ilustrado las cubiertas de más de 300 libros y también ha escrito varios libros.

¡El valor de L.E.A.!

por Crystal Hubbard
ilustrado por Eric Velásquez

PREGUNTA ESENCIAL

¿Por qué las personas recaudan dinero para una causa?

PERSONAJES

Ileana   *Shane*   *Sr. Díaz*

Jake   *Jason*   *Sra. Nguyen*

Érica   *Camarógrafo*

María Kopanas, reportera de televisión

ACTO PRIMERO

ESCENA PRIMERA

TIEMPO: Presente

ESCENARIO: El interior de un autobús que funciona como biblioteca rodante (una biblioteca ambulante) en un vecindario de Dallas, Texas. La Sra. Nguyen está sentada detrás del mostrador donde se sacan los libros. Ileana entra y coloca una pila pesada de libros sobre el mostrador.

Sra. Nguyen. ¡Hola, Ileana! ¿Te gustaron los libros?

Ileana. Me gustó todo menos la mitología griega. *(Pausa)*. ¡Me encantó ése!

Sra. Nguyen. *(Sonriendo)*. Casi te juzgo mal. ¿Cuál de los mitos te gustó más?

Ileana. El del rey Midas que convierte todo en oro. Ese don no resultó ser lo mejor.

Sra. Nguyen. *(Suspirando)*. Hoy no me molestaría tener el don del oro.

Ileana. ¿Por qué? ¿Pasa algo?

Sra. Nguyen. *(Con una sonrisa forzada)*. Nada de lo que tú tengas que preocuparte. A propósito, acabamos de recibir la última novela de misterio de Sam Thorne. Se llama *El caso de los robos en la tienda de mascotas*. No te diré quién es el principal sospechoso…

Ileana. Me parece que está cambiando de tema, Sra. Nguyen.

Sra. Nguyen. *(Bajando la vista con lástima)*. Me temo que Libros en Autobús no regresará después de la semana que viene.

Ileana. ¿Qué? ¿Por qué no?

Sra. Nguyen. Libros en Autobús es un programa piloto. La biblioteca ha estado financiando L.E.A. todo este año, pero eso termina a finales de mes. Ya no hay dinero para pagar la gasolina ni para comprar libros nuevos. Tendré que regresar a la sucursal del centro.

Ileana. ¡Pero eso es demasiado lejos! Mi abuela solo puede usar una computadora cuando viene el autobús de L.E.A. Y a usted no la veré más, Sra. Nguyen. ¿No puede la biblioteca darles un poco más de dinero?

Sra. Nguyen. La biblioteca nos ayuda en lo que puede, pero el dinero no alcanza como quisiéramos. Dependemos del apoyo de la comunidad, pero parece que la gente no tiene mucho interés en contribuir con L.E.A.

Ileana. Yo tengo unos ahorros. Puedo dárselos… todos.

Sra. Nguyen. *(Con una sonrisa triste)*. Eres muy generosa, Ileana, pero temo que haría falta el rey Midas para salvar a L.E.A., y no creo que venga.

ANALIZAR EL TEXTO

Alusión ¿Qué le agrega a la obra la alusión al don del rey Midas?

113

ESCENA PRIMERA

ESCENARIO: *Patio trasero de la casa de Shane. Shane, Ileana y Jason están sentados a una mesa tomando una merienda.*

SHANE. *(Sacudiendo la cabeza).* ¡Oh, que así no sea! Porque es una mala noticia para L.E.A.

ILEANA. ¿Podrías dejar de hacer rimas, Shane? Esto es serio.

SHANE. *(Con aspecto de inocente).* ¿Qué dije?

JASON. Entonces, ¿qué quiso decir la Sra. Nguyen con "apoyo de la comunidad"?

ILEANA. Quiso decir que las donaciones de las personas de la comunidad ayudan a financiar los programas especiales de la biblioteca.

JASON. Bueno, nosotros somos la comunidad y si queremos salvar a L.E.A. tenemos que encontrar la forma de ganar dinero para financiarlo.

ILEANA. ¿Alguien tiene algo que podamos vender? ¿Una tarjeta de béisbol rara?

SHANE. Yo vendería mi bicicleta, pero la necesito para ir a la escuela.

ILEANA. De acuerdo. Quizá haya algo que podamos hacer para recaudar dinero.

SHANE. Podría preguntarle a mi hermano. El año pasado él y sus amigos recaudaron dinero para su picnic escolar.

JAKE. *(Llamando desde la puerta trasera).* Oye tú, dice mamá que tus amigos pueden quedarse a cenar. Vamos a comer pollo mutante.

ILEANA. *(Confundida).* ¿Pollo mutante?

SHANE. Jake y yo siempre nos peleábamos por los muslos, así que mamá usa pinchos para ponerle patas adicionales al pollo. *(Se dirige a Jake).* Oye, tenemos una pregunta.

JAKE. *(Se sienta a la mesa de picnic.)* Dime rápido. Soy un hombre ocupado.

ILEANA. Necesitamos una manera de conseguir un poco de plata. El programa L.E.A. se quedó sin dinero, así que cuéntanos cómo pagó tu clase el picnic del año pasado.

JAKE. Hicimos muchas cosas. *(Toma un puñado de papas fritas).* Podrían hacer una venta de pasteles.

JASON. ¿Es eso lo que hicieron ustedes?

JAKE. No. Lavamos carros un sábado por la mañana y ganamos dinero suficiente para pagar el picnic.

ILEANA. *(Animándose).* ¡Lavar carros!

JASON. ¡Vamos a hacerlo!

SHANE. A mí me parece bien.

JAKE. Esperen un poco. No pueden simplemente pararse en la calle y gritar: ¡Lavado de carros! Tienen que organizarlo. Necesitan un lugar y artículos de limpieza, sobre todo una fuente de agua, y tienen que promocionarlo.

SHANE. *(Con resignación).* ¡Qué cefalea! Creo que va a costar mucho salvar a L.E.A.

ILEANA. Volviste a hacerlo, Shane.

SHANE. ¡Ay! Perdón.

JAKE. *(Dirigiéndose a Ileana y a Jason).* Muchachos: si se van a quedar a comer pollo mutante, podremos discutir las distintas opciones para salvar a L.E.A.

ILEANA. ¡Genial!

115

ACTO SEGUNDO

ESCENA PRIMERA

ESCENARIO: El interior de la panadería del Sr. Díaz. El Sr. Díaz está de pie junto a un mostrador al lado de una vitrina llena de pastelitos. Ileana, Shane y Jason entran a la tienda y llevan botones grabados a mano que dicen "S.O.S. a L.E.A.". Cada uno lleva un montón de papeles de diferentes colores.

SR. DÍAZ. ¡Hola, niños! *(Lee los botones).* ¿Qué es "SOS a LEA"?

SHANE. Significa "Su Obsequio Salvará a Libros En Autobús". Se le ocurrió a Ileana.

SR. DÍAZ. ¿Qué plan están tramando ahora, chicos?

ILEANA. *(Respirando hondo).* Queremos pedirte un favor, tío Carlos. Libros en Autobús necesita dinero para poder seguir viniendo al vecindario.

SR. DÍAZ. *(Sacando su billetera).* Entonces, ¿quieren una donación?

ANALIZAR EL TEXTO

Elementos del teatro ¿De qué manera la descripción del escenario te ayuda a seguir la historia?

ILEANA. No esa clase de donación. Mira, quisiéramos lavar carros este sábado para recaudar el dinero. Nuestros padres donaron todos los artículos de limpieza y con la computadora e impresora de L.E.A. hicimos los volantes. (*Le entrega un volante azul brillante, y el Sr. Díaz lo lee*).

JASON. Lo único que nos falta ahora es el lugar donde lavar los carros.

SR. DÍAZ. (*Con una risa suave*). Y ahí es donde entro yo, ¿verdad?

ILEANA. Bueno, tú formas parte de la comunidad, tío Carlos.

SR. DÍAZ. Cierto. (*Se frota la barbilla*). La receta del pastel de banana y piña que encontró en línea la Sra. Nguyen el mes pasado ha sido una de las que más vendemos. De acuerdo. Pueden usar mi estacionamiento. Pueden conectar la manguera directamente al edificio.

ILEANA. (*Chocando palmas con Shane, Jason y el Sr. Díaz*). ¡Gracias, tío Carlos! ¡Muchas gracias!

SHANE. No se arrepentirá. Solo piense en las personas que querrán comprar tortas y pastelitos mientras nosotros lavamos sus carros.

JASON. (*Dirigiéndose a Ileana y a Shane*). El siguiente paso es hacer correr la voz. Vamos a agregar el lugar a estos volantes y a repartirlos. Vamos a limitarnos a los lugares que conocemos. Yo iré a la lavandería La Impecable y a la barbería de Teodoro a ver si podemos poner volantes ahí. Sr. Díaz, ¿puedo dejar una pila de volantes para sus clientes?

SR. DÍAZ. Por supuesto, y les haré un descuento en los productos de la panadería a todos los que quieran lavar el carro.

JASON. ¡Muchas gracias, Sr. Díaz!

SR. DÍAZ. De nada, Jason.

SHANE. Yo iré a la tienda de tarjetas Gran Éxito y a CD Usados del Dr. Bonzo.

ILEANA. Y yo llevaré mis volantes al mercado de la Sra. Romero, a la tienda de fantasías y a la florería.

SR. DÍAZ. (*Sorprendido*). Están muy organizados.

ILEANA. La biblioteca rodante tiene mucha información sobre recaudación de fondos.

SHANE. Ese es el valor de L.E.A.

SR. DÍAZ. Cuando terminen de entregar los volantes, reúnanse de nuevo aquí, ¡que yo les mostraré el valor de un pastel de banana y piña!

ESCENA SEGUNDA

ESCENARIO: *Estacionamiento de la panadería del Sr. Díaz. Jake enjuaga el carro de su padre con una manguera. Shane y Jason secan con toalla un segundo carro. Érica acepta unos billetes del conductor y corre a llevárselos a Ileana, que tiene el tarro del dinero.*

ÉRICA. *(Entusiasmada).* ¿Cuánto llevamos hasta ahora?

ILEANA. *(Sarcásticamente).* La tremenda suma de sesenta y cinco dólares.

ÉRICA. ¿Llevamos tres horas aquí y eso es todo?

ILEANA. Estaba segura de que tendríamos montones de carros. Supongo que… *(Su voz se va apagando mientras mira por sobre el hombro de Érica).*

ÉRICA. *(Se gira para mirar).* Oye, mira esa camioneta. Deberíamos cobrar más por lavar ese gran palo plateado que tiene encima.

JAKE. *(Acercándose rápidamente con Shane y Jason).* ¡Esa es la camioneta del noticiero del canal 7 de Dallas! Vamos a ser famosos.

MARÍA KOPANAS. *(Baja de la camioneta mientras el conductor se coloca una cámara de video en el hombro. Ambos se les acercan).* Hola, me llamo María Kopanas, soy reportera del canal 7.

SHANE. Te he visto en el noticiero.

MARÍA. Bueno, hoy la noticia son ustedes. Mi tía Delia es la dueña de la lavandería Impecable y me contó acerca del lavado de carros de hoy. ¿Puedo hablar con el organizador?

(A regañadientes, Ileana deja que los demás la empujen hacia adelante).

MARÍA. ¿Te importa si te hago unas preguntas?

ILEANA. *(Tímidamente).* Supongo que no.

CAMARÓGRAFO. Estamos en el aire en cinco… cuatro… tres…
(Levanta dos dedos, después uno y señala a María).

MARÍA. *(Hablando al micrófono).* Soy María Kopanas y estoy con cinco jóvenes excepcionales. Ellos decidieron hacer algo después de enterarse de que su querida biblioteca ambulante, Libros en Autobús, se había quedado sin fondos para seguir en funcionamiento. Dejaré que se presenten. *(Acerca el micrófono a cada uno).*

ILEANA. ¡Hola! Yo soy Ileana y esta es mi hermana Érica.

ÉRICA. ¡Yo sé decir mi nombre! *(Con dulzura hacia la cámara).* Yo soy Érica. ¡Y la Panadería Díaz hace el mejor pan de la ciudad!

JASON. Yo soy Jason.

JAKE. Yo soy Jake.

SHANE. Él es mi hermano. Yo soy Shane. *(Agitando la mano).* ¡Hola, mamá!

MARÍA. *(A Ileana).* ¿Por qué es tan importante para ustedes la biblioteca rodante?

ILEANA. Es la única manera de que muchos niños de mi vecindario puedan conseguir libros y usar una computadora. La sucursal del centro está demasiado lejos, así que es bueno tener una biblioteca que viene a nosotros. *(Mostrando su distintivo).* S.O.S. quiere decir «su obsequio salvará», o «¡auxilio!».

ÉRICA. Sí, un libro puede darte una aventura.

JASON. O enseñarte algo.

SHANE. O hacerte reír.

MARÍA. *(Hablando a la cámara).* Se ha especulado que cuando una comunidad tiene problemas, todos desaparecen. Pero aquí hay un grupo de niños que se han juntado para dar una mano a la comunidad. ¿Y usted? ¡Es un hermoso día para lavar el carro, amigos!

CAMARÓGRAFO. Ya estamos fuera del aire. Buen trabajo, María.

MARÍA. Gracias. Pero antes de regresar a la estación, creo que a la camioneta del noticiario le vendría bien un buen lavado.

ESCENA TERCERA

ESCENARIO: Estacionamiento de la Panadería Díaz. Los niños, sus padres y el camarógrafo están lavando una larga fila de carros. El autobús de L.E.A. entra pesadamente en el estacionamiento. La Sra. Nguyen sale de la biblioteca rodante.

ILEANA. ¡Mire, Sra. Nguyen! *(Levantando el tarro del dinero).* Todo esto es para L.E.A.

SRA. NGUYEN. Ileana, ¡esto es increíble!

ILEANA. Después de que María Kopanas nos presentó en el noticiario, llegaron montones de carros. No sé si hay suficiente dinero aquí para salvar a L.E.A., pero parece un buen comienzo, ¿verdad?

SRA. NGUYEN. Eso es lo que vine a decirles, Ileana. Gracias a sus volantes y a la noticia, la gente ha prometido ayudar. *(Saca sobres de su bolsillo).* ¡En todos estos hay cheques! Son de la Lavandería Impecable, la barbería de Teodoro, la tienda de fantasías, el mercado de la Sra. Romero, del canal 7, de sus padres y de muchos otros vecinos. ¡L.E.A. podrá seguir funcionando durante mucho tiempo!

ILEANA. *(Saltando).* ¡Vaya, chicos! ¡Qué gran idea! ¡Pudimos salvar a L.E.A.!

SHANE. Yo no habría podido decirlo mejor.

ANALIZAR EL TEXTO

Tema ¿Qué aprendieron los personajes al final de la obra? ¿Cómo se relaciona esto con el tema?

Ahora analiza

Cómo analizar el texto

Usa estas páginas para aprender acerca de Tema, Elementos del teatro y Alusión. Luego, vuelve a leer *¡El valor de L.E.A.!* para aplicar lo que has aprendido.

Tema

¡El valor de L.E.A.! es una obra de teatro que establece una cuestión. Todos los elementos de la obra se relacionan para enseñar una lección al público. Esa lección es el **tema** de la obra.

Usa detalles sobre los escenarios de la obra, los personajes y las acciones de los personajes en cada escena para descubrir el tema de la obra de teatro. Un organizador gráfico como el siguiente puede servirte para observar cómo se relacionan los elementos de la historia para crear el tema. A veces, también puedes pensar en lo que aprendieron los personajes para determinar el tema de la historia. Vuelve a leer las páginas 114 y 115. ¿Qué lección sobre ayudar a los demás aprenden los personajes en esas páginas?

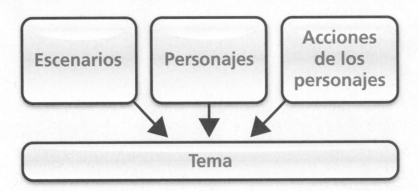

RL.4.2 determine theme from details/summarize; **RL.4.3** describe a character, setting, or event, drawing on details; **RL.4.4** determine the meaning of words and phrases, including those that allude to characters in mythology; **RL.4.5** explain major differences between poems, drama, and prose/ refer to their structural elements

122

Elementos del teatro

Las obras de **teatro**, como *¡El valor de L.E.A.!,* tienen estos elementos estructurales:

- **personajes:** una lista de personas o animales de la historia,
- **diálogos:** la trama se cuenta mediante lo que los personajes dicen o piensan para sí mismos,
- **indicaciones de escena:** instrucciones sobre cómo deben moverse o hablar en escena los actores.

Al igual que la prosa u otras historias, el teatro tiene un **escenario:** dónde suceden las historias y cuándo suceden.

Alusión

Cuando un autor incluye una referencia a una persona, un lugar, un suceso u otra historia famosa, usa una **alusión**. Los autores usan las alusiones para dar detalles sobre los personajes o los sucesos de una manera interesante y descriptiva. Por ejemplo, un personaje de una historia atrapado en una tormenta podría decir: "¡Supongo que Neptuno debe estar muy enojado!". En la mitología griega, Neptuno es el dios del mar y es el responsable de las tormentas que se producen en el mar.

Es tu turno

REPASAR LA PREGUNTA ESENCIAL

 Turnarse y comentar Repasa la selección con un compañero y prepárate para comentar esta pregunta: *¿Por qué las personas recaudan dinero para una causa?* Usa evidencia del texto de la obra para apoyar tus respuestas. Asegúrate de que tus comentarios se relacionen con lo que dice tu compañero para que la conversación no se aparte del tema.

Comentar en la clase

Para continuar comentando *¡El valor de L.E.A.!*, explica tus repuestas a estas preguntas:

1. ¿Por qué crees que se acercaron muchos conductores al lavadero de carros después del informe del noticiero de TV?

2. ¿Qué clase de valor mostraron los estudiantes en la obra de teatro?

3. ¿Cuáles son algunas otras maneras en que Ileana y sus amigos podrían haber ayudado a salvar a L.E.A.?

¡A SUS LUGARES!

Representar una escena Trabaja en grupo para elegir una escena y representarla. Asignen los personajes y tómense un tiempo para ensayar. La interpretación debe coincidir con las indicaciones de la obra de teatro. Luego, representen la escena para la clase. Comenta cómo se relaciona la presentación con el texto de la obra de teatro.

ESCRIBE SOBRE LO QUE LEÍSTE

Respuesta *¡El valor de L.E.A.!* muestra que ponerse en acción puede tener un efecto positivo en la comunidad. ¿Qué harías si te enteraras de que la actividad que más te gusta hacer cuando sales de la escuela o tu programa comunitario favorito no continuarán? Escribe un párrafo en el que expliques qué harías para que la actividad o el programa continúen. Di qué efecto crees que podrían tener tus acciones.

Sugerencia para la escritura

Asegúrate de que todas tus oraciones estén completas. Para verificarlo, identifica el sujeto y el predicado en cada oración.

RL.4.2 determine theme from details/summarize; **RL.4.7** make connections between the text and a visual or oral presentation of it; **W.4.10** write routinely over extended time frames and shorter time frames; **SL.4.1c** pose and respond to questions and make comments that contribute to the discussion and link to others' remarks

ESTÁNDARES COMUNES

TEXTO INFORMATIVO

DINERO:
Guía para niños

Un **texto informativo** da información objetiva acerca de un tema. En general, la información está organizada con encabezamientos e incluye imágenes visuales como tablas, gráficas y fotografías.

☑ **ENFOQUE EN EL TEXTO**

Las **tablas** proporcionan información de una manera visual. En general, brindan ejemplos de la información del artículo.

ESTÁNDARES COMUNES **RI.4.7** interpret information presented visually, orally, or quantitatively; **RI.4.10** read and comprehend informational texts

Aprende en línea

DINERO:
Guía para niños

por Steve Otfinoski

Gastar tu dinero

¿Qué haces con el dinero? Puedes gastarlo, ahorrarlo, invertirlo o regalarlo.

Hacer un presupuesto para tus gastos

Gastar tu dinero en las cosas que quieres puede ser muy divertido. Pero gastar dinero también conlleva responsabilidades. Tienes que asegurarte de no comprar demasiadas cosas que quieres y después quedarte sin dinero para las cosas que necesitas. Una manera de asegurarte de tener el dinero suficiente para pagar todo lo que necesitas es hacer un presupuesto. Un **presupuesto** es un plan para administrar tu dinero de una manera ordenada. Cuando sigues un presupuesto, tienes dinero suficiente para hacer frente a todos tus gastos.

Cinco pasos para hacer un presupuesto

Paso 1: Calcula tu ingreso semanal, el dinero que recibes de todas las fuentes. Cuenta solamente el dinero que obtienes regularmente, por ejemplo, una asignación semanal o el dinero que ganas por un trabajo fijo, como repartir periódicos.

Paso 2: Cada semana, haz una lista de las cosas en las que necesitas gastar dinero, como el boleto del autobús, útiles para la escuela y almuerzos.

Paso 3: Haz una lista de las cosas que quieres, pero que puedes dejar de lado si es necesario. Puede ser ir al cine o comprar un bocadillo o una cinta.

Paso 4: Ahora, haz una lista de las cosas para las que necesitas ahorrar.

Paso 5: Resta tus necesidades (la cantidad total del Paso 2) de tus ingresos. Puedes ahorrar o gastar la cantidad que queda. Ese es tu presupuesto semanal.

Incluso si tu ingreso semanal no es muy grande, es una buena idea hacer un presupuesto. Administrar tu dinero es un hábito que es mejor desarrollarlo desde pequeño. ¡Puedes empezar ahora!

Una vez que hayas planeado tu presupuesto, es importante que te atengas a él. Lleva un registro de tus gastos y de los objetivos de tu presupuesto en un cuaderno. Puedes llamarlo Libro de administración del dinero. Suma los gastos totales de cada semana. Si una semana logras mantenerte dentro del presupuesto, felicítate y grita bravo 27 veces.

Ejemplo de un presupuesto semanal:

Ingreso total semanal: $10.00

NECESITO		QUIERO	
dinero para el almuerzo/merienda	$2.00	bocadillos en la escuela	$3.00
boleto para el autobús (a lecciones de piano)	$1.50	cine	$3.50
Necesito en total:	$3.50	Quiero en total:	$6.50
Ingreso total semanal:	$10.00	Ahorrar para una bicicleta nueva	$2.00
Necesito en total en la semana:	$3.50	Hacer una donación	$1.00
Dinero que sobra:	$6.50		

Notas del presupuesto: Necesito volver a pensar lo que "quiero" gastar. Realmente quiero ir al cine esta semana, entonces, si llevo mis propios bocadillos a la escuela puedo evitar ese gasto y todavía tener dinero para ahorrar para la bicicleta y para hacer una donación a la caridad.

Frascos de dinero

Esta es una manera de asegurarte de estar dentro de tu presupuesto. Toma cuatro frascos de vidrio o de plástico y escribe estas etiquetas: NECESIDADES, OTROS GASTOS, AHORROS y DONACIÓN. Coloca los frascos en tu tocador o en un escritorio de tu habitación. Cada semana, toma tu dinero y repártelo entre los cuatro frascos, de acuerdo con tu presupuesto. Toma el dinero de cada frasco a medida que lo necesites.

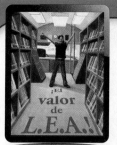

Comparar el texto

Comparar conceptos Explica la idea principal de *Dinero: Guía para niños* con tus propias palabras. Luego, explica los detalles que la respaldan. Ahora piensa en Ileana y sus amigos. ¿Qué podrían aprender de *Dinero: Guía para niños*? Presenta tus ideas con un grupo pequeño. Recuerda hablar con claridad para que tus compañeros puedan entenderte.

EL TEXTO Y TÚ

Escribir sobre el trabajo en equipo En *¡El valor de L.E.A.!,* un grupo de niños salva la biblioteca ambulante de su comunidad. Piensa en una situación en la que hayas trabajado con un grupo para ayudar a los demás. Escribe un párrafo que describa el objetivo de tu grupo, los pasos que siguieron para alcanzarlo y el resultado.

EL TEXTO Y EL MUNDO

Servicios comunitarios *¡El valor de L.E.A.!* muestra la importancia que puede tener una biblioteca para una comunidad. Trabaja con un compañero para hacer una lluvia de ideas sobre algunos de los distintos servicios que son importantes para tu comunidad. Comenta por qué esos servicios son importantes para la comunidad y a quiénes ayudan.

Aprende en línea

ESTÁNDARES COMUNES **RL.4.9** compare and contrast the treatment of similar themes and topics; **RI.4.2** determine the main idea and explain how it is supported by details/summarize; **RI.4.9** integrate information from two texts on the same topic; **SL.4.4** report on a topic or text, tell a story, or recount an experience/speak clearly at an understandable pace

ESTÁNDARES COMUNES

L.4.1f produce complete sentences, recognizing and correcting fragments and run-ons; **L.4.2a** use correct capitalization

Gramática

Aprende en línea

¿Qué son los fragmentos de oraciones y las oraciones seguidas sin puntuación ni conjunción? Una oración expresa un pensamiento completo y tiene un sujeto y un predicado. Un grupo de palabras que no expresa un pensamiento completo se llama **fragmento de oración.**

Fragmentos de oraciones	Oraciones correctas
Un lavadero de carros.	Los estudiantes tenían un lavadero de carros.
¡Más de cincuenta dólares!	¡El grupo reunió más de cincuenta dólares!

Las **oraciones seguidas** son oraciones que tienen dos pensamientos completos, uno a continuación del otro, y no tienen un signo de puntuación o una conjunción que las coordine.

Oraciones seguidas	Oraciones correctas
La biblioteca da dinero no es suficiente.	La biblioteca da dinero pero no es suficiente.
Los niños tenían un lavadero de carros ganaron dinero.	Los niños tenían un lavadero de carros. Ganaron dinero.

Inténtalo **Identifica con un compañero si cada grupo de palabras es un fragmento de oración u oraciones seguidas sin puntuación ni conjunción. Luego, indica cómo corregir las oraciones.**

1 necesidad de libros para leer.

2 No todas las familias de nuestra comunidad.

3 Una biblioteca ambulante llega a nuestra ciudad pedimos libros prestados.

130

Cuando escribas, asegúrate de que cada oración tenga sujeto y predicado. Para corregir un fragmento de oración, agrega el sujeto o el predicado que falta. Para corregir oraciones seguidas, separa los dos pensamientos completos con un punto o con una conjunción. Asegúrate de escribir cada oración con mayúscula inicial.

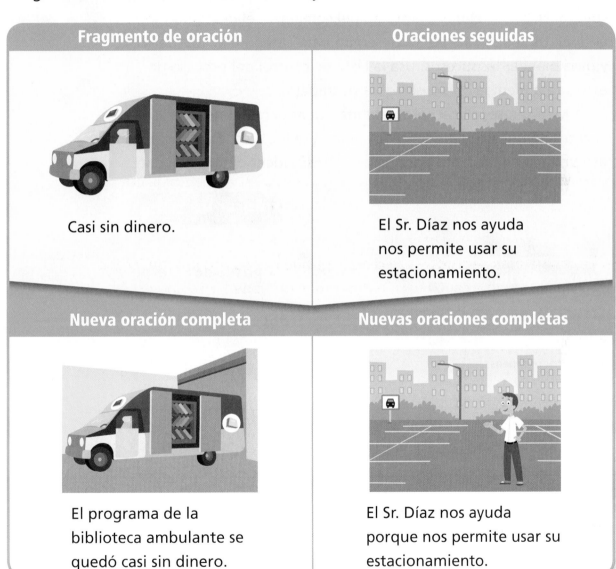

Fragmento de oración	Oraciones seguidas
Casi sin dinero.	El Sr. Díaz nos ayuda nos permite usar su estacionamiento.
Nueva oración completa	**Nuevas oraciones completas**
El programa de la biblioteca ambulante se quedó casi sin dinero.	El Sr. Díaz nos ayuda porque nos permite usar su estacionamiento.

 ## Relacionar la gramática con la escritura

La próxima semana, mientras editas tu ficción narrativa, asegúrate de que cada oración tenga un sujeto y un predicado. Si una oración tiene dos pensamientos completos, corrígela con un punto o agrega una conjunción. Escribe cada oración con mayúscula inicial.

W.4.3a orient the reader by establishing a situation and introducing a narrator or characters/organize an event sequence; **W.4.4** produce writing in which development and organization are appropriate to task, purpose, and audience; **W.4.5** develop and strengthen writing by planning, revising, and editing

Escritura narrativa

Taller de lectoescritura: Preparación para la escritura

✓ **Ideas**   Cuando planees tu **ficción narrativa,** haz primero una lluvia de ideas de los personajes, el escenario y el problema del cuento. Después, elabora la trama del comienzo, el desarrollo y el final. Un mapa del cuento te servirá para categorizar tus ideas y para planear los sucesos. Usa la Lista de control del proceso de escritura a medida que desarrollas tu trabajo.

A Mei Ann se le ocurrieron algunas ideas para su cuento y encerró en un círculo las ideas sobre las que iba a escribir. Después, usó un mapa del cuento para desarrollar sus ideas detalladamente.

Lista de control del proceso de escritura

▶ **Preparación para la escritura**

- ✓ ¿Se me ocurrieron ideas que mi público y yo disfrutaremos?
- ✓ ¿Definí los personajes y el entorno?
- ✓ ¿Planeé un problema para los personajes?
- ✓ ¿Pensé en sucesos emocionantes para el desarrollo del cuento?
- ✓ ¿Decidí cómo se resolverá el problema del cuento?

Hacer un borrador

Revisar

Corregir

Publicar y compartir

Explorar un tema

¿Quién?   un paseador de perros

dos amigos

un guitarrista joven

¿Dónde?   altillo

parque de la ciudad

programa de talentos

¿Qué?   encontrar una caja misteriosa

perder un perro

querer ganar un concurso

132

Mapa del cuento

Entorno

Altillo: cubierto de polvo, lleno de juguetes, muebles y equipo para acampar

Personajes

Matt: le tiene miedo a las arañas, inteligente

Sarah: mandona, valiente

Mamá de Sarah

Trama

Comienzo: Sarah descubre una maleta cerrada con llave.

Desarrollo: Sarah y Matt no saben cómo abrir la maleta. La mamá de Sarah trae algunas llaves viejas. En el interior de la maleta hay un periódico viejo y una chaqueta que tiene un anillo en el bolsillo.

Final: Matt lee el periódico y se entera de que en la casa de Sarah vivía un ladrón de joyas. Los amigos devuelven el anillo al dueño de la joyería.

Leer como escritor

¿Qué partes del mapa del cuento de Mei Ann te parecieron interesantes? ¿Qué sucesos y detalles interesantes puedes agregar a tu mapa del cuento?

A medida que llenaba mi mapa del cuento, fui agregando detalles del entorno, de los personajes y de los sucesos. Organicé mis ideas en una secuencia específica.

Vocabulario en contexto

✓ VOCABULARIO CLAVE

marinero

ola

desaparecer

escabullirse

anhelo

memorable

traicionar

condición

escasez

horrorizado

Librito de vocabulario

Tarjetas de contexto

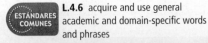

L.4.6 acquire and use general academic and domain-specific words and phrases

ESTÁNDARES COMUNES

1 **marinero**

Los dos padres de Jen son navegantes. La vida como marineros es muy emocionante para ellos.

2 **ola**

Un terremoto en el océano causó una enorme ola sísmica.

3 **desaparecer**

El rompeolas hace desaparecer las olas y crea una bruma en el aire.

4 **escabullirse**

La niña no conocía a nadie en el pueblo y por eso trataba de escabullirse.

Aprende en línea

- ▶ Estudia cada Tarjeta de contexto.
- ▶ Relata un cuento acerca de dos o más imágenes y usa las palabras del Vocabulario.

⑤ anhelo

Después de viajar durante meses, Daniel tuvo el anhelo de estar de regreso en casa.

⑥ memorable

Sus vacaciones fueron memorables. Nunca las podrá olvidar.

⑦ traicionar

Su amiga la había traicionado. Ella se sentía muy defraudada.

⑧ condición

Abel tiene fiebre. No puede salir a jugar con sus amigos en estas condiciones.

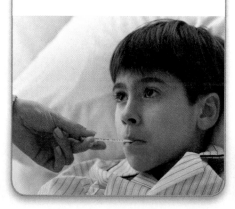

⑨ escasez

Hay largas filas en las estaciones debido a la escasez de gasolina.

⑩ horrorizado

Este niño quedó horrorizado cuando se le cayó el plato de comida.

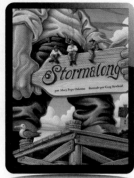

Leer y comprender

☑ DESTREZA CLAVE

Comprender a los personajes Mientras lees *Stormalong*, busca detalles en el texto que te ayuden a comprender la forma de ser del **personaje principal**. Presta atención a lo que siente Stormalong, lo que hace y la manera en que se relaciona con los demás personajes. Usa un organizador gráfico como el siguiente para comprender a Stormalong y los cambios que experimenta.

Pensamientos	Palabras	Acciones

☑ ESTRATEGIA CLAVE

Inferir/Predecir Cuando **infieres**, usas detalles del cuento para deducir algo que la autora no dijo o no afirmó directamente. Mientras lees, infiere qué clase de persona es Stormalong. Luego, **predice** qué podría hacer a continuación, basándote en las pistas que ha dado la autora y lo que has inferido.

 ESTÁNDARES COMUNES

RL.4.1 refer to details and examples when explaining what the text says explicitly and when drawing inferences; **RL.4.3** describe a character, setting, or event, drawing on details

Cuentos tradicionales

Un cuento tradicional es un cuento que se cuenta una y otra vez a lo largo del tiempo. Los cuentos tradicionales se transmiten de una generación a otra en forma oral.

Stormalong es un cuento tradicional sobre un marinero de treinta pies de estatura llamado Alfred Bulltop Stormalong. Los marineros estadounidenses comenzaron a cantar sobre Stormalong en la década de 1830, cuando unos barcos rápidos llamados clíperes navegaban de una ciudad a otra. Con el tiempo, las historias sobre Stormalong se difundieron. Su fuerza, coraje y amabilidad se convirtieron en leyenda. Cantar juntos sobre las fantásticas hazañas de Stormalong ayudaba a los marineros a enfrentar el trabajo arduo en las bravas olas del océano.

TEXTO PRINCIPAL

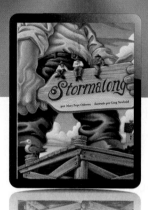

CONOCE A LA AUTORA

Mary Pope Osborne

Mary Pope Osborne, autora de la colección "La casa del árbol", ha escrito más de cincuenta libros. De niña, recorrió muchos lugares con su familia y, de adulta, continuó esas aventuras. ¡Una vez durmió en una cueva en la isla de Creta! Su afición por la investigación la llevó a realizar muchos viajes a través de la escritura.

 DESTREZA CLAVE

Comprender a los personajes

Examina las relaciones entre los personajes y los cambios que experimentan a lo largo del cuento.

CONOCE AL ILUSTRADOR

Greg Newbold

A Greg Newbold siempre le gustó el arte y empezó a dibujar y a pintar cuando era niño. Ha ilustrado muchos libros infantiles y hasta ha diseñado anuncios publicitarios. Además, dicta clases de arte en el nivel universitario.

 GÉNERO

Un **cuento fantasioso** es un relato humorístico sobre sucesos imposibles o exagerados. Mientras lees, busca:

▶ sucesos que no pueden ocurrir en la vida real,

▶ exageraciones sobre la fuerza y las habilidades de un personaje del cuento e

▶ historias sobre héroes populares y leyendas.

ESTÁNDARES COMUNES — **L.4.3** describe a character, setting or event, drawing on details; **RL.4.4** determine the meaning of words and phrases, including those that allude to characters in mythology; **RL.4.10** read and comprehend literature

 Aprende en línea

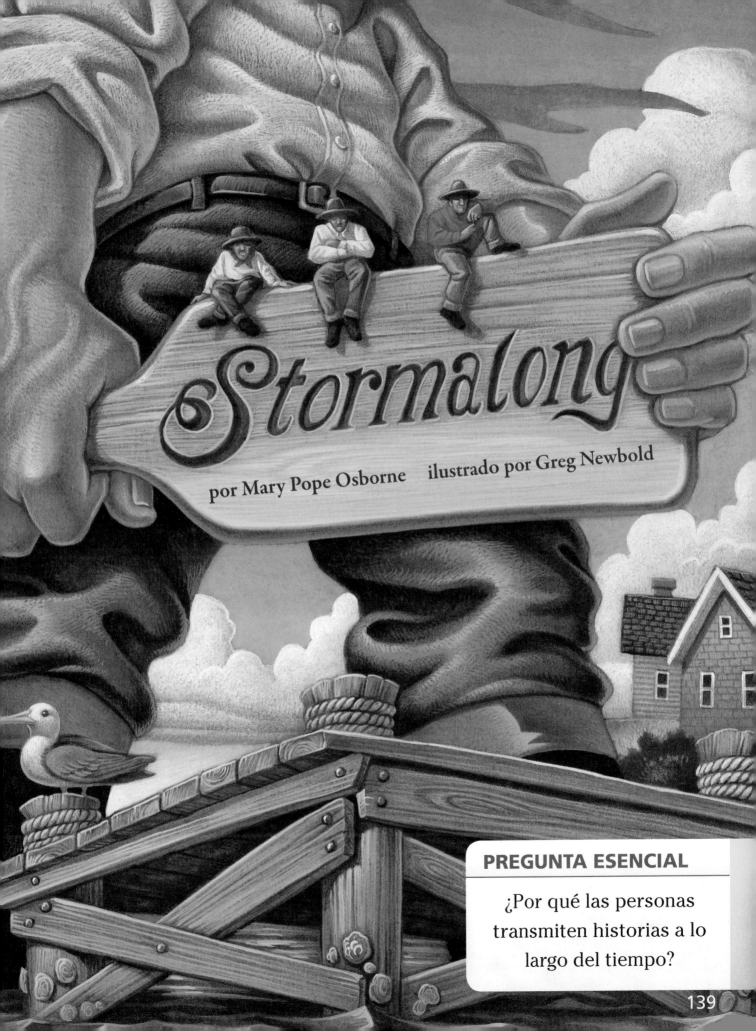

Stormalong

por Mary Pope Osborne   ilustrado por Greg Newbold

PREGUNTA ESENCIAL

¿Por qué las personas transmiten historias a lo largo del tiempo?

Un día, a principios del siglo XIX, una ola sísmica se estrelló contra las costas de Cape Cod, en Nueva Inglaterra. Después de que retrocedió, los aldeanos oyeron bramidos profundos que provenían de la playa. Fueron corriendo para averiguar qué pasaba y, al llegar, no podían creer lo que veían. Un bebé gigante que medía tres brazas, o dieciocho pies, gateaba por la arena, llorando tan fuerte como una sirena de barco.

Los aldeanos lo pusieron en una carretilla enorme, lo llevaron al templo del pueblo y le dieron barriles y barriles de leche. Mientras diez personas le daban palmaditas en la espalda, el pastor dijo:

—¿Cómo lo vamos a llamar?

—¿Qué tal Alfred Bulltop Stormalong? —alzó la voz un niño—. Y como diminutivo le diremos Stormy.

El bebé le sonrió al niño.

—¡Que sea Stormy! —gritaron todos.

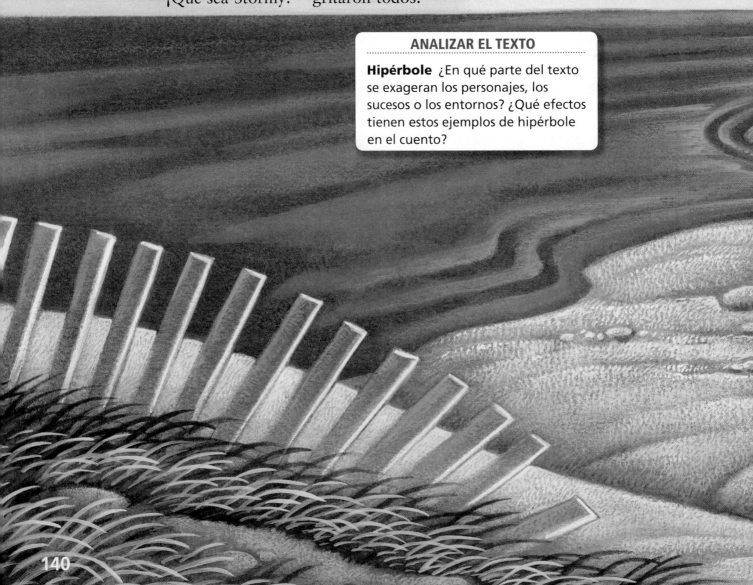

ANALIZAR EL TEXTO

Hipérbole ¿En qué parte del texto se exageran los personajes, los sucesos o los entornos? ¿Qué efectos tienen estos ejemplos de hipérbole en el cuento?

Mientras crecía, Stormy era la atracción principal de Cape Cod. Pero a él no le gustaba toda esa atención; le recordaba que era diferente de los demás. Después de clases, trataba siempre de escabullirse al mar. Le gustaba nadar en las aguas profundas y cabalgar sobre las ballenas y las marsopas. Su pasión por el océano era tan grande que la gente decía que por sus venas corría agua salada.

A los doce años, ¡Stormy ya medía treinta y seis pies!

—Supongo que llegó la hora de que salgas a conocer el mundo —le decían sus amigos con tristeza—. La verdad es que has crecido demasiado para este pueblo. No cabes en la escuela y eres demasiado alto para trabajar en una tienda. Tal vez deberías irte a Boston, que es mucho más grande que Cape Cod.

Stormy se sentía como un paria. Preparó su maleta, se la echó al hombro y partió. Cuando llegó a Boston, descubrió algo que lo hizo sentir más triste: aunque la ciudad tenía más casas que Cape Cod, eran igual de pequeñas. Peor aún, su voz, que sonaba como una sirena de niebla, y su enorme tamaño aterrorizaban a todos los que lo conocían.

—Lo único que me queda es la vida de marinero —dijo, mirando con anhelo el puerto de Boston—. El mar es mi mejor amigo. Es ahí donde debo estar. —Y dando la espalda a Boston, se dirigió a grandes pasos al velero más grande que había en el puerto: *La señora del mar*.

—¡Es increíble! —dijo el capitán cuando Stormy se le puso delante—, nunca había visto un hombre tan grande como tú.

—No soy un hombre —contestó Stormy—, tengo doce años.

—¡Increíble de nuevo! —dijo el capitán—. Entonces creo que serás el grumete más grande del mundo. Bienvenido a bordo, hijo.

ANALIZAR EL TEXTO

Punto de vista ¿Quién cuenta el cuento? ¿Qué evidencia del texto indica el punto de vista del cuento?

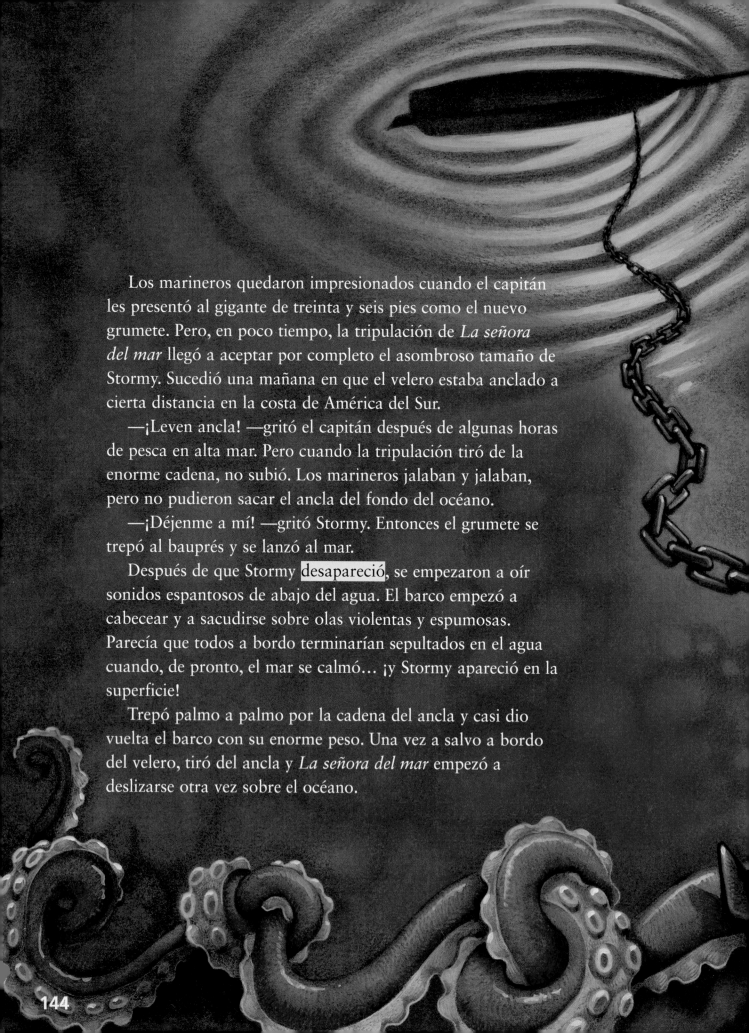

Los marineros quedaron impresionados cuando el capitán les presentó al gigante de treinta y seis pies como el nuevo grumete. Pero, en poco tiempo, la tripulación de *La señora del mar* llegó a aceptar por completo el asombroso tamaño de Stormy. Sucedió una mañana en que el velero estaba anclado a cierta distancia en la costa de América del Sur.

—¡Leven ancla! —gritó el capitán después de algunas horas de pesca en alta mar. Pero cuando la tripulación tiró de la enorme cadena, no subió. Los marineros jalaban y jalaban, pero no pudieron sacar el ancla del fondo del océano.

—¡Déjenme a mí! —gritó Stormy. Entonces el grumete se trepó al bauprés y se lanzó al mar.

Después de que Stormy desapareció, se empezaron a oír sonidos espantosos de abajo del agua. El barco empezó a cabecear y a sacudirse sobre olas violentas y espumosas. Parecía que todos a bordo terminarían sepultados en el agua cuando, de pronto, el mar se calmó… ¡y Stormy apareció en la superficie!

Trepó palmo a palmo por la cadena del ancla y casi dio vuelta el barco con su enorme peso. Una vez a salvo a bordo del velero, tiró del ancla y *La señora del mar* empezó a deslizarse otra vez sobre el océano.

—¿Qué pasó? —gritó la tripulación.

—Nada, solo una riña con un pulpo de dos toneladas —contestó Stormy.

—¡Un pulpo!

—Sí. No quería soltar el ancla.

—¿Qué le hiciste? —gritaron los demás.

—Le até los ocho tentáculos pegajosos con doble nudo. Le tomará muchísimo tiempo desatarse.

Desde ese día Stormy fue el marinero más querido del barco. En los años siguientes, su fama se difundió tanto que todas las tripulaciones de veleros querían que el grumete navegara con ellos.

Pero Stormy sentía que todavía no era feliz. En parte porque no había ningún barco tan grande para él, ni siquiera *La señora del mar*, que casi se daba vuelta cuando él se paraba cerca de la barandilla. Cuando fregaba la cubierta, se despegaba toda la madera y cuando entonaba una saloma se le metían olas gigantes.

Lo peor de todo era que todavía se sentía solo: las hamacas del velero eran tan pequeñas que de noche tenía que dormir a solas en un bote de remos. Cuando escuchaba cómo los demás marineros cantaban y se divertían, sentía que su mejor amigo, el mar, lo había traicionado. Quizá fuera hora de que el marinero gigante siguiera su camino.

Un día, al anclar *La señora del mar* en Boston, Stormy anunció a sus amigos que había decidido abandonar la vida de marinero.

—Me pondré un remo al hombro y me dirigiré al oeste —dijo—. Me dicen que por ahí hay espacio suficiente para toda clase de personas, incluso para grandotes como yo.

—¿Dónde piensas vivir, Stormy? —preguntó un marinero.

—Caminaré hasta que alguien me pregunte: «Oiga, señor, ¿qué es esa cosa rara que lleva al hombro?». Entonces sabré que estoy tan lejos del mar que nunca más volveré a pensar en él.

Stormy pasó por las ciudades de Providence y Nueva York; se internó en los pinares de Nueva Jersey y en los bosques de Pennsylvania. Cruzó los montes de Allegheny y viajó en barcazas por el río Ohio.

A menudo, los pioneros invitaban a Stormy a compartir la cena, pero esto solo servía para hacer que extrañara su hogar, porque siempre adivinaban que era marinero y le hacían preguntas sobre el mar.

No fue sino hasta que Stormy llegó a las praderas de Kansas que un granjero le preguntó:

—Oiga, señor, ¿qué es esa cosa rara que lleva al hombro?

—Acabas de hacer la pregunta correcta, amigo —contestó Stormy—. ¡Me voy a quedar a vivir aquí a cultivar papas!

Dicho y hecho. Stormy pronto se convirtió en el mejor agricultor de la zona. Plantó más de cinco millones de papas y regaba todos los cultivos con el sudor de la frente.

Pero durante todo el tiempo que araba, sembraba, regaba y cosechaba, sabía que aún no había encontrado su hogar. Era demasiado grande para participar en las cuadrillas que se armaban en el salón de bailes; era demasiado grande para hacer visitas a las otras granjas, demasiado grande para el templo, demasiado grande para la tienda.

Y anhelaba muchísimo el mar. Extrañaba la brisa, el olor a peces y el rocío salado. En las praderas no había olas gigantes que lo derribaran ni huracanes que lo revolcaran por la tierra. ¿Así cómo podía poner a prueba su verdadera fuerza y valentía?

Un día, varios años después de que Stormy se había ido, los marineros del puerto de Boston vieron a un gigante acercarse por el muelle, agitando su remo sobre la cabeza. A medida que se acercaba, empezaron a gritar de felicidad. ¡Había vuelto Stormy!

Pero por más contentos que estuvieran de verlo, estaban horrorizados de ver su mal aspecto. Estaba todo encorvado, la cara parecía una mazorca marchita y tenía bolsas pálidas debajo de los ojos.

Cuando se corrió la voz sobre las condiciones en que se encontraba Stormy, miles de marineros se reunieron para discutir el problema.

—Esta vez tenemos que hacer que se quede con nosotros —dijo uno.

—Hay una sola manera de conseguirlo —agregó otro—: hay que construir un barco tan grande como él.

—¡Eso es! —dijeron los demás—. ¡No es bueno que de noche vaya a la zaga en un bote de remos!

Así que los marineros de Nueva Inglaterra se pusieron a construir el velero más grande del mundo. Tuvieron que cortar y coser las velas en el desierto de Mojave, y cuando terminaron el barco había escasez de madera en todo el país. Hacían falta cuarenta marineros para manejar el timón… a menos, por supuesto, que el capitán fuera Alfred Bulltop Stormalong, ¡que lo podía girar con su dedo meñique!

Stormalong bautizó al velero *El Corcel*. En su viaje inaugural, tomó firmemente el timón y lo sacó del puerto de Boston. Al surcar sobre las olas, con las mejillas enrojecidas por el sol y el cabello brillante por el rocío del océano, el agua salada comenzó a correrle de nuevo por las venas.

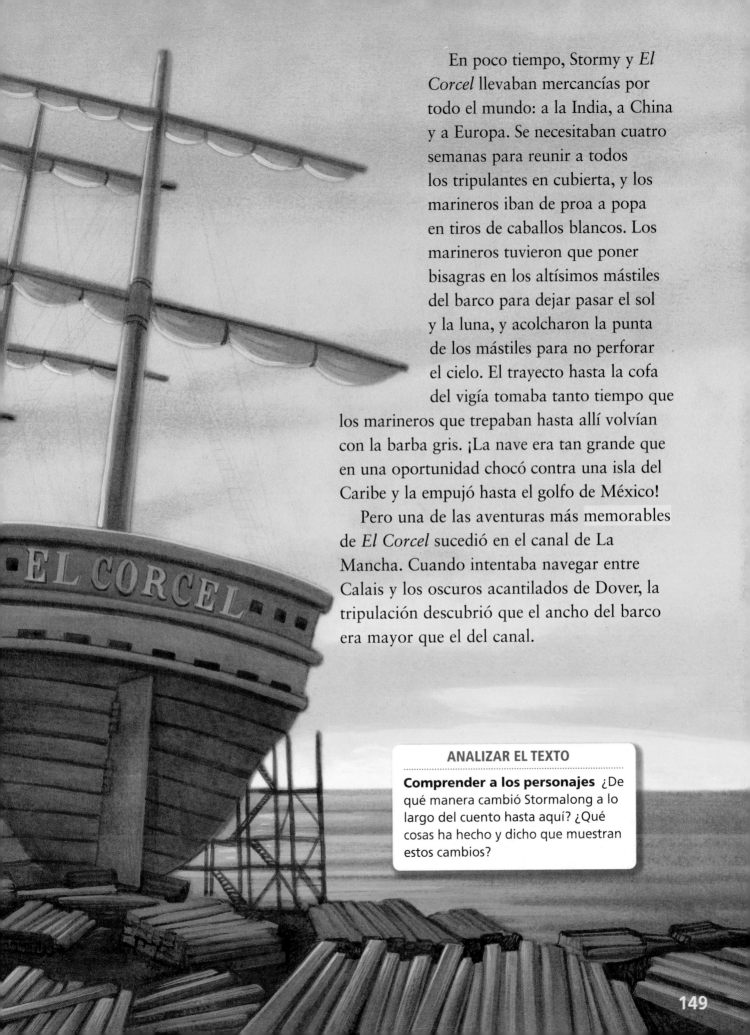

En poco tiempo, Stormy y *El Corcel* llevaban mercancías por todo el mundo: a la India, a China y a Europa. Se necesitaban cuatro semanas para reunir a todos los tripulantes en cubierta, y los marineros iban de proa a popa en tiros de caballos blancos. Los marineros tuvieron que poner bisagras en los altísimos mástiles del barco para dejar pasar el sol y la luna, y acolcharon la punta de los mástiles para no perforar el cielo. El trayecto hasta la cofa del vigía tomaba tanto tiempo que los marineros que trepaban hasta allí volvían con la barba gris. ¡La nave era tan grande que en una oportunidad chocó contra una isla del Caribe y la empujó hasta el golfo de México!

Pero una de las aventuras más memorables de *El Corcel* sucedió en el canal de La Mancha. Cuando intentaba navegar entre Calais y los oscuros acantilados de Dover, la tripulación descubrió que el ancho del barco era mayor que el del canal.

ANALIZAR EL TEXTO

Comprender a los personajes ¿De qué manera cambió Stormalong a lo largo del cuento hasta aquí? ¿Qué cosas ha hecho y dicho que muestran estos cambios?

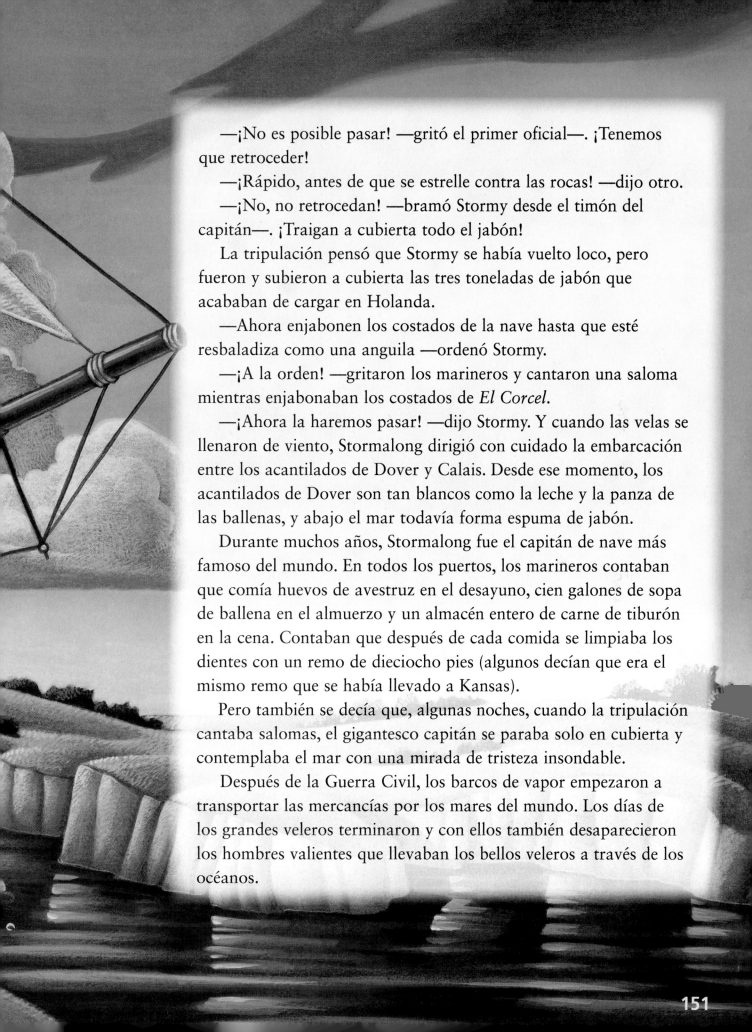

—¡No es posible pasar! —gritó el primer oficial—. ¡Tenemos que retroceder!

—¡Rápido, antes de que se estrelle contra las rocas! —dijo otro.

—¡No, no retrocedan! —bramó Stormy desde el timón del capitán—. ¡Traigan a cubierta todo el jabón!

La tripulación pensó que Stormy se había vuelto loco, pero fueron y subieron a cubierta las tres toneladas de jabón que acababan de cargar en Holanda.

—Ahora enjabonen los costados de la nave hasta que esté resbaladiza como una anguila —ordenó Stormy.

—¡A la orden! —gritaron los marineros y cantaron una saloma mientras enjabonaban los costados de *El Corcel*.

—¡Ahora la haremos pasar! —dijo Stormy. Y cuando las velas se llenaron de viento, Stormalong dirigió con cuidado la embarcación entre los acantilados de Dover y Calais. Desde ese momento, los acantilados de Dover son tan blancos como la leche y la panza de las ballenas, y abajo el mar todavía forma espuma de jabón.

Durante muchos años, Stormalong fue el capitán de nave más famoso del mundo. En todos los puertos, los marineros contaban que comía huevos de avestruz en el desayuno, cien galones de sopa de ballena en el almuerzo y un almacén entero de carne de tiburón en la cena. Contaban que después de cada comida se limpiaba los dientes con un remo de dieciocho pies (algunos decían que era el mismo remo que se había llevado a Kansas).

Pero también se decía que, algunas noches, cuando la tripulación cantaba salomas, el gigantesco capitán se paraba solo en cubierta y contemplaba el mar con una mirada de tristeza insondable.

Después de la Guerra Civil, los barcos de vapor empezaron a transportar las mercancías por los mares del mundo. Los días de los grandes veleros terminaron y con ellos también desaparecieron los hombres valientes que llevaban los bellos veleros a través de los océanos.

EN
MEMORIA
DE
B STORMALONG

Nadie recuerda exactamente cómo murió el viejo Stormalong. Lo único que recuerdan es su funeral. Parece ser que, en un crepúsculo nebuloso, miles de marineros asistieron a su entierro. Lo cubrieron con cien yardas de la seda china más fina, y entonces cincuenta marineros cargaron su enorme ataúd hasta una tumba cerca del mar. Mientras cavaban en la arena con palas plateadas y bajaban el ataúd con una cuerda plateada, lloraban lágrimas en forma de lluvia.

Y durante muchos años después, lo recordaban en sus cantos:

El viejo Stormy en paz descansa.
Para mí, ¡eh!, ¡Stormalong!
de todos los marineros fue el mejor,
siempre, siempre, ¡señor Stormalong!

Desde entonces, los marineros de primera usan las siglas "A. B. S." después de su nombre. La mayoría cree que quiere decir "*Able-Bodied Seaman*", que significa marinero sano en inglés. Pero los viejos hombres de mar de Nueva Inglaterra saben que no es así. Saben que son las iniciales del marinero de aguas profundas más asombroso que jamás haya vivido: Alfred Bulltop Stormalong.

Ahora analiza

Cómo analizar el texto

Usa estas páginas para aprender acerca de Comprender a los personajes, Punto de vista e Hipérbole. Luego, vuelve a leer *Stormalong* para aplicar lo que has aprendido.

Comprender a los personajes

Stormalong es un cuento fantasioso sobre un marinero gigantesco de sobrenombre Stormy. Al igual que las personas de la vida real, cada **personaje** de un cuento es único. Para determinar cómo es un personaje, busca evidencia del texto sobre lo que el personaje piensa, dice y hace.

Prestar atención a lo que piensa, dice y hace Stormy te ayudará a comprender cómo es el personaje y cómo se relaciona con los demás personajes. Vuelve a leer las páginas 146 y 147. ¿Qué te indican sobre Stormy sus pensamientos, sus palabras y sus acciones?

Pensamientos	Palabras	Acciones

RL.4.3 describe a character, setting, or event, drawing on details; **RL.4.4** determine the meaning of words and phrases, including those that allude to characters in mythology; **RL.4.6** compare and contrast the point of view from which stories are narrated

Punto de vista

- El **punto de vista** es el ángulo desde el cual se escribe un texto. Recuerda que la mayoría de los cuentos se escriben con un punto de vista de primera persona o un punto de vista de tercera persona.

- En el **punto de vista de primera persona,** el narrador es uno de los personajes del cuento. Usa las palabras *yo, mí* y *mi.*

- En el **punto de vista de tercera persona,** el narrador es un observador externo. Usa las palabras *él, ella, ellos* y *ellas* para contar sobre los personajes. El narrador en tercera persona sabe qué piensan todos los personajes.

Hipérbole

La **hipérbole** es un recurso que usan los autores para "distorsionar la verdad", o exagerar las acciones y las habilidades de los personajes. Los escritores de cuentos fantasiosos usan hipérboles para hacer que los personajes desborden la realidad. Por ejemplo, la autora compara la voz de Stormy con una sirena de niebla, que es un aparato que hace un ruido fuerte para advertir a los marineros de que se aproximan a tierra.

Es tu turno

mi Escritura genial

REPASAR LA PREGUNTA ESENCIAL

Turnarse y comentar

Repasa el cuento y prepárate para comentar esta pregunta: *¿Por qué las personas transmiten historias a lo largo del tiempo?* Mientras comentas la pregunta, túrnate con un compañero para nombrar cuentos que se han contado durante muchas generaciones.

Comentar en la clase

Para continuar comentando *Stormalong*, explica tus respuestas a estas preguntas:

1. ¿Cuál crees que fue el propósito de la autora para escribir este cuento?

2. ¿Por qué Stormalong se convirtió en semejante leyenda entre los marineros?

3. ¿Crees que Stormalong alguna vez se sintió aceptado? Explica por qué.

LEYENDA LOCAL

Escribir una canción Trabaja con un compañero para escribir una canción graciosa sobre un bebé gigante o algún otro personaje de cuento fantasioso que llega a tu ciudad. Incluye una descripción del personaje principal y del problema que ocasiona su llegada. ¿Cómo resuelve la ciudad este problema? Elige una melodía para la canción junto con tu compañero y cántenla para la clase.

ESCRIBE SOBRE LO QUE LEÍSTE

Respuesta Stormy luchó toda su vida para lograr integrarse. Escribe un párrafo en el que expliques por qué se esforzó tanto. Usa ejemplos y detalles del cuento para apoyar tu respuesta. Incluye tus ideas sobre por qué las personas necesitan integrarse. Recuerda terminar el párrafo con una oración final conclusiva.

Sugerencia para la escritura

Para atraer la atención de tus lectores, comienza el párrafo con una introducción interesante. Luego, enumera dos o tres razones por las cuales luchó Stormy.

 ESTÁNDARES COMUNES **RL.4.3** describe a character, setting, or event, drawing on details; **W.4.1b** provide reasons supported by facts and details; **W.4.1d** provide a concluding statement or section; **W.4.9a** apply grade 4 Reading standards to literature; **SL.4.1a** come to discussions prepared/explicitly draw on preparation and other information about the topic

Lección 5

CUENTO POPULAR

✓ GÉNERO

Un **cuento popular** es una historia que las personas de un país cuentan para explicar algo o para entretener. Este cuento popular está narrado en forma de obra de teatro.

✓ ENFOQUE EN EL TEXTO

Las **escenas** ayudan a mostrar cuándo cambia el escenario, es decir, el tiempo y el lugar, en una obra de teatro. También separan la acción de la obra en diferentes secciones. ¿Cómo se diferencia cada una de las escena de las otras?

RL.4.5 explain major differences between poems, drama, and prose/refer to their structural elements

158

Hoderi,
el pescador

adaptación de Kate McGovern

❈

Reparto

NARRADOR

HODERI

HIKOHODEMI

KATSUMI

REY DEL MAR

❈

Escena 1

(Escenario: una pequeña aldea japonesa de pescadores del siglo XVI).

NARRADOR. Un día, dos hermanos —Hoderi, un cazador, e Hikohodemi, un pescador— deciden intercambiar trabajos por un día.

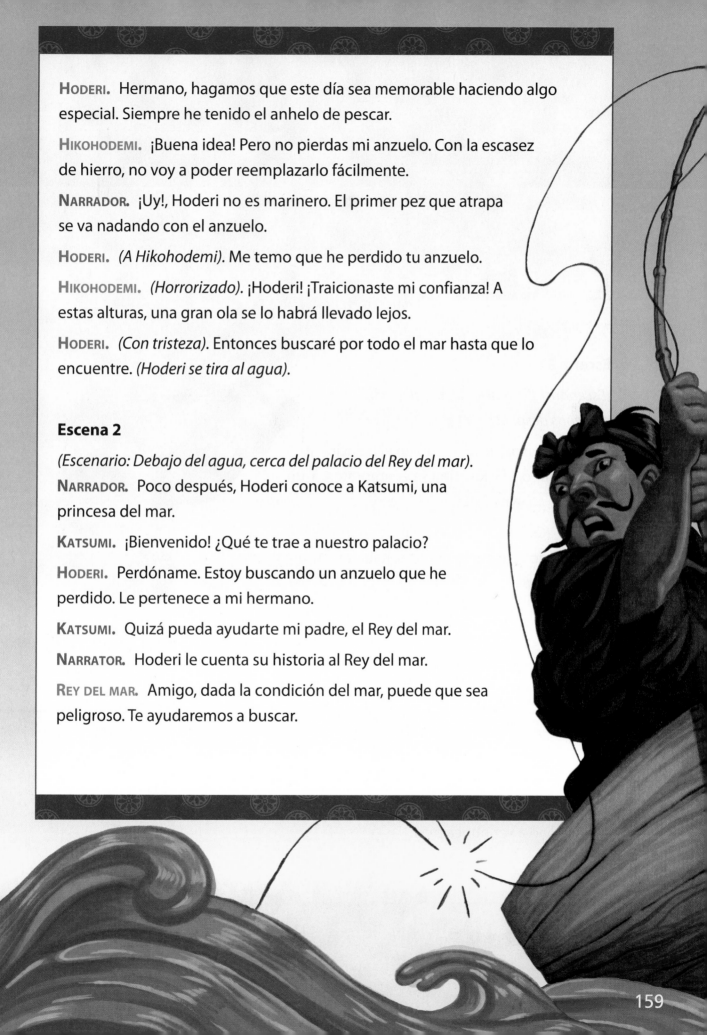

Hoderi. Hermano, hagamos que este día sea memorable haciendo algo especial. Siempre he tenido el anhelo de pescar.

Hikohodemi. ¡Buena idea! Pero no pierdas mi anzuelo. Con la escasez de hierro, no voy a poder reemplazarlo fácilmente.

Narrador. ¡Uy!, Hoderi no es marinero. El primer pez que atrapa se va nadando con el anzuelo.

Hoderi. *(A Hikohodemi)*. Me temo que he perdido tu anzuelo.

Hikohodemi. *(Horrorizado)*. ¡Hoderi! ¡Traicionaste mi confianza! A estas alturas, una gran ola se lo habrá llevado lejos.

Hoderi. *(Con tristeza)*. Entonces buscaré por todo el mar hasta que lo encuentre. *(Hoderi se tira al agua)*.

Escena 2

(Escenario: Debajo del agua, cerca del palacio del Rey del mar).
Narrador. Poco después, Hoderi conoce a Katsumi, una princesa del mar.

Katsumi. ¡Bienvenido! ¿Qué te trae a nuestro palacio?

Hoderi. Perdóname. Estoy buscando un anzuelo que he perdido. Le pertenece a mi hermano.

Katsumi. Quizá pueda ayudarte mi padre, el Rey del mar.

Narrator. Hoderi le cuenta su historia al Rey del mar.

Rey del mar. Amigo, dada la condición del mar, puede que sea peligroso. Te ayudaremos a buscar.

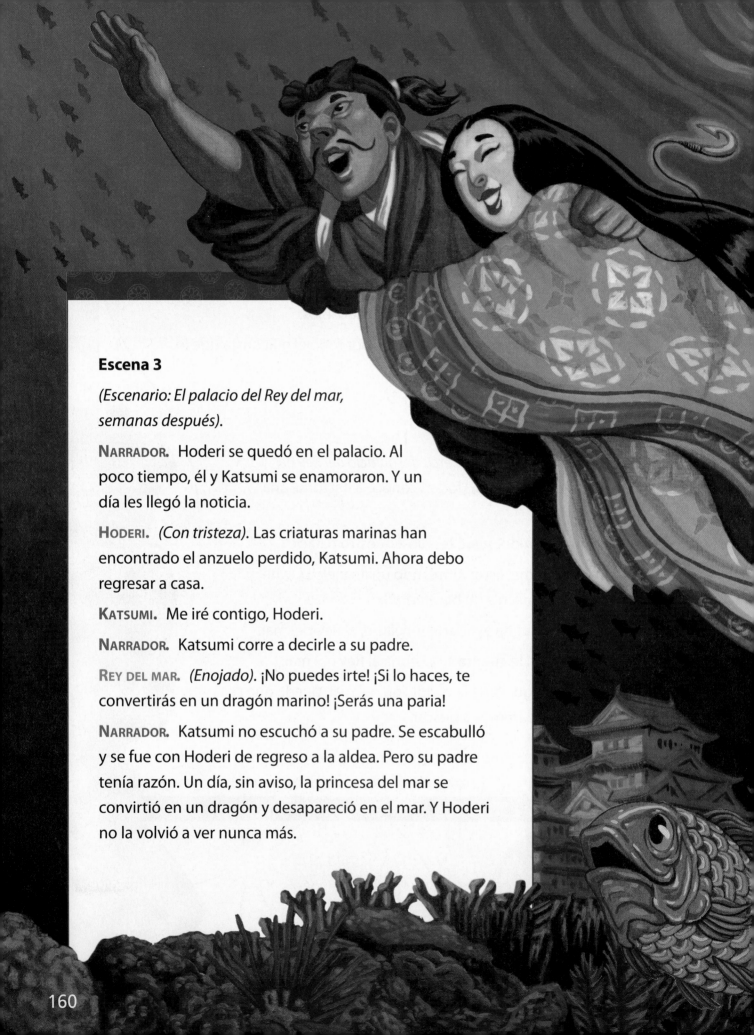

Escena 3

(Escenario: El palacio del Rey del mar, semanas después).

NARRADOR. Hoderi se quedó en el palacio. Al poco tiempo, él y Katsumi se enamoraron. Y un día les llegó la noticia.

HODERI. *(Con tristeza).* Las criaturas marinas han encontrado el anzuelo perdido, Katsumi. Ahora debo regresar a casa.

KATSUMI. Me iré contigo, Hoderi.

NARRADOR. Katsumi corre a decirle a su padre.

REY DEL MAR. *(Enojado).* ¡No puedes irte! ¡Si lo haces, te convertirás en un dragón marino! ¡Serás una paria!

NARRADOR. Katsumi no escuchó a su padre. Se escabulló y se fue con Hoderi de regreso a la aldea. Pero su padre tenía razón. Un día, sin aviso, la princesa del mar se convirtió en un dragón y desapareció en el mar. Y Hoderi no la volvió a ver nunca más.

Comparar el texto

Comentar el tema El tema de un cuento es el mensaje del autor, es decir, la lección que el autor quiere que aprendan los lectores. Comenta con un compañero la lección que los lectores pueden aprender de *Stormalong* y *Hoderi, el pescador*. Luego, trabaja con tu compañero para escribir una oración que resuma el tema que comunican los dos cuentos.

EL TEXTO Y TÚ

Describir algo de interés En *Stormalong*, el personaje principal es feliz solamente cuando cumple con su verdadera vocación de marinero. Piensa en una actividad, como un deporte, un juego o un pasatiempo, que te hace especialmente feliz. Escribe un párrafo corto para describir esa actividad y explica por qué te gusta tanto.

EL TEXTO Y EL MUNDO

Investigar los barcos a vapor La era de los buques de vela que se describe en *Stormalong* llegó a su fin cuando se inventaron los barcos a vapor. Usa una fuente en línea y una fuente impresa para aprender acerca de los barcos a vapor. Luego, haz una lista de datos sobre estos barcos que incluya cómo cambiaron la manera en la que se transportaban las mercancías. Comparte la lista con la clase.

Aprende en línea

ESTÁNDARES COMUNES
RL.4.2 determine theme from details/summarize; **RL.4.9** compare and contrast the treatment of similar themes and topics; **W.4.7** conduct short research projects that build knowledge through investigation; **W.4.8** recall information from experiences or gather information from print and digital sources/take notes, categorize information, and provide a list of sources

Gramática

¿Qué es un sustantivo propio? Un sustantivo nombra una persona, un lugar o una cosa. Un **sustantivo propio** nombra una persona, un lugar o una cosa en particular. Los sustantivos propios siempre comienzan con mayúscula. Algunos ejemplos de sustantivos propios son los nombres, los estados, los países y los títulos de libros.

Sustantivos propios
suceso histórico   nombre Durante la Guerra Civil, Abraham Lincoln publicó documento histórico la Proclamación de Emancipación.
libro Mona leyó *Harriet Tubman: Conductora del tren subterráneo* artículo y "El tren subterráneo" durante el verano.
Mona escuchó que su tío John decía que muchos estadounidenses ayudaron estado   país a los esclavos afroamericanos a escaparse a Nueva York o Canadá.

Inténtalo **Vuelve a escribir las siguientes oraciones. Usa las mayúsculas correctamente en las palabras que están en negrita.**

1 **paul bunyan y babe, el buey azul** es otro cuento fantasioso sobre un gigante.

2 **pablo** y su tía **lola** vieron una estatua de **paul bunyan** en **bemidji, minnesota**.

3 Aprendieron que en **estados unidos** comenzaron a leer cuentos sobre **paul bunyan** durante la **primera guerra mundial**.

Cuando uses sustantivos propios en tu escritura, asegúrate de usar mayúsculas en las palabras correctas. Esto ayudará a tus lectores a saber que estás usando los nombres o títulos de personas, lugares y cosas en particular.

Incorrecto	Correcto
En estados unidos existe la declaración de derechos.	En Estados Unidos existe la Declaración de Derechos.

 ## Relacionar la gramática con la escritura

Mientras corriges tu narración, asegúrate de usar mayúsculas en todos los sustantivos propios que escribas. Si es necesario, vuelve a escribir los sustantivos propios para que tengan las mayúsculas correctas.

W.4.3a orient the reader by establishing a situation and introducing a narrator or characters/organize an event sequence; **W.4.3b** use dialogue and description to develop experiences and events or show characters' responses; **W.4.3c** use transitional words and phrases to manage the sequence of events

Escritura narrativa

Taller de lectoescritura: Revisar

mi
Escritura genial

Aprende en línea

☑ **Ideas** *Stormalong* capta nuestro interés desde el principio del cuento. Cuando revises tu **ficción narrativa**, haz que el comienzo capte el interés de los lectores. Usa **palabras de transición** como *después* para relacionar los sucesos. Usa **palabras concretas** para reforzar tus **descripciones**.

Mei Ann revisó el comienzo de su cuento y presentó el entorno de manera interesante. Después, revisó su párrafo de apertura y añadió una frase de transición para que la secuencia de sucesos sea más clara. Reemplazó las palabras imprecisas por palabras precisas y se aseguró de usar mayúsculas en todos los sustantivos propios.

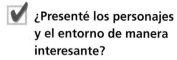

Lista de control del proceso de escritura

Preparación para la escritura

Hacer un borrador

▶ **Revisar**

☑ ¿Presenté los personajes y el entorno de manera interesante?

☑ ¿Usé palabras de transición?

☑ ¿Usé palabras precisas y diálogo?

☑ ¿Usé mayúsculas en los sustantivos propios?

Corregir

Publicar y compartir

Borrador revisado

—¡Achís! —El polvo hizo estornudar a Sarah.
Era la primera vez que sarah entraba en el ático de su casa nueva. La habitación estaba oscura y había polvo por todas partes.
Después de unos minutos,
Sarah se acostumbró a la oscuridad. Apilados a lo largo de las paredes había equipos para acampar, *juguetes* ~~cosas~~ y muebles viejos.

—¡Esto es fantástico! —dijo.

Matt no estuvo de acuerdo.

—¡Este lugar está lleno de *arañas* ~~insectos~~!

—¡Ahora no nos podemos volver! —dijo Sarah.

En el altillo

por Mei Ann Ling

—¡Achís! —El polvo hizo estornudar a Sarah.

Era la primera vez que Sarah entraba en el ático de su casa nueva. La habitación estaba oscura y había polvo por todas partes. Después de unos minutos, Sarah se acostumbró a la oscuridad. Apilados a lo largo de las paredes había equipos para acampar, juguetes y muebles viejos.

—¡Esto es fantástico! —dijo a su amigo Matt.

Matt no estuvo de acuerdo.

—¡Este lugar está lleno de arañas!

—¡Ahora no nos podemos volver! —dijo Sarah. Luego, señaló una maleta vieja marrón.

—¿Qué habrá ahí dentro? —Intentó abrirla, pero estaba cerrada con un candado fuerte.

—¡Nunca lograremos abrir esto! —protestó.

En ese momento, se abrió la puerta del ático y apareció mamá con unas llaves que colgaban de un llavero viejo.

—¡Que comience la exploración! —dijo.

165

Lee los pasajes "El nombre del juego" y "Una nueva amiga". Mientras lees, detente y responde cada pregunta con evidencia del texto.

El nombre del juego

Hacía solo unas semanas que Javier y su familia se habían mudado a Bay City. Había sido difícil dejar a sus amigos y familiares en México para venir a un lugar donde todo era diferente.

 ¿Cuál es el significado de la frase *se habían mudado* en este pasaje? Explica cómo determinaste el significado.

En la nueva escuela de Javier, muchos niños le sonreían. Algunos niños de su clase incluso le hicieron lugar en la mesa durante el almuerzo. Aun así, a Javier le preocupaba no poder hacer amigos. Cada día aprendía algo nuevo en inglés, pero todavía le resultaba difícil hablar con los otros niños. Javier tenía que concentrarse tanto en esas palabras que sonaban tan raro que a veces le dolía la cabeza.

Además, otras cosas también eran diferentes. En México, todos los miembros de la familia volvían a la casa al mediodía y almorzaban juntos. Conversaban y reían, y nadie estaba apurado. Ahora, Javier almorzaba en la escuela y no estaba acostumbrado a la comida que servían en la cafetería. ¡Todos comían con tanta prisa!

Pero lo que Javier más extrañaba era jugar al fútbol. En México, Javier y sus amigos jugaban al fútbol siempre que podían. Algunas veces, sus familias jugaban por las tardes, hasta que oscurecía y ya no se veía la pelota. Parecía que nadie jugaba al juego favorito de Javier en Bay City.

Un día, en el recreo, uno de los niños dijo:

—¡Oye, Javier! ¿Quieres jugar al fútbol con nosotros?

¡Por fin! Algo que le resultaba familiar, algo que Javier amaba. Cuando comenzaron a jugar, el juego no era el que Javier esperaba. Era fútbol americano. Era divertido, pero no era lo mismo. Cuando Javier volvió a su clase, estaba un poco desilusionado.

—Creo que los niños de aquí no saben jugar al fútbol —dijo Javier a su familia esa noche en la cena.

 ESTÁNDARES COMUNES

RL.4.2 determine theme from details/summarize; **RL.4.3** describe a character, setting, or event, drawing on details; **RL.4.4** determine the meaning of words and phrases, including those that allude to characters in mythology; **RL.4.6** compare and contrast the point of view from which stories are narrated

—Quizá debas aprender a jugar fútbol americano —sugirió la mamá.

Javier siguió el consejo de su madre e intentó jugar fútbol americano. Le gustaba bastante el juego, pero también extrañaba mucho el juego que solía jugar.

Un sábado por la tarde, Javier tomó su vieja pelota redonda blanca y negra y fue al parque. Correteaba jugando con la pelota cuando escuchó que alguien lo llamaba por su nombre. Unos niños de su clase lo saludaban con la mano.

—¿Podemos jugar al *soccer* contigo? —uno de ellos le gritó a Javier. Javier estaba confundido. ¿A qué juego se referían?

—¡Vamos, Javier! ¡Pásame la pelota! —gritó otro.

Javier sonrió y pateó la pelota. Antes de que se diera cuenta, estaba jugando su juego preferido. Cuando finalmente dejaron de jugar, los niños se juntaron alrededor de Javier.

—¡Eres un gran jugador de *soccer*, Javier! —dijo uno de los niños—. ¿Jugabas mucho en México?

Javier se dio cuenta. Sonrió y asintió:

—En México, le decimos fútbol a este juego, al otro lo llamamos fútbol americano.

Los niños lo miraron sorprendidos.

—Bueno, ¡juguemos este fútbol un rato más! —dijo uno de ellos.

Javier sonrió. No importaba su nombre, se sentía feliz de estar jugando su juego favorito otra vez.

 ¿Cuál es el tema de este pasaje? Usa detalles del pasaje para apoyar tu respuesta.

Una nueva amiga

Hace unas semanas, nuestro maestro nos presentó a una estudiante nueva. Se llamaba Rosita y acababa de mudarse desde México. Cuando nos encontramos, le sonreí y le dije:

—Bienvenida a nuestra clase. Me llamo Maddie.

Rosita me sonrió, pero parecía tímida.

Mis amigas y yo invitamos a Rosita a sentarse con nosotras en la cafetería durante el almuerzo. Sin embargo, un par de veces noté que Rosita fruncía el ceño. Yo me preguntaba si se sentía mal. Tampoco hablaba mucho. Esperaba que no fuera porque no le caíamos bien.

 ¿Cómo describirías a Maddie, la niña que escribió este pasaje? Da ejemplos para apoyar tu respuesta.

Una tarde, mis amigas y yo invitamos a Rosita a jugar al *soccer* con nosotras en el parque. Nos dijo que no sabía jugar al *soccer*, pero le dijimos que le íbamos a enseñar.

—Por favor, ven, Rosita —le supliqué—. Es un juego muy divertido. Te apuesto que aprendes en un santiamén.

—¿Qué es un santiamén? —preguntó Rosita confundida. Me di cuenta de que tal vez no entendía algunas de las palabras que usamos. Si me mudara a México, supongo que también tendría problemas para entender a las personas.

Cuando llegamos al parque y Rosita vio la pelota de *soccer*, le brillaron los ojos. La primera vez que le pasaron la pelota, corrió un poco y se la pasó con habilidad a Taylor, que estaba a la izquierda.

Taylor lanzó la pelota por lo alto con el pie e intentó hacer un gol. El tiro de Taylor era muy alto, pero de repente llegó Rosita. Amagó ante un defensor, saltó bien alto y metió la pelota en la portería.

Todos aplaudieron a Rosita y celebraron con ella.

—Pensé que habías dicho que no sabías jugar al *soccer* —dije entre risas.

—No conocía la palabra *soccer* —respondió Rosita—, pero conozco el juego. En México, le decimos fútbol.

Rosita había aprendido una palabra en inglés y nosotras habíamos aprendido una palabra en español. Estaba muy segura de que también habíamos hecho una gran amiga nueva.

 ¿En qué se diferencian los puntos de vista de "Una nueva amiga" y "El nombre del juego"?

unidad 2

Vocabulario en **contexto**

alarmarse

reaccionar

transmitir

osado

luminoso

asombro

indescriptible

extraordinario

desvanecerse

consultar

Librito de vocabulario   Tarjetas de contexto

ESTÁNDARES COMUNES   **L.4.6** acquire and use general academic and domain-specific words and phrases

170

1 alarmarse

La niña se alarmó, o se asustó, por lo que escuchó en la radio.

2 reaccionar

En la radio sonó la canción preferida de la pareja. Los dos reaccionaron y sonrieron.

3 transmitir

La multitud gritó entusiasmada para transmitir su apoyo al equipo.

4 osado

Solo alguien muy osado puede escalar una montaña. Esta mujer debe ser muy valiente.

Aprende en línea

▶ Estudia cada Tarjeta de contexto.

▶ Usa un diccionario para aprender el significado de estas palabras del Vocabulario.

⑤ luminoso

Durante una noche clara, la luna llena es luminosa. Brilla mucho en el cielo.

⑥ asombro

La pareja no salía de su asombro por lo que estaban viendo. ¡Estaban horrorizados!

⑦ indescriptible

Lo que vio este hombre fue indescriptible. No pudo describirlo con palabras.

⑧ extraordinario

El niño vio que el jugador de básquetbol anotó un tiro extraordinario.

⑨ desvanecerse

La música de la radio comenzó a desvanecerse. Cada vez se oía un poco menos.

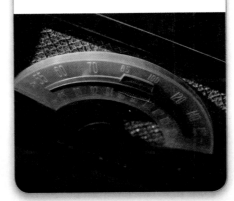

⑩ consultar

El periodista de televisión consulta los detalles del accidente con un policía.

Leer y comprender

✓ DESTREZA CLAVE

Estructura del cuento Mientras lees *Invasión de Marte*, pregúntate cuáles son las partes más importantes del cuento. Busca evidencia que te ayude a imaginar el **entorno**, es decir, el lugar y el momento en los que transcurre el cuento. Lleva un registro de los **personajes** nuevos a medida que se presentan y presta mucha atención a lo que hacen, piensan y dicen. También presta atención a la **trama**, es decir, a lo que ocurre. Usa un organizador gráfico como el siguiente como ayuda.

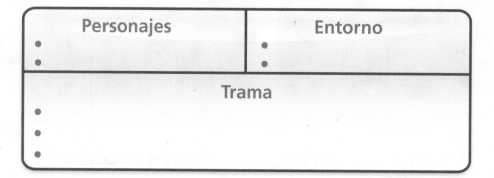

Personajes	Entorno
•	•
•	•
Trama	
•	
•	
•	

✓ ESTRATEGIA CLAVE

Inferir/Predecir Cuando infieres, intentas descubrir algo que no se menciona directamente en el texto. Usa evidencias de la crónica de radio para inferir qué está ocurriendo y para **predecir** qué podría ocurrir a continuación.

ESTÁNDARES COMUNES

RL.4.1 refer to details and examples when explaining what the text says explicitly and when drawing inferences; **RL.4.3** describe in depth a character, setting, or event in a story or drama, drawing on specific details in the text

172

Artes escénicas

Las artes escénicas incluyen la danza, el canto, la actuación, las presentaciones con instrumentos musicales y la lectura de cuentos frente a una audiencia. A menudo, las personas van a un teatro o a una sala de conciertos para ver una interpretación, pero la radio y la televisión también transmiten interpretaciones en vivo o grabadas.

Una de las interpretaciones en radio más famosas de la historia fue la transmisión en vivo de una obra de teatro de ciencia ficción basada en un libro llamado *La guerra de los mundos*. Ahora vas a leer un extracto, es decir, una parte, de esa famosa interpretación y descubrirás por qué asombró a todo Estados Unidos.

Lección 6

TEXTO PRINCIPAL

✓ VOCABULARIO CLAVE

Estructura del cuento Explica los elementos que componen el cuento. Identifica los personajes, el entorno y los sucesos de la trama.

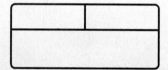

✓ GÉNERO

Una **obra de teatro** es un cuento que se puede interpretar para una audiencia. Mientras lees, busca:

▶ texto que conste principalmente de diálogos,

▶ acciones y sentimientos de los personajes que se demuestren mediante diálogos y

▶ acotaciones.

ESTÁNDARES COMUNES **RL.4.3** describe a character, setting, or event, drawing on details; **RL.4.5** explain major differences between poems, drama, and prose/ refer to their structural elements; **RL.4.10** read and comprehend literature; **L.4.3c** differentiate contexts that call for formal language and informal discourse

174
Aprende en línea

CONOCE AL AUTOR
Howard Koch

Howard Koch comenzó su carrera como abogado, pero rápidamente descubrió que la profesión no le brindaba la veta creativa que deseaba. Primero, comenzó escribiendo obras de teatro y, al poco tiempo, Orson Welles lo contrató para reescribir literatura clásica y moderna para radionovelas. Después, Howard se mudó a Hollywood, donde escribió el guión de una de las películas más famosas de todos los tiempos: *Casablanca*.

CONOCE AL ILUSTRADOR
JT Morrow

JT Morrow creció en un pueblito de Tennessee. Cuando era niño, dibujaba constantemente y se enamoró de todos los estilos de arte. "Me gusta que mis obras sean una explosión de color", dice JT y refleja ese amor por el color en todas sus creaciones. En la actualidad, JT dibuja y pinta según diferentes estilos y, a menudo, parodia clásicos conocidos.

INVASIÓN de MARTE

una radionovela de Howard Koch
ilustrada por JT Morrow

PREGUNTA ESENCIAL

¿Cuáles son las semejanzas y las diferencias entre las interpretaciones y los cuentos escritos?

La noche del 30 de octubre de 1938, Orson Welles y la compañía de Mercury Theater transmitieron la radionovela *Invasión de Marte*, una versión adaptada de la novela *La guerra de los mundos*, de H. G. Wells. El público que encendió la radio cuando la transmisión ya había comenzado se alarmó con lo que escuchó. En esta escena de la obra, el periodista Carl Phillips transmite en vivo desde la granja de Nueva Jersey donde un extraño cilindro de metal hizo un aterrizaje forzoso. ¿Cómo habrías reaccionado si hubieras escuchado esto en tu radio?

PHILLIPS. Bueno, en mi vida he visto algo así. El color es blanco amarillento. Los espectadores curiosos se están acercando al objeto, a pesar de los esfuerzos de la policía por contenerlos. Están obstruyendo mi campo visual. ¿Le molestaría hacerse a un lado, por favor?

OFICIAL DE POLICÍA. A un lado, por aquí, a un lado.

PHILLIPS. Mientras la policía contiene a la multitud, aquí tenemos al Sr. Wilmuth, dueño de la granja. Es posible que tenga algunos datos interesantes que añadir . . . Sr. Wilmuth, ¿podría contarle a la audiencia de la radio lo que recuerda acerca de este inusual visitante que aterrizó en su jardín trasero? Acérquese un poco, por favor. Señoras y señores, este es el Sr. Wilmuth.

WILMUTH. Estaba escuchando la radio . . .

PHILLIPS. Acérquese y hable más fuerte, por favor.

WILMUTH. ¡Disculpe!

PHILLIPS. Más fuerte, por favor, y acérquese.

WILMUTH. Sí, señor. Estaba escuchando la radio y dormitando; en la radio había un profesor que hablaba acerca de Marte; yo estaba mitad dormido, mitad . . .

PHILLIPS. Sí, Sr. Wilmuth. ¿Qué ocurrió después?

WILMUTH. Como le decía, estaba escuchando la radio casi dormido . . .

PHILLIPS. Sí, Sr. Wilmuth. ¿Y en ese momento vio algo?

WILMUTH. No en ese momento. Oí algo.

PHILLIPS. ¿Qué oyó?

WILMUTH. Un sonido sibilante. Algo así: sssssss . . . Como un cohete del 4 de Julio.

PHILLIPS. ¿Y qué ocurrió después?

WILMUTH. Asomé la cabeza por la ventana y hubiera jurado que estaba dormido y soñando.

PHILLIPS. ¿Sí?

WILMUTH. Vi un relámpago verdoso y después . . . ¡pum! ¡Algo golpeó el suelo y me tumbó de la silla!

PHILLIPS. ¿Estaba asustado, Sr. Wilmuth?

WILMUTH. Bueno . . . No estoy seguro. Admito que . . . estaba un poco incómodo.

PHILLIPS. Gracias, Sr. Wilmuth. Muchas gracias.

WILMUTH. ¿Quiere que le cuente un poco más?

PHILLIPS. No, está bien. Es suficiente.

ANALIZAR EL TEXTO

Lenguaje formal e informal
¿Cómo describirías el lenguaje de Carl Phillips: formal o informal? ¿Por qué? ¿En qué se diferencia su lenguaje del lenguaje del Sr. Wilmuth?

PHILLIPS. Señoras y señores, acaban de escuchar al Sr. Wilmuth, el dueño de la granja donde ha caído el objeto. Me gustaría poder transmitirles la atmósfera que se vive aquí . . . las circunstancias de este hecho . . . una escena fantástica. En el campo que tenemos detrás han estacionado cientos de carros. La policía intenta acordonar el camino de ingreso a la granja, pero es en vano: la gente se está abriendo camino. Los faros de los carros proyectan una luz enorme en el hoyo donde está semienterrado el objeto. Algunos de los más osados se acercan al borde del hoyo. Sus siluetas resaltan contra el brillo metálico.

(*Zumbido apenas perceptible*).

Un hombre quiere tocar el objeto . . . Está discutiendo con un policía; el policía gana . . . Ahora, señoras y señores, hay algo que con todo este nerviosismo no he mencionado, pero que se está volviendo cada vez más nítido. Quizá ya lo oyeron en la radio. Escuchen: . . . (*Pausa larga*).

¿Lo oyen? Es un zumbido extraño que parece provenir del interior del objeto. Acercaré el micrófono. Aquí. (*Pausa*). Ahora no estamos a más de veinticinco pies de distancia.

¿Lo oyen ahora? ¡Oh, profesor Pierson!

PIERSON. ¿Sí, Sr. Phillips?

PHILLIPS. ¿Puede decirnos qué significa ese chirrido que proviene del interior del objeto?

PIERSON. Posiblemente es el enfriamiento desigual de la superficie.

PHILLIPS. ¿Usted aún cree que es un meteorito, profesor?

PIERSON. No sé qué pensar. La cubierta metálica definitivamente es extraterrestre . . . No existe en la Tierra. La fricción con la atmósfera de la Tierra suele abrir hoyos en los meteoritos. Este objeto es liso y, como puede ver, tiene forma de cilindro.

ANALIZAR EL TEXTO

Estructura del cuento ¿Qué aporte hace a la trama la entrevista con el profesor Pierson? ¿Qué información nueva te brinda?

PHILLIPS. ¡Un minuto! ¡Está ocurriendo algo! ¡Señoras y señores, esto es increíble! ¡Este extremo del objeto está empezando a descascararse! ¡La punta está girando como un tornillo! ¡El objeto debe de ser hueco!

VOCES. ¡Se mueve!

Miren, ¡la cosa se está destornillando!

¡Aléjense! ¡Aléjense, les digo!

¡Quizá hay personas dentro que quieren escapar!

¡Está al rojo vivo! ¡Se van a carbonizar!

¡Aléjense! ¡Alejen a esos idiotas!

(*De repente, se oye la caída de un pedazo enorme de metal*).

VOCES. ¡Se salió! ¡Se salió la tapa!

¡Cuidado! ¡Aléjense!

PHILLIPS. Señoras y señores, esto es lo más aterrador que he presenciado . . . ¡Un momento! *Alguien está saliendo de la punta hueca.* Alguien o . . . algo. Veo dos discos luminosos que espían por ese agujero negro . . . ¿Son ojos? Podría ser una cara. Podría ser . . .

(*Gritos de asombro entre la gente*).

PHILLIPS. ¡Santo cielo! Algo se está retorciendo entre las sombras, como una serpiente gris. Ahora otra más y otra más. Parecen tentáculos. Ahí está; veo el cuerpo de la cosa. Es grande como un oso y brilla como cuero húmedo. Pero esa cara. Es . . . indescriptible. Casi ni puedo seguir mirándola. Los ojos son negros y brillan como los de una serpiente. La boca tiene forma de "V" y chorrea saliva de los labios sin bordes, que parecen temblar y latir. El monstruo, o lo que sea que es, casi no puede moverse. Parece como si algo lo empujara hacia abajo . . . Quizá es la gravedad u otra cosa. La cosa se está elevando. La gente se retira; han visto suficiente. Es una experiencia de lo más extraordinaria. No encuentro palabras . . . Estoy aferrado al micrófono mientras hablo. Tendré que suspender la descripción hasta encontrar una nueva ubicación. Esperen, por favor; volveré en un minuto.

(*Se desvanece el sonido y suena un piano*).

ANALIZAR EL TEXTO

Elementos del teatro ¿Cuál es el propósito de las acotaciones en el texto? ¿De qué manera podrían afectar la forma en que los actores leen la obra?

PRESENTADOR DOS. Les traemos el relato de un testigo ocular acerca de lo que sucedió en la granja Wilmuth, en Grovers Mill, Nueva Jersey. (*Suena el piano otra vez*). Ahora regresamos con Carl Phillips desde Grovers Mill.

PHILLIPS. Señoras y señores . . . (¿Estoy al aire?) Señoras y señores, aquí estoy, detrás de una pared de piedras que linda con el jardín del Sr. Wilmuth. Desde aquí tengo una vista general de la escena. Les contaré todos los detalles mientras pueda hablar. Mientras pueda ver. Han llegado más policías estatales. Unos treinta policías están colocando un cordón frente al hoyo. No es necesario contener a la multitud ahora; están dispuestos a mantener la distancia. El jefe de policía está consultando algo con alguien. No podemos ver quién es. Ah, sí, creo que es el profesor Pierson. Sí, es él. Ahora se distanciaron. El profesor se dirige hacia un lado, estudia el objeto, mientras el jefe y dos oficiales de policía avanzan con algo en las manos. Ahora veo. Es un pañuelo blanco atado a un palo . . . una bandera de tregua. Si es que esas criaturas saben lo que significa . . . ¡o lo que significa cualquier cosa! ¡Esperen! ¡Está ocurriendo algo!

(*Sonido sibilante seguido de un zumbido que aumenta en intensidad*).

Una figura encorvada está saliendo del hoyo. Diviso un pequeño rayo de luz que se refleja contra un espejo. ¿Qué es eso? Un chorro de llamas emana de ese espejo y se dirige directo hacia los hombres que avanzan. ¡Los golpea de frente! ¡Dios mío, están en llamas!

(*Gritos y chillidos sobrenaturales*).

Ahora todo el campo está en llamas. (*Explosión*). Los árboles . . . los graneros . . . los tanques de combustible de los carros . . . El fuego se extiende por todos lados. Viene hacia aquí. Está a unas veinte yardas a mi derecha . . .

(*Estrépito del micrófono . . . Después, silencio absoluto*).

Ahora analiza

Cómo analizar el texto

Usa estas páginas para aprender acerca de Estructura del cuento, Elementos del teatro y Lenguaje formal e informal. Luego, vuelve a leer *Invasión de Marte* para aplicar lo que has aprendido.

Estructura del cuento

La **estructura de un cuento** se compone de los personajes, el entorno y la trama. Los **personajes** son las personas y las demás criaturas que participan en el cuento. El **entorno** es el lugar y el momento en los que transcurre el cuento. La **trama** es lo que sucede y consta de una serie de sucesos.

Busca evidencia en el texto para comprender y describir los personajes, el entorno y los sucesos de la trama. Por ejemplo, al principio de *Invasión de Marte*, el presentador de radio describe al Sr. Wilmuth como "el dueño de la granja". Esta pista indica que el cuento transcurre en una granja. Los detalles y la evidencia, como la ilustración de la radio antigua y la fecha en la introducción, revelan que el cuento transcurre en 1938.

¿Qué detalles y evidencias del texto puedes hallar para describir los personajes y los sucesos de la trama?

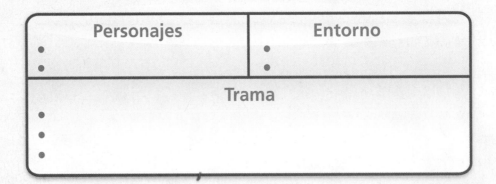

Personajes	Entorno
•	•
•	•
Trama	
•	
•	
•	

Elementos del teatro

Leer una obra de teatro es una experiencia diferente a mirarla o escucharla. Cuando escuchas una obra de teatro, dependes de las **descripciones** del narrador y de los **diálogos** de los personajes para comprender la historia. El diálogo es lo que dicen los personajes. Cuando lees una obra de teatro como *Invasión de Marte*, ves las **acotaciones** que describen efectos de sonido e indican a los actores cómo hablar y cómo actuar.

Lenguaje formal e informal

Al igual que las personas de la vida real, los personajes de un cuento usan lenguaje formal o informal según la situación y sus experiencias. El profesor Pierson usa **lenguaje formal**: formula oraciones completas y usa términos científicos especializados. No usa expresiones coloquiales, como *¡pum!* El uso de lenguaje formal por parte del profesor Pierson hace que suene como un experto en ciencias.

Es tu turno

mi
Escritura genial

Turnarse y comentar Repasa la selección con un compañero y prepárate para comentar esta pregunta: *¿Cuáles son las semejanzas y las diferencias entre las interpretaciones y los cuentos escritos?* Mientras comentas la pregunta, túrnate con tu compañero para revisar y explicar tus ideas con evidencias del texto.

Comentar en la clase

Para continuar comentando *Invasión de Marte*, explica tus respuestas con evidencias del texto:

1 ¿Crees que Carl Phillips se asustó al ver el objeto?

2 ¿Qué aporte hacen las descripciones de los sonidos a la obra de teatro?

3 ¿Fue incorrecto asustar a la audiencia o solo se buscaba entretener? Explica tu respuesta.

REPRESÉNTALO

Teatro del lector En un grupo pequeño, elijan una escena. Seleccionen un director y repartan los papeles. Tómense un tiempo para ensayar y asegúrense de que su interpretación respete los diálogos y las acotaciones. Luego, interpreten la escena ante la clase. Comenten cuáles son las diferencias entre la interpretación y la versión escrita del cuento.

ESCRIBE SOBRE LO QUE LEÍSTE

Respuesta En la obra *Invasión de Marte*, un periodista describe los sucesos a la audiencia de la radio a medida que ocurren. Imagina que escuchas la transmisión. Resume el cuento en uno o dos párrafos. Asegúrate de describir la escena y de contar los sucesos en orden. Recuerda incluir una conclusión para tu resumen.

Sugerencia para la escritura

Asegúrate de usar palabras y frases de transición para mostrar la secuencia de sucesos. Usa varias clases de oraciones para que tu escritura resulte más interesante.

ESTÁNDARES COMUNES **RL.4.2** determine theme from details/summarize; **RL.4.5** explain major differences between poems, drama, and prose/refer to their structural elements; **RL.4.7** make connections between the text and a visual or oral presentation of it; **W.4.9a** apply grade 4 Reading standards to literature; **SL.4.3** identify the reasons and evidence a speaker provides to support particular points

TEXTO INFORMATIVO

✓ GÉNERO

El **texto informativo,** como este artículo, brinda información sobre un tema. La información se puede organizar mediante encabezados. A menudo, el texto informativo incluye fotografías.

✓ ENFOQUE EN EL TEXTO

El **texto histórico** es un tipo de texto informativo que habla sobre un tema de la historia. Por lo general, se narra en orden secuencial, con fechas y con palabras de transición para ayudar a los lectores a llevar un registro de los sucesos. Los textos históricos suelen incluir una línea cronológica que muestra una serie de sucesos. ¿Qué muestra la línea cronológica de este artículo?

RI.4.3 explain events/procedures/ideas/ concepts in a text; **RI.4.7** interpret information presented visually, orally, or quantitatively; **RI.4.10** read and comprehend informational texts

Aprende en línea

La historia de la RADIO

por Vivian Fernandez

Los inicios de la radio

No podemos verlas, pero las ondas de radio están a nuestro alrededor. A fines del siglo XIX, Guglielmo Marconi usó ondas de radio para enviar y recibir una señal por medio del aire. En un principio, la señal solo recorría distancias cortas. Marconi continuó trabajando y, al poco tiempo, envió señales que recorrían muchas millas.

Hacia principios del siglo xx, la gente ya usaba la tecnología de radio para enviar y recibir mensajes a través de los océanos. No obstante, estos mensajes no eran mensajes de voz: se enviaban en código Morse. Más tarde, el 24 de diciembre de 1906, Reginald Fessenden realizó la primera transmisión de voz y música. Había encontrado una forma de transformar los sonidos de las voces y la música en una señal que podía ser transportada por las ondas de radio.

Orson Welles dirigió e interpretó muchas radionovelas.

La radio en el hogar

Hacia la década de 1920, cada vez más personas tenían radios en su hogar. Las familias escuchaban la radio como nosotros hoy miramos televisión. Muchos escuchaban música, pero al poco tiempo las estaciones de radio idearon diferentes tipos de programas que, con frecuencia, se transmitían en vivo. Las familias escuchaban la radio para disfrutar de la música, las comedias y las historias. Hubo un programa que quizá fue demasiado emocionante. El 30 de octubre de 1938, Orson Welles presentó *La guerra de los mundos*. Millones de personas escucharon el programa de radio sobre un ataque extraterrestre y algunos creyeron que era real.

Otro tipo de radionovela narraba historias de familias. Se llamaban *soaps,* que significa "jabones" en inglés, porque los fabricantes de jabones financiaban gran parte de esos programas. Los sábados por la mañana y las horas posteriores a la escuela eran el momento de los programas para niños. *Buck Rogers en el siglo XXV, Superman* y *Popeye* eran algunos de los programas para niños.

La radio también permitía que las familias se enteraran de las noticias. El 12 de marzo de 1933, el presidente Franklin D. Roosevelt dio la primera de sus "charlas informales". Más tarde, durante la Segunda Guerra Mundial, las estaciones de radio informaban lo que iba ocurriendo.

Después de la Segunda Guerra Mundial, la gente cambió la radio por el televisor. Muchos programas de radio dejaron de transmitirse. Algunos programas que se transmitían por radio, como *El llanero solitario,* ahora se transmitían en la televisión.

El futuro de la radio

En la actualidad, la radio tiene mucha competencia. Además de la televisión y las películas, muchas personas prefieren Internet para cuestiones de entretenimiento y noticias. La radio por Internet no usa ondas de radio pero, al igual que la radio, nos permite escuchar música y programas en cualquier lugar. La radio normal está limitada por el alcance de las señales de radio. Con el tiempo, veremos si la radio sobrevive a esta nueva clase de competencia.

◄ Muchas personas se enteraron del hundimiento del *Titanic* gracias a la radio.

Millones de estadounidenses escuchaban las "charlas informales" del presidente Roosevelt en la radio. ►

Los primeros tiempos de la radio

1895 Guglielmo Marconi envía y recibe la primera señal de radio a través del aire.

1901 Marconi recibe la primera señal de radio a través del océano Atlántico.

1912 Se envía un mensaje sobre el hundimiento del buque *Titanic* mediante la transmisión por radio, lo que permite salvar muchas vidas.

1921 Primera transmisión de partidos de béisbol y fútbol americano

1926 Se forma la primera red nacional de Estados Unidos: NBC (National Broadcasting Company).

1895 1900 1905 1910 1915 1920 1925 1930

1906 Reginald Fessenden realiza la primera transmisión de voz humana.

1920 La primera transmisión comercial de radio en Estados Unidos informa los resultados de la elección presidencial.

1922 Primer comercial de radio en Estados Unidos (de bienes raíces en Nueva York)

Comparar el texto

DE TEXTO A TEXTO

Analizar la radio A partir de lo que leíste en *La historia de la radio,* ¿te parece que las radionovelas como *Invasión de Marte* eran un tipo común de entretenimiento en la década de 1930? Comenta tus ideas con un compañero. Usa evidencias del texto para apoyar tus ideas.

EL TEXTO Y TÚ

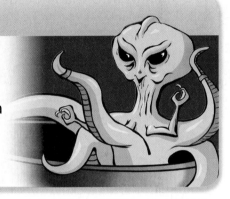

Analizar las reacciones ¿Cómo crees que habrías reaccionado si hubieras escuchado *Invasión de Marte* en su primera transmisión? ¿Habrías pensado que era real? Escribe un párrafo para explicar tus ideas.

EL TEXTO Y EL MUNDO

Comparar géneros Vuelve a leer la obra de teatro *Invasión de Marte.* ¿Cómo se habría narrado en forma de cuento? ¿En qué se parece y en qué se diferencia una obra de teatro de un cuento escrito? ¿En qué se parece y en qué se diferencia de un poema? Comparte tus respuestas con un compañero.

 ESTÁNDARES COMUNES **RL.4.5** explain major differences between poems, drama, and prose/refer to their structural elements; **RI.4.1** refer to details and examples when explaining what the text says explicitly and when drawing inferences; **W.4.10** write routinely over extended time frames and shorter time frames

Gramática

¿Qué es un verbo? Un verbo es una palabra que expresa una acción. Cuando un verbo indica lo que hacen las personas o las cosas, se llama **verbo de acción.** Cuando un verbo indica cómo está o cómo es alguien o algo, se llama **verbo copulativo.** Entre los verbos copulativos están los verbos *ser, estar* y *parecer*.

Verbo de acción	Verbo copulativo
Phillips informaba desde el lugar.	La gente estaba asustada.

Un verbo puede tener más de una palabra. El **verbo principal** indica la acción. El **verbo auxiliar** va antes del verbo principal e indica la conjugación. El verbo auxiliar más común es *haber*.

verbo auxiliar   verbo principal

Los extraterrestres han aterrizado en un campo.

verbo auxiliar   verbo principal

La gente se había reunido en el campo.

Inténtalo Trabaja con un compañero. Halla la oración que tiene un verbo de acción. Halla la oración que tiene un verbo copulativo. Señala las oraciones que tienen un verbo principal y uno auxiliar.

1 El Sr. Wilmuth observó la nave espacial.

2 La escotilla de la nave espacial se había abierto.

3 Los extraterrestres eran espeluznantes.

4 Los extraterrestres han pedido comida.

Puedes lograr una escritura más clara e interesante si eliges verbos más descriptivos.

Oración con verbo menos descriptivo	Oración con verbo más descriptivo
 El extraterrestre salió de la nave espacial.	 El extraterrestre descendió de la nave espacial.
 Hay una multitud en el campo.	 Se ha reunido una multitud en el campo.

 ## Relacionar la gramática con la escritura

Mientras revisas tu informe periodístico, reemplaza los verbos menos descriptivos por otros más descriptivos para mantener interesados a los lectores.

W.4.2a introduce a topic and group related information/include formatting, illustrations, and multimedia; **W.4.2b** develop the topic with facts, definitions, details, quotations, or other information and examples; **W.4.2d** use precise language and domain-specific vocabulary; **L.4.3a** choose words and phrases to convey ideas precisely

ESTÁNDARES COMUNES

Escritura informativa

mi Escritura genial

Aprende en línea

✓ **Ideas** *Invasión de Marte* es una radionovela narrada en forma de informe periodístico. Cuando escribas un informe periodístico, usa un lenguaje preciso para atraer al lector y para explicar exactamente lo que ocurrió. Desarrolla tu tema mediante hechos, detalles concretos y ejemplos.

Juan hizo un borrador de un informe periodístico sobre una noche memorable en su ciudad. Agregó preguntas y lenguaje preciso para ayudar al lector a hacerse una idea de la emoción de la noche.

Lista de control de la escritura

✓ **Ideas**
¿Respondí *quién, qué, dónde y cuándo*?

✓ **Organización**
¿Es lógico el orden de mis ideas?

✓ **Elección de palabras**
¿Usé lenguaje preciso?

✓ **Voz**
¿El tono es apropiado para un informe periodístico?

✓ **Fluidez de las oraciones**
¿Combiné oraciones para variar su longitud?

✓ **Convenciones**
¿Usé las reglas de ortografía y gramática correctamente?

Borrador revisado

Pierson, FL.

Los teléfonos ~~de la policía~~ comenzaron a

^ de la estación de policía de Pierson

sonar el 12 de agosto. ~~Habían aparecido~~ luces

, cuando brillaron ^

en el cielo nocturno.

—No podía creer lo que estaba viendo

—dijo Silvio García—. Mi hijo más pequeño

, un granjero ^

preguntó si era una invasión extraterrestre.

196

Luces en el cielo

por Juan Ramos

Pierson, FL. Los teléfonos de la estación de policía de Pierson comenzaron a sonar el 12 de agosto, cuando brillaron luces en el cielo nocturno.

—No podía creer lo que estaba viendo —dijo Silvio García, un granjero—. Mi hijo más pequeño preguntó si era una invasión extraterrestre.

La policía de Pierson recibió casi una decena de llamados de habitantes alarmados que decían haber visto objetos voladores no identificados (OVNI).

El Dr. Jorge Santos, astrónomo, afirma que las luces que se veían en el cielo no eran naves espaciales extraterrestres.

—Es la lluvia de meteoritos Perseidas —explicó—. Ocurre siempre en agosto.

El Dr. Santos sostiene que no hay motivos para preocuparse. Las luces brillantes fueron causadas por meteoroides, que son rocas espaciales que arden en la atmósfera y rara vez alcanzan la Tierra.

—Recuéstense, coman algunos refrigerios y disfruten del espectáculo —les recomendó Santos.

Leer como escritor

¿Qué palabras reemplazó Juan para que su texto sea más claro? ¿Cómo puedes hacer que tu informe periodístico sea más eficaz? ¿Qué definiciones debes agregar?

En mi trabajo final, reemplacé las palabras imprecisas y poco descriptivas por palabras precisas y más descriptivas para mostrar mis ideas. Incluí una definición de "meteoroide". También combiné dos oraciones para variar la longitud de las oraciones.

Lección 7

VOCABULARIO CLAVE

entretenido
promocionar
centrarse
anunciar
impacto
crítico
tener en mente
emocionante
ángulo
generado

Librito de vocabulario

Tarjetas de contexto

ESTÁNDARES COMUNES **L.4.6** acquire and use general academic and domain-specific words and phrases

198

Vocabulario en contexto

1 entretenido

Ir al cine ha sido un pasatiempo entretenido y divertido para varias generaciones.

2 promocionar

Las compañías cinematográficas usan avances para promocionar las películas.

3 centrarse

Los cineastas emplean costosas cámaras que se centran en cada toma de la película que filman.

4 anunciar

Los carteles anuncian las películas para que las personas sepan cuándo se van a estrenar.

Aprende en línea

▶ Estudia cada Tarjeta de contexto.

▶ Usa un diccionario como ayuda para pronunciar estas palabras del Vocabulario.

5 **impacto**

Las películas de acción tienen un fuerte impacto en los espectadores.

6 **crítico**

Los críticos comentan las películas y mucha gente presta atención a sus opiniones.

7 **tener en mente**

Para algunas películas, se tiene en mente a los niños como público.

8 **emocionante**

Ver una película en pantalla gigante puede ser emocionante. Para muchos es apasionante.

9 **ángulo**

Una escena de una película se suele filmar desde varios ángulos o posiciones.

10 **generado**

Algunas veces el éxito de una película es generado, o creado, por los buenos comentarios.

Leer y comprender

Aprende en línea

Hecho y opinión Mientras lees *Próximas atracciones: Preguntas sobre cine*, observa los hechos y las opiniones que da el autor. Un **hecho** es algo que se puede demostrar que es verdadero, quizá leyendo un libro de consulta u otra fuente. Una **opinión** transmite un pensamiento, un sentimiento o una creencia. Además, observa cómo el autor usa razones y evidencia para apoyar los hechos y las opiniones que expresa. Usa un organizador gráfico como el siguiente para separar los hechos de las opiniones.

Hechos	Opiniones

☑ **ESTRATEGIA CLAVE**

Resumir Cuando **resumes** un texto, reformulas brevemente las ideas más importantes con tus propias palabras. Resumir puede ayudarte a comprender y a recordar lo que estás leyendo. Mientras lees *Próximas atracciones*, detente después de cada sección y resume las partes importantes del texto para asegurarte de que comprendiste.

ESTÁNDARES COMUNES

RI.4.2 determine the main idea and explain how it is supported by details/summarize; **RI.4.8** explain how an author uses reasons and evidence to support points

Los medios de comunicación

La comunicación es el intercambio de información. Una gran cantidad de la información que recibimos proviene de los medios de comunicación. Existen diferentes tipos de medios de comunicación y cada uno tiene un propósito. Los periódicos y las revistas informan a los lectores sobre sucesos recientes y otras noticias. Las radios nos permiten escuchar música. Los programas de televisión y las películas nos entretienen.

En *Próximas atracciones* se analiza de qué manera los directores cinematográficos usan trucos especiales para influir sobre los sentimientos del público a partir de su medio de comunicación particular.

TEXTO PRINCIPAL

Próximas atracciones:
Preguntas sobre cine

por Frank W. Baker   Fact Finders

✓ DESTREZA CLAVE

Hecho y opinión Busca enunciados que sean hechos y otros que sean opiniones. Observa de qué manera el autor usa razones y evidencia para apoyar sus ideas.

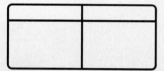

✓ GÉNERO

Un **texto informativo** ofrece hechos y ejemplos sobre un tema. Mientras lees, busca:

▶ la estructura del texto, es decir, la manera en la que están organizadas las ideas y la información,

▶ hechos y detalles sobre un tema y

▶ fotografías y pies de foto.

 Aprende en línea

CONOCE AL AUTOR
Frank W. Baker

Frank W. Baker fue periodista de la televisión. Hoy en día viaja por Estados Unidos para alentar a los estudiantes a cuestionar los mensajes que dan los medios de comunicación. Las películas son solamente una de las cosas que le preocupan. También advierte a los jóvenes sobre anuncios de juguetes que pueden ser deshonestos, sobre los riesgos para la salud por la falta de ejercicio físico y sobre los problemas de salud por comer demasiada comida chatarra.

CALIENTES

FRESCAS

DELICIOSAS

Palomitas de maíz

Próximas atracciones:

Preguntas sobre cine

por
Frank W. Baker

PREGUNTA ESENCIAL

¿Por qué las películas son un medio de comunicación?

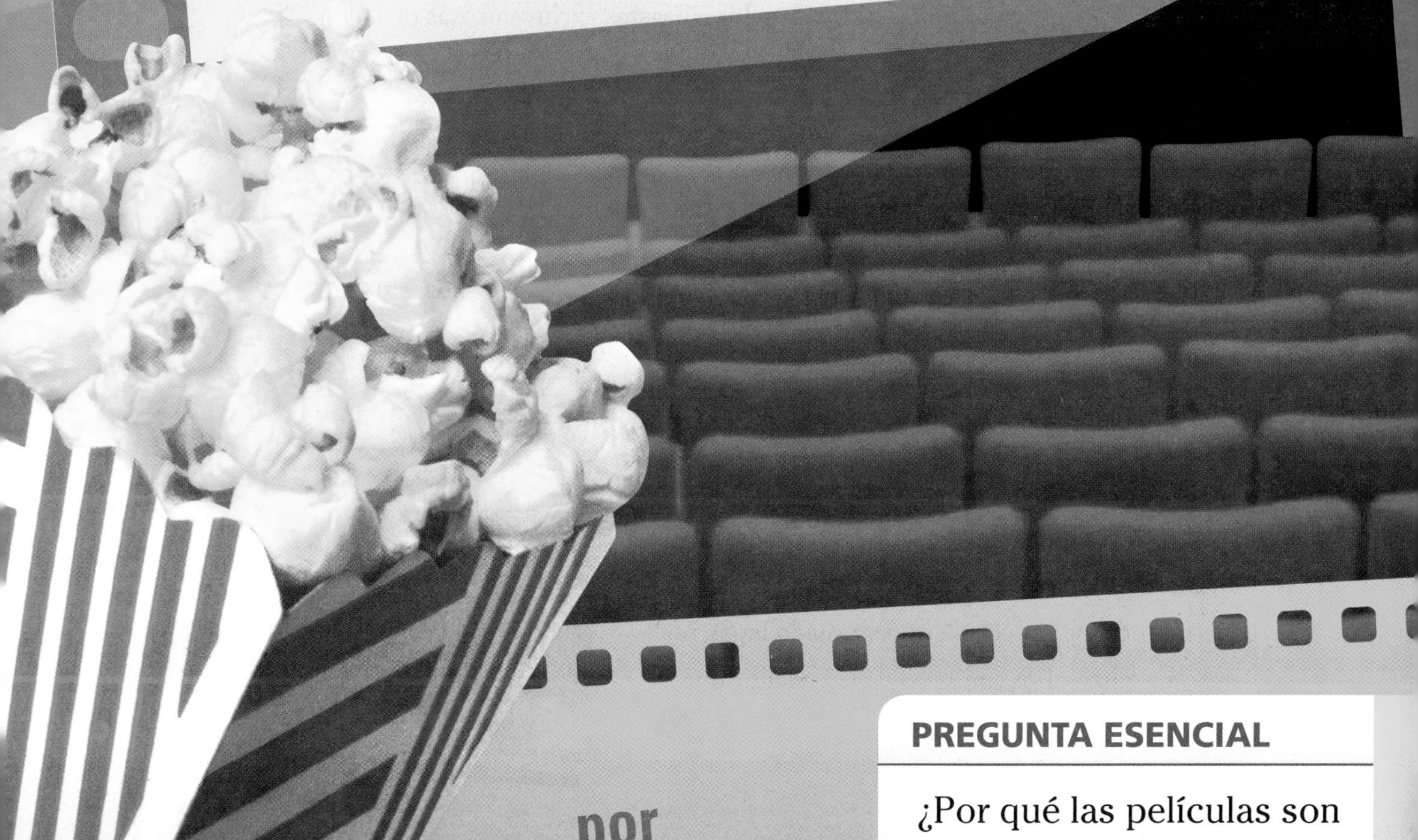

Las películas son divertidas, no hay duda. Sin embargo, a veces las películas no nos lo cuentan todo. Y eso puede ser un problema. ¡Pero no te preocupes! Hay una forma fácil de asegurarte de que no estás siendo influido sin darte cuenta. Piensa en lo que ves y haz preguntas.

¿Qué se ha excluido del mensaje?

Siempre que los cineastas observan a través de su cámara, encuadran su toma. Se centran en una cosa. Pero tan importante como lo que aparece en su toma es lo que no aparece. Algunas veces, los cineastas excluyen cosas de la filmación o del guión a propósito. ¿Pero por qué lo harían? Bueno, hay unas cuantas razones.

El efecto "entumecimiento"

Una de las razones que tienen los cineastas para excluir algunas cosas es simplemente una cuestión de duración. Si se nos entumecen las piernas porque la película es demasiado larga, no nos va a gustar. Los cineastas deben decidir qué conservar y qué cortar.

Argot
encuadrar: centrar la cámara en un objeto o escena

Dar una "mala" imagen

A veces las películas excluyen cosas que les harían perder dinamismo. Es emocionante ver películas rápidas, llenas de acción, donde hay una persecución de carros o escenas de lucha violenta. Sin embargo, las películas no siempre muestran los efectos de estas acciones.

Ver cómo las personas reparan las cosas o cómo llegan al hospital no es precisamente divertido. Por lo tanto, aunque el cine sea entretenido, debemos recordar que no es así como suceden las cosas en la vida real.

ANALIZAR EL TEXTO

Hecho y opinión ¿Qué razones da el autor para apoyar la opinión que da en la primera oración del primer párrafo?

En *Los Ángeles de Charlie*, Cameron Díaz hace que parezca fácil luchar con zapatos de tacón.

Dar una "linda" imagen

Piensa en una película que trate sobre personas comunes que tienen problemas reales. Por ejemplo, un papá pierde su empleo. Y aunque no tenga trabajo, la familia tiene un carro completamente nuevo, una hermosa casa y ropas a la moda. ¿Cómo pueden costear todo eso? Gracias a la magia del cine. Un actor importante no se ve tan bien si conduce un carro viejo y oxidado. La protagonista de una película, aunque esté combatiendo a los malos, lleva tacones altos. Estos trucos sirven para ofrecer una representación entretenida, pero no dan una imagen precisa de la vida real.

¡Inténtalo!

Imagina que estás escribiendo un guión de cine acerca de tu vida. Se está alargando demasiado, así que debes decidir qué eliminar. Haz una lista de cosas que no pondrías en una película sobre tu persona. Aquí tienes algunas cuestiones para considerar:

◆ ¿Muestras tus malos hábitos? ¿Por qué? Si no lo haces, ¿cambia eso la historia sobre tu yo verdadero?

◆ ¿Incluyes situaciones en las que te hayas metido en problemas? ¿Por qué?

¿De qué manera el mensaje capta mi atención?

Así que ahora sabemos que las compañías de cine piensan mucho en el destinatario de la película, en qué aparecerá en la pantalla y en qué se excluirá. ¿Pero cómo lo dan a conocer? Las compañías de cine anuncian sus películas como locas. Las promocionan en los lugares donde el público que tienen en mente las pueda ver. El tráiler, o avance, de *La venganza del Sándwich Superpoderoso* no se transmitirá durante el noticiario de la noche: los niños no están viendo la televisión a esa hora. Pero estará en todos los canales de televisión, ¡justo a la hora en que los niños llegan a casa de la escuela!

Las compañías de cine no solo usan avances para atraer tu atención, sino que llevan a la práctica todos los trucos de mercadotecnia que existen. Los carteles de cine presentan las características importantes de una película: el título, las estrellas y el argumento.

Las estrellas de la película dan una gran cantidad de entrevistas en televisión, radio, revistas y hasta en páginas web. Los cineastas esperan que cuanto más escuches sobre la película, más interesado estés en verla.

Los blogs se están convirtiendo en una manera popular de promocionar películas. Los blogueros escriben acerca de las películas para crear más expectativa.

Los críticos de cine van a ver las películas antes que el público. Sus reseñas tienen mucho peso. Muchas personas irán a ver una película que ha obtenido "dos pulgares hacia arriba".

La venganza del Sándwich Superpoderoso

¡Película del año!
Esta película recibió muchos premios por la mejor realización y por el mejor sonido.

¡No te la quieres perder!
Esta película todavía no está disponible en DVD. ¡Ve a verla pronto!

¡Cuéntanos lo que piensas!

A veces se usan blogs para anunciar películas.

Los diferentes tipos de iluminación pueden hacer que dos imágenes de la misma persona se vean muy distintas.

El montaje de una película

Se requieren muchos componentes para montar una película. Estos componentes tienen que funcionar todos juntos para mantenernos en nuestros asientos. ¿Por qué es eso importante? Bueno, si no estamos interesados, no compraremos los productos presentados en la película ni les diremos a nuestros amigos que compren entradas para verla.

En una película, solo vemos lo que ve la cámara. Los cineastas sacan ventaja de esto. En una escena de la película *Tiburón*, el director quería mostrar el punto de vista del tiburón. Entonces la cámara se convirtió en el tiburón. Cuando el "tiburón" se movía, la cámara realizaba un movimiento panorámico. No vemos al tiburón, pero sabemos que va tras el nadador. La posición de las luces puede indicarnos muchas cosas que están sucediendo. Un personaje en un área bien iluminada está feliz y a salvo. Cuando la mitad del rostro de una persona está a la sombra y la otra mitad a la luz, sabemos que está haciendo algo malo.

Los cineastas utilizan CGI (*Computer Generated Imagery*), o imágenes generadas por computadora, para hacer que la acción continúe. Las escenas peligrosas o imaginarias pueden crearse digitalmente para que se vean tal como los directores quieren. El personaje Gollum de la trilogía *El Señor de los Anillos* se hizo con esta tecnología.

El personaje de Gollum se creó con la tecnología de imágenes generadas por computadora.

Argot

panorámica: amplio movimiento de cámara

ANALIZAR EL TEXTO

Explicar los conceptos y las ideas ¿Qué concepto se describe en la sección "El montaje de una película"? Explica el concepto con tus palabras.

¿Te imaginas la película *La guerra de las galaxias* sin la música? La música es un excelente artificio para mantenernos atentos. Generalmente, ni siquiera pensamos en la música, pero sin ella las películas no serían tan emocionantes. ¿Sabías que los editores doblan la banda sonora después de que la película ha sido filmada? Incluso, puede que los actores no hayan escuchado la banda sonora terminada antes de ver la versión final de la película.

Argot
doblar: añadir una banda sonora a una película después de que la filmación está terminada

Impactos por minuto

La iluminación, la música, los ángulos de la cámara y los efectos especiales son todos componentes que hacen que las películas sean emocionantes y divertidas. Sin embargo, los cineastas tienen otros métodos para que sigamos viendo sus películas. Uno de estos métodos se denomina impactos por minuto. Los "impactos" son tomas rápidas y estimulantes o secuencias de acción que te impactan emocionalmente.

ANALIZAR EL TEXTO
Vocabulario específico de un campo
¿Qué significan los términos *doblar* y *secuencia de acción*? ¿Qué relación tienen con el tema de las películas?

Argot
toma rápida: rápidos cambios de escena cuyo propósito es impactarte y emocionarte

¡Inténtalo!

La música puede tener una función importante en los impactos por minuto de una película. Supongamos que *La venganza del Sándwich Superpoderoso* necesita una banda sonora. Busca tu colección de discos compactos y escoge algunas canciones apropiadas para estas escenas.

✦ El Sándwich Superpoderoso rueda en su patineta cuesta abajo por una colina, a 60 millas por hora. Los policías lo persiguen y están cada vez más cerca de él.

✦ El Sándwich Superpoderoso y una bella hamburguesa con queso dan un paseo por la playa al atardecer.

¿Usaste diferentes tipos de música para cada escena? ¿Por qué? ¿Podrías usar otro sonido para intensificar los impactos por minuto de la película?

Fin

Las películas son un entretenimiento poderoso y, a veces, incluso nos enseñan algo. Por eso es que las vemos. Sin embargo, lo bueno es que no tenemos que creer todo lo que muestra una película. Es completamente nuestra decisión. Así que vamos por unas palomitas de maíz, veamos una película y disfrutemos haciendo preguntas.

Ahora analiza

Cómo analizar el texto

Usa estas páginas para aprender acerca de Hecho y opinión, Explicar conceptos e ideas y Vocabulario específico de un campo. Luego, vuelve a leer *Próximas atracciones: Preguntas sobre cine* para aplicar lo que has aprendido.

Hecho y opinión

Los textos informativos, como *Próximas atracciones,* con frecuencia incluyen una mezcla de hechos y de opiniones. Un **hecho** es algo que se puede demostrar que es verdadero leyendo un libro de consulta o un recurso en línea. Una **opinión** es un enunciado que expresa un sentimiento o una creencia. Una opinión no se puede comprobar.

Los autores de textos informativos deben dar razones y evidencia que apoyen sus opiniones. Con frecuencia, los autores apoyan sus ideas con hechos. Vuelve a leer la página 204. ¿Qué opiniones expresa el autor en esa página? ¿Cómo sabes que son opiniones? ¿Qué hechos presenta el autor para apoyar sus opiniones?

Hechos	Opiniones

ESTÁNDARES
COMUNES

RI.4.1 refer to details and examples when explaining what the text says explicitly and when drawing inferences; **RI.4.3** explain events/procedures/ ideas/concepts in a text; **RI.4.4** determine the meaning of general academic and domain-specific words and phrases; **L.4.6** acquire and use general academic and domain-specific words and phrases

Explicar conceptos e ideas

Imagina que quieres explicar una idea o un concepto que aprendiste en *Próximas atracciones.* ¿Cómo comenzarías? Primero, elige el concepto que quieres explicar; por ejemplo, de qué manera usan los cineastas los ángulos de la cámara y la iluminación. Vuelve a leer la parte del texto que habla sobre este concepto. Asegúrate de comprender perfectamente lo que expresa el autor. Después, explica el concepto con tus palabras.

Vocabulario específico de un campo

Con frecuencia, los autores usan palabras específicas para expresar sus ideas de una manera clara. Las palabras que se usan principalmente en un campo de estudio o negocio se llaman **argot** o **vocabulario específico de un campo.** La palabra *panorámica* es un ejemplo de argot cinematográfico. Esta palabra se usa en el ambiente cinematográfico para describir el movimiento de la cámara cuando sigue a un objeto que se desplaza o cuando se muestra una vista más amplia de la escena.

Es tu turno

mi Escritura genial

REPASAR LA PREGUNTA ESENCIAL

Turnarse y comentar Repasa la selección con un compañero y prepárate para comentar esta pregunta: *¿Por qué las películas son un medio de comunicación?* Mientras comentas la pregunta con tu compañero, busca evidencia en el texto. Además, túrnense para explicar sus ideas más importantes.

Comentar en la clase

Para continuar comentando *Próximas atracciones*, explica tus respuestas a estas preguntas:

1. ¿Qué factores podría tener en cuenta un director para decidir qué debe excluir de una escena?

2. ¿Qué preguntas harías la próxima vez que mires una película?

3. ¿Por qué crees que es importante hacerte preguntas cuando miras películas?

LUZ, CÁMARA, ¡ACCIÓN!

Resumir Escribe un resumen de un texto de ficción que hayas leído o de tu cuento favorito. Asegúrate de incluir detalles importantes sobre los personajes, el entorno y los sucesos. Luego, explica las técnicas que usarías (por ejemplo, la música, la iluminación o los ángulos de la cámara) si estuvieras haciendo una película sobre el cuento.

ESCRIBE SOBRE LO QUE LEÍSTE

Respuesta En el texto *Próximas atracciones* se describen las técnicas que usan los cineastas para influir sobre nuestra impresión de las películas. Escribe un párrafo sobre una de tus películas favoritas. ¿Cuáles de las técnicas que se describen en *Próximas atracciones* se usaron en la película? ¿De qué manera esas técnicas ayudan a que la película sea memorable? Incluye evidencia del texto y concluye expresando tu opinión.

Sugerencia para la escritura

Usa palabras precisas y vocabulario específico. Asegúrate de que los verbos estén en el tiempo correcto y que concuerden con los sujetos de las oraciones.

ESTÁNDARES COMUNES **RL.4.2** determine theme from details/summarize; **RI.4.1** refer to details and examples when explaining what the text says explicitly and when drawing inferences; **W.4.1b** provide reasons supported by facts and details; **W.4.1d** provide a concluding statement or section; **W.4.9b** apply grade 4 Reading standards to informational texts; **SL.4.1a** come to discussions prepared/explicitly draw on preparation and other information about the topic

✓ GÉNERO

Un **texto informativo**, como este artículo de revista, brinda datos y ejemplos sobre un tema.

✓ ENFOQUE EN EL TEXTO

Fotografías y pies de foto Los textos informativos generalmente incluyen fotografías. Un pie de foto explica lo que se muestra en una foto en particular y, en general, incluye información adicional sobre el tema.

RI.4.7 interpret information presented visually, orally, or quantitatively

¿Cómo lo hacen?

por Allan Giles

Las películas actuales tienen toda clase de personajes de ficción e incluyen secuencias muy peligrosas que parecen imposibles. ¿Cómo hacen los cineastas para crear esos personajes y acciones? ¿Cómo logran que parezcan creíbles? Usan efectos especiales.

En las películas se usan muchas clases de efectos especiales. Algunos ejemplos son las animaciones por computadora, las filmaciones sobre pantalla verde o azul y los modelos. Otros ejemplos son los efectos de maquillaje, los dobles de riesgo y los efectos de sonido. A medida que se desarrollan nuevas técnicas de efectos especiales, la industria cinematográfica cambia por completo. ¡Estas técnicas abren un mundo de posibilidades para los cineastas!

La película *Jurassic Park* ganó premios por sus efectos especiales. El director, Steven Spielberg, y su equipo de efectos especiales tenían que lograr que una variedad de dinosaurios cobraran vida para la película. Para ello, trabajaron durante tres años a fin de mejorar las antiguas técnicas de efectos especiales y desarrollar nuevas.

Un equipo formado por artistas e ingenieros especializados en efectos especiales trabajó para crear un Tiranosaurio rex que pareciera real. Primero, hicieron una criatura de 20 pies de altura con una estructura de fibra de vidrio y 3,000 libras de arcilla. Esto se usó para hacer un molde que después se rellenó con látex para dar forma a la piel flexible. Luego, se montó en una máquina de simulación. Los movimientos del dinosaurio se crearon por medio de un tablero de control computarizado.

Imagina que eres director de cine. En una escena de la película que estás haciendo, una actriz debe colgar de un rascacielos. No quieres poner en riesgo la vida de la actriz y obligarla a balancearse a cientos de metros de altura. Entonces, ¿cómo puedes hacer esta escena para que parezca real? Usas una pantalla azul o verde.

Los cineastas primero filman la escena de fondo. En este caso, filman el costado del edificio. Después, en un estudio, filman a la actriz colgando de una cuerda frente a una pantalla azul o verde. Entonces, hay dos escenas filmadas: en una está el edificio y en la otra, la actriz.

Luego, el departamento de efectos especiales usa filtros especiales y tapa el fondo verde para crear la silueta de la actriz. Esta silueta después se coloca sobre el fondo con el edificio. Por último, agregan la escena de la actriz sobre su silueta.

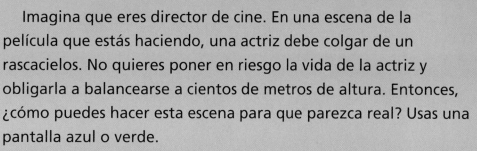

◀ Si alguna vez has visto el pronóstico meteorológico en las noticias, entonces has visto el proceso de la pantalla verde.

Otro de los efectos especiales que se usan en las películas son las imágenes generadas por computadora. Esta tecnología se desarrolló muchísimo en los últimos veinte años. Algunas películas, como las de *Shrek,* están totalmente generadas por computadoras. Otras, como *Avatar,* combinan los efectos generados por computadoras con actores reales.

Uno de los efectos más usados de esta tecnología es la técnica de captura de movimiento que se usó en la película *Avatar*. El actor usa un equipo especial con sensores en varias partes diferentes de su cuerpo y un software especial captura, o copia, sus movimientos. Estos movimientos después se transforman en simulaciones computarizadas muy realistas.

◀ Las luces rojas de este traje especial permiten que la computadora grabe lo que hace el actor. Así, los movimientos del robot de la pantalla son idénticos a los movimientos del actor.

Todos estos efectos especiales permiten que los cineastas hagan películas que nunca antes podrían haberse hecho. Ahora, los cineastas pueden crear una cantidad infinita de personajes, paisajes e incluso mundos virtuales con estos efectos especiales. A medida que estas técnicas de efectos especiales avanzan, la posibilidad de hacer posible lo imposible en el cine es cada vez mayor.

Comparar el texto

Comparar una radionovela y una película

Comenta con un compañero los efectos especiales que se describen en *Próximas atracciones* y *¿Cómo lo hacen?* Luego, piensa en la radionovela *Invasión de Marte*. ¿Qué cosas serían diferentes en la radionovela si hubiera sido una película con efectos especiales? Escribe un párrafo que describa los efectos especiales que podrían usarse en una película sobre *Invasión de Marte*.

EL TEXTO Y TÚ

Analizar publicidades Piensa en los avisos publicitarios de refrescos y comidas rápidas que has visto recientemente. ¿Qué efecto se supone que produce esta publicidad en los espectadores? ¿Cómo lo sabes? Comenta con un compañero si piensas que el efecto es positivo o negativo.

EL TEXTO Y EL MUNDO

Comparar efectos especiales Compara y contrasta la información de *Próximas atracciones* con la información de *¿Cómo lo hacen?* ¿Qué otros efectos especiales has visto en películas? Comenta con tu compañero de qué manera estos efectos podrían haber influido sobre el público. Usa evidencia del texto para apoyar tus ideas.

Aprende en línea

ESTÁNDARES COMUNES
RL.4.7 make connections between the text and a visual or oral presentation of it; **RI.4.1** refer to details and examples when explaining what the text says explicitly and when drawing inferences; **RI.4.9** integrate information from two texts on the same topic; **SL.4.1a** come to discussions prepared/explicitly draw on preparation and other information about the topic

Gramática

Aprende en línea

¿Qué son los tiempos verbales? Un verbo en **tiempo presente** describe una acción que sucede ahora o que se repite una y otra vez. Un verbo en **tiempo pasado** describe una acción que ya sucedió. Un verbo en **tiempo futuro** describe algo que va a suceder.

Los tiempos verbales pueden ser simples, como "yo *amo*" (presente), "yo *amé*" (pretérito perfecto simple), "yo *amaba*" (pretérito imperfecto) o "yo *amaré*" (futuro simple), o compuestos. Los tiempos verbales compuestos se forman con el verbo auxiliar *haber*. Recuerda que existen verbos regulares e irregulares, así que presta atención cuando tengas que conjugarlos.

Oración	Tiempo verbal
Los cineastas incluyen escenas emocionantes.	tiempo presente
El director filmó una persecución de carros.	tiempo pasado
La semana próxima verás esta persecución.	tiempo futuro

Inténtalo **Copia estas oraciones en una hoja aparte. Encierra en un círculo el verbo de cada oración. Indica si los verbos están en *presente*, *pasado* o *futuro*.**

1 Pilar escribirá sobre la película en su blog.

2 Jeremías comenzó a rodar una película ayer.

3 Pilar creó el blog el mes pasado.

4 A Antonio le gustan las películas de acción.

Cuando escribas, asegúrate de usar los tiempos verbales correctamente para mostrar cuándo ocurrieron los sucesos. Cambia de tiempo verbal únicamente cuando quieras indicar un cambio en el tiempo. Asegúrate de que el verbo concuerde con el sujeto de la oración.

Incorrecto	Correcto

Ayer Hayley y yo **fuimos** al cine. Vemos *El robot que devoró Chicago*. La película es atemorizante, pero la vemos otra vez.	Ayer Hayley y yo **fuimos** al cine. Vimos *El robot que devoró Chicago*. La película **fue** atemorizante, pero la veremos otra vez.

 Relacionar la gramática con la escritura

Mientras revisas tu párrafo informativo, presta mucha atención a los tiempos verbales. Asegúrate de mantener la secuencia de los tiempos verbales y la concordancia entre el sujeto y el verbo.

W.4.2a introduce a topic and group related information/include formatting, illustrations, and multimedia; **W.4.2b** develop the topic with facts, definitions, details, quotations, or other information and examples; **W.4.2d** use precise language and domain-specific vocabulary; **L.4.3a** choose words and phrases to convey ideas precisely

Escritura informativa

☑ **Elección de palabras**   *Próximas atracciones* es un texto informativo sobre cómo se hacen las películas. Cuando escribes un párrafo informativo, usa palabras precisas para explicar tu tema principal. Define las palabras que puedan ser desconocidas para los lectores. Desarrolla el tema principal con hechos, detalles concretos y ejemplos.

Marcela hizo un borrador de un párrafo informativo sobre cómo un director puede crear una atmósfera terrorífica en una película. Agregó dos oraciones para definir su tema principal con claridad. Después, reemplazó las palabras imprecisas por otras más precisas.

Lista de control de la escritura

☑ **Ideas** ¿Usé detalles y ejemplos concretos para explicar mis ideas?

☑ **Organización** ¿Definí mi tema al comienzo?

☑ **Elección de palabras** ¿Usé un vocabulario preciso y definí las palabras de vocabulario específico?

☑ **Voz** ¿Expresé las ideas con mis palabras?

☑ **Fluidez de las oraciones** ¿Cambié los tiempos verbales cuando fue necesario?

☑ **Convenciones** ¿Usé las reglas de ortografía y gramática correctamente?

Borrador revisado

Piensa en la última película de terror que viste. Estabas sentado en la sala de cine, aferrado al ~~tomado del~~ apoyabrazos mientras te estallaba ~~latía~~ el corazón. Probablemente nunca te detuviste a pensar de qué manera el director de la película creó ~~creará~~ ese sentimiento de temor. Esto incluye efectos especiales de iluminación, ángulos de la cámara ~~elementos visuales~~ y sonido.

Los directores de cine usan muchos trucos para asustar al público.

224

Presos del pánico

por Marcela Cabral

Piensa en la última película de terror que viste. Estabas sentado en la sala de cine, aferrado al apoyabrazos mientras te estallaba el corazón. Probablemente nunca te detuviste a pensar de qué manera el director de la película creó ese sentimiento de temor. Los directores de cine usan muchos trucos para asustar al público. Esto incluye efectos especiales de iluminación, ángulos de la cámara y sonido. Por ejemplo, imagina una escena: es de noche, hay un hombre solo en una habitación. La luz titila y se apaga. Se oyen unas pisadas que se vuelven cada vez más fuertes y se oye el sonido de una puerta que se abre. La cámara hace un acercamiento y toma un primer plano de la cara de terror del hombre. ¿Ya estás asustado? ¡Seguro que sí! El director usó la iluminación, los sonidos y los ángulos de la cámara para crear una atmósfera aterradora. De esta manera, influyó sobre tus emociones… ¡y ni siquiera lo notaste! La próxima vez que veas una película de terror, no te quedes paralizado: intenta descubrir las técnicas que usó el director para que la película sea realmente aterradora.

Leer como escritor

Busca la oración del párrafo de Marcela que define o explica el tema principal. ¿Te ayuda a comprender de qué se trata el texto? ¿Usa palabras precisas?

En la versión final, definí las palabras específicas relacionadas con el cine que podían resultar nuevas para los lectores. También me aseguré de usar los tiempos verbales correctamente.

Mi tío Romie y yo
Claire Hatfield
ilustrado por Jerome Lagarrigue

Artistas al aire libre

✓ VOCABULARIO CLAVE

espléndido

estudio

miniatura

preocuparse

untar

echarse a perder

arrancar

surco

horario

festín

Librito de vocabulario

Tarjetas de contexto

ROMARE BEARDEN

L.4.6 acquire and use general academic and domain-specific words and phrases

ESTÁNDARES COMUNES

226

Vocabulario en **contexto**

1 espléndido

Las bellas artes, como el collage y la pintura, son formas de expresión **espléndidas**.

2 estudio

Un **estudio** es el taller de un artista. Allí, los pintores y los ceramistas crean sus obras.

3 miniatura

Cuando los arquitectos diseñan un edificio, pueden crear una **miniatura**, o maqueta.

4 preocuparse

Este fotógrafo se **preocupa** por que el pingüino no se mueva.

Aprende en línea

▶ Estudia cada Tarjeta de contexto.

▶ Usa claves de contexto para determinar el significado de cada palabra del Vocabulario.

5 untar

La pintura puede ser aplicada con los dedos, o se debe untar, sobre una superficie.

6 echarse a perder

El jarrón de barro lucía bien en un principio, pero luego vimos que se había echado a perder.

7 arrancar

La niña arrancó, o separó, la base del jarrón chino accidentalmente.

8 surco

En esta vívida obra de arte, algunos colores forman un surco a través de la pintura.

9 horario

Algunos artistas se sujetan a un estricto horario, o agenda, mientras trabajan.

10 festín

Esta impresionante vista de un delicioso festín fue tomada por un fotógrafo famoso.

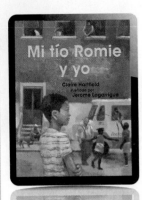

Mi tío Romie
y yo

Claire Hartfield
Ilustrado por
Jerome Lagarrigue

Leer y comprender

☑ DESTREZA CLAVE

Comprender a los personajes Mientras lees *Mi tío Romie y yo*, busca evidencia en el texto que te ayude a comprender cómo son los **personajes** principales. Presta atención a lo que piensan, a la forma en la que actúan y a lo que dicen. Piensa también en cómo reaccionarías tú en una situación similar. Para describir a un personaje, usa un organizador gráfico e incluye evidencia de sus **pensamientos, acciones** y **palabras** que aparezca en el texto.

Pensamientos	Acciones	Palabras

☑ ESTRATEGIA CLAVE

Visualizar Para **visualizar** el cuento, usa detalles del texto para formarte una imagen mental. Mientras lees *Mi tío Romie y yo*, usa detalles del texto para formarte una imagen de los personajes, los lugares que visitan y las cosas que hacen. Visualizar los personajes, los entornos y los sucesos puede ayudarte a comprender mejor el cuento.

ESTÁNDARES
COMUNES

RL.4.1 refer to details and examples when explaining what the text says explicitly and when drawing inferences; **RL.4.3** describe a character, setting, or event, drawing on details

228

Artes visuales

Las artes visuales, como la pintura, el *collage* y la escultura, atraen principalmente el sentido de la vista. Un *collage* combina muchos materiales en una sola imagen. Puede incluir pintura, trozos de tela, fotografías, talones de boletos y cualquier cosa que el artista quiera usar.

En *Mi tío Romie y yo,* el personaje del tío Romie está basado en un famoso artista llamado Romare Bearden. Su trabajo muestra la cultura afroamericana en Estados Unidos, especialmente en el sur del país y en Harlem, un vecindario de la ciudad de Nueva York.

TEXTO PRINCIPAL

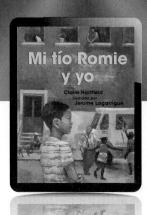

Mi tío Romie
y yo

Claire Hartfield
ilustrado por
Jerome Lagarrigue

✓ DESTREZA CLAVE

Comprender a los personajes Usa detalles para entender más sobre los personajes.

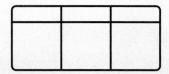

✓ GÉNERO

Los personajes y los sucesos de una **ficción realista** son como las personas y los sucesos de la vida real. Mientras lees, busca:

► personajes y sucesos realistas,
► personajes que tengan sentimientos y realicen acciones como las personas reales y
► detalles que ayuden al lector a crearse una imagen del entorno.

ESTÁNDARES COMUNES

RL.4.2 determine theme from details/summarize; **RL.4.3** describe a character, setting, or event, drawing on details; **RL.4.6** compare and contrast the point of view from which stories are narrated; **RL.4.10** read and comprehend literature

Aprende en línea

CONOCE A LA AUTORA
CLAIRE HARTFIELD

Claire Hartfield nació en Chicago. Es abogada y trabaja para que las escuelas sean más justas y más igualitarias para todos los niños. Durante muchos años fue maestra de danzas y enseñó a los estudiantes a expresarse a través del movimiento. Se interesó en el artista Romare Bearden por su habilidad para contar cuentos con el arte. En este cuento, el personaje del tío Romie está basado en Bearden.

CONOCE AL ILUSTRADOR
JEROME LAGARRIGUE

Jerome Lagarrigue nació en París, Francia. Ganó premios y elogios por sus ilustraciones del libro *Freedom Summer (Verano de libertad)*. Además de trabajar como ilustrador, Lagarrigue pasa mucho tiempo pintando. Incluso ha realizado una exposición de pinturas al óleo en Italia. Mira atentamente las ilustraciones de *Mi tío Romie y yo* y busca los materiales que usó Lagarrigue para pintar los *collages* al estilo del artista Romare Bearden.

Mi tío Romie y yo

por CLAIRE HARTFIELD

ILUSTRADO POR JEROME LAGARRIGUE

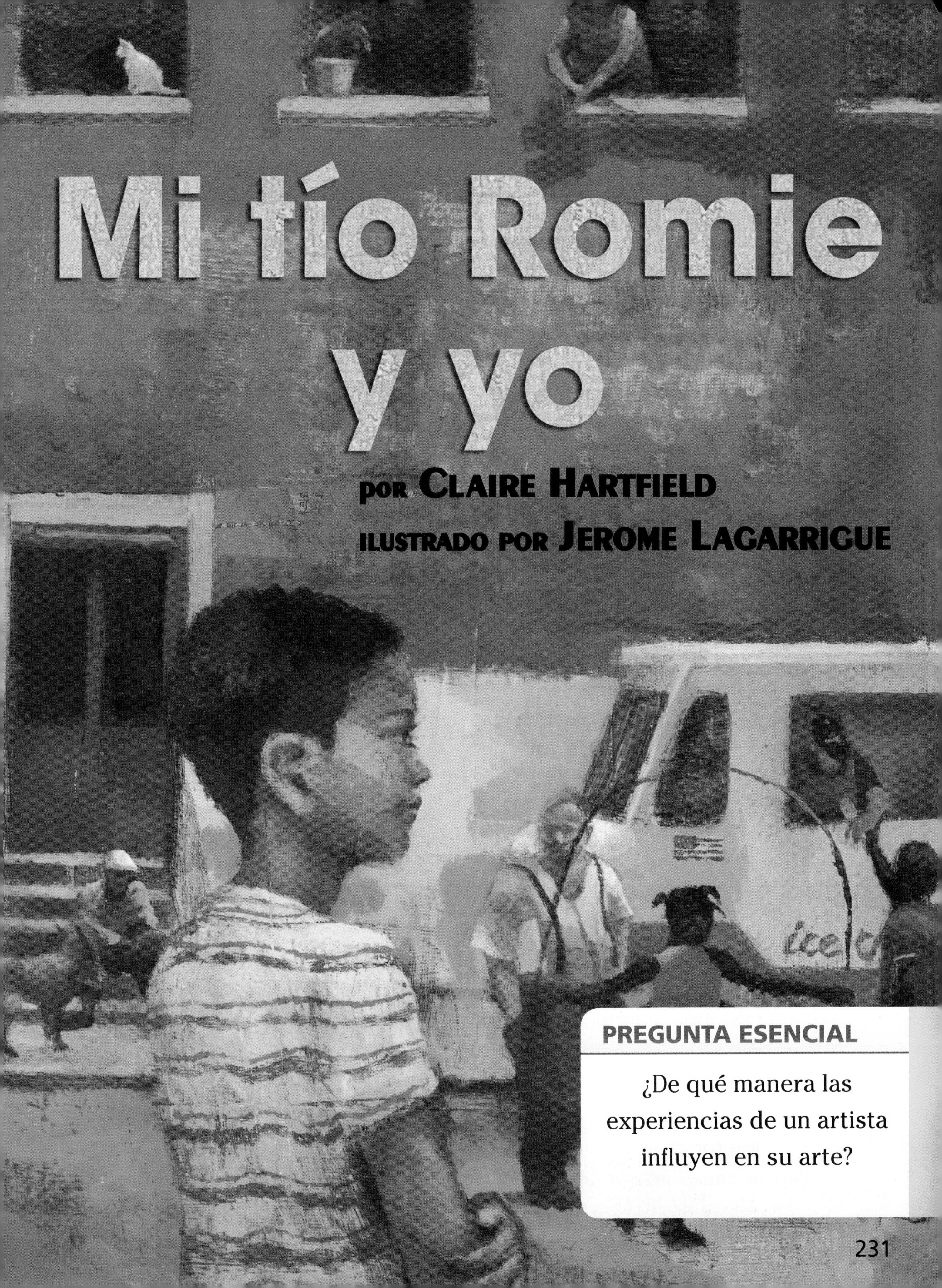

PREGUNTA ESENCIAL

¿De qué manera las experiencias de un artista influyen en su arte?

James viaja en tren desde Carolina del Norte hasta la ciudad de Nueva York para visitar a su tía Nanette y a su tío Romie. Aún no los conoce y por eso se preocupa mucho. James ha dejado atrás a su amigo B. J., a su papá y a su mamá, quien pronto tendrá mellizos. James espera divertirse en estas vacaciones de verano, especialmente porque se aproxima su cumpleaños.

Entonces la vi… la ciudad de Nueva York. Los edificios se alzaban hasta el cielo, tan juntos unos de otros. No se parecía en nada a Carolina del Norte.

—¡Penn Station! Cuidado con los escalones —dijo el conductor, mientras me ayudaba a bajar a la plataforma. Hice lo que me indicó papá: encontrar un lugar donde quedarme cerca del tren. Una multitud de personas pasaba con prisa por allí. Pronto oí una suave voz que me llamaba por mi nombre. Tenía que ser tía Nanette. Me volteé y vi que se me acercaba con una gran sonrisa a modo de bienvenida.

Me tomó de la mano y me guió a través de la muchedumbre apresurada hasta un tren subterráneo denominado metro.

—Éste nos llevará directo a casa —me explicó.

ANALIZAR EL TEXTO

Punto de vista ¿Desde qué punto de vista se cuenta esta historia? ¿En qué se parece al punto de vista de *Gracias a Winn-Dixie?* ¿En qué se diferencia?

El vecindario donde estaba la casa no se parecía a nada que hubiera visto antes. No había casas normales en ningún lado, solo grandes edificios y tiendas de todo tipo. En las vitrinas vi pinturas, telas, radios y televisores.

Entramos en el edificio de la esquina y subimos las escaleras hasta el apartamento: cinco pisos completos. *¡Ay!* Yo intentaba recuperar el aliento mientras tía Nanette apretaba el interruptor para encender las luces.

—Tu tío Romie ha salido para hablar con alguien sobre su próxima gran exhibición de arte. Llegará pronto a casa —me dijo tía Nanette. Puso sobre la mesa un poco de leche y un plato de galletas para que me sirviera.

—Tu tío está trabajando mucho, así que no lo veremos por aquí durante un tiempo. Su sala de trabajo, que llamamos su estudio, está en la parte delantera de nuestro apartamento. Allí es donde tiene todas las cosas que necesita para crear su arte.

—¿No pinta solamente? —pregunté.

—Tu tío Romie es un artista que se dedica al *collage* —explicó tía Nanette—. Usa pinturas, sí, pero también fotografías, periódicos, telas. Las recorta y las pega sobre un tablero para crear sus cuadros.

233

—Eso suena bastante fácil —dije. Mi tía Nanette rió.

—Bueno, hay algo más que eso, James. Cuando veas las pinturas, comprenderás. Ven, te llevaré a tu cama.

Acostado en la oscuridad, oí fuertes pisadas en el corredor. Un gigante me observaba fijamente desde la entrada.

—Hola, James—. La voz de tío Romie era ronca y fuerte, como un trueno. —Gracias por la conserva de pimientos —dijo con voz profunda—; que duermas bien ahora. Después, desapareció por el corredor.

A la mañana siguiente, la puerta del estudio de tío Romie estaba cerrada, pero tía Nanette tenía planes para nosotros.

—Hoy vamos a ir a un vecindario llamado Harlem —dijo—. Es donde vivió tu tío Romie cuando era niño.

Harlem estaba lleno de personas caminando, trabajando, comprando, comiendo. Algunas miraban lo que pasaba desde las escaleras de incendios. Otras, sentadas en los pórticos, saludaban a los amigos, exactamente como en mi pueblo, gritando sus saludos desde los porches. Casi todos parecían conocer a tía Nanette. Muchos también preguntaban por tío Romie.

Compramos duraznos en el mercado y después estuvimos un rato de visita. Vi a unos chicos jugar al béisbol.

—Ve, juega tú también —dijo tía Nanette, mientras me empujaba suavemente para que me uniera a ellos. Cuando ya estaba todo acalorado y sudado, nos refrescamos comiendo dos bolas de helado de chocolate que le compramos al heladero. Más tarde compartimos una barbacoa en una azotea muy alta. Me sentía como si estuviera en la cima del mundo.

En el transcurso de los días siguientes, tía Nanette me llevó a conocer toda la ciudad. Dimos un paseo en ferry hasta la Estatua de la Libertad… subimos casi volando los 102 pisos del edificio Empire State… miramos las vitrinas de las tiendas elegantes de la Quinta Avenida… engullimos salchichas en el Central Park.

Pero Harlem era lo que más me gustaba. Jugué béisbol con los chicos otra vez… y en un día realmente caluroso nos bañamos todos juntos bajo el agua helada que salía con fuerza del hidrante. Por las tardes, tía Nanette y yo nos sentábamos afuera para escuchar a los músicos callejeros que tocaban sus canciones en saxofón.

En días lluviosos, escribía postales y ayudaba en el apartamento con las tareas domésticas. Le conté a tía Nanette sobre las cosas que me gustaba hacer en mi ciudad: ir a los juegos de béisbol, ver pasar los trenes, celebrar mi cumpleaños. Ella me contó del pastel especial caribeño de limón y mango que pensaba preparar.

Mi tío Romie continuaba escondido en su estudio. Pero yo ya no estaba preocupado. Tía Nanette haría que mi cumpleaños fuera especial.

4... 3... 2... 1... ¡Ya casi era mi cumpleaños!

Entonces, tía Nanette recibió una llamada telefónica.

—Una anciana tía mía ha muerto, James. Tengo que asistir a su funeral. Pero no te preocupes, tu tío Romie pasará contigo tu cumpleaños. Todo saldrá bien.

Esa noche, tía Nanette me dio un beso de despedida. Yo sabía que las cosas no saldrían nada bien. Tío Romie no sabía nada de pasteles, ni de juegos de béisbol, ni de nada, excepto sus tontas pinturas viejas. Mi cumpleaños se había echado a perder.

Cuando el cielo se oscureció, me metí bajo las sábanas. ¡Echaba tanto de menos a mamá y a papá! Escuché a los pájaros en el tejado. Sus canciones continuaban bien entrada la noche.

A la mañana siguiente, todo estaba silencioso. Salí a rastras de la cama y me dirigí al corredor. Por primera vez, la puerta del estudio de tío Romie estaba abierta de par en par. ¡Qué lío espléndido! Había pinturas, retazos de tela y de papel por todo el piso y alrededor de la habitación había pinturas inmensas que tenían pedazos de todo tipo empastados juntos.

Vi saxofones, aves, escaleras de incendios y rostros marrones. «Es Harlem», pensé. «La gente, la música, los tejados y los pórticos». Mirando las pinturas de tío Romie, pude *sentir* a Harlem, su ritmo y vitalidad.

ANALIZAR EL TEXTO

Comprender a los personajes
¿Cómo cambia la opinión que James tiene de su tío Romie a través de la historia? ¿Qué pensamientos y palabras usa James que muestran este cambio de opinión?

Entonces, vi una pintura que era diferente. Casas más pequeñas, flores y trenes.

—¡Ese es mi pueblo! —exclamé.

—Exactamente —dijo tío Romie, sonriendo desde la entrada—. Esa es la Carolina que recuerdo.

—Mamá dice que ibas allí de niño, a visitar a tus abuelos, casi todos los veranos —dije.

—Pues, claro que sí, James. De verdad, ese es el lugar de la conserva de pimientos, untada en abundancia sobre galletas. Y cuando la abuela no se daba cuenta… ¡sacaba a escondidas un poco con una cuchara!

—¡Papá y yo también lo hacemos! —le conté.

Reímos juntos y después fuimos a la cocina para tomar un desayuno que era un verdadero festín: huevos, tocino, sémola de maíz y galletas.

—James, me has hecho recordar a la señora que vendía la conserva de pimientos. La gente solía hacer una fila que se extendía por toda la calle para comprar sus conservas.

—¿Podrías poner a alguien así en una de tus pinturas? —pregunté.

—Supongo que podría hacerlo —asintió tío Romie—. Sí, ese es realmente un buen recuerdo para compartir. Qué buena idea, James. Pero ahora, ¡empecemos a festejar este cumpleaños!

Trajo dos regalos que me habían enviado de casa. Rompí las envolturas de los paquetes mientras mi tío traía la conserva de pimientos y dos cucharas grandes. Mamá y papá habían escogido exactamente lo que yo quería: un estuche especial para mis tarjetas de béisbol y un tren miniatura para construir.

—Muy lindo —dijo tío Romie—. Yo solía mirar el paso de los trenes allá en el sur, en Carolina del Norte, ¿sabías?

¡Es gracioso pensar en el enorme tío Romie tirado boca abajo!

—B. J. y yo apostamos siempre para ver quién puede oír primero a los trenes.

—¡Eh! Yo también hacía eso. ¿Sabes? Es gracioso, James. La gente vive en todo tipo de lugares y en familias diferentes, pero las cosas que nos importan son muy parecidas, como las comidas preferidas, las canciones especiales, los juegos, los cuentos… y los cumpleaños.

¡Tío Romie sostenía dos boletos para un juego de béisbol!

Resultó que tío Romie sabía todo sobre béisbol e incluso había sido un lanzador estrella en la universidad. Nos pusimos los guantes de béisbol y nos fuimos al juego.

Sentados arriba, en las gradas descubiertas, compartimos una bolsa de cacahuates. Hacíamos crujir las cáscaras con los dientes y teníamos los guantes listos en caso de que hubiera un jonrón y la pelota llegara hasta nosotros. Eso no pasó, pero nos divertimos mucho.

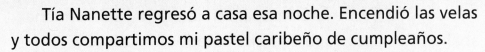

Tía Nanette regresó a casa esa noche. Encendió las velas y todos compartimos mi pastel caribeño de cumpleaños.

Después de eso, tío Romie tuvo que trabajar mucho nuevamente. Pero al final de cada día dejaba que yo me sentara con él en su estudio y entonces hablábamos. Papá tenía razón. Tío Romie es un buen hombre.

Finalmente, llegó el día de la gran exhibición de arte. Observé a las personas riéndose y hablando, caminando lentamente por la habitación, yendo de una pintura a la otra. Yo también di unas vueltas por la sala, escuchando sus conversaciones.

—¿Recuerdas nuestro primer viaje en tren desde Chicago hasta Nueva York? —le preguntó una señora a su esposo.

—Ese hombre tocando la guitarra me recuerda a mi tío Joe —dijo otra persona.

Todos esos extraños hablaban unos con otros acerca de sus familias, amigos y momentos especiales, y todo porque las pinturas de mi tío Romie les recordaban esas cosas.

Esa misma noche llamó papá. Mi hermano y mi hermana acababan de nacer. Papá dijo que ambos eran calvos y hacían mucho ruido, pero se le oía feliz y dijo que todos me extrañaban mucho.

Esta vez, tía Nanette y tío Romie me llevaron a la estación del tren.

—Este es un regalo tardío de cumpleaños, James —dijo tío Romie mientras sacaba un paquete—. Ábrelo en el tren, ¿quieres? Te ayudará a pasar el rato durante el largo viaje de regreso a casa.

Saludé con la mano desde la ventanilla a tío Romie y tía Nanette hasta que ya no pude verlos. ¡Entonces desenvolví el regalo!

Y allí estaba mi verano en Nueva York. Un cielo brillante en una esquina, las luces de la ciudad nocturna en la otra. Edificios altos. Fragmentos de las entradas al juego de béisbol. La etiqueta del frasco de conserva de pimientos. Y trenes. Uno que iba hacia los rascacielos, otro que se alejaba.

De regreso en casa, me acosté sobre la hierba mullida de Carolina del Norte. Era el primero de septiembre, casi el cumpleaños de tío Romie. Miré a las aves que volaban en línea, como formando un surco, mientras cruzaban el cielo.

«Aves de tejado», pensé. «De regreso después de su verano en Nueva York, exactamente como yo». Observándolas, aún podía sentir el ritmo de la ciudad en mi mente.

Una pluma descendió flotando desde el cielo. En el jardín, los lirios atigrados se doblaban con el viento. ¡Eran las flores favoritas de tío Romie! Arranqué unas cuantas. Y entonces comencé una búsqueda del tesoro para recolectar las cosas que me recordaban a tío Romie.

Las pinté y empasté juntas en un pedazo grande de cartulina. Justo en el medio pegué el horario del tren y en la parte superior escribí:

ANALIZAR EL TEXTO

Tema ¿Qué quiere el autor que aprendan los lectores a partir de este cuento? ¿De qué manera lo que le sucede a James te ayuda a entender este mensaje?

242

Nota del autor

Esta historia, que es una ficción, está inspirada en la calidad narrativa de la obra de Romare Bearden. También se han usado muchos hechos de la vida del artista.

Romare Bearden nació en Charlotte, Carolina del Norte, el 2 de septiembre de 1911. De niño, vivió en esa ciudad y, después de mudarse al Norte, regresó a Charlotte muchos veranos. Cuando era aún un niño, su familia se mudó a Harlem, Nueva York. Esto ocurrió en la década de 1920, durante un período denominado el Renacimiento de Harlem, en el cual muchos escritores, músicos y artistas afroamericanos famosos vivieron y trabajaron en Harlem. Bearden solía sentarse en la entrada de su edificio a escuchar música, conocer a sus vecinos y contemplar lo que ocurría a su alrededor. En 1954, Bearden se casó con Nanette Rohan, cuya familia era de la isla caribeña de St. Martin.

El joven Bearden escogió la pintura para expresar su propia experiencia de ser afroamericano. Experimentó con muchas formas de pintar y, finalmente, decidió que el *collage* era la mejor forma de expresar sus ideas. Muchas de sus pinturas se encuentran en exhibición en museos y galerías de Estados Unidos. Su obra ha aparecido también en varios libros para niños. En 1987, Romare Bearden recibió la Medalla Nacional de las Artes de manos del presidente Ronald Reagan.

Bearden falleció el 12 de marzo de 1988.

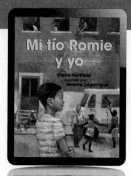

Ahora analiza

Cómo analizar el texto

Usa estas páginas para aprender acerca de Comprender a los personajes, Tema y Punto de vista. Luego, vuelve a leer *Mi tío Romie y yo* para aplicar lo que has aprendido.

Comprender a los personajes

Mi tío Romie y yo es un cuento de **ficción realista** sobre un niño llamado James que visita a su tía y a su tío en la ciudad de Nueva York. Lo que hacen los tres **personajes** y lo que aprenden es lo que hace que el cuento sea interesante para los lectores. Los autores muestran cómo son los personajes describiendo lo que piensan, lo que hacen y lo que dicen.

Vuelve a leer las páginas 236 y 237. Presta atención a lo que piensa, hace y dice James en la mañana de su cumpleaños. ¿Qué puedes decir de James a partir de estos detalles?

Pensamientos	Acciones	Palabras

RL.4.1 refer to details and examples when explaining what the text says explicitly and when drawing inferences; **RL.4.2** determine theme from details/summarize; **RL.4.3** describe a character, setting, or event, drawing on details; **RL.4.6** compare and contrast the point of view from which stories are narrated

ESTÁNDARES COMUNES

Aprende en línea

244

Tema

El **tema** de un cuento es el mensaje principal sobre la vida que los autores quieren que sus lectores comprendan. Puedes descubrir el tema de un cuento si piensas en lo que sucede en el cuento y lo que aprenden los personajes. ¿Qué piensa James del tío Romie al comienzo? ¿Cómo cambian sus sentimientos durante el cuento y por qué? Usar **sucesos** y **detalles** del texto puede ayudarte a descubrir el tema que quiere compartir el autor.

Punto de vista

Los autores cuentan los cuentos desde diferentes **puntos de vista**. Cuando se cuenta una historia desde el **punto de vista de la primera persona,** el **narrador** es parte del cuento. Los lectores saben qué piensa el narrador, pero conocen a los demás personajes a través de lo que ellos dicen o hacen. Cuando se cuenta una historia desde el **punto de vista de la tercera persona**, el narrador está fuera del cuento. Los lectores saben lo que piensan, dicen y hacen todos los personajes.

Es tu turno

REPASAR LA PREGUNTA ESENCIAL

Turnarse y comentar

Repasa la selección con un compañero y prepárate para comentar esta pregunta: *¿De qué manera las experiencias de un artista influyen en su arte?* Repasa las ideas clave con tu compañero. Mientras comentas la pregunta, asegúrate de comprender los comentarios de tu compañero antes de añadir los tuyos.

Entiendo lo que dices. Esto es lo que yo pienso.

Comentar en la clase

Para continuar comentando *Mi tío Romie y yo*, explica tus respuestas con evidencia del texto:

1. ¿Qué hace que James cambie de opinión con respecto a la ciudad de Nueva York y que comience a sentirse como en casa?

2. ¿Por qué James comienza a sentirse más cómodo con su tío Romie?

3. ¿Qué crees que es lo más importante que aprende James?

HACER CONEXIONES

Relacionar Con un compañero, repasa las ilustraciones de *Mi tío Romie y yo*. ¿Cómo se relacionan las ilustraciones con las palabras del texto? ¿Cómo muestran los personajes y los entornos? Elige una ilustración y busca en el texto la descripción que se relaciona con ella. ¿Qué efecto tiene esa ilustración en el lector?

Respuesta En el cuento, tío Romie le da a James un regalo de cumpleaños especial: un *collage* para que recuerde su verano en la ciudad de Nueva York. Si tío Romie creara un *collage* para ti, ¿qué recuerdos te gustaría que mostrara? Escribe una descripción del *collage* que quisieras que tío Romie creara para ti.

Sugerencia para la escritura

Usa adjetivos vívidos y sustantivos específicos en tu descripción. Asegúrate de usar correctamente los tiempos verbales.

Aprende en línea

TEATRO
DEL LECTOR

☑ GÉNERO

El **teatro del lector** es un texto que ha sido preparado para que los lectores lo reciten en voz alta.

☑ ENFOQUE EN EL TEXTO

Instrucciones Un texto puede incluir un conjunto de instrucciones que indican cómo hacer algo, a menudo siguiendo una serie de pasos. Repasa los pasos presentados en el texto para crear arte al aire libre.

RL.4.5 explain major differences between poems, drama, and prose/refer to their structural elements; **RL.4.10** read and comprehend literature; **RF.4.4a** read on-level text with purpose and understanding

Aprende en línea

Teatro del lector

Artistas al aire libre

por Sam Rabe

Personajes

Narrador	Kayla
Maestra Lina	Zack

NARRADOR. Un día soleado en el sur de Texas, los estudiantes de la maestra Lina se reunieron en el patio de la escuela.

MAESTRA LINA. Mañana es el día del festival de dibujo con tiza en las aceras. El director nos ha dado permiso para practicar nuestro dibujo con tiza mojada en el pavimento del patio, que será nuestro estudio. Recuerden: cuando quieran dibujar sobre una acera, deben pedir permiso al adulto a cargo antes de hacerlo. Ahora revisemos los pasos para dibujar con tiza mojada. ¿Qué hacemos primero?

NARRADOR. Mientras los estudiantes le decían los pasos en orden, la maestra Lina los anotaba en un gran cuaderno de notas. Cuando terminó de escribir, arrancó la hoja y mostró las instrucciones para que todos pudieran leerlas. Luego, los estudiantes eligieron sus pedazos de tiza y los mojaron. Mientras tanto, Kayla y Zack planeaban su dibujo.

KAYLA. Dibujemos un festín en la selva. Los loros pueden estar comiendo todo tipo de frutas.

ZACK. Dibujaré un tren en miniatura que transporte comida para las aves.

249

Narrador. Los estudiantes sacaron sus tizas del agua y se pusieron a dibujar. Mientras Zack dibujaba una curva pronunciada de las vías del tren, su mano volteó el frasco que contenía el agua. Zack y Kayla miraron cómo se formaba un surco de agua en su dibujo.

Zack. ¡Nuestro dibujo se echó a perder!

Kayla. ¡No te debes preocupar tanto! ¡Rápido, mezcla el agua y la tiza! Ahora vamos a echarle otra capa de tiza y así recubriremos el dibujo.

Narrador. Kayla y Zack trabajaron rápidamente. Los colores untados se veían espléndidos, como la cobertura gruesa y vistosa de una torta.

Maestra Lina. ¡Se ve genial! Esa es una técnica excelente, niños. ¿Les interesa participar en el festival de dibujo con tiza mañana? El horario del festival indica que se comenzará a dibujar a las 9:00 de la mañana.

Kayla y Zack. ¡Claro que sí!

Kayla. Mañana derramaremos agua a propósito en nuestro dibujo.

Zack. ¡Entonces sabremos exactamente qué hacer!

Para dibujar con tiza mojada

1. Elige tus tizas y colócalas en un frasco.

2. Llena el frasco con agua hasta cubrir tres cuartas partes del largo de la tiza. Deja la tiza en remojo unos minutos, pero no dejes que se disuelva.

3. Saca la tiza mojada del frasco.

4. ¡Dibuja!

5. Deja secar tu dibujo.

Comparar el texto

DE TEXTO A TEXTO

Comparar puntos de vista *Stormalong* y *Mi tío Romie y yo* están escritos desde diferentes puntos de vista. Con un compañero, comenta los dos cuentos. ¿En qué se parecen y en qué se diferencian los personajes principales, Stormalong y James? ¿De qué manera el punto de vista de cada cuento afecta lo que sabemos sobre estos dos personajes?

EL TEXTO Y TÚ

Escribir una descripción Piensa en un adulto que sea importante para ti. ¿Qué aspectos incluirías en un *collage* sobre esa persona? Escribe un párrafo que describa el *collage* que harías. Explica de qué manera cada aspecto te recuerda a esa persona.

EL TEXTO Y EL MUNDO

Biografía y ficción *Mi tío Romie y yo* es una historia imaginaria basada en un artista real. Lee una biografía en Internet del artista Romare Bearden. Luego, identifica las cosas de su vida real y de esta historia que sean iguales. Comparte lo que encontraste con un compañero.

  **Aprende en línea**

ESTÁNDARES COMUNES **RL.4.6** compare and contrast the point of view from which stories are narrated; **W.4.2b** develop the topic with facts, definitions, details, quotations, or other information and examples; **W.4.8** recall information from experiences or gather information from print and digital sources/ take notes, categorize information, and provide a list of sources

Gramática

¿Qué es el gerundio? Las frases verbales como *está hablando* y *estaban escuchando* describen acciones que suceden durante un período de tiempo. Estas formas verbales se forman con un verbo auxiliar conjugado y un **gerundio.** Estas frases verbales pueden describir acciones que sucedieron en el pasado, que están sucediendo en el presente o que sucederán en el futuro.

El gerundio
El gerundio de los verbos terminados en *-ar*, como *amar*, se forma agregando la terminación *-ando* a la base del verbo.

James y el tío Romie están mirando el partido de béisbol. |
| El gerundio de los verbos terminados en *-er/-ir*, como *comer* o *reír*, se forma agregando la terminación *-iendo* a la base del verbo.

Antes James y tío Romie estaban comiendo pastel. |
| Recuerda que también existen formas irregulares, que se conjugan con *-yendo*.

Mañana a esta hora James estará yendo en tren hacia su casa. |

 **Inténtalo** **Trabaja con un compañero y busca el gerundio en cada oración. Indica si la frase verbal está en presente, pasado o futuro.**

1. Tía Nanette estaba esperando a James en la estación de tren.

2. Tío Romie le está mostrando su arte a James.

3. Cuando James presente su *collage* sobre tío Romie, estará pensando en él.

Usa los tiempos y las formas verbales correctamente para ayudar a los lectores a entender cuándo se realizan las acciones. Asegúrate de usar el mismo tiempo o la misma forma verbal en todas las oraciones que describen acciones que suceden en el mismo momento.

Formas verbales incoherentes	Formas verbales coherentes
Están llegando muchas personas a la exposición de arte. Todas **miraron** las obras de arte. Y **hablarán** sobre las pinturas.	**Están llegando** muchas personas a la exposición de arte. Todas **están mirando** las obras de arte. Y **están hablando** sobre las pinturas.

 ## Relacionar la gramática con la escritura

Mientras revisas tu reseña, presta atención a la concordancia de todas las formas y los tiempos verbales. Esto te ayudará a comunicar tus ideas con claridad.

ESTÁNDARES COMUNES **W.4.2a** introduce a topic and group related information/include formatting, illustrations, and multimedia; **W.4.2e** provide a concluding statement or section; **W.4.9a** apply grade 4 Reading standards to literature; **W.4.10** write routinely over extended time frames and shorter time frames

Escritura informativa

✔ **Organización** En una **reseña de un libro**, los buenos escritores organizan sus ideas para que la información que está relacionada quede agrupada de una manera lógica. Comienza tu reseña indicando el tema y el título del libro. Luego, resume los sucesos más importantes de la historia. Termina con un párrafo o una oración final conclusiva que resuma la idea principal de tu reseña.

Davey hizo un borrador de una reseña sobre *Mi tío Romie y yo*. Luego, corrigió el comienzo para que indicara el tema principal de manera clara.

Lista de control de la escritura

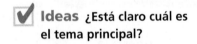

✔ **Ideas** ¿Está claro cuál es el tema principal?

✔ **Organización** ¿Ordené mis ideas claramente?

✔ **Elección de palabras** ¿Las palabras que elegí describen con claridad los personajes y los sucesos?

✔ **Voz** ¿Expresé las ideas con mis palabras?

✔ **Fluidez de las oraciones** ¿Hay concordancia entre los tiempos verbales?

✔ **Convenciones** ¿Usé las formas verbales correctamente?

Borrador revisado

Leí el libro Mi tío Romie y yo, de Claire Hartfield y me encantaron los personajes.

El libro ~~Mi tío Romie y yo~~ trata sobre un niño que va a visitar a su tía y a su tío a la ciudad de Nueva York por el verano. Al principio, James ^está^ preocupado porque no sabe si se divertirá, pero sus sentimientos cambian.

James hace muchas cosas divertidas con su tía Nanette, pero no ve mucho a su tío Romie. Cuando su tía tiene que viajar fuera de la ciudad, James pasa tiempo con su tío.

Reseña sobre *Mi tío Romie y yo*

por Davey Watson

Leí el libro *Mi tío Romie y yo,* de Claire Hartfield y me encantaron los personajes. El libro trata sobre un niño que va a visitar a su tía y a su tío a la ciudad de Nueva York por el verano. Al principio, James está preocupado porque no sabe si se divertirá, pero sus sentimientos cambian.

James hace muchas cosas divertidas con su tía Nanette, pero no ve mucho a su tío Romie. Cuando su tía tiene que viajar fuera de la ciudad, James pasa tiempo con su tío. La pasan muy bien juntos y James aprende todo sobre el maravilloso arte del tío Romie. James dice: "Mirando las pinturas de tío Romie, pude *sentir* a Harlem, su ritmo y vitalidad".

Me gustó muchísimo la forma en la que el autor creó personajes interesantes y realistas, y contó una historia muy bella.

Leer como escritor

Davey resumió el cuento con sus propias palabras. ¿Resumiste tú los sucesos principales? En su conclusión, Davey contó lo que pensaba del libro. ¿Resumiste tu opinión en tu conclusión?

Presenté el tema principal indicando el título del libro y el nombre del autor. Incluí una cita para explicar lo que pensaba James sobre el arte de su tío.

Lección

9

VOCABULARIO CLAVE

culpa

sacar

consulta

desmayarse

sincero

local

disculparse

prueba

resbaloso

insistir

Librito de vocabulario	Tarjetas de contexto

L.4.6 acquire and use general academic and domain-specific words and phrases

256

Vocabulario en contexto

1 culpa

Con frecuencia un malentendido entre amigas no es culpa, o responsabilidad, de ninguna de ellas.

2 sacar

Al sacar un libro de la biblioteca o pedir prestado algo a alguien, asegúrate de devolverlo pronto.

3 consulta

Una buena fuente de información es un libro de consulta. Este puede explicar las cosas claramente.

4 desmayarse

Esta niña no se desmayó. Solo está cansada y está tomando una corta siesta.

Aprende en línea

▶ Estudia cada Tarjeta de contexto.

▶ Usa un diccionario como ayuda para entender estas palabras del Vocabulario.

---

5 **sincero**

Decir cosas que no son sinceras, o verdaderas, puede herir los sentimientos de otra persona.

---

6 **local**

Las personas de otras regiones pueden no entender las costumbres de la gente local.

---

7 **disculparse**

Por haber hecho algo incorrecto, será mejor disculparme diciendo cuánto lo siento.

---

8 **prueba**

Para saber si realmente has hecho tu tarea, tus padres podrían pedirte una prueba de ello.

---

9 **resbaloso**

A estos niños no les importó que la cancha de fútbol estuviera resbalosa.

---

10 **insistir**

La madre de este niño insistió en que él mismo reparara lo que había estropeado.

Estimado Sr. Winston

por Ken Roberts

selección ilustrada
por Andy Hammond

Leer y comprender

Aprende en línea

☑ DESTREZA CLAVE

Conclusiones y generalizaciones A veces, un autor espera que los lectores saquen una **conclusión,** o deduzcan un detalle del cuento que no se menciona. Una **generalización** es un tipo de conclusión que es verdadera acerca de algo la *mayoría* de las veces, pero no siempre. Mientras lees *Estimado Sr. Winston*, observa los detalles y la evidencia del texto que puedan ayudarte a sacar una conclusión razonable acerca del cuento. Usa un organizador gráfico como este para ayudarte a usar los detalles para sacar una conclusión o apoyar una generalización.

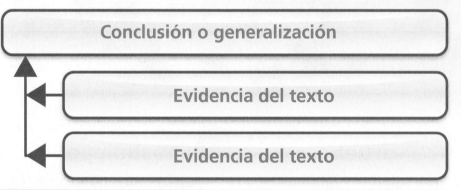

Conclusión o generalización

Evidencia del texto

Evidencia del texto

☑ ESTRATEGIA CLAVE

Preguntar Hacerte **preguntas,** por ejemplo ¿*Cómo sucedió esto?* o ¿*Por qué sucedió esto?,* puede ayudarte a comprender un cuento. Puedes hacer preguntas antes de leer, mientras lees y después de leer. Mientras lees *Estimado Sr. Winston*, usa la estrategia de preguntar para sacar conclusiones acerca de las actitudes y los sentimientos del narrador.

Investigar

Cuando investigas, buscas información acerca de un tema que te interesa. Puedes buscar la información en libros de no ficción, en periódicos y en Internet. Para comenzar un proyecto de investigación, muchos estudiantes van a la biblioteca. Entrevistar a expertos en un tema es otra buena manera de aprender acerca de un tema principal.

A veces, la investigación no sale como lo planeas. En *Estimado Sr. Winston*, por ejemplo, la investigación de un estudiante da un giro inesperado.

TEXTO PRINCIPAL

Estimado Sr. Winston

por Ken Roberts
selección ilustrada
por Andy Hammond

☑ DESTREZA CLAVE

Conclusiones y generalizaciones
Descubre ideas no enunciadas o generales.

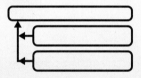

☑ GÉNERO

Una **ficción realista** tiene personajes y sucesos como en la vida real. Mientras lees, busca:

▶ un entorno familiar para la mayoría de los lectores,

▶ personajes que tengan los mismos sentimientos que las personas reales y

▶ desafíos y problemas realistas.

ESTÁNDARES COMUNES **RL.4.1** refer to details and examples when explaining what the text says explicitly and when drawing inferences; **RL.4.3** describe a character, setting, or event, drawing on details; **RL.4.6** compare and contrast the point of view from which stories are narrated; **RL.4.10** read and comprehend literature

Aprende en línea

CONOCE AL AUTOR
KEN ROBERTS

Igual que el personaje del Sr. Winston, Ken Roberts es bibliotecario. También escribe libros y obras de teatro, y cuenta cuentos. "Hago bien bastantes cosas", dice, "pero en realidad no soy experto en ninguna". A veces trabaja en muchos proyectos a la vez. Otras veces lee tranquilamente junto a la chimenea.

CONOCE AL ILUSTRADOR
ANDY HAMMOND

Andy Hammond es un caricaturista que ha trabajado muchísimo durante más de treinta años. Hace sus trabajos con pluma, tinta y acuarelas, y a menudo los termina en la computadora. Prefiere aquellos trabajos que lo dejan usar su propio estilo y permiten que su sentido del humor fluya libremente.

Estimado Sr. Winston

por Ken Roberts

selección ilustrada
por Andy Hammond

PREGUNTA ESENCIAL

¿De qué maneras puedes
investigar?

Estimado Sr. Winston:

Mis padres me dijeron que debo escribirle y disculparme. Papá dice que leerá esta carta antes de que la envíe y que más me vale asegurarme de que mis disculpas suenen sinceras de verdad. Por lo tanto, lamento verdadera y sinceramente haber llevado esa serpiente a la biblioteca ayer.

Mis padres dicen que lo que hice estuvo mal, aunque la caja de cartón estaba bien cerrada. En realidad, no había forma de que esa serpiente se escapara si usted no hubiera abierto la caja ni la hubiera dejado caer al suelo.

Mis padres dicen que es culpa mía por haber llevado esa serpiente a la biblioteca y por eso me disculpo verdadera y sinceramente. Lo que no entiendo es cómo iba a saber yo qué clase de serpiente tenía dentro de esa caja si no la llevaba a la biblioteca para compararla con imágenes de serpientes y así tratar de encontrar una imagen que correspondiera.

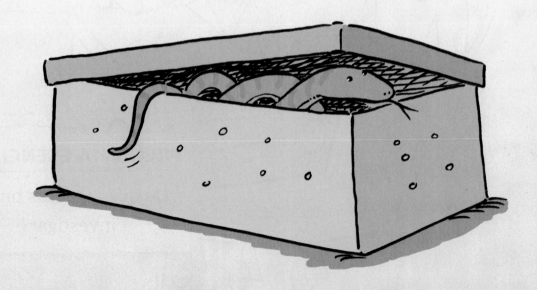

Les conté a mis padres algo que no tuve la oportunidad de recordarle a usted antes de que se lo llevara la ambulancia. Primero, fui a la biblioteca sin la serpiente. Dejé la caja afuera, escondida debajo de un arbusto, e intenté sacar prestado un enorme libro verde con muchas imágenes de serpientes. Usted me dijo que ese gran libro verde era un libro de consulta, lo cual quería decir que debía permanecer en la biblioteca y que no podía llevarlo afuera, ni siquiera durante diez minutos.

Mis padres dicen que aun así yo no debí haber llevado esa serpiente a la biblioteca y que debo disculparme verdadera y sinceramente si es que quiero volver a ver alguna vez *La patrulla galáctica* por televisión. Mis padres escogieron *La patrulla galáctica* porque es mi programa preferido, aunque no estoy muy segura de qué relación hay entre no ver un programa de televisión y llevar una serpiente a la biblioteca. La gente de la biblioteca dice que usted odia tanto a las serpientes que ni siquiera tocaría un libro que tuviera una fotografía de serpientes en la portada, y que por eso no volverá a la biblioteca por unas cuantas semanas. Si quiere, puede ver *La patrulla galáctica*, a las cuatro de la tarde los días de semana, en el canal 7. No hay serpientes en el programa porque tiene lugar en el espacio.

¿Recibió las flores? Papá las escogió, pero yo tuve que pagarlas con mi mesada de los próximos dos meses. Las flores son prueba de que lamento verdadera y sinceramente haber llevado esa serpiente a la biblioteca. ¡Espero que la gente que trabaja en la biblioteca encuentre pronto a esa serpiente! ¿Buscaron debajo de todas las sillas?

FLORES
SILVESTRES

Esa serpiente no es peligrosa. Es una serpiente local y no hay serpientes venenosas en Manitoba. La gente de la biblioteca dice que usted también lo sabe porque esa fue una de las razones que lo hicieron mudarse aquí. Le compré esa serpiente a un amigo. Me costó la mesada de un mes entero, lo cual quiere decir que esa serpiente me ha costado un total de tres mesadas ¡y solo fue mía durante una hora!

Mamá dice que no es necesario que diga quién me vendió esa serpiente, así que no se lo diré a usted tampoco porque papá dice que leerá esta carta. Además, no quiero que usted se enfade con nadie más ya que fui yo quien llevó esa serpiente a la biblioteca ayer. Lo lamento verdadera y sinceramente.

Deseo que sepa que no pensaba mostrarle esa serpiente. No tenía la intención de asustarlo en absoluto. Yo sabía dónde estaba el gran libro verde sobre serpientes. Coloqué la caja sobre una mesa cerca del libro y traté de encontrar la foto correcta. Vi una foto, después observé la serpiente, luego otra foto y otra vez la serpiente. Hice eso cinco veces y puedo decirle que la serpiente que llevé a la biblioteca no es ni una pitón, ni una serpiente de cascabel, ni una anaconda, ni un áspid ni una cobra.

De todas maneras, me sorprendió que usted quisiera ver qué había dentro de la caja porque yo no solicité su ayuda y había muchas otras personas en la biblioteca que sí necesitaban ayuda.

Papá dice que el hecho de que yo dijera "nada" en lugar de "una serpiente" es prueba de que sí sabía que estaba haciendo algo incorrecto cuando llevé esa serpiente a la biblioteca. Lo lamento verdadera y sinceramente, aunque mi amigo Jake Lambert me haya prometido que la serpiente que le compré es completamente inofensiva.

ANALIZAR EL TEXTO

Humor ¿A quién culpa Clara por lo que le sucedió al Sr. Winston? ¿Qué palabras y frases usa el autor para indicar cómo se siente Clara?

COBRA

Pero sí le dije a usted que no necesitaba ayuda y sí tenía un libro sobre serpientes abierto delante de mí, así que no sé por qué usted insistió en mirar dentro de la caja si les tiene tanto miedo a las serpientes y todo eso. Tampoco sé por qué usted alzó la caja en vez de abrir una solapa para mirar. Tal vez, si usted hubiera dejado la caja sobre la mesa y se hubiera sentado cerca de ella, entonces quizás no le habría sucedido nada a la caja cuando usted gritó y se desmayó. Usted tampoco se habría caído tan lejos si hubiera estado sentado.

¿Sabía usted que se le erupcionó la piel después de desmayarse? Yo pensaba que una persona tenía que tocar algo como hiedra venenosa para que se le erupcionara la piel. No sabía que eso fuera posible con solo pensar en algo, pero mis padres dicen que realmente puede pasar. Creo que quizás usted sí tocó algo. Quizás, cuando usted estaba acostado en el piso, ¡esa serpiente se deslizó hacia usted y lo tocó! ¿Sabía que la piel de las serpientes se siente seca, nada húmeda ni resbalosa?

Se me acaba de ocurrir algo. Quizás todos estén buscando esa serpiente en la biblioteca y no esté allí. ¡Quizás se metió en uno de sus bolsillos o subió por la manga de su camisa y viajó con usted hasta el hospital! ¿No sería gracioso? ¿Por qué no le pide a una de las enfermeras que lo revise? Si no está dentro de sus ropas, podría haberse escapado y estar escondida en algún lugar del hospital. Creo que deberían buscar allí también.

ANALIZAR EL TEXTO

Conclusiones y generalizaciones Observa el primer párrafo. ¿Qué conclusión puedes sacar sobre la actitud que tiene quien escribe la carta a partir de las sugerencias que le da al Sr. Winston? ¿Qué detalles y ejemplos te llevaron a esta conclusión?

Estoy segura de que hablará con las personas de la biblioteca para asegurarse de que encuentren esa serpiente antes de regresar a su trabajo. Espero que la encuentren, aunque mis padres dicen que no puedo quedarme con ella. Si la encuentran, ¿podría pedirles a las personas de la biblioteca que me llamen? Me interesaría saber que está bien. Y si en efecto la encuentran y deciden llamarme, ¿podría pedirles que la comparen con las imágenes de serpientes de ese gran libro verde de referencia antes de llamarme? Todavía me gustaría saber qué clase de serpiente tuve durante una hora.

Lo lamento verdadera y sinceramente.

Su amiga,

Clara

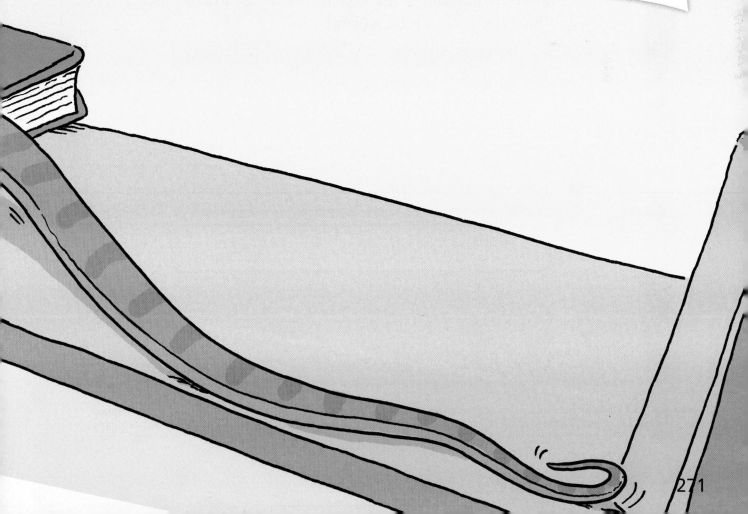

271

Ahora analiza

Cómo analizar el texto

Usa estas páginas para aprender acerca de Conclusiones y generalizaciones, Comprender a los personajes y Humor. Luego, vuelve a leer *Estimado Sr. Winston* para aplicar lo que has aprendido.

Conclusiones y generalizaciones

Una ficción realista como *Estimado Sr. Winston* incluye personajes que tienen los mismos sentimientos que tienen las personas reales. Enfrentan problemas que podrían suceder en la vida real.

A veces, un autor espera que los lectores deduzcan algo. Esto se llama sacar una **conclusión** o hacer una **inferencia**. Una **generalización** es un tipo de conclusión que es verdadera acerca de algo la *mayoría* de las veces, pero no siempre. En *Estimado Sr. Winston*, puedes usar la evidencia del texto, como los detalles y los ejemplos, para sacar una conclusión acerca de los pensamientos y los sentimientos de Clara. Vuelve a leer el comienzo de la carta de Clara. ¿Qué conclusión puedes sacar sobre Clara?

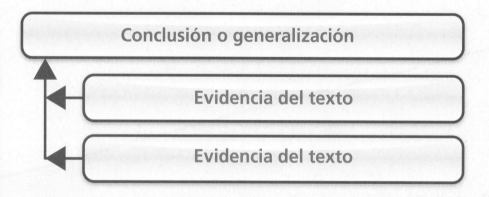

Conclusión o generalización

Evidencia del texto

Evidencia del texto

RL.4.1 refer to details and examples when explaining what the text says explicitly and when drawing inferences; **RL.4.3** describe a character, setting, or event, drawing on details; **RL.4.4** determine the meaning of words and phrases, including those that allude to characters in mythology

  Aprende en línea

Comprender a los personajes

¿Cómo puedes determinar qué tipo de persona es Clara? Puedes comprender cómo es un personaje si prestas atención a sus **pensamientos, palabras** y **acciones.** Al comienzo de su carta, Clara dice que sus padres le dijeron que escribiera para disculparse y que ellos dicen que lo que ella hizo estuvo mal. Sus pensamientos hacen que ella no parezca lamentarse.

Humor

A veces, los autores usan el **humor** para entretener a sus lectores. Es divertido que Clara repita la frase "lo lamento verdadera y sinceramente" aunque ella quiera decir lo contrario. La repetición de esta oración agrega humor. Observa cómo Clara presenta la visión que tienen sus padres acerca del incidente con la serpiente al mismo tiempo que da su propia visión. Esa es una razón por la que su carta de disculpas es tan divertida. ¿Qué más hace que su carta tenga humor?

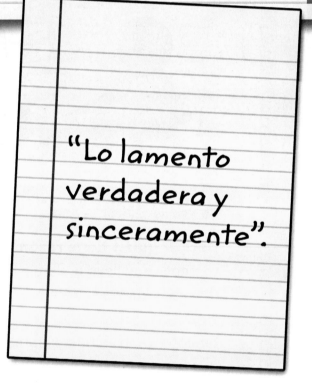

"Lo lamento verdadera y sinceramente".

Es tu turno

mi Escritura genial

REPASAR LA PREGUNTA ESENCIAL

Turnarse y comentar

Repasa la selección con un compañero y prepárate para comentar esta pregunta: *¿De qué maneras puedes investigar?* Mientras comentas la pregunta, túrnate con tu compañero para repasar y explicar las ideas clave de la discusión. Incluye evidencia del texto en tus respuestas.

"Serpientes"

Comentar en la clase

Para continuar comentando *Estimado Sr. Winston*, explica tus respuestas a estas preguntas:

1 ¿Por qué crees que el autor escribió el cuento como una carta de Clara al Sr. Winston?

2 ¿Clara es amable y comprensiva con el Sr. Winston? Di por qué.

3 ¿Qué lección podría haber aprendido Clara del incidente de la biblioteca?

¿QUIÉN TIENE LA CULPA?

Decidir quién tiene razón Con un grupo, comenta qué llevó a Clara a escribir unas disculpas que no parecen del todo sinceras. Según ella, ¿qué partes del incidente de la biblioteca son culpa de alguien más? ¿Crees que la mayoría de las personas se sentirían así? Usa la evidencia del texto para apoyar tu opinión.

Respuesta ¿Cómo crees que reaccionará el Sr. Winston ante las disculpas de Clara? Imagina que eres el Sr. Winston y escribe una carta en respuesta a la carta de Clara. Di si aceptas sus disculpas y explica por qué. Recuerda usar correctamente el formato de carta, las mayúsculas y la puntuación.

Estimada Clara:

Clara

Sugerencia para la escritura

Incluye hechos y detalles al explicar tus razones para aceptar o rechazar las disculpas de Clara. Además, asegúrate de usar los tiempos verbales correctos.

GUÍA PRÁCTICA
de las
víboras
del **suroeste**

GUÍA PRÁCTICA
de las
víboras
del **suroeste**

por Patrick Sutter

Las víboras son increíbles. No tienen brazos ni pies, pero se mueven rápidamente. No tienen orejas, pero los órganos detectores de calor las ayudan a encontrar a sus presas. Las víboras sobreviven en prácticamente todos los ecosistemas de la Tierra.

Mucha gente tiene miedo de las víboras. Algunos incluso se han desmayado ante la presencia de estos reptiles, pero esto no es culpa de nadie. Algunas víboras son peligrosas y muchas otras no lo son. De hecho, la mayoría de las víboras ayudan a los agricultores locales ya que se alimentan de las plagas. Muchos creen que la piel de una víbora es resbalosa al tacto, pero está compuesta de escamas secas.

Esta guía de consulta da información sobre tres víboras del suroeste.

ESTÁNDARES COMUNES

RI.4.7 interpret information presented visually, orally, or quantitatively; **RI.4.10** read and comprehend informational texts; **RF.4.4a** read on-level text with purpose and understanding

Nombre vulgar: Serpiente rey de montaña
Nombre científico: *Lampropeltis zonata*
Tamaño: 20 a 40 pulgadas
Hábitat: montañas, bosques húmedos
No venenosa

El cuerpo y la cola de esta serpiente están recubiertos de anillos negros, blancos y rojos. El diseño y los colores son muy similares a los de la serpiente coral, cuyo veneno es mortal, pero la serpiente rey no es venenosa. Ambas víboras parecen sacar sus colores del mismo lugar, pero una serpiente rey auténtica tiene anillos rojos y negros que se tocan entre sí. Este diseño de colores es la prueba de que el reptil es una serpiente rey. La dieta de una serpiente rey incluye lagartijas, mamíferos pequeños, aves y otras víboras.

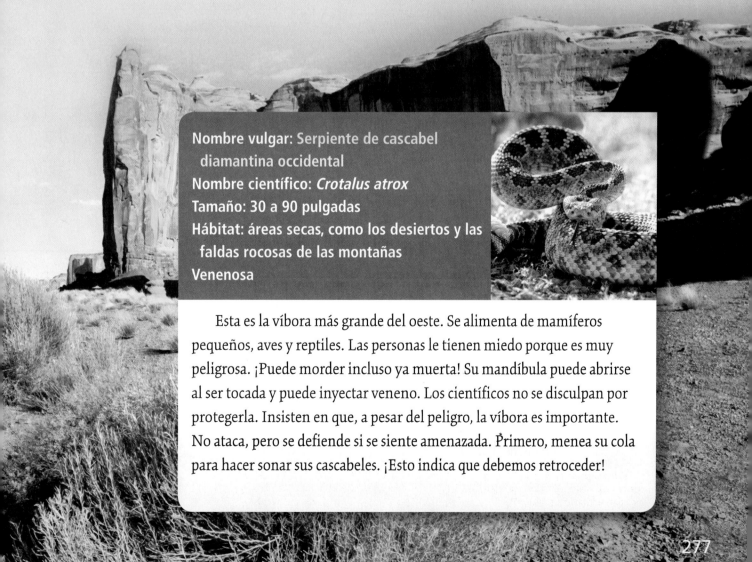

Nombre vulgar: Serpiente de cascabel
   diamantina occidental
Nombre científico: *Crotalus atrox*
Tamaño: 30 a 90 pulgadas
Hábitat: áreas secas, como los desiertos y las
   faldas rocosas de las montañas
Venenosa

Esta es la víbora más grande del oeste. Se alimenta de mamíferos pequeños, aves y reptiles. Las personas le tienen miedo porque es muy peligrosa. ¡Puede morder incluso ya muerta! Su mandíbula puede abrirse al ser tocada y puede inyectar veneno. Los científicos no se disculpan por protegerla. Insisten en que, a pesar del peligro, la víbora es importante. No ataca, pero se defiende si se siente amenazada. Primero, menea su cola para hacer sonar sus cascabeles. ¡Esto indica que debemos retroceder!

Nombres vulgares: Culebra ciega del oeste o serpiente lombriz occidental
Nombre científico: *Leptotyphlops humilis*
Tamaño: 6 a 13 pulgadas
Hábitat: laderas de montañas, desiertos, faldas rocosas de las montañas
No venenosa

Esta víbora diminuta e inofensiva puede ser de color marrón, morado o rosado. Uno de sus dos nombres vulgares se refiere a su cuerpo delgado, similar al de una lombriz. El otro nombre se refiere a la ausencia de ojos. En lugar de tener ojos, esta víbora tiene dos puntos negros en la cara. La culebra ciega del oeste busca su alimento hurgando debajo de las raíces de las plantas, de las piedras y en los hormigueros. Come hormigas y otros insectos pequeños.

Características de las víboras del suroeste

CARACTERÍSTICAS	SERPIENTE REY DE MONTAÑA	CASCABEL DIAMANTINA OCCIDENTAL	CULEBRA CIEGA DEL OESTE
Venenosa		🐍	
No venenosa	🐍		🐍
Hábitat desértico		🐍	🐍
Hábitat montañoso	🐍		🐍
Tamaño grande	🐍	🐍	
Tamaño pequeño			🐍

Comparar el texto

DE TEXTO A TEXTO

Comparar y contrastar Elige una serpiente de la *Guía práctica de las víboras del suroeste* y completa un diagrama de Venn para comparar y contrastar esa serpiente con la de Clara. Usa los detalles que Clara brinda sobre la serpiente y la información disponible en la *Guía práctica* para adivinar qué clase de serpiente puede haber tenido Clara. Comenta tus ideas con un compañero. Luego, trabaja con tu compañero para escribir un párrafo en el que expliques qué tipo de serpiente puede haber tenido Clara. Usa la información del texto para apoyar tus ideas.

Serpiente rey de montaña — Ambas — Serpiente de Clara

EL TEXTO Y TÚ

Escribir una carta Todos cometemos errores. Escribe una breve carta de disculpas a un amigo a quien deberías haberle pedido perdón, pero no lo hiciste. Incluye la fecha, el saludo y la despedida.

24 de febrero de 2009

Estimada Sra. Sánchez

Atentamente
Billy

EL TEXTO Y EL MUNDO

Investigar sobre serpientes Investiga sobre alguna serpiente que viva en otro lugar que no sea el suroeste. Haz una tabla con datos que indiquen dónde vive la serpiente, qué come, qué longitud tiene y si es venenosa. Presenta tu tabla a la clase.

Hábitat:

Alimento:

Longitud:

ESTÁNDARES COMUNES **RL.4.1** refer to details and examples when explaining what the text says explicitly and when drawing inferences; **RI.4.1** refer to details and examples when explaining what the text says explicitly and when drawing inferences; **RI.4.9** integrate information from two texts on the same topic; **W.4.7** conduct short research projects that build knowledge through investigation

Gramática

 *Aprende en línea*

¿Qué son las oraciones compuestas y complejas?

Una **oración compuesta** se compone de dos oraciones simples unidas por una **conjunción coordinante,** como *y, pero* y *o.* Solo se coloca una coma en las oraciones unidas con *pero.* Una **oración compleja** se compone de una oración simple y una cláusula con una **conjunción subordinante,** como *porque, aunque, hasta, si* y *como.* Solo se coloca una coma delante de la conjunción *aunque.*

Oraciones compuestas
oración completa · oración completa
Clara colocó la serpiente en una caja y la llevó a la biblioteca.
conjunción
oración completa · oración completa
Clara quería saber qué tipo de serpiente tenía, pero no pudo hacerlo.
coma conjunción

Oraciones complejas
La serpiente se escapó de la caja porque el Sr. Winston levantó la tapa.
conjunción subordinante
Clara escribió una carta de disculpas, aunque no tuvo la culpa del incidente.
coma conjunción subordinante

Inténtalo **Halla los errores en estas oraciones compuestas y complejas. Escribe las oraciones correctamente en una hoja de papel. Agrega una coma donde corresponda.**

1 Clara tenía curiosidad por su serpiente Y la llevó a la biblioteca.

2 Dejó la serpiente afuera. Porque no se puede entrar a la biblioteca con serpientes.

3 Encontró un libro sobre serpientes pero no lo pudo sacar.

Cuando escribes, puedes encontrar oraciones cortas que están relacionadas de alguna manera. Trata de combinarlas. Usa la conjunción *o, pero* o *y* para formar una oración compuesta. Usa *porque, aunque, hasta, si* o *como* para formar una oración compleja. Agrega una coma donde corresponda.

Oraciones relacionadas	Oraciones combinadas
En las bibliotecas hay libros sobre serpientes. Solo algunos libros se pueden sacar.	En las bibliotecas hay libros sobre serpientes, pero solo algunos libros se pueden sacar.
Lo leeré en la biblioteca. Este libro no se puede sacar.	Lo leeré en la biblioteca porque este libro no se puede sacar.

 Relacionar la gramática con la escritura

Mientras corriges tu ensayo explicativo la semana próxima, busca oraciones relacionadas que puedas combinar en una oración compuesta o compleja. No olvides agregar una coma donde corresponda.

ESTÁNDARES COMUNES

W.4.2a introduce a topic and group related information/include formatting, illustrations, and multimedia; **W.4.2c** link ideas within categories of information using words and phrases; **W.4.2e** provide a concluding statement or section

Escritura informativa

Taller de lectoescritura: Preparación para la escritura

✅ **Organización** En *Estimado Sr. Winston*, Clara le explica al Sr. Winston por qué llevó una serpiente a la biblioteca. En un **ensayo explicativo,** un escritor explica *qué* es algo o *cómo* o *por qué* sucede.

Trudy decidió que quería explicarles a sus compañeros cómo cuidar a otro tipo de mascota especial: un canario que le regaló su abuela. Anotó sus ideas, investigó y luego las organizó en tres partes: introducción, desarrollo y conclusión.

Lista de control del proceso de escritura

▶ **Preparación para la escritura**

- ✅ ¿Tuve en cuenta mi audiencia y mi propósito?
- ✅ ¿Pensé en lo que quiero explicar?
- ✅ ¿Hallé detalles para apoyar mi ideas principales?
- ✅ ¿Puse mis ideas en un orden que tiene sentido?

Hacer un borrador

Revisar

Corregir

Publicar

Compartir

Explorar un tema

Audiencia

Compañeros de clase

Propósito

Contar sobre los canarios como mascotas y explicar cómo cuidarlos

¿Qué sé sobre los canarios?

Amarillos, verdes o anaranjados

Cantan canciones, son delicados

¿Diferentes tipos? Verificar fuentes

¿Cómo se debe cuidar a los canarios?

Agua para beber, bañarse

Volar para hacer ejercicio

282

Introducción

Idea principal: Los canarios son mascotas pequeñas que son fáciles de cuidar.

Desarrollo

¿Qué son los canarios?

Detalles:

• Son pequeños pájaros cantores cuyo color va del amarillo al anaranjado.

• Algunos tipos diferentes son el canario roller, el canario francés y el canario belga.

¿Cómo se cuida a los canarios?

Detalles:

• Jaulas limpias y espaciosas
• Agua para bañarse, beber
• Semillas y vegetales para alimentarse

Conclusión

¿Por qué tener canarios como mascotas?
pequeños, cantan canciones, alegres
fáciles de cuidar

Leer como escritor

¿Qué otros detalles podría agregar Trudy para explicar su idea principal? ¿Qué detalles podrías agregar a tu propio organigrama?

En mi organigrama, detallé la información que incluiré para explicar qué, cómo y por qué. Organicé todos los detalles para que tengan sentido para mi audiencia.

✓ VOCABULARIO CLAVE

debut

obstinado

permiso

cargar

lúgubre

sobrepasar

triunfo

desanimar

gira

frontera

Librito de vocabulario

Tarjetas de contexto

L.4.6 acquire and use general academic and domain-specific words and phrases

284

Vocabulario en **contexto**

1 debut

Un artista siempre se siente emocionado en su debut, o primera presentación en público.

2 obstinado

Los artistas con un deseo obstinado de triunfar continuarán trabajando arduamente.

3 permiso

A esta violinista se le concedió un permiso para que interprete su música en la estación del metro.

4 cargar

Cuando una banda musical está de gira, se deben cargar los equipos de una ciudad a otra.

Aprende en línea

▶ Estudia cada Tarjeta de contexto.

▶ Usa un diccionario que te ayude a pronunciar estas palabras.

⑤ lúgubre

Una canción lúgubre en ocasiones resulta más memorable que otras canciones más felices.

⑥ sobrepasar

Si caminaran entre los espectadores, los hombres en zancos los sobrepasarían en altura.

⑦ triunfo

Para todo artista es un triunfo, o una victoria, ser una estrella del mundo del espectáculo.

⑧ desanimar

Porque había tenido una pobre actuación en el escenario, el músico se había desanimado.

⑨ gira

Al regresar de sus giras, los artistas ven crecer el número de sus fanáticos.

⑩ frontera

Los músicos, en sus giras artísticas, a menudo cruzan una frontera internacional.

Leer y comprender

Aprende en línea

☑ DESTREZA CLAVE

Propósito de la autora Mientras lees *¡José! Nacido para la danza*, piensa en las razones o el **propósito** que tuvo la autora para escribirlo. ¿Quiere entretener, informar, persuadir o describir? Para encontrar pistas, concéntrate en la manera en la que describe a los personajes, los sucesos y el entorno. Usa un organizador gráfico como el siguiente para identificar el propósito de la autora.

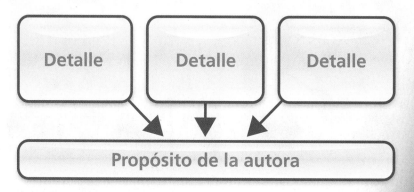

☑ ESTRATEGIA CLAVE

Analizar/Evaluar Mientras lees *¡José! Nacido para la danza*, usa la estrategia de **analizar** y **evaluar** para comprender el propósito de la autora. Pregúntate por qué José trabajó tanto para convertirse en bailarín y por qué esto es importante para la autora.

Artes escénicas

Las artes escénicas se presentan para un público en vivo. Entre las artes escénicas se incluyen la danza, el teatro y la música. Muchas personas deben trabajar en conjunto, en el escenario y entre bambalinas, para lograr una actuación en vivo exitosa. Por ejemplo, una gran actuación en danza no requiere solamente excelentes bailarines. También son fundamentales los escenógrafos, los vestuaristas y los coreógrafos, que son las personas que crean los bailes.

A medida que leas *¡José! Nacido para la danza*, descubrirás cómo un niño de México se convirtió en uno de los bailarines y coreógrafos más famosos del mundo.

TEXTO PRINCIPAL

¡JOSÉ!
Nacido para la danza
por Susanna Reich
ilustrado por Raúl Colón

☑ DESTREZA CLAVE

Propósito de la autora Usa evidencia del texto para explicar las razones que tuvo la autora para escribirlo.

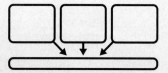

☑ GÉNERO

Una **biografía** es un texto que relata los sucesos de la vida de una persona, escrito por otra persona. Mientras lees, busca:

▶ información sobre por qué la persona es importante,

▶ sucesos en orden cronológico y

▶ motivos que pueden haber llevado a la autora a escribir la biografía.

ESTÁNDARES COMUNES

RI.4.5 describe the overall structure of a text or part of a text; **RI.4.8** explain how an author uses reasons and evidence to support points; **RI.4.10** read and comprehend informational texts; **L.4.5a** explain the meaning of similes and metaphors in context

Aprende en línea

CONOCE A LA AUTORA

Susanna Reich

Susanna Reich, ex bailarina profesional, es autora de *Clara Schumann: Piano virtuoso*, Libro de honor *Orbis Pictus* del NCTE (Consejo Nacional de Maestros de Inglés), distinguido por la Asociación de Bibliotecas de Estados Unidos y declarado el Mejor libro del año por el *School Library Journal.* También escribió *Painting the Wild Frontier: The Art and Adventures of George Catlin (Pintar la frontera agreste: El arte y las aventuras de George Catlin)* y *Penelope Bailey Takes the Stage (Penelope Bailey sale a escena),* una novela histórica.

CONOCE AL ILUSTRADOR

Raúl Colón

Como de niño padecía asma, Raúl Colón permaneció con frecuencia en lugares cerrados, y pasó mucho tiempo haciendo dibujos en sus cuadernos. "Así que la enfermedad que tuve de niño, que me impedía salir a jugar, terminó siendo una bendición", recuerda. Hasta llegó a crear su propia revista de historietas. Empezó su capacitación artística oficial en décimo grado y desde entonces ha ilustrado muchos libros infantiles.

¡JOSÉ!
Nacido para la danza

por Susanna Reich
ilustrado por Raúl Colón

PREGUNTA ESENCIAL

¿Qué se necesita para ser un gran intérprete?

En 1908, nació un niño en Culiacán, México, que pateaba como un novillo enlazado. ¡PUM! ¡PUM! ¡PUM! Su nombre era José Limón.

Cuando José era pequeño, su mamá solía llevarlo a casa de su abuela para desayunar allí. El canario cantaba para él mientras desayunaba. ¡PÍO! ¡PÍO!

Rodeado de flores, José se daba un festín de mango y papaya, piña y banana, panecillos dulces y huevos. Se le hacía agua la boca cuando la abuela batía el chocolate caliente con su molinillo. Cuando el chocolate caliente se enfriaba, José se lo bebía todo.

A veces, su papá llevaba a José al teatro donde trabajaba de músico. A José le encantaba mirar a las bailarinas que danzaban en el escenario. Las bailarinas de cancán alzaban sus enaguas y daban puntapiés. ¡OH LA LÁ!

Las bailarinas de flamenco volteaban sus faldas y taconeaban con sus zapatos de tacón. ¡Sí! ¡Sí! ¡Sí!

Las bailarinas de ballet saltaban en el aire. Cuando alzaban los brazos sobre sus cabezas parecían volar. ¡AH!

Una tarde, su papá llevó a José a la corrida de toros. En la arena de la plaza de toros, un torero remolineaba su capa roja para hacer embestir al toro negro. "¡Olé! ¡Olé! ¡Olé!". El toro pateó la arena. Luego, se abalanzó directamente hacia el torero, con la cabeza baja y los ojos en llamas. José apretó la mano de su papá.

Aquella noche, mientras su mamá arropaba a José en la cama, su dulce voz cantaba en la oscuridad. ARRORRÓ MI NIÑO. Esa noche José soñó con la corrida de toros.

Un día de primavera, cuando José tenía cinco años, vio a los soldados del gobierno marchando en la calle. Había estallado una guerra civil en México. José se colocó un palo sobre el hombro y marchó por la casa. ¡Un! ¡Dos! ¡Un! ¡Dos!

Al día siguiente, durante el desayuno, se oyeron disparos: los rebeldes habían atacado la ciudad. Cercada por los combates, la familia de José se escondió en el sótano durante tres días y tres noches.

Los meses pasaban y la guerra continuaba con furia. La seguridad se encontraba del otro lado de la frontera: en Estados Unidos. Quizás su papá podría encontrar un empleo allí.

La familia de José tomó un tren hacia Nogales, cerca de la frontera. Había soldados sentados arriba del tren, con sus armas listas para disparar. El tren serpenteaba por el caluroso desierto. Al atardecer, José escuchó el sonido de un acordeón. Una canción lenta y lúgubre que decía: "Oh, soñador...".

Durante dos años, José y su familia vivieron en Nogales, esperando y esperando el permiso para entrar a Estados Unidos. Finalmente, llegó el permiso de trabajo para su papá, marcado con un sello oficial. Todos empacaron sus pertenencias y cruzaron la frontera norteña. Adiós, México.

En la nueva escuela de José, los niños se reunían alrededor del maestro para leer sus libros en voz alta. Cuando José leía, los otros niños se reían de lo mal que pronunciaba el inglés. Al principio, José lloraba. Después, pateó el suelo con fuerte determinación. ¡PUM!

«Aprenderé este idioma mejor que cualquiera de ustedes», se dijo, aunque pareciera algo casi imposible de lograr.

Sin embargo, en un lapso de tres años, José logró hablar inglés con seguridad. Aprendía rápidamente las palabras nuevas y traducía para su mamá dondequiera que fuera. *Crimson. Radiant. Liberation.* Carmesí. Radiante. Liberación.

Al llegar al sexto grado, José se había hecho famoso por sus coloridos dibujos. Entre sus muchos hermanos y hermanas menores era famoso por sus dibujos de trenes. Todos creían que se convertiría en artista.

Pero José también amaba la música. Durante su adolescencia, tocaba el piano todo el día y toda la noche. Cuando sus dedos volaban, su espíritu ascendía. ¡AH!

Después de que José terminó la escuela secundaria en Los Ángeles, su mamá se enfermó gravemente. Cuando murió, el corazón de José se llenó de tristeza.

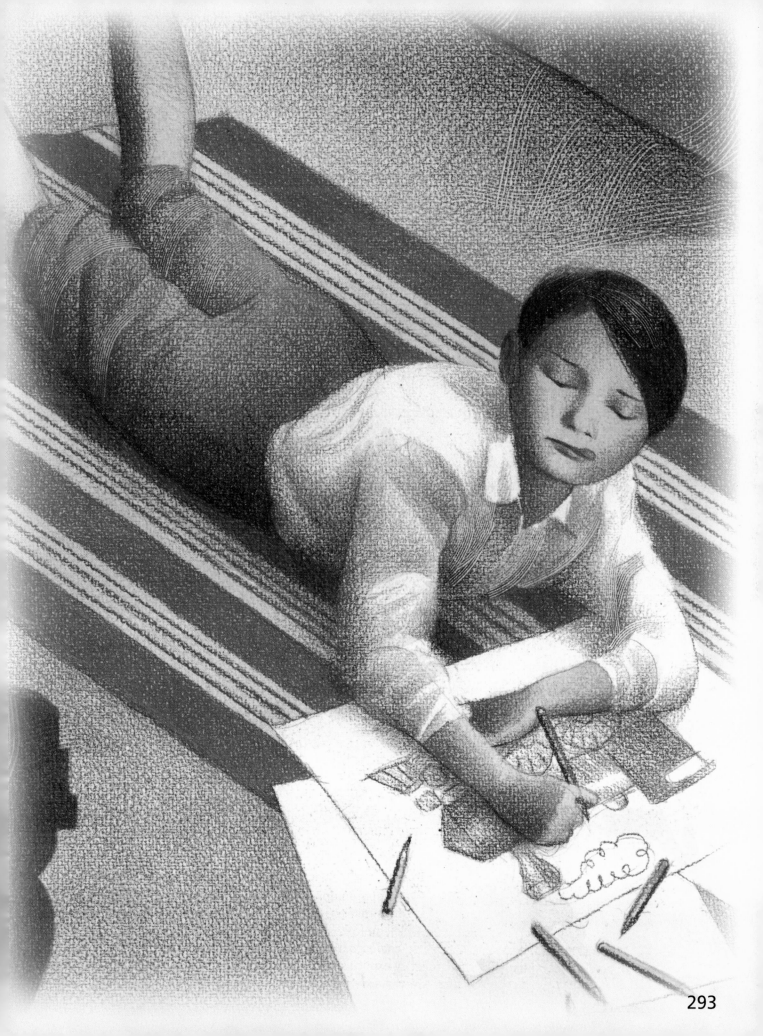

José fue a trabajar en una fábrica. Debía pasar el día entero sacando baldosas de una carretilla y cargándolas en otra. De noche soñaba con pintar y dibujar. Soñaba con vivir en Nueva York, entre los artistas, pero no sabía si su papá podría arreglarse sin él.

José esperó, meditó con preocupación y discutió consigo mismo. Finalmente, después de un año, tomó una decisión.

—Papá, me voy —le anunció.

—Adiós, José. Adiós.

José se dirigió hacia el este, cruzando el continente. Recorrió dos mil cuatrocientas sesenta y dos millas.

Cuando José llegó a Nueva York, la ciudad reluciente se alzaba imponente ante él: mármol, piedra, ladrillo y acero. José flotaba cuesta abajo por la acera. Se convertiría en un gran artista, un artista grandioso y magnífico. Llenaría su cuaderno de bosquejos con dibujos magníficos que sobrepasarían todo lo que el mundo hubiera visto antes.

Tomó un empleo de conserje. Debía sacar con una pala las cenizas de una caldera a carbón y cargar los cubos de basura hasta el borde de la acera. Pero a medida que transcurría el invierno, una fría soledad se instalaba en José. Echaba de menos a su familia, allá lejos, en la soleada California.

Vagaba por las galerías de los grandes museos. «Manet, Renoir y Picasso», pensó. Quizás ellos ya lo habían pintado todo y sus dibujos jamás estarían a su altura. La música que había en su corazón se había acallado. Se había desanimado.

—Nueva York es un cementerio. Una jungla de cemento —dijo.

José guardó sus dibujos. Se sentía triste y perdido. ¿Cómo podría ser un artista sin un arte? Quería darle un regalo al mundo, pero no sabía qué podría ser.

Un día, la amiga de José, Charlotte, lo invitó a un festival de danza. El bailarín giraba su cuerpo y se lanzaba al aire. ¡AH!

ANALIZAR EL TEXTO

Símiles y metáforas Los **símiles** y las **metáforas** comparan una cosa con otra totalmente diferente. Para los símiles se usan las palabras *parecido a* o *como*. Un ejemplo de metáfora es *Nueva York es una jungla de cemento*. Busca otra metáfora en esta página y explica su significado.

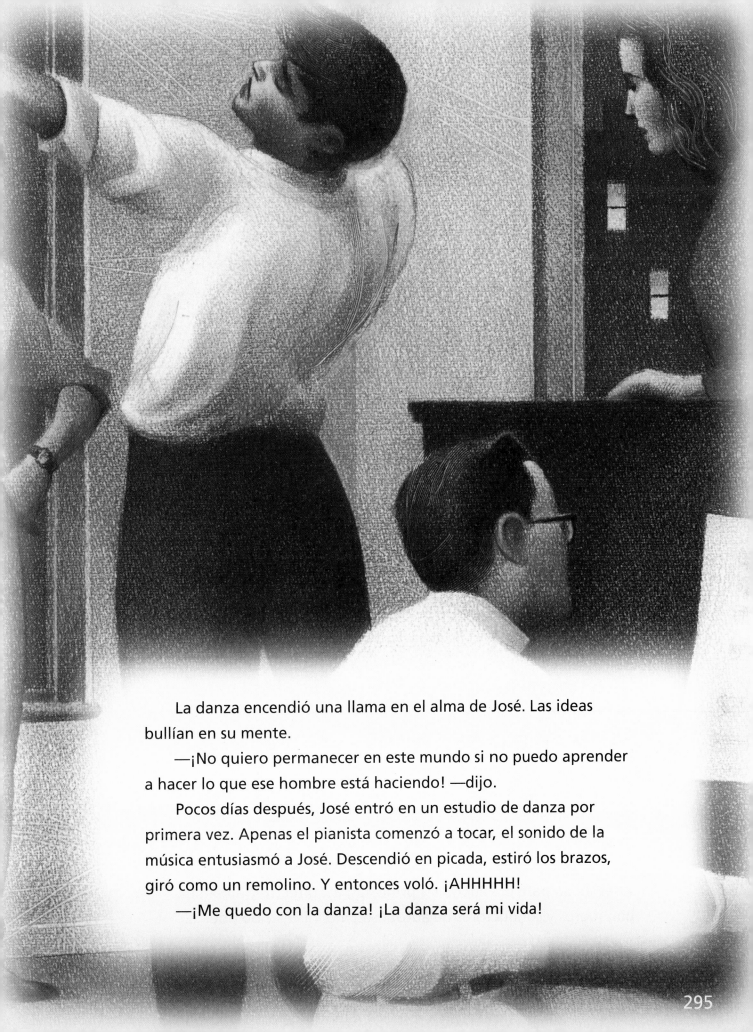

La danza encendió una llama en el alma de José. Las ideas bullían en su mente.

—¡No quiero permanecer en este mundo si no puedo aprender a hacer lo que ese hombre está haciendo! —dijo.

Pocos días después, José entró en un estudio de danza por primera vez. Apenas el pianista comenzó a tocar, el sonido de la música entusiasmó a José. Descendió en picada, estiró los brazos, giró como un remolino. Y entonces voló. ¡AHHHHH!

—¡Me quedo con la danza! ¡La danza será mi vida!

Desde ese día en adelante, José tomó lecciones de danza con los maestros Doris Humphrey y Charles Weidman casi todos los días. Empapado de sudor, luchaba contra su cuerpo indócil y obstinado. Y, de noche, cojeaba hasta su casa, con los músculos lastimados y adoloridos.

Seis semanas después, hizo su debut. Actuó en público por primera vez. Mientras esperaba para salir al escenario, se sentía tímido y nervioso. Todas esas personas del público lo estarían mirando.

Pero una vez que oyó el estruendoso aplauso, se le levantó el ánimo.

—Esa noche experimenté un sentimiento de exaltación, humildad y triunfo jamás soñado —dijo.

Tobillos y pies, rodillas y caderas, pecho y brazos, cuello y cabeza, arriba y abajo, hacia atrás y hacia adelante, adentro y afuera, José Limón se convirtió en un bailarín.

Durante once años, José estudió y bailó con Doris y Charles. Aprendió a hacer que sus músculos cantaran. Aprendió a mover sus huesos de todas las formas posibles. Aprendió a fluir, a flotar y a volar a través del espacio con pasos suaves como la seda. Aprendió a ser valiente como un torero. ¡Olé! Fuerte como un soldado. ¡Un! ¡Dos! ¡Un! ¡Dos! Y orgulloso como un rey. ¡PUM!

Aprendió a hacer que la danza fuera tan dulce como el canto de un ave. ¡PÍO! Caliente como el sol del desierto. ¡Sí! ¡Sí! Triste como los sueños rotos. Oh, soñador... Amorosa como una canción de cuna maternal que flota en la brisa mexicana. *ARRORRÓ MI NIÑO.*

Con el tiempo, José se convirtió en un coreógrafo mundialmente famoso y realizó giras por todo el mundo, con su propia compañía de danza. Durante cuarenta años, con sus pies desnudos y sus hombros anchos, embelleció los escenarios. Desde Nueva York hasta Ciudad de México y desde Londres hasta Buenos Aires, bailó para presidentes y princesas, arquitectos y albañiles, banqueros y conductores de autobuses, violinistas y bomberos.

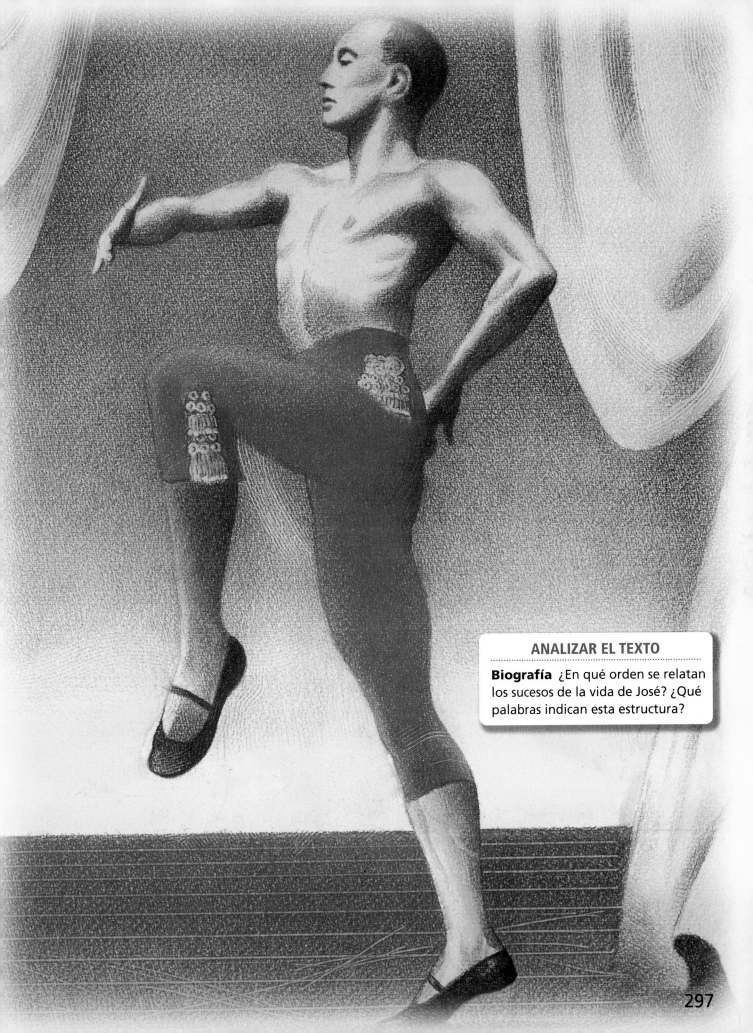

ANALIZAR EL TEXTO

Biografía ¿En qué orden se relatan los sucesos de la vida de José? ¿Qué palabras indican esta estructura?

298

Y todas las noches, antes de que se alzara el telón, susurraba
para sí mismo: —Hazme fuerte para dar lo mejor de mí.

¡BRAVO! ¡BRAVO! ¡BRAVO!

Ahora analiza

Cómo analizar el texto

Usa estas páginas para aprender acerca de Propósito de la autora, Biografía y Símiles y metáforas. Luego, vuelve a leer *¡José! Nacido para la danza* para aplicar lo que has aprendido.

Propósito de la autora

¡José! Nacido para la danza trata sobre un famoso bailarín y coreógrafo. ¿Cuál crees que fue el **propósito de la autora**, es decir, el motivo o la razón, para escribir esta biografía? ¿Crees que escribió para entretener, informar o persuadir? Para responder estas preguntas, piensa en lo que te parece que opina la autora de José Limón. Observa cómo hace hincapié en ciertas características de José y en la forma en la que él reacciona ante las cosas que le suceden. Presta atención a las **razones** y a la **evidencia** que usa la autora para apoyar sus ideas.

Puedes usar evidencia del texto para identificar el propósito de la autora y cómo lo apoya. Vuelve a leer las páginas 294 y 295. ¿Qué detalles usa la autora para describir al bailarín y para contar lo que pensaba José?

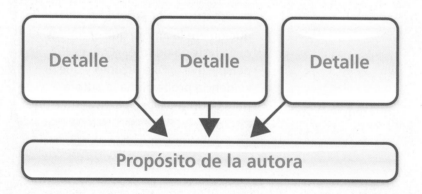

| Detalle | Detalle | Detalle |

Propósito de la autora

RI.4.5 describe the overall structure of a text or part of a text; **RI.4.8** explain how an author uses reasons and evidence to support points; **L.4.5a** explain the meaning of similes and metaphors in context

ESTÁNDARES
COMUNES

Aprende
en línea

Biografía

La forma en la que un autor organiza un texto es su **estructura general**. En una **biografía**, los sucesos que forman parte de la vida de una persona se suelen contar en el orden en el que ocurrieron. Los autores usan fechas y **palabras distintivas** para que los lectores puedan seguir la **secuencia de sucesos**. Por ejemplo, en la página 291 la autora usa las frases "Una tarde", "Aquella noche" y "Un día de primavera". Esas frases ayudan a explicar cuándo ocurren los sucesos.

Símiles y metáforas

Los **símiles** son una forma de **lenguaje figurado** que se usan para comparar dos cosas diferentes con los términos *como* y *se parece a*, entre otros. "El bebé pateaba como un caballo salvaje" es un símil. Las **metáforas** se usan para comparar una cosa con otra totalmente diferente sin usar esos términos. "La bailarina era una mariposa" es una metáfora. Los autores usan símiles y metáforas para crear imágenes vívidas y ayudar a los lectores a ver las cosas de otra manera.

Es tu turno

mi
Escritura genial

Turnarse y comentar Repasa la selección con un compañero y prepárate para responder esta pregunta: *¿Qué se necesita para ser un gran intérprete?* Incluye evidencia del texto y otras razones para apoyar tus ideas. Asegúrate de no interrumpir a tu compañero.

Comentar en la clase

Para continuar comentando *¡José! Nacido para la danza*, explica tus respuestas a estas preguntas:

1. ¿Qué crees que llevó a José a decirle a su papá que se iría?

2. ¿Qué características del personaje de José lo ayudan a tener éxito? Explica tu respuesta.

3. José dice: "Hazme fuerte para dar lo mejor de mí". ¿Qué significa dar lo mejor de uno mismo?

HACER COMPARACIONES

Analizar los símiles y las metáforas Los autores usan el lenguaje figurado como los símiles y las metáforas para crear imágenes vívidas en las mentes de los lectores. Con un compañero, hojea la biografía y busca ejemplos de lenguaje figurado. Enumera tres símiles y tres metáforas que use la autora para describir a José y a su danza. Comenta el significado de cada ejemplo.

ESCRIBE SOBRE LO QUE LEÍSTE

Respuesta Escribe una lista de preguntas que le harías a José Limón sobre su vida. Luego, busca pistas en el texto acerca de lo que les podría decir José a los jóvenes según su propia experiencia. Escribe una nota breve en la que expliques lo que José podría decir. Incluye una razón basada en el texto para cada consejo.

¡JOSÉ!
Nacido para la danza
por Susanna Reich
ilustrado por Raúl Colón

Sugerencia para la escritura

Asegúrate de finalizar tu nota con una oración de conclusión que resuma los consejos. Corrige los fragmentos de oraciones que hayas escrito en tu nota.

Aprende en línea

ESTÁNDARES COMUNES

RI.4.8 explain how an author uses reasons and evidence to support points; **W.4.1b** provide reasons supported by facts and details; **W.4.9b** apply grade 4 Reading standards to informational texts; **SL.4.1b** follow rules for discussions; **L.4.1f** produce complete sentences, recognizing and connecting fragments and run-ons; **L.4.5a** explain the meaning of similes and metaphors in context

POESÍA

✓ **GÉNERO**

La **poesía** usa el sonido y el ritmo de las palabras para sugerir imágenes y expresar sentimientos.

✓ ENFOQUE EN EL TEXTO

Estructura de un poema

Los poemas se organizan en líneas. Las líneas suelen agruparse en versos o estrofas. ¿Qué poemas tienen versos? El ritmo, es decir, el patrón regular de acentuación de las palabras, es parte del sonido y del tono de los poemas. Mientras lees, observa la diferencia en el ritmo de cada poema. ¿Cómo influye el ritmo en cada poema?

RL.4.5 explain major differences between poems, drama, and prose/refer to their structural elements; **RL.4.10** read and comprehend literature

304

Ritmo y danza

por Adam Fogelberg

Los bailarines mueven sus cuerpos al compás, o al ritmo, de la música. Los poemas son como la música y la danza: también tienen ritmo. Mientras lees la traducción de los siguientes poemas sobre la danza, presta atención al ritmo.

La canción de la noche

Bailo con la melodía bella
de la luna y las estrellas.
Bailo con el cantar de la noche.

Bailo con el estribillo
del canto de los grillos.
Bailo con el silbar del viento.

Bailo con la brisa
que me entrega su sonrisa.
Bailo con el río y su lamento.

Bailo con el cantar
de las olas del mar.
Bailo con el latir de la noche.

*adaptación del original
de Leslie D. Perkins*

de Palabras escritas para que Gene Kelly las baile

¿Puedes bailar un signo de interrogación?

¿Puedes bailar un signo de admiración?

¿Puedes bailar un par de comas?

¿Y terminar tu baile con un punto?

¿Puedes bailar como si el viento te empujara?

¿Puedes bailar como si empujaras al viento?

¿Puedes bailar con pesados tacones de madera
  y luego cambiarlos por brillantes tacones de plata?

Qué pies tan agradables, qué pies tan buenos.

adaptación del original de Carl Sandburg

Gene Kelly
(1912–1996)

Gene Kelly fue un actor, bailarín y director famoso. Nació en Pittsburgh, Pennsylvania, en 1912. Cuando era niño, era muy bajito y sus compañeros lo sobrepasaban en estatura. Kelly quería convertirse en un atleta profesional, pero su madre no le dio permiso. En lugar de desanimarse, se convirtió en bailarín. Dirigió una escuela de danza y realizó giras con sus espectáculos.

En 1938, cruzó la frontera de Pensilvania y se dirigió a la ciudad de Nueva York. Ese año hizo su debut en Broadway.

A lo largo de su carrera, Kelly disfrutó de un triunfo tras otro. Protagonizó y bailó en muchas películas.

Gene Kelly fue famoso por su estilo de baile atlético.

Compás de tres cuartos

Baila así... baila así... con mucho amor.

Soy la canción... eres el son.

Baila así... baila así... con mucho calor.

Eres el son... soy la canción.

adaptación del original
de Nikki Giovanni

Escribe un **poema sobre la danza**

¿Cómo bailas? ¿Sientes que tu cuerpo está cargando una tonelada de ladrillos? ¿Tus pies se vuelven obstinados? ¿Se niegan a moverse o se deslizan por el suelo? ¿Cómo te hace sentir la música? ¿Te pone triste o feliz? Expresa tus sentimientos sobre la danza en un poema.

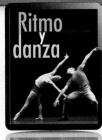

Comparar el texto

Comparar textos sobre danza Cada uno de los poemas de *Ritmo y danza* habla sobre la danza de una forma distinta. Vuelve a leer cuidadosamente cada poema. Busca uno que te haga pensar en José Limón. Luego, escribe un párrafo en el que expliques por qué ese poema te recuerda a él. Recuerda expresar tu opinión al comienzo. Incluye evidencia de ambos textos para apoyar tu opinión.

EL TEXTO Y TÚ

Intereses creativos José Limón dibujó, pintó y tocó el piano antes de descubrir la danza. Escribe un párrafo acerca de *tu* interés creativo principal. Explica por qué disfrutas de esa actividad.

EL TEXTO Y EL MUNDO

El mundo de la danza Hay muchos estilos diferentes de danzas; por ejemplo, el baile de salón, el ballet, el tango y el jazz. Con un compañero, usa recursos en línea o libros de la biblioteca para hacer una lista de estilos de danzas. Luego, escribe una breve descripción de un estilo de danza.

Aprende en línea

ESTÁNDARES COMUNES   **W.4.1b** provide reasons supported by facts and details; **W.4.2a** introduce a topic and group related information/include formatting, illustrations, and multimedia; **W.4.8** recall information from experiences or gather information from print and digital sources/take notes, categorize information, and provide a list of sources

Gramática

Aprende en línea

¿Qué es un pronombre? Un **pronombre** es una palabra, como *él* o *ellos,* que toma el lugar de uno o más sustantivos. El sustantivo o los sustantivos a los que el pronombre reemplaza reciben el nombre de **antecedente**. El pronombre debe concordar con su antecedente en género y en número. Los **pronombres reflexivos** tienen como antecedente al sujeto de la oración. Los pronombres reflexivos son *me, te, se, nos.* Los **pronombres demostrativos** son *este/estos, esta/estas, esto; ese/esos, esa/esas, eso; aquel/aquellos, aquella/ aquellas, aquello.*

Pronombres y antecedentes
sustantivo: plural masculino   pronombre: plural masculino Los padres de José esperaban en Nogales. Ellos esperaban en Nogales.
antecedente: singular, masculino   pronombre reflexivo: tercera persona En la casa de su abuela, José se daba un festín de panecillos dulces.
pronombre demostrativo A José le encantaban los panecillos dulces. Ese era su plato favorito.

Inténtalo **Trabaja con un compañero. Busca el pronombre y su antecedente en cada oración. ¿Qué pronombre es un pronombre reflexivo?**

1. José se hizo una promesa en Nueva York.

2. Para complacer a José, Charlotte fue con él a un espectáculo.

3. José amaba la danza. Esa era su pasión.

Para que tu escritura sea fluida, cuando dos oraciones cortas tratan sobre un mismo sustantivo, puedes combinar las oraciones. Recuerda que a veces no hace falta incluir el pronombre en la segunda oración porque la forma verbal de la segunda oración indica la persona.

Las bailarinas de ballet daban vueltas.

Las bailarinas de ballet levantaban los brazos.

Oración compuesta

Las bailarinas de ballet daban vueltas y levantaban los brazos.

Oraciones simples: Michael dio una voltereta.

Michael saltó por el aire.

Oración compuesta: Michael dio una voltereta y saltó por el aire.

 ## Relacionar la gramática con la escritura

Mientras revisas tu ensayo explicativo, busca oraciones cortas en las que se repita un sustantivo. Combina esas oraciones y recuerda que a veces no hace falta incluir un pronombre en la segunda oración.

W.4.2a introduce a topic and group related information/include formatting, illustrations, and multimedia; **W.4.2b** develop the topic with facts, definitions, details, quotations, or other information and examples; **W.4.2d** use precise language and domain-specific vocabulary; **W.4.2e** provide a concluding statement or section; **L.4.3a** choose words and phrases to convey ideas precisely

Escritura informativa

Taller de lectoescritura: Revisar

mi
Escritura genial

Aprende en línea

☑ **Elección de palabras** Cuando te pidan que expliques algo, siempre recuerda que debes usar un lenguaje preciso y detalles concretos. Mientras revisas tu ensayo explicativo, busca lugares donde puedas usar palabras y frases específicas para explicar mejor el tema principal.

Trudy hizo el borrador de su ensayo e incluyó datos y detalles para explicar con claridad cómo se deben cuidar los canarios. Luego, agregó una oración inicial para captar la atención de sus lectores. Usa la Lista de control del proceso de escritura para revisar tu texto.

Lista de control del proceso de escritura

Preparación para la escritura

Hacer un borrador

▶ **Revisar**

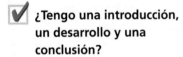
☑ ¿Tengo una introducción, un desarrollo y una conclusión?

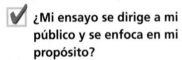
☑ ¿Mi ensayo se dirige a mi público y se enfoca en mi propósito?

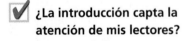
☑ ¿La introducción capta la atención de mis lectores?

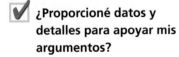
☑ ¿Proporcioné datos y detalles para apoyar mis argumentos?

Editar

Publicar y compartir

Borrador revisado

¿Alguna vez has pensado en tener un canario como mascota?

∧ Estos pájaros pequeños y dulces son famosos porque su canto es muy bello.

También son
~~También es~~ fáciles de cuidar y son excelentes
∧
compañeros.

Según la enciclopedia *World Book Online*, el canario es una de las especies de ave más elegidas como mascotas.

A muchas personas les encantan sus colores, que van desde el amarillo pálido hasta el amarillo brillante o el verde.

Cómo cuidar un canario

por Trudy Delgado

¿Alguna vez has pensado en tener un canario como mascota? Estos pájaros pequeños y dulces son famosos porque su canto es muy bello. También son fáciles de cuidar y son excelentes compañeros.

Según la enciclopedia *World Book Online*, el canario es una de las especies de ave más elegidas como mascotas. A muchas personas les encantan sus colores, que van desde el amarillo pálido hasta el amarillo brillante o el verde. Si los canarios comen pimientos rojos, suelen tener un color anaranjado brillante.

Una especie de canario, el canario roller, produce un sonido largo y musical. Otras especies de canario tienen nombres relacionados con su canto o con su apariencia poco común. Por ejemplo, los canarios rizados de París están cubiertos de plumas rizadas.

Cuando están felices, los canarios cantan canciones nuevas y pueden vivir diez años o más. Las jaulas se deben limpiar con frecuencia. Además, los canarios necesitan agua para beber y bañarse y semillas y hierbas especiales para comer.

Muchas personas tienen canarios como mascotas porque disfrutan de su canto y de su personalidad alegre. Por su tamaño pequeño, su dulzura y su fácil cuidado, los canarios son una mascota ideal.

Leer como escritor

¿Por qué Trudy tuvo que agregar una oración al principio? ¿Qué dirás al comienzo de tu explicación?

Usé una pregunta para captar la atención de mis lectores. Usé detalles concretos para explicar el tema principal con claridad.

Lee el pasaje "Ethan y los pinzones". Mientras lees, detente y responde las preguntas con evidencia del texto.

Ethan y los pinzones

El maestro Wooster les dio a Ethan y a sus compañeros una tarea de ciencias.

—Primero, cada uno debe buscar un nido de pájaro y describirlo en su diario de ciencias. Luego, hagan un dibujo del pájaro que hizo ese nido. Usen el dibujo para investigar el pájaro y poder identificarlo. Finalmente, tienen que regresar al nido todos los días durante dos semanas y observar qué sucede. Además, tomarán notas de sus observaciones.

«¡Qué tarea divertida!», pensó Ethan.

—Recuerden a qué llamamos observación en ciencias —dijo el maestro Wooster—. En la vida cotidiana, pueden observar que un amigo está cruzando la calle. Pero cuando realizan una observación en ciencias, deben prestar atención a los detalles. Para hacer una observación científica, deben informar exactamente cómo es su amigo y describir la ropa que tiene puesta. Deben observar en qué dirección está cruzando la calle, cuánto tránsito hay y si hay muchas personas a su alrededor. También pueden tomar nota de las condiciones climáticas y de cualquier cosa que consideren importante. En otras palabras: presten mucha atención e incluyan detalles.

> **1** ¿Cuál es el entorno al principio de este pasaje? ¿Cuál es el primer suceso?

Ethan comenzó a buscar ansiosamente un nido apenas bajó del autobús. Había solo unos pocos árboles cerca de la acera y en ninguno de ellos había nidos. Mientras Ethan caminaba hacia su edificio de apartamentos, observó con cuidado todos los árboles y arbustos. Sin embargo, no tuvo suerte y su ansiedad por realizar la tarea comenzó a disminuir.

 ESTÁNDARES COMUNES **RL.4.1** refer to details and examples when explaining what the text says explicitly and when drawing inferences; **RL.4.2** determine theme from details/summarize; **RL.4.3** describe a character, setting, or event, drawing on details

Ethan oía cantar a muchos pájaros, pero no podía verlos. Los pájaros piaban y trinaban en el parque que estaba al otro lado de la calle. Ethan supuso que debía ir allí a buscar un nido. Como él y su familia se habían mudado hacía pocos meses, solo había ido al parque algunas veces. El lugar era lindo, pero él no conocía a ningún niño. Entonces, se quedaba mirando cómo los otros niños jugaban al básquetbol o a otros juegos con sus amigos. Ellos se divertían, pero él, no. No había vuelto al parque últimamente.

Ya en su casa, Ethan fue directamente a su dormitorio y arrojó su mochila al piso. Pensó en postergar la visita al parque hasta el día siguiente para buscar un nido. Pero después decidió que era mejor ir enseguida y quitarse la tarea de encima. Suspiró y tomó su diario de ciencias de la mochila.

 ¿Qué piensa Ethan sobre ir al parque y por qué? Usa detalles del pasaje para apoyar tu respuesta.

Ethan caminó por los senderos de tierra del parque. Había estado observando un rato y había visto varios pájaros. Pero aún no había encontrado un nido y ya se había desanimado. Ethan podía ver y oír a unos niños que jugaban un partido de béisbol cerca de allí. Los jugadores hacían bromas y se reían mucho. A Ethan le encantaba el béisbol, pero no se puede jugar al béisbol solo.

Cuando Ethan se dio vuelta para seguir por el sendero, un pequeño movimiento le llamó la atención. Caminó en esa dirección para observar más de cerca. Al poco tiempo, vio un árbol pequeño y robusto que tenía una rama baja. Sobre la rama, Ethan vio un nido de pájaro. Y comenzó a escribir en su diario de ciencias.

El nido, de forma ovalada, estaba hecho de pasto seco y ramitas. Ethan vio un pequeño huevo dentro del nido. El huevo era de un color azul muy claro, casi blanco, con algunas manchas negras. No había señales del pájaro que había puesto el huevo. Ethan esperó y vigiló hasta que llegó la hora de ir a su casa a cenar. Aunque todavía no había visto ningún pájaro, estaba muy emocionado por su descubrimiento.

Al día siguiente, al salir de la escuela, Ethan corrió hacia el parque para ver el nido. Encontró un pequeño pájaro marrón sentado dentro del nido y otro pájaro posado a un lado. Los dos pájaros eran muy parecidos, pero uno tenía una mancha negra en el cuello, que era de color blanco. Ethan escribió una descripción y dibujó los dos pájaros en su diario de ciencias.

 ¿Qué conclusiones puedes sacar acerca de cómo y por qué cambiaron los sentimientos de Ethan desde el principio del pasaje?

—¡Hola! —dijo una voz detrás de él—. ¿Qué estás haciendo?

Ethan se dio vuelta y vio a un niño de su edad que lo miraba. Ethan le explicó la tarea que tenía que hacer y le señaló el nido. El niño le dijo a Ethan que se llamaba Henry.

—Esos pájaros son pinzones —le dijo. Cuando Ethan llegó a su casa, buscó *pinzón* en una enciclopedia en línea. Henry tenía razón. El pájaro con la mancha negra en el cuello era el macho y el otro era la hembra.

Ethan siguió vigilando el nido y registrando sus observaciones. A veces, Henry también se detenía a observar. Un día, cuando Ethan se acercó al nido, oyó un trino muy agudo. Del nido sobresalía un pico pequeñito y un pichoncito abría la boca de par en par. ¡Ethan no veía la hora de contárselo a Henry!

Ethan continuó vigilando el nido después de entregar su tarea. Observó cómo crecía el pichón y cómo comenzaba a hacer vuelos cortos hasta ramas cercanas. Un día, el pichón dio un salto largo y voló lejos del árbol, hacia el cielo. En ese momento, Ethan oyó que Henry lo llamaba para jugar a la pelota con algunos de sus amigos. Muchos de los amigos de Henry también se habían hecho amigos de Ethan en las semanas en las que él había estado vigilando el nido. Ethan sabía que el pequeño pinzón pronto volaría hacia otro hogar y deseaba que hiciera amigos y fuera feliz en su nuevo lugar en el mundo.

 ¿Qué lección aprendió Ethan al final del pasaje?

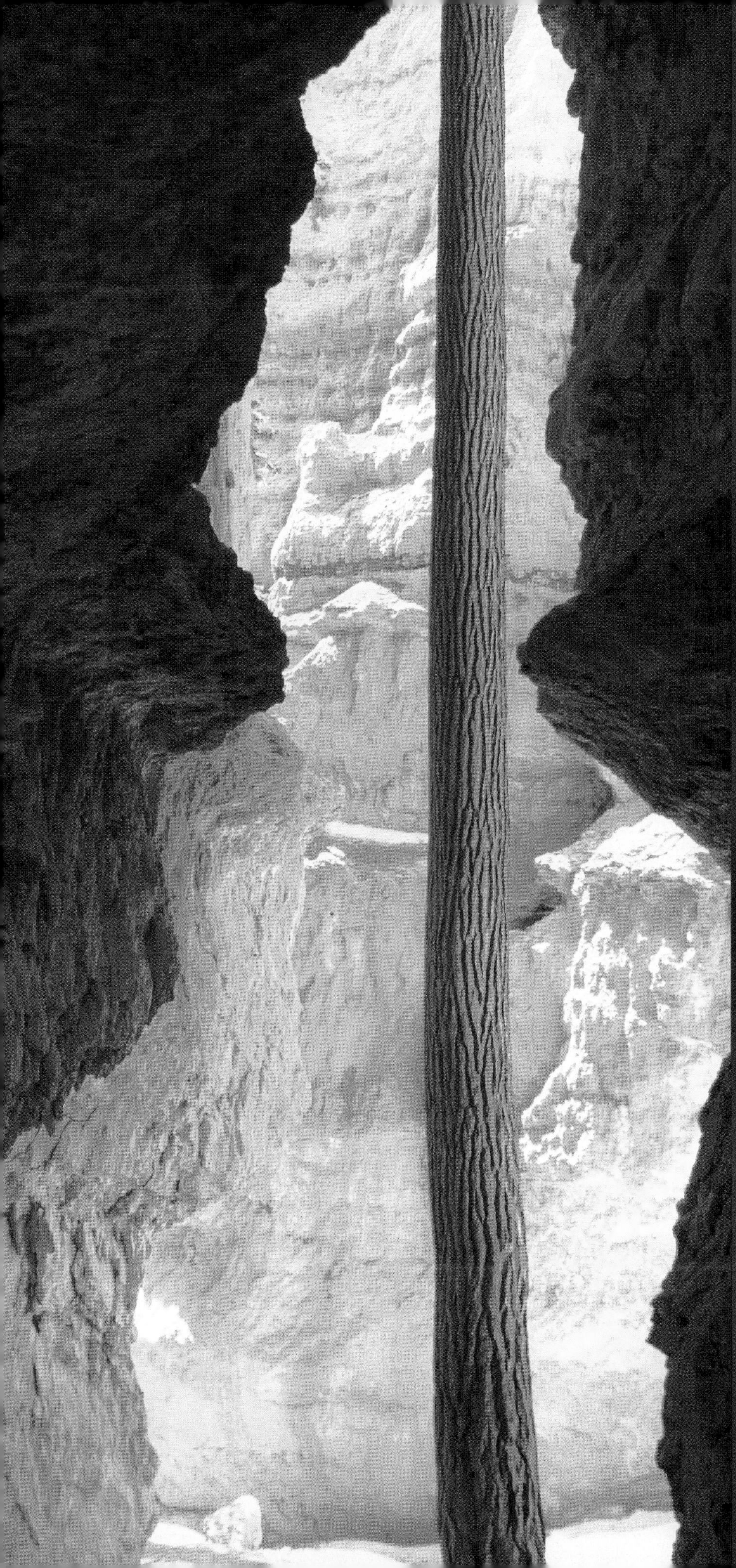

Unidad 3

☑ **VOCABULARIO CLAVE**

remolino
rápidamente
condensarse
fuente
rotar
bramar
experimentar
Antigüedad
predecir
registrar

Librito de vocabulario

Tarjetas de contexto

L.4.6 acquire and use general academic and domain-specific words and phrases

ESTÁNDARES COMUNES

316

Vocabulario en **contexto**

① remolino

Si se dan las condiciones, se forman huracanes a partir de vientos en forma de remolino.

② rápidamente

El globo aerostático se elevó rápidamente hacia el cielo.

③ condensarse

Durante un día de calor, se condensan gotitas de agua en la parte externa de un vaso frío.

④ fuente

Las gotitas de agua son la fuente principal de la formación de las nubes.

Aprende en línea

▶ Estudia cada Tarjeta de contexto.

▶ Usa las claves de contexto para determinar el significado de cada palabra del Vocabulario.

5 rotar

La Tierra nunca deja de girar: está siempre rotando.

6 bramar

Durante un huracán se puede oír cómo braman los vientos: parece que nunca van a detenerse.

7 experimentar

Algunos lugares experimentan muchos daños por los huracanes.

8 Antigüedad

Los griegos de la Antigüedad tenían tormentas en el verano y en el otoño.

9 predecir

Las personas intentan predecir el estado del tiempo, pero a veces es difícil saber cómo estará.

10 registrar

Este anemómetro registró las velocidades de los vientos cercanos a un tornado.

HURACANES
Las tormentas más fuertes del planeta

Leer y comprender

 *Aprende en línea*

☑ DESTREZA CLAVE

Características del texto y de los elementos gráficos Mientras lees *Huracanes: Las tormentas más fuertes del planeta*, busca **características del texto,** como encabezamientos y pies de foto, y **elementos gráficos,** como tablas y diagramas. Estas características te ayudan a comprender el tema del texto y ofrecen información objetiva para tu conocimiento. Usa un organizador gráfico como el siguiente para anotar las características del texto y de los elementos gráficos, dónde se ubican y la información que ofrecen.

Característica del texto o elemento gráfico	Número de página	Información
• • •	• • •	• • •

☑ ESTRATEGIA CLAVE

Inferir/Predecir Cuando haces una **inferencia** o una **predicción**, usas la evidencia del texto y la información de los elementos gráficos para deducir algo que el autor no ha explicitado. Puedes usar los datos y los detalles de *Huracanes* para hacer inferencias y predicciones acerca de estas tormentas violentas y sus efectos.

ESTÁNDARES COMUNES **RI.4.1** refer to details and examples when explaining what the text says explicitly and when drawing inferences; **RI.4.7** interpret information presented visually, orally, or quantitatively

Los huracanes

Los huracanes, que presentan vientos arrolladores, son las tormentas más grandes y más mortales del planeta. El estudio del estado del tiempo, incluidos los huracanes, es parte de las ciencias de la Tierra. Los científicos de la Tierra estudian el origen y las características de nuestro planeta, como el aire, el agua y el estado del tiempo.

Mientras lees *Huracanes: Las tormentas más fuertes del planeta*, aprenderás cómo interactúan el viento, la temperatura del aire y la humedad para crear uno de los sucesos meteorológicos más impresionantes del mundo.

TEXTO PRINCIPAL

HURACANES
Las tormentas más fuertes del planeta

✓ DESTREZA CLAVE

Características del texto y de los elementos gráficos

Identifica las características del texto y de los elementos gráficos. Explica cómo te ayudan a comprender el tema principal y qué información nueva añaden.

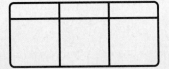

✓ GÉNERO

Un **texto informativo** ofrece datos y ejemplos sobre un tema principal. Mientras lees, busca:

- ▶ encabezamientos que comiencen secciones de información relacionada y
- ▶ características que brinden información específica sobre el tema principal, como mapas, diagramas y tablas.

ESTÁNDARES COMUNES **RI.4.3** explain events/procedures/ concepts in a text; **RI.4.5** describe the overall structure of a text or part of a text; **RI.4.7** interpret information presented visually, orally, or quantitatively

Aprende en línea

CONOCE A LA AUTORA

Patricia Lauber

Patricia Lauber dijo: "Cuando nací, ya quería escribir". ¡Y cómo escribió! Patricia escribió más de 125 libros para niños, muchos de ellos textos de no ficción sobre temas que van desde los volcanes hasta la historia de los utensilios de cocina. Cuando le preguntaron por qué escribía tantos libros de ciencias, Patricia respondió que creía que todas las personas, no solo los científicos, debían saber sobre el mundo que los rodea.

HURACANES

Las tormentas más fuertes del planeta

por Patricia Lauber

PREGUNTA ESENCIAL

¿Cuáles son los beneficios de estudiar el estado del tiempo?

Cómo se forma un huracán

En muchas partes del mundo, rugen tormentas en forma de remolino desde los océanos. Esas tormentas tienen varios nombres: los huracanes, los tifones y los ciclones son los tres más conocidos. Pero independientemente del nombre, todas son parte del mismo tipo de tormenta. Se originan de la misma manera: en aguas tropicales. Se desarrollan de la misma manera: se alimentan del aire cálido y húmedo. Y provocan el mismo tipo de daño, tanto en el continente como en el mar. Otras tormentas pueden cubrir un área más grande o tener vientos más fuertes, pero ninguna puede igualar el tamaño ni la furia de los huracanes. Los huracanes son las tormentas más fuertes del planeta.

Al igual que todas las tormentas, los huracanes se producen en la atmósfera, es decir, en la envoltura de aire que rodea la Tierra y que ejerce presión contra la superficie. La presión que hay en cualquier lugar determinado cambia constantemente. Hay días en los que el aire desciende y la atmósfera ejerce una presión mayor en la superficie. En esos momentos hay alta presión. Hay días en los que se eleva mucho aire y la atmósfera no ejerce tanta presión. En esos momentos hay baja presión. Las áreas de baja presión que están sobre los océanos cálidos dan vida a los huracanes.

ANALIZAR EL TEXTO

Características del texto y de los elementos gráficos ¿Qué información muestra el diagrama de la página 323? ¿Cómo se relaciona esta información con el texto?

Nadie sabe con exactitud qué ocurre para que se formen estas tormentas. Pero cuando se dan las condiciones apropiadas, el aire cálido y húmedo comienza a moverse. Comienza a elevarse rápidamente desde la superficie del océano en un área de baja presión.

Al igual que el agua de una manguera, el aire fluye desde donde hay más presión hasta donde hay menos presión. Así, el aire que está sobre la superficie del océano fluye hacia el área de baja presión y va recogiendo humedad a medida que viaja. Este aire cálido y húmedo se eleva rápidamente.

Mientras el aire se eleva sobre la Tierra, se enfría. El enfriamiento hace que la humedad se condense y forme gotitas diminutas de agua que, a su vez, forman nubes. Cuando se condensa, la humedad emite calor. El calor es una clase de energía: es la energía que da fuerza a la tormenta. Las nubes son la fuente de la lluvia de la tormenta.

Nubes

Nubes

Aire cálido

Lluvia

Lluvia

Aire cálido

Superficie cálida del océano

ORIGEN DE UN HURACÁN: El aire cálido y húmedo fluye hacia un área de baja presión. Mientras el aire se eleva y se condensa en forma de nubes, se acerca más aire cálido a la superficie del océano. Se eleva en forma de espiral, en el sentido contrario a las manecillas del reloj. Y se forman grupos de tormentas eléctricas.

El área de baja presión actúa como una chimenea: el aire cálido ingresa por la parte inferior, se eleva en forma de columna, se enfría y se disipa. A medida que el aire de la parte interior se eleva e ingresa más aire, la tormenta se desarrolla.

Sin embargo, el aire que ingresa no se mueve en una línea recta. La superficie de la Tierra rota y esa rotación hace que el recorrido se desvíe. El aire se mueve en forma de espiral dentro de la tormenta. En el hemisferio norte, los vientos en espiral se mueven en el sentido contrario a las manecillas del reloj. En el hemisferio sur, se mueven en el sentido de las manecillas del reloj.

La mayoría de estas tormentas desaparecen a las pocas horas o a los pocos días de su origen. Apenas una de cada diez tormentas se transforma en huracán.

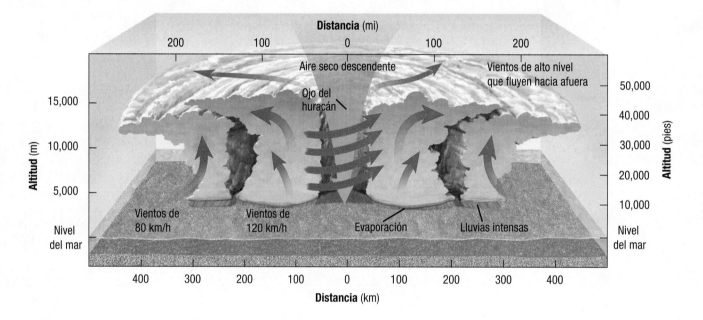

EL INTERIOR DE UN HURACÁN: Alrededor del ojo de un huracán, soplan vientos fuertes en forma de espiral, pero en el interior del ojo todo está en calma. La presión del aire dentro del ojo es extremadamente baja. Como hay menos presión allí que en las áreas de alrededor, el mar que está debajo del huracán se eleva en forma de bulto o cúpula.

ANALIZAR EL TEXTO

Estructura del texto ¿Qué hace que un huracán se desarrolle? ¿De qué manera la estructura del texto te sirve para comprender cómo se origina y se desarrolla un huracán?

Si los vientos del huracán soplan primero desde el este, soplarán desde el oeste después de que haya pasado el ojo.

A medida que se desarrollan los vientos fuertes, la presión del aire desciende rápidamente en el centro de la tormenta. Esta zona de baja presión se denomina ojo y puede medir entre 10 y 20 millas de ancho. El ojo es un agujero que se extiende desde la parte inferior de la tormenta hasta la parte superior. Los vientos braman alrededor del agujero, pero en el interior todo está en calma. Los vientos son débiles.

El aire es claro, el cielo está despejado, las nubes son escasas y hay sol. Las personas que quedan atrapadas en un huracán de repente pueden experimentar aire tranquilo y cielos sin lluvia. A veces, esas personas cometen el error de pensar que la tormenta ha terminado... pero no es así. El ojo se sigue moviendo y llega la segunda parte de la tormenta, con vientos que soplan desde la dirección opuesta.

Algunos instrumentos meteorológicos

Los pueblos de la Antigüedad sufrieron grandes tormentas. Y buscaron señales que ayudaran a predecir el estado del tiempo. También intentaron explicar el estado del tiempo que experimentaban, pero nadie puede estudiar el estado del tiempo correctamente sin poder medir lo que ocurre. Los instrumentos que se usan para tomar esas mediciones se inventaron hace entre trescientos y cuatrocientos años. Las versiones modernas de esos instrumentos todavía se usan en la actualidad.

BARÓMETRO

Un barómetro mide la presión del aire. Si la presión del aire aumenta, significa que hará buen tiempo. Si disminuye, significa que habrá tormentas. Esta clase de barómetros se puede ver en los hogares y en las escuelas.

HIGRÓMETRO

Un higrómetro mide la cantidad de agua que hay en el aire: la humedad. El aire cálido puede retener más humedad, o vapor de agua, que el aire frío. Cuando el aire cálido y húmedo se enfría, el vapor de agua se condensa y cambia de estado gaseoso a estado líquido. Por eso un vaso de refresco helado parece transpirar durante el verano: el aire cálido que rodea el vaso se enfría y el vapor de agua se condensa en el vaso.

ANEMÓMETRO

Un anemómetro mide la velocidad del viento. La velocidad a la que giran las aspas se registra en un cuadrante que está en el interior de la vivienda. En el huracán de 1938 y en otras tormentas violentas, los anemómetros se volaron, por lo que resultó difícil indicar las velocidades máximas del viento.

TERMÓMETRO

Un termómetro mide la temperatura.

Los nombres en el mundo

En el mar Caribe y en el mar Atlántico Norte, las tormentas más fuertes del planeta se llaman *huracanes*, por una palabra taína que significa "viento grande". En el océano Pacífico, también se llaman huracanes si ocurren al este de la línea internacional del cambio de fecha. Al oeste de la línea internacional del cambio de fecha, se conocen como *tifones*, por las palabras chinas que significan "viento enorme". En el océano Índico, se conocen como *ciclones*, un nombre que proviene de una palabra griega que significa "espiral", por los vientos que se mueven en forma de espiral dentro de ellos. Las tormentas también tienen muchos nombres locales. Por ejemplo, muchos australianos las llaman *willy-willies*. Es probable que el nombre provenga de la palabra inglesa *whirlwind*, que significa torbellino, y se haya convertido en "whirly-whirly" y después en "willy-willy."

Las tormentas más fuertes del planeta se forman en las aguas tropicales. Al principio, todas se mueven hacia el oeste y después desaparecen en el continente o se desvían hacia el este, donde pierden fuerza sobre las aguas más frías del océano. Por alguna razón, estas tormentas no se forman en el océano Atlántico Sur ni el océano Pacífico Sudeste.

En la actualidad, se envían aviones resistentes con muchos instrumentos al interior de los huracanes a medida que se acercan a la tierra. Esos instrumentos miden los vientos, las temperaturas y la humedad; miden el contenido de agua de las nubes; toman fotografías del interior de los huracanes y registran imágenes de radar de las tormentas.

En abril de 1960, se puso el primer satélite meteorológico en órbita. Los científicos esperaban hallar y seguir la trayectoria de las tormentas tropicales antes de que se acercaran a la tierra. Y recibieron su recompensa casi de inmediato. Unos días después de su lanzamiento, el satélite descubrió un tifón en el océano Pacífico Sur.

Los instrumentos satelitales no pueden ver dentro del corazón de un huracán; ese trabajo todavía se realiza con aviones. Los satélites muestran el tamaño de las tormentas y su desarrollo. Muestran los cambios en el tamaño del ojo: si el ojo se agranda, la tormenta se está debilitando. Si el ojo se reduce, la tormenta se está fortaleciendo. Y, lo que es más importante, los satélites pueden localizar con exactitud la ubicación de una tormenta, registrar su velocidad y seguirla de cerca.

ANALIZAR EL TEXTO

Explicar ideas científicas ¿De qué manera los satélites han cambiado la comprensión y la capacidad que tienen los científicos para predecir huracanes?

Explicar ideas científicas

Si quisieras explicar una **idea científica** sobre la que leíste en un texto, ¿cómo comenzarías? Para comenzar, vuelve a leer la explicación que da el autor. Presta atención a los datos y a los detalles. Asegúrate de comprender cada uno de los términos científicos. Luego, explícate la idea en silencio a ti mismo para verificar tu comprensión. Por último, explica la idea a otra persona con tus propias palabras.

Estructura del texto

Una manera que usan los autores para organizar los textos informativos es mediante las causas y los efectos. Un autor puede expresar una **causa**, es decir, por qué ocurre algo. Después, describe el **efecto**, es decir, lo que ocurre como resultado de esa causa. En la página 326, la autora dice que nadie puede estudiar el estado del tiempo sin medir lo que ocurre. Luego, explica qué ocurrió como resultado: se inventaron instrumentos para medir la velocidad del viento, la temperatura y la humedad.

Es tu turno

mi **Escritura genial**

Turnarse y comentar Repasa la selección con un compañero y prepárate para comentar esta pregunta: *¿Cuáles son los beneficios de estudiar el estado del tiempo?* Usa evidencia de las características del texto y de los elementos gráficos para redactar tu respuesta. Mientras comentas tus pensamientos, túrnate con tu compañero para resumir las ideas clave.

Comentar en la clase

Para continuar comentando *Huracanes*, explica tus respuestas con evidencia del texto:

1. La autora llama a los huracanes "las tormentas más fuertes del planeta". ¿Estás de acuerdo? ¿Por qué?

2. ¿Cómo ha cambiado la predicción de huracanes con el paso del tiempo?

3. ¿De qué manera se beneficia la sociedad si comprende mejor el comportamiento de los huracanes?

PERSONIFICAR A UN CIENTÍFICO

Informar sobre los huracanes Imagina que eres un científico meteorólogo que se presenta en la televisión. Trabaja con un compañero y resume la información y los detalles que explican cómo se forman los huracanes. Luego, túrnate con tu compañero para representar a un científico meteorólogo que explique el proceso.

ESCRIBE SOBRE LO QUE LEÍSTE

Respuesta Escribe un resumen corto de *Huracanes*. Para comenzar, indica el título y el nombre de la autora. Luego, usa datos y detalles importantes y evidencia del texto para contarles a los lectores sobre las ideas científicas de la selección.

Sugerencia para la escritura

Para comenzar tu resumen, plantea el tema principal de la selección. Comprueba si has usado los pronombres correctamente.

Aprende en línea

ESTÁNDARES COMUNES
RI.4.2 determine the main idea and explain how it is supported by details/summarize; **RI.4.3** explain events/procedures/ideas/concepts in a text; **RI.4.7** interpret information presented visually, orally, or quantitatively; **W.4.9b** apply grade 4 Reading standards to informational texts; **SL.4.1a** come to discussions prepared/explicitly draw on preparation and other information about the topic; **SL.4.1d** review key ideas expressed and explain own ideas and understanding

TEXTO INFORMATIVO

THE DAILY NEWS
agosto de 2006

Recuperarse de
KATRINA

por Alice Young
Periodistas de The Daily News

☑ GÉNERO

Un **texto informativo,** como este artículo periodístico, ofrece información sobre un tema principal y suele incluir elementos visuales, como mapas y fotografías con pies de foto.

☑ ENFOQUE EN EL TEXTO

Sucesos en un texto histórico En un artículo periodístico, se pueden narrar sucesos que ocurrieron en el pasado. El periodista suele contar los sucesos en el orden en el que ocurrieron. Es posible que el periodista compare y contraste el episodio en particular con un episodio similar.

¿Qué sucesos se comparan en este artículo?

ESTÁNDARES COMUNES **RI.4.5** describe the overall structure of a text or part of a text; **RI.4.10** read and comprehend informational texts

Aprende en línea

Recuperarse de KATRINA

por Alice Young
Periodista de The Daily News

Durante el año pasado, la vida en la costa del Golfo ha cambiado. Hace un año, el huracán Katrina se agitaba en el aire cálido y húmedo del golfo de México como una tormenta de categoría 5. Esta es la calificación más fuerte y más destructiva de un huracán. A lo largo de toda la costa del Golfo, los habitantes se preparaban para el impacto de esta tormenta.

Era un huracán de categoría 3 con vientos cercanos a las 125 millas por hora.

La mañana del 29 de agosto, el huracán Katrina tocó tierra al sur de Luisiana. Era un huracán de categoría 3 con vientos cercanos a las 125 millas por hora. Destruyó todo a su paso por Luisiana, Mississippi y Alabama. El total de daños en Nueva Orleans y a lo largo de la costa del Golfo fue de $108 mil millones. Esto convirtió a Katrina en el desastre natural más costoso y más destructivo de la historia de Estados Unidos. La mayoría de los huracanes del Atlántico se mueven hacia el Norte a medida que se acercan a la costa atlántica de Estados Unidos y no tocan tierra. Algunas tormentas se desatan sobre Florida y unas pocas se mueven hacia el golfo de México, como hizo Katrina.

Incluso con advertencias, el huracán Katrina causó daños enormes.

Antes de Katrina, el huracán Andrew había sido el huracán más costoso de la historia de Estados Unidos. El huracán Andrew se desató sobre Florida el 24 de agosto de 1992 como una tormenta de categoría 5. Los vientos violentos y las marejadas ciclónicas destruyeron muchos hogares y empresas.

Cerca de 250,000 personas se quedaron sin hogar. El huracán Andrew cruzó el estado de Florida y se desplazó hacia el golfo de México. Y el 26 de agosto de 1992 llegó a la zona central del sur de Luisiana como una tormenta de categoría 3.

Esta foto infrarroja muestra el huracán Andrew cuando se desató sobre el sur del estado de Florida en 1992.

Los huracanes levantan barreras de agua del mar que se mueven con ellos. Esa barrera alta de agua genera marejadas ciclónicas. Los vientos fuertes generan olas gigantes. Las marejadas ciclónicas suelen provocar los daños más grandes de un huracán.

La mayoría de los daños del huracán Katrina se produjeron por las inundaciones. Los diques que separan Nueva Orleans de los lagos vecinos se rompieron. Esas rupturas hicieron que la mayor parte de Nueva Orleans se inundara. Algunas partes de la ciudad quedaron bajo veinte pies de agua. Las enormes marejadas ciclónicas de entre veinte y treinta pies también provocaron muchísimas inundaciones en las ciudades costeras de Mississippi y Alabama.

Después del huracán Katrina, cientos de miles de personas se quedaron sin hogar y tuvieron que buscar viviendas provisorias en hoteles, hogares de amigos o familiares o en refugios. Se establecieron miles de refugios en escuelas, centros comunitarios y diversos edificios.

La Cruz Roja, los organismos del gobierno y otros grupos de ayuda establecieron esos refugios. En el estadio Astrodome de Houston, Texas, se estableció un refugio muy grande. A principios de septiembre de 2005, albergaba a más de 11,000 víctimas del huracán.

Compara esta fotografía de Nueva Orleans antes del huracán Katrina con la fotografía de la página siguiente. Busca el gran edificio marrón del centro de cada foto.

Un año después del huracán Katrina, muchos hogares y otros edificios todavía necesitan reparaciones. Cerca de un tercio de las escuelas, los hospitales y las bibliotecas de Nueva Orleans permanecen cerrados. Miles de personas cuyos hogares se destruyeron siguen viviendo en caravanas de FEMA, la agencia federal para la gestión de emergencias. Los organismos de ayuda a los damnificados de una catástrofe, como FEMA y la Cruz Roja, continúan ayudando a reconstruir los hogares dañados y continúan reubicando a las personas cuyos hogares se destruyeron.

Recuperarse de semejante destrucción ha sido una tarea enorme. Algunas personas han podido reparar o reconstruir sus hogares y empresas durante el año pasado. Muchos habitantes han elegido quedarse en la región donde crecieron. Están decididos a reconstruir sus hogares, sus comunidades y sus vidas.

Recuperarse de semejante destrucción ha sido una tarea enorme.

Después del huracán Katrina, se reunieron personas de todas partes de Estados Unidos para ayudar a reconstruir Nueva Orleans.

La respuesta de voluntarios al huracán Katrina ha sido la más grande de la historia de Estados Unidos. Cientos de miles de personas de todo el país han intervenido para ayudar de la forma que estuviera a su alcance. Algunas personas viajan a la región de la costa del Golfo y se ofrecen como voluntarios durante un fin de semana. Otras se quedan durante meses para ayudar en la campaña de reconstrucción. Se ha logrado mucho en el último año en la reconstrucción de la costa del Golfo. Pero todavía queda mucho por hacer.

> Se ha logrado mucho en el último año en la reconstrucción de la costa del Golfo.

Comparar el texto

Comparar textos sobre tormentas Habla con un compañero sobre las semejanzas y las diferencias entre *Huracanes* y *Recuperarse de Katrina*. Responde estas preguntas: *¿Qué información proporciona cada texto sobre el origen de los huracanes? ¿Qué datos dan las autoras sobre lo que ocurre durante un huracán y después de él?* Después de comentar tus ideas, trabaja con tu compañero para escribir un párrafo que explique la vida de un huracán. Incluye evidencia del texto de las dos selecciones en la respuesta.

EL TEXTO Y TÚ

Escribir un informe Escribe un informe periodístico sobre una tormenta u otro suceso meteorológico que hayas experimentado. Describe lo que viste, oíste y sentiste. Además, explica qué efectos tuvo el suceso en tu familia, tus amigos y tu comunidad.

EL TEXTO Y EL MUNDO

Comparar perspectivas Piensa en las perspectivas de las autoras de *Huracanes* y *Recuperarse de Katrina*. ¿En qué se enfoca cada autora? ¿Cuál de los textos parece más científico? ¿Cuál de las autoras cuenta más sobre los efectos de los daños provocados por los huracanes? Comenta tus ideas con un compañero.

Aprende en línea

ESTÁNDARES COMUNES

RI.4.6 compare and contrast a firsthand and secondhand account of the same event or topic; **RI.4.9** integrate information from two texts on the same topic; **W.4.10** write routinely over extended time frames and shorter time frames

Gramática

¿Qué palabras se suelen confundir? Muchas palabras se pronuncian igual pero su ortografía y su significado son diferentes. Por ejemplo, las palabras *casar* y *cazar* se pronuncian igual, pero tienen diferentes significados. Estas palabras se llaman **homófonos.** Es importante usar correctamente las palabras que se suelen confundir para expresar las ideas con claridad.

Palabras que se suelen confundir		
Palabra	**Significado**	**Ejemplos**
ahí	en ese lugar	Los científicos investigan las inundaciones que se producen **ahí.**
hay	forma del verbo *haber*	**Hay** muchos cambios en el estado del tiempo.
ay	interjección que expresa dolor	**¡Ay!** El suelo estaba mojado y me resbalé.
haber	verbo	Con esta lluvia intensa se deben de **haber** caído muchos árboles.
a ver	preposición + verbo	Ahora que salió el sol, salgamos **a ver** el arcoíris.
valla	cerco, vallado	La tormenta arrasó con la **valla** de la escuela.
vaya	forma del verbo *ir*	Que nadie se **vaya:** hay alerta meteorológica.
baya	fruto de ciertas plantas	La **baya** es un fruto jugoso y carnoso.

Inténtalo **Copia las oraciones. Rellena los espacios en blanco con la palabra correcta de los paréntesis.**

❶ _____ problemas con la electricidad por los vientos fuertes. (Hay/Ay)

❷ No _____ a esa ciudad, señor. Se esperan lluvias desde el domingo. (baya/vaya)

❸ Las olas deben de _____ sido gigantes para generar semejante destrucción. (haber/a ver)

❹ Las personas de la costa viajan hacia los refugios para quedarse _____. (ahí/hay)

Si usas una palabra incorrecta, puedes confundir a tus lectores. Cuando corrijas lo que hayas escrito, busca palabras que se pronuncien igual, pero que tengan ortografía y significado diferentes. Asegúrate de usar la palabra correcta. Si no estás seguro, busca la palabra en el diccionario.

Incorrecto	Correcto
"Los meteorólogos dicen que el huracán ya debe de a ver llegado ay".	"Los meteorólogos dicen que el huracán ya debe de haber llegado ahí".

 ## Relacionar la gramática con la escritura

Mientras corriges tu párrafo persuasivo, verifica que hayas usado la forma correcta de las palabras que se suelen confundir. Vuelve a escribir las palabras incorrectas para que tus oraciones tengan sentido.

W.4.1a introduce a topic, state an opinion, and create an organizational structure; **W.4.1b** provide reasons supported by facts and details; **W.4.1c** link opinion and reasons using words and phrases; **W.4.1d** provide a concluding statement or section; **L.4.1g** correctly use frequently confused words

Escritura de opinión

✓ **Ideas**   Un **párrafo persuasivo** plantea tu opinión y presenta **razones** convincentes que la apoyan. Debe incluir **datos y ejemplos** que expliquen tus razones. Debes relacionar tus opiniones y tus razones con palabras y frases como *por ejemplo* y *otra razón*. El párrafo debe terminar con un llamado a la acción que indique a los lectores lo que quieres que hagan o piensen.

Grace escribió un párrafo persuasivo en el que explica la importancia de la preparación para los huracanes. Después, añadió palabras y frases para relacionar las opiniones y las razones. También añadió una introducción para plantear su opinión con claridad.

Lista de control de la escritura

✓ **Ideas**

¿Planteé una opinión clara y la respaldé con datos y detalles?

✓ **Organización**
¿Organicé mis ideas de manera que tuvieran sentido?

✓ **Elección de palabras**
¿Usé palabras y frases para relacionar las opiniones y las razones?

✓ **Voz**
¿Expresé mi opinión de manera convincente?

✓ **Fluidez de las oraciones**
¿Mis oraciones tienen una longitud variada?

✓ **Convenciones**
¿Escribí bien las palabras que se suelen confundir?

Borrador revisado

Las personas que viven en zonas donde ocurren huracanes deben estar siempre preparadas. ∧Todos los años, muchas personas se ven afectadas por los huracanes. Si vives en una zona donde ~~ay~~ ^{hay} huracanes, necesitas un plan de contingencia. Para llevar a cabo este plan, se debe crear un equipo de emergencia que incluya las cosas que se necesitan para sobrevivir. ^{Por ejemplo,} ∧Cuando se corte el servicio de agua y las tiendas estén cerradas con vallas, no podrás obtener agua potable. Entonces, debes incluir muchas botellas de agua en tu equipo de emergencia.

¡Hay que estar preparado!

por Grace Martin

Las personas que viven en zonas donde ocurren huracanes deben estar siempre preparadas. Todos los años, muchas personas se ven afectadas por los huracanes. Si vives en una zona donde hay huracanes, necesitas un plan de contingencia. Para llevar a cabo este plan, se debe crear un equipo de emergencia que incluya las cosas que se necesitan para sobrevivir. Por ejemplo, cuando se corte el servicio de agua y las tiendas estén cerradas con vallas, no podrás obtener agua potable. Entonces, debes incluir muchas botellas de agua en tu equipo de emergencia. Otra de las razones por las que necesitas un plan es para saber adónde debes ir si tu familia debe dejar tu casa. Por ejemplo, si se vuela el techo de tu casa o si se inunda, debes encontrar refugio. Por eso es bueno conocer los lugares cercanos que ofrecen refugio durante los huracanes. De esa forma, cuando se desate el desastre, sabrás exactamente adónde ir. Hacer un plan de emergencia y preparar un equipo de supervivencia puede parecer difícil, pero, al final, ¡tu seguridad vale la pena!

Leer como escritor

¿Qué palabras y frases usó Grace para relacionar sus opiniones y sus razones? ¿Qué palabras y frases puedes usar para relacionar tus ideas con más claridad?

En mi versión final, añadí una conclusión que vuelve a plantear mi opinión. También me aseguré de haber usado la forma correcta de las palabras que se suelen confundir, como *hay*.

temblar
vestigio
bloque
pertenencia
vivienda
aplastar
ruina
escombro
madera
construirse

Librito de vocabulario   Tarjetas de contexto

L.4.6 acquire and use general academic and domain-specific words and phrases

Vocabulario en contexto

① temblar

Las personas saben que hay un terremoto cuando todo a su alrededor empieza a **temblar**.

② vestigio

Son muy desoladores los **vestigios** que dejan algunos temblores que se producen en la tierra.

③ bloque

Un **bloque** de concreto que cae puede causar muchos daños materiales y herir a las personas.

④ pertenencia

Los terremotos destruyen las **pertenencias** de las personas. Las dejan en la ruina.

Aprende en línea

▶ Estudia cada Tarjeta de contexto.

▶ Usa un diccionario como ayuda para entender el significado de estas palabras.

⑤ vivienda

Habitar en viviendas antiguas puede resultar muy riesgoso en caso de que ocurra un temblor.

⑥ aplastar

Si cae una estructura y aplasta lo que hay en su interior, la calle es el lugar más seguro.

⑦ ruina

Limpiar las ruinas que deja un terremoto toma mucho tiempo y esfuerzo.

⑧ escombro

Un terremoto de fuerte magnitud puede dejar una autopista convertida en escombros.

⑨ madera

Durante un temblor, las casas de madera pueden caer como juguetes de mondadientes.

⑩ construirse

Muchos edificios modernos se construyen para resistir los terremotos.

Leer y comprender

Aprende en línea

✓ DESTREZA CLAVE

Secuencia de sucesos Mientras lees *Cuando la tierra se estremeció*, observa la **secuencia,** o el orden, en el que ocurren los sucesos. Observa también que la secuencia principal se interrumpe una vez para contar la historia desde otro punto de vista. Para registrar la secuencia, busca detalles como fechas y momentos del día y palabras clave como *cuando, ahora, después* y *nuevamente*. Usa un organizador gráfico como el siguiente para seguir el orden en el que ocurren los sucesos.

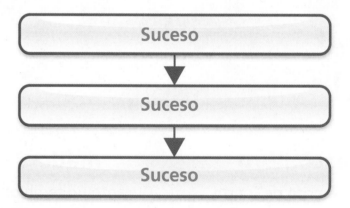

Suceso

↓

Suceso

↓

Suceso

✓ ESTRATEGIA CLAVE

Visualizar Cuando visualizas, usas detalles del texto para formarte una imagen mental clara de los personajes, el entorno y los sucesos. Mientras lees *Cuando la tierra se estremeció,* usa la estrategia de **visualizar** para seguir la historia de Chin y Ah Sing. Usar detalles del texto para formarte imágenes mentales de los sucesos importantes te ayudará a recordar la secuencia de esos sucesos.

ESTÁNDARES COMUNES

RL.4.1 refer to details and examples when explaining what the text says explicitly and when drawing inferences; **RL.4.3** describe a character, setting, or event, drawing on details

346

Las fuerzas de la naturaleza

La geología es el estudio de la Tierra y las maneras en las que cambia con el paso del tiempo. Muchos cambios geológicos ocurren lentamente: tardan millones de años. Sin embargo, otros cambios ocurren repentinamente. Los terremotos ocurren sin aviso previo, cuando las enormes placas de roca que están debajo de la superficie terrestre se mueven bruscamente. Los terremotos fuertes pueden hacer que se derrumben edificios y se caigan puentes.

En *Cuando la tierra se estremeció*, leerás sobre el terremoto devastador que sacudió San Francisco, California, en abril de 1906.

TEXTO PRINCIPAL

☑ DESTREZA CLAVE

Secuencia de sucesos Examina el orden cronológico en el que ocurren los sucesos.

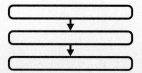

☑ GÉNERO

Una **ficción histórica** es un cuento que está ambientado en el pasado y trata sobre personas, lugares y sucesos que fueron reales o que podrían haberlo sido. Mientras lees, busca:

▶ un entorno que sea un momento real y un lugar real del pasado,

▶ personajes y sucesos reales y

▶ algunos sucesos y detalles inventados.

ESTÁNDARES COMUNES **RL.4.1** refer to details and examples when explaining what the text says explicitly and when drawing inferences; **RL.4.3** describe a character, setting, or event, drawing on details; **L.4.3a** choose words and phrases to convey ideas precisely

 **Aprende en línea**

CONOCE AL AUTOR

LAURENCE YEP

Durante su infancia en San Francisco, Laurence Yep iba a la escuela en el Barrio Chino, pero no vivía ahí. Cuando era un adulto joven, Yep se interesó cada vez más en su ascendencia china. Empezó su carrera como escritor en la escuela secundaria, donde le pagaban un centavo por palabra por escribir cuentos de ciencia ficción para una revista. Ahora es el autor de muchos libros premiados, entre ellos *Dragonwings (Alas de dragón)*, que también trata sobre inmigrantes chinos que viven en San Francisco.

CONOCE AL ILUSTRADOR

YUAN LEE

Yuan Lee ha creado ilustraciones para anuncios, carteles y revistas. Diseñó una serie de estampillas para las Naciones Unidas, donde aparecen las especies del mundo en peligro de extinción. Yuan ilustró también *The Parthenon (El Partenón)*, un libro que muestra la construcción de un antiguo templo griego.

CUANDO LA TIERRA SE ESTREMECIÓ:
El terremoto de San Francisco de 1906

por Laurence Yep
selección ilustrada por Yuan Lee

PREGUNTA ESENCIAL

¿Cómo afectan los desastres naturales a las personas?

Son las 5:12 de la mañana del miércoles 18 de abril de 1906. En el Barrio Chino de San Francisco, Chin y su padre, Ah Sing, están en su apartamento. Se están aseando. Se preparan para ir a casa de la familia Travis, donde Ah Sing trabaja para mandar dinero a su esposa en China. Su amigo Ah Quon vive cerca.

De pronto, todo comienza a temblar. El tazón cruza lentamente la mesa. Después, incluso la mesa se aleja arrastrándose. Chin salpica agua por todos lados.

—Puedes escribirle a tu madre sobre tu primer terremoto —dice su padre despreocupadamente.

El suelo se balancea debajo de ellos como si fuera un mar de madera. El plato se resbala por el borde y se hace añicos. Algunas cajas se desploman de una pila. Sus pertenencias se desparraman por las tablas del piso. Chin y su padre caen de rodillas.

Ah Sing intenta lucir valiente.

—El dragón de la Tierra se debe estar rascando —dice riendo.

Chin trata de ser igual de valiente. Cuando la habitación se aquieta, intenta bromear como su padre.

—Realmente debe tener una picazón.

Antes de que su padre pueda responder, vuelve a temblar.

Chin espera que termine, pero continúa sin pausa. El edificio de viviendas cruje y gruñe como un viejo gigante. Su cama y su cómoda merodean como animales hambrientos.

Ah Sing gatea hasta Chin y lo abraza.

—No te asustes —le dice. La voz de Ah Sing suena graciosa porque tiembla junto con la habitación.

Debajo de ellos, las vigas de madera ocultas se quiebran como palillos. Un segundo después, un lado de la habitación se inclina hacia arriba. Sin poder evitarlo, padre e hijo se deslizan junto con todos los muebles hacia la pared opuesta. Chin se siente como un muñeco. Sus pertenencias se aplastan y se golpean al amontonarse.

Su padre lo obliga a refugiarse debajo de la mesa.

—¡El edificio se está desplomando! —grita su padre.

Las paredes se quiebran y se desploman. Las ventanas se hacen añicos. Los vidrios rotos se esparcen como pequeñas dagas.

Chin siente algo raro en el estómago cuando la habitación misma comienza a caer. Rebotan contra el piso, que detiene bruscamente su caída. Durante un momento, se quedan ahí acostados. Sus vecinos gritan desde el piso inferior. La habitación de Ah Sing y Chin los está aplastando.

Después el piso se estremece y se hunde nuevamente. Hay más gritos. Esta vez es el nivel del suelo el que se hace pedazos. Su piso da un último porrazo y se detiene. Aturdido, Chin se asoma por debajo de la mesa. Ve grietas que se extienden como una loca telaraña por todas las paredes. Se desprenden pedazos de yeso polvorientos. Las paredes se desploman como papeles y el techo se les cae encima.

ANALIZAR EL TEXTO

Elección de palabras del autor ¿Qué palabras o frases comunican con claridad lo que les está ocurriendo a Chin y Ah Sing?

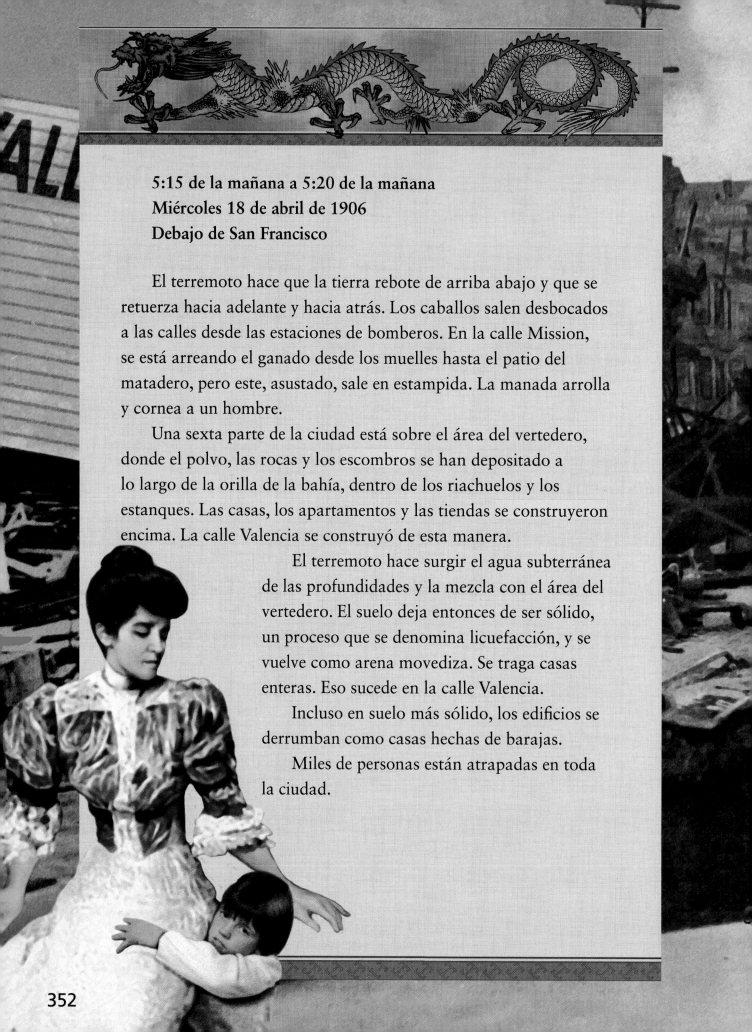

5:15 de la mañana a 5:20 de la mañana
Miércoles 18 de abril de 1906
Debajo de San Francisco

El terremoto hace que la tierra rebote de arriba abajo y que se retuerza hacia adelante y hacia atrás. Los caballos salen desbocados a las calles desde las estaciones de bomberos. En la calle Mission, se está arreando el ganado desde los muelles hasta el patio del matadero, pero este, asustado, sale en estampida. La manada arrolla y cornea a un hombre.

Una sexta parte de la ciudad está sobre el área del vertedero, donde el polvo, las rocas y los escombros se han depositado a lo largo de la orilla de la bahía, dentro de los riachuelos y los estanques. Las casas, los apartamentos y las tiendas se construyeron encima. La calle Valencia se construyó de esta manera.

El terremoto hace surgir el agua subterránea de las profundidades y la mezcla con el área del vertedero. El suelo deja entonces de ser sólido, un proceso que se denomina licuefacción, y se vuelve como arena movediza. Se traga casas enteras. Eso sucede en la calle Valencia.

Incluso en suelo más sólido, los edificios se derrumban como casas hechas de barajas.

Miles de personas están atrapadas en toda la ciudad.

353

5:20 de la mañana
Miércoles 18 de abril de 1906
Edificio de Chin y Ah Sing
Barrio Chino

Chin no puede ver. Tampoco puede moverse. Apenas puede respirar. En la oscuridad, oye toser a su padre.

—¿Estás bien, Chin?

Su padre lo abraza con fuerza. Chin trata de responder, pero el polvo le llena la boca y la garganta. Así que simplemente asiente. Como su padre no puede verlo, Chin le aprieta el brazo.

Después se voltea para poder levantar una mano. Puede sentir el tablero de la mesa, pero las patas se han roto. Los fragmentos desprendidos del techo y de la pared han convertido el lugar en una pequeña cueva.

Su padre empuja los vestigios que lo rodean.

—No se mueven —gruñe.

Chin lo ayuda a empujar mientras dice:

—El techo entero se nos cayó encima.

Si su padre no lo hubiera jalado bajo la mesa, habría quedado aplastado. Pero ahora están enterrados vivos.

Oyen pisadas arriba.

—El dragón de la Tierra está loco —dice un hombre con miedo.

—¡Aquí! —grita Ah Sing.

—¡Auxilio! —vocifera Chin también.

Cerca de allí alguien grita:

—¡Fuego!

Las pisadas se alejan corriendo.

Chin y su padre gritan hasta quedarse roncos. Sin embargo, nadie los oye.

Atrapados debajo de las ruinas, quedarán enterrados vivos.

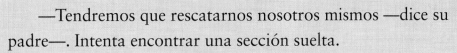

—Tendremos que rescatarnos nosotros mismos —dice su padre—. Intenta encontrar una sección suelta.

Se retuercen y serpentean. Hay un gran bloque de yeso cerca de la cabeza de Chin. Tantea con las manos hasta que siente el yeso.

Algunos pedazos polvorientos caen en sus manos.

Chin oye cavar a su padre y araña los tablones rotos y el yeso. El polvo les ahoga la nariz y la garganta. Sin embargo, escarban como animales salvajes.

ANALIZAR EL TEXTO

Secuencia de sucesos Chin y Ah Sing se dan cuenta de que tendrán que salvarse solos. ¿Qué sucesos los hacen darse cuenta de esto?

6:00 de la mañana
Miércoles 18 de abril de 1906
Edificio de Chin y Ah Sing
Barrio Chino

Chin y su padre cavan en la oscuridad. Solo espera que estén cavando hacia afuera de las ruinas. Le duelen los brazos y está cubierto de heridas y moretones. El polvo le ahoga la boca y la garganta. Siente como si ni siquiera pudiera respirar. La Tierra se los ha tragado.

—¡Fuego! —grita la gente de arriba. Siente los golpes de los pies que corren.

Grita:

—¡Déjenme salir!

Su padre deja de cavar y lo abraza:

—¡No entres en pánico!

Pero el miedo se retuerce en el interior de Chin como una serpiente. Está tan seco que ni siquiera puede llorar. Se queda allí acostado. Tiene las uñas rotas y le sangran los dedos.

Jamás escaparán. Piensa en su madre; no sabrá cómo murieron.

De pronto, una brisa le roza el rostro como una mano suave. Chin huele aire fresco.

Olvida su dolor y olvida que está cansado. Rasga los vestigios, pero sólo logra hacer un túnel angosto, que es apenas lo suficientemente grande para él.

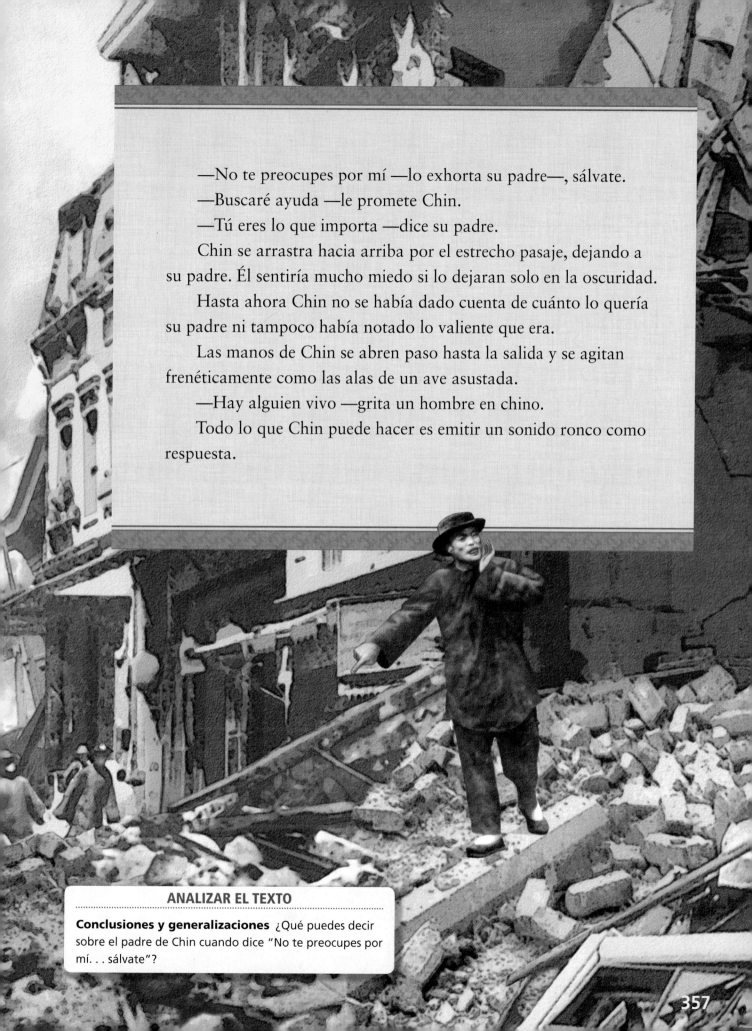

—No te preocupes por mí —lo exhorta su padre—, sálvate.

—Buscaré ayuda —le promete Chin.

—Tú eres lo que importa —dice su padre.

Chin se arrastra hacia arriba por el estrecho pasaje, dejando a su padre. Él sentiría mucho miedo si lo dejaran solo en la oscuridad.

Hasta ahora Chin no se había dado cuenta de cuánto lo quería su padre ni tampoco había notado lo valiente que era.

Las manos de Chin se abren paso hasta la salida y se agitan frenéticamente como las alas de un ave asustada.

—Hay alguien vivo —grita un hombre en chino.

Todo lo que Chin puede hacer es emitir un sonido ronco como respuesta.

ANALIZAR EL TEXTO

Conclusiones y generalizaciones ¿Qué puedes decir sobre el padre de Chin cuando dice "No te preocupes por mí. . . sálvate"?

Oye pasos encima de él. Alguien comienza a cavar. Tablas, ladrillos y pedazos de yeso se agolpan a un lado. A ciegas, Chin ayuda a su rescatador a ensanchar el agujero.

Unas manos fuertes le aprietan las muñecas. Siente que lo alzan hasta que ve la cara grande de Ah Quon que sonríe abiertamente.

—Eres el nabo más grande que haya sacado jamás —dice Ah Quon riendo con alivio mientras jala a Chin por encima de las ruinas.

Chin tiene un único pensamiento en su mente:

—Mi padre —dice jadeando y señala hacia abajo.

Mientras Ah Quon cava en busca de su padre, Chin logra escupir el polvo de yeso. Después, también él quita escombros.

UNA MIRADA AL PASADO:
El terremoto de San Francisco

El epicentro del terremoto del 18 de abril de 1906 se produjo cerca de San Francisco, pero la zona de ruptura se extendió por 296 millas a lo largo de la falla de San Andrés. Los temblores se sintieron en el norte de Oregón, en el sur de Los Ángeles, en el este de Nevada y probablemente hacia el Oeste debajo del océano Pacífico. Los temblores previos comenzaron a las 5:12 de la mañana y entre 20 y 25 segundos después, se desató el terremoto principal, que duró entre 45 y 60 segundos. Después, se sintieron varias réplicas.

El terremoto provocó el derrumbe de chimeneas y la destrucción de edificios en San Francisco, San José, Salinas y Santa Rosa. El pavimento se quebró y las vías del tranvía se doblaron; fue imposible circular en algunas calles. Se destruyeron las cañerías de agua, las redes cloacales y las tuberías de gas en toda la zona. Se cree que el incendio en el distrito comercial central se produjo por la rotura de las tuberías de gas y por el derrumbe de las estufas. Los bomberos no tenían agua para combatir el incendio debido a las roturas de las cañerías de agua. El fuego ardió durante 74 horas a pesar de que la Marina bombeaba agua desde el mar para ayudar a los bomberos. El fuego se extinguió por completo con la lluvia.

El terremoto y el incendio dejaron sin hogar a la mitad de San Francisco. Todos necesitaban agua potable y alimentos. La Cruz Roja, fundada hacía poco tiempo, y varias agencias del gobierno ayudaron a los desplazados por el terremoto y el incendio.

Hoy existen pautas para el uso de las tierras que impiden que se construyan hospitales, escuelas y centrales eléctricas cerca de las áreas que pueden llegar a ser las más afectadas en futuros terremotos. También se adoptaron códigos estrictos de edificación para que los edificios y las estructuras soporten las sacudidas y los temblores.

Ahora analiza

Cómo analizar el texto

Usa estas páginas para aprender acerca de Secuencia de sucesos, Conclusiones y generalizaciones y Elección de palabras del autor. Luego, vuelve a leer *Cuando la tierra se estremeció* para aplicar lo que has aprendido.

Secuencia de sucesos

Cada sección de *Cuando la tierra se estremeció* comienza con una fecha y un momento del día. El momento y la fecha indican cuándo ocurren los sucesos del cuento. Sin embargo, para comprender completamente la **secuencia de sucesos**, debes prestar atención a los **detalles** del texto. Algunas de las palabras que indican secuencia son *entonces, nuevamente, ahora* y *cuando*. Estas palabras muestran cómo se relacionan los sucesos entre sí.

La introducción de la página 350 te indica que el terremoto sacudió San Francisco a las 5:12 de la mañana del 18 de abril de 1906. Para comprender exactamente qué sucedió en los momentos siguientes, debes usar evidencia del texto específica. ¿Qué ocurrió en el edificio de Chin justo después de que se produjo el terremoto? ¿Qué ocurrió después de que el padre de Chin lo jaló bajo la mesa?

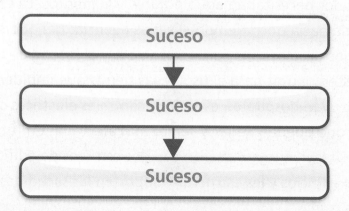

Suceso

↓

Suceso

↓

Suceso

ESTÁNDARES COMUNES

Aprende en línea

Conclusiones y generalizaciones

Mientras lees, puedes sacar **conclusiones** acerca de los personajes si piensas en sus palabras, sus acciones y sus pensamientos para comprender algo que el autor no dice. Una **generalización** es un tipo de conclusión que es verdadera en la mayoría de los casos, pero no siempre. Según las acciones de los rescatistas puedes hacer la generalización de que las personas suelen ayudarse entre sí durante un desastre natural.

Elección de palabras del autor

Los autores eligen palabras precisas para expresar sus ideas con claridad y para tener un efecto particular en los lectores. La **elección de palabras** de un autor ayuda a los lectores a imaginar qué sienten los personajes y cómo son los sucesos. Por ejemplo, cuando Chin está atrapado debajo de las ruinas, el autor dice que el miedo "se retuerce en el interior de Chin como una serpiente" para mostrar lo asustado que está.

Es tu turno

REPASAR LA PREGUNTA ESENCIAL

Turnarse y comentar

Repasa la selección con un compañero y prepárate para comentar esta pregunta: *¿Cómo afectan los desastres naturales a las personas?* Mientras comentas la pregunta, túrnate con tu compañero para repasar sus ideas clave y para hacer comentarios que contribuyan a esas ideas. Asegúrate de usar evidencia del texto para explicar tus ideas.

 Comentar en la clase

Para continuar comentando *Cuando la tierra se estremeció*, explica tus respuestas con evidencia del texto:

1. ¿Cuál puede haber sido el propósito para escribir este cuento?

2. ¿Por qué Ah Sing alentó a Chin a salvarse? ¿Qué características de Ah Sing revela esta situación?

3. ¿Cómo cambiaría el cuento si se contara desde el punto de vista de Chin?

ALERTA: DRAGÓN DE LA TIERRA

Investigar sobre los terremotos Chin y Ah Sing dicen que el "dragón de la Tierra" es la causa del terremoto. Con un compañero, investiguen las causas de los terremotos. Busquen en Internet información para desarrollar sus conocimientos sobre el tema. Luego, comenten por qué un terremoto podría compararse con un dragón que vive dentro de la Tierra.

ESCRIBE SOBRE LO QUE LEÍSTE

Respuesta Escribe una reseña de un párrafo sobre *Cuando la tierra se estremeció.* Para comenzar, indica el título y el nombre del autor. Luego, indica si te gustó el cuento y explica por qué. Para concluir tu reseña, indica si recomendarías este cuento u otros del mismo autor. Asegúrate de apoyar tus opiniones con evidencia del texto del cuento.

Sugerencia para la escritura

Da dos o tres razones sobre tu opinión del cuento. Verifica que hayas usado la forma correcta de las palabras que se suelen confundir, como *hay, ay* y *ahí.*

ESTÁNDARES COMUNES **RL.4.3** describe a character, setting, or event, drawing on details; **W.4.1a** introduce a topic, state an opinion, and create an organizational structure; **W.4.1d** provide a concluding statement or section; **W.4.8** recall information from experiences or gather information from print and digital sources/take notes, categorize information, and provide a list of sources; **SL.4.1a** come to discussions prepared/explicitly draw on preparation and other information about the topic; **L.4.1g** correctly use frequently confused words

TEXTO INFORMATIVO

POR LAURA DAMERON

El 28 de marzo de 2000, un tornado pasó por el centro de Fort Worth, Texas. En aproximadamente 10 minutos, la fuerza del tornado aplastó la ciudad, que quedó hecha escombros. Inmediatamente después, un segundo tornado dañó los edificios de los pueblos cercanos. Cada bloque de cemento caído aumentaba el vestigio y las ruinas.

Todos los años, en Estados Unidos, se forman alrededor de mil tornados. De todos los estados, Texas tiene la mayor cantidad de tornados. Tiene un promedio de 153 tornados cada año. Texas tiene el ambiente ideal para los tornados, porque se encuentra entre el aire cálido del golfo de México y el aire frío de las montañas Rocosas.

☑ GÉNERO

Un **texto informativo**, como este artículo de revista, da datos y ejemplos sobre un tema.

☑ ENFOQUE EN EL TEXTO

Diagramas Un texto informativo puede incluir un diagrama, que es una imagen que explica cómo funciona algo o cómo se relacionan las partes entre sí. ¿De qué manera el diagrama de la página 365 apoya la información del texto?

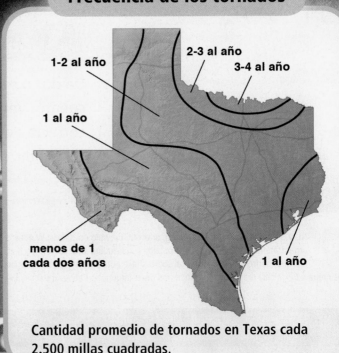

Frecuencia de los tornados

1-2 al año

2-3 al año

3-4 al año

1 al año

menos de 1 cada dos años

1 al año

Cantidad promedio de tornados en Texas cada 2,500 millas cuadradas.

ESTÁNDARES COMUNES
RI.4.7 interpret information presented visually, orally, or quantitatively; **RI.4.10** read and comprehend informational texts

Aprende en línea

Supercélulas y nubes embudo

Los tornados se forman cuando el aire cálido que se mueve en direcciones diferentes asciende y se enfría. Si el aire sigue ascendiendo y girando, puede transformarse en una tormenta llamada supercélula. Luego, puede convertirse en un tornado.

Los meteorólogos, que son los científicos que estudian el clima, no pueden predecir exactamente cuándo ocurrirá un tornado. Sin embargo, pueden usar radares para seguir las tormentas. Cuando una supercélula aumenta en intensidad, el radar mide su rotación para observar los cambios de velocidad. Los meteorólogos también pueden localizar tornados mediante el estudio de las corrientes en chorro. Lo hacen observando modelos por computadora e imágenes de satélite para detectar señales de tormentas eléctricas.

Fort Worth se prepara para un tornado el 28 de marzo de 2000.

Origen de un tornado

El aire cálido en ascenso que hay en una supercélula empieza a girar mientras el aire frío más pesado cae. El tornado se forma entre la corriente ascendente giratoria y la corriente descendente que se desploma.

corriente que sube

viento de nivel medio

corriente que baja

viento de nivel bajo

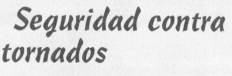

Seguridad contra tornados

Los edificios que están en las zonas de tornados deben construirse con techos y cimientos fuertes. Los edificios más débiles construidos con madera se pueden hacer más fuertes con acero y concreto. Para alertar a los habitantes de que un tornado va en camino, se emiten informes meteorológicos. También se usan las sirenas de alerta de tornado en varios estados.

Un alerta de tornado se anuncia cuando las condiciones son favorables para la formación de un tornado. Una *alarma* de tornado significa que se ha visto un tornado. Si oyes una alarma de tornado, no te quedes afuera y no trates de salvar tus pertenencias preferidas. Los escombros que vuelan pueden lastimar a las personas y dañar los edificios, desde viviendas de vecindarios hasta rascacielos. Sigue estas reglas simples:

- Métete dentro de un edificio estable.
- Dirígete a una habitación interior.
- Mantente lejos de las ventanas. Si el vidrio comienza a temblar, se puede romper.
- Antes de salir, espera hasta que la tormenta haya pasado.

El mapa de un radar muestra una línea de tormentas severas que pueden causar tornados al sur de Dallas y de Fort Worth.

Fort Worth

Waco

Comparar el texto

DE TEXTO A TEXTO

Comparar los textos Habla con un compañero acerca de las semejanzas y las diferencias que hay entre *Cuando la tierra se estremeció* y *Los tornados de Texas.* Comenta estas preguntas con tu compañero: *¿Qué podrían hacer Chin y Ah Sing si estuvieran atrapados en un tornado? ¿Estas acciones son similares a lo que hicieron durante el terremoto o son diferentes?* Después de comentar tus ideas, trabaja con tu compañero y escribe una respuesta a cada pregunta. Usa evidencia del texto para explicar tus ideas.

EL TEXTO Y TÚ

Escribir un plan de contingencia ¿Qué clase de desastre natural ocurre donde vives? ¿Cuáles son los peligros relacionados con ese desastre? Escribe un plan con explicaciones paso por paso de lo que se debe hacer para estar preparados para esa clase de desastre. Luego, trabaja en un grupo y túrnate con tus compañeros para dar instrucciones verbalmente. Después de que cada compañero hable, repite las instrucciones con tus propias palabras.

EL TEXTO Y EL MUNDO

Conectar con la Tecnología Usa fuentes impresas y digitales para investigar qué es un sismógrafo y qué hace. Toma notas de tu investigación y úsalas para escribir un párrafo sobre el sismógrafo.

ESTÁNDARES COMUNES **RL.4.1** refer to details and examples when explaining what the text says explicitly and when drawing inferences; **W.4.8** recall information from experiences or gather information from print and digital sources/take notes, categorize information, and provide a list of sources; **SL.4.2** paraphrase portions of a text read aloud or information presented in diverse media and formats

Gramática

 *Aprende en línea*

¿Cómo se indica posesión? Se puede usar la preposición *de* seguida de la persona que posee algo. Los **adjetivos posesivos** se usan seguidos de aquello que se posee. Concuerdan en género y en número con los sustantivos a los que modifican y son *mi(s), tu(s), su(s), nuestro(s)/nuestra(s)*. Además, se pueden usar los **pronombres posesivos** en lugar de una palabra o frase. Se usan solos y son *mío(s)/mía(s), tuyo(s)/tuya(s), suyo(s)/suya(s), nuestra(s)/nuestro(s)*.

Maneras de indicar posesión
preposición *de* + sustantivo
Las sirenas de los bomberos se oyen en la ciudad tras el terremoto.
adjetivo posesivo
Mi padre me toma de la mano y empezamos a correr.
pronombre posesivo
Los habitantes tratan de salvar los objetos que son suyos.

Inténtalo **Vuelve a escribir las oraciones en una hoja. Cambia las frases subrayadas por adjetivos posesivos. Intercambia las hojas con un compañero y comenta los cambios.**

1. La niña y el padre de la niña se paran bajo el marco de una puerta.

2. Todos los vecinos de nosotros corren y gritan desesperados.

3. Los bomberos llegan con las herramientas de los bomberos.

4. El personal del hospital hace uso de todos los recursos del hospital.

Cuando escribas, trata de usar frases con *de,* adjetivos posesivos y pronombres posesivos para indicar posesión. Así ayudas al lector a entender mejor lo que sucede. Recuerda que puedes formar una oración compuesta uniendo dos oraciones simples con *y* o *pero*.

Oraciones simples relacionadas	Oración compuesta

Nuestro gatito estaba atrapado. Nadie oía nuestros gritos. Los bomberos llegaron. Los bomberos lo salvaron.	Nuestro gatito estaba atrapado y nadie oía nuestros gritos, pero llegaron los bomberos y lo salvaron.

 ## Relacionar la gramática con la escritura

Mientras revisas tu composición de problema y solución, asegúrate de incluir adjetivos y pronombres posesivos para indicar posesión y de formar oraciones compuestas cuando sea posible.

ESTÁNDARES COMUNES

W.4.1a introduce a topic, state an opinion, and create an organizational structure; **W.4.1b** provide reasons supported by facts and details; **W.4.1c** link opinion and reasons using words and phrases; **W.4.1d** provide a concluding statement or section

Escritura de opinión

☑ **Ideas** Una **composición de problema y solución** primero describe un problema y luego explica cómo resolverlo. Mientras escribes, incluye razones y detalles que apoyen tu idea principal. Trata de ser lo más persuasivo que puedas para convencer al lector de que acepte tu solución. Usa la siguiente lista de control de la escritura cuando revises tu trabajo.

Jeff escribió una composición de problema y solución en la que explica por qué hay que usar casco para andar en bicicleta. Después agregó detalles persuasivos para reforzar sus argumentos.

Lista de control de la escritura

☑ **Ideas** ¿Expliqué claramente el problema y la solución?

☑ **Organización** ¿Facilitan las palabras de transición el seguimiento de la secuencia de mis ideas?

☑ **Elección de palabras** ¿Expresé mis argumentos de manera positiva?

☑ **Voz** ¿Sonó segura mi voz?

☑ **Fluidez de las oraciones** ¿Usé correctamente los adjetivos posesivos?

☑ **Convenciones** ¿Usé las reglas de ortografía, gramática y puntuación correctamente?

Borrador revisado

Andar en bicicleta es un ejercicio excelente. Además, es una buena manera de trasladarse. Pero andar en bicicleta puede ser peligroso si no usas casco. Todos los años *más de 500,000* llegan ⟨ ciclistas con lesiones a las salas de emergencia. Muchos ciclistas sufren lesiones cerebrales. Los expertos dicen que ~~muchas~~ *hasta un 85 %* ⟨ de esas lesiones cerebrales se podrían haber evitado con un casco.

Usa tu casco

por Jeff Kowalski

Andar en bicicleta es un ejercicio excelente. Además, es una buena manera de trasladarse. Pero andar en bicicleta puede ser peligroso si no usas casco. Todos los años llegan más de 500,000 ciclistas con lesiones a las salas de emergencia. Muchos ciclistas sufren lesiones cerebrales. Los expertos dicen que hasta un 85% de esas lesiones cerebrales se podrían haber evitado con un casco.

¿Cómo podemos asegurarnos de que las personas usen casco? Primero, debería haber cascos disponibles para todos los ciclistas. Segundo, los fabricantes de cascos tendrían que hacerlos más atractivos y que se ajusten mejor. Tercero, las escuelas deberían dar clases de seguridad para ciclistas. Finalmente, todos debemos usar casco y también pedir a nuestros amigos que usen los suyos. Si lo hacemos, ¡salvaremos vidas!

Leer como escritor

¿Qué detalles persuasivos agregó Jeff para reforzar sus argumentos? ¿Qué detalles podrías agregar para mostrar la seriedad de tu problema de seguridad o del peligro?

Agregué datos para reforzar mis argumentos y hacerlos más persuasivos. Usé palabras como *primero* y *segundo* para relacionar mis ideas. También usé pronombres posesivos.

✓ VOCABULARIO CLAVE

exposición
alerta
agotamiento
fracturar
estándar
visión
acurrucarse
grandioso
perderse
concluir

Librito de vocabulario

¡Muy, muy frío!

Tarjetas de contexto

ESTÁNDARES COMUNES

L.4.6 acquire and use general academic and domain-specific words and phrases

372

Vocabulario en contexto

1 exposición

Un museo de historia natural hace una exposición basada en las costumbres de estos elefantes.

2 alerta

Los guepardos están alertas: están atentos y listos para actuar ante una señal de peligro.

3 agotamiento

Este colibrí puede volar muchas millas, pero su agotamiento, o cansancio, no lo detendrá.

4 fracturar

En la Antártida, los hielos que se fracturan, o se rompen, flotan sobre el mar helado.

Aprende en línea

▶ Estudia cada Tarjeta de contexto.

▶ Usa un diccionario como ayuda para entender estas palabras del Vocabulario.

---

5 estándar

Para los estándares de estos osos polares, el aire helado es agradable.

---

6 visión

Los artistas pueden tener una visión de cómo pintar una escena de un ambiente natural.

---

7 acurrucarse

Los gansitos se acurrucan entre sí para mantenerse abrigados mientras descansan.

---

8 grandioso

Los diseños de las telarañas son grandiosos, muy placenteros para la vista.

---

9 perderse

Este cervatillo ahora está a salvo. Casi se pierde pero la mamá lo encontró.

---

10 concluir

Observando esta vista concluyo que la naturaleza está dotada de belleza.

Jennifer Owings Dewey

Diario de la Antártida
Cuatro meses en el fondo del mundo

Leer y comprender

Aprende en línea

✓ DESTREZA CLAVE

Secuencia de sucesos Mientras lees *Diario de la Antártida: Cuatro meses en el fondo del mundo*, observa la **secuencia**, o el orden, en el que ocurren los sucesos. La autora explica los sucesos mediante entradas de diario separadas según un orden temporal. Para seguir la secuencia, busca las fechas y los momentos del día y las palabras que indiquen secuencia, como *cuando, ahora, luego, después* y *nuevamente*. Usa un organizador gráfico como el siguiente para seguir la estructura general del texto.

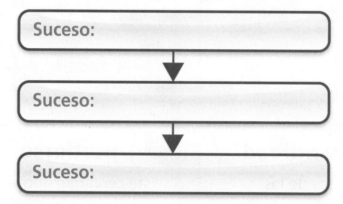

Suceso:

↓

Suceso:

↓

Suceso:

✓ ESTRATEGIA CLAVE

Resumir Cuando resumes una sección de un texto, vuelves a decir brevemente las ideas principales con tus propias palabras. Mientras lees *Diario de la Antártida*, haz pausas al final de cada página para **resumir** brevemente lo que acabas de leer y asegurarte de haber comprendido.

ESTÁNDARES COMUNES

RI.4.2 determine the main idea and explain how it is supported by details/summarize; **RI.4.5** describe the overall structure of a text or part of a text

La interdependencia

Las ciencias biológicas son el estudio de los seres vivos y el ambiente en el que viven. Una de las cosas que estudian los biólogos es cómo las plantas y los animales dependen unos de otros y de sus hábitats.

En *Diario de la Antártida*, te unirás a una expedición a uno de los ambientes más extremos de la Tierra: la Antártida. Estas tierras congeladas que están cerca del Polo Sur son la última gran frontera silvestre de la Tierra. Mientras lees, aprenderás sobre algunas de las criaturas que viven en un clima de temperaturas bajo cero.

LECCIÓN 13

TEXTO PRINCIPAL

Jennifer Owings Dewey

Diario de la Antártida

Cuatro meses en el fondo del mundo

☑ DESTREZA CLAVE

Secuencia de sucesos

Observa la estructura general del texto. Analiza el orden en el que ocurren los sucesos.

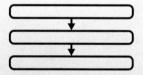

☑ GÉNERO

Una **no ficción narrativa** cuenta sobre personas, cosas o lugares que son reales. Un diario es una forma de no ficción narrativa. Mientras lees, busca:

▸ información objetiva que narre un cuento,

▸ sucesos en orden temporal y

▸ fechas que indiquen cuándo se escribió cada entrada de diario.

ESTÁNDARES COMUNES
RI.4.4 determine the meaning of general academic and domain-specific words and phrases; **RI.4.5** describe the overall structure of a text or part of a text

Aprende en línea

CONOCE A LA AUTORA E ILUSTRADORA

Jennifer Owings Dewey

Cuando Jennifer Owings Dewey tenía diez años, escribió una autobiografía ilustrada. No estaba segura de su habilidad para dibujar figuras humanas, así que dibujó a todas las personas como frutas. Desde entonces ha llegado a ilustrar no solamente personas, sino toda clase de criaturas en docenas de libros para niños.

La mayoría de los libros de Dewey reflejan su pasión por la naturaleza y describen lugares silvestres y los animales que los habitan. "Con el pasar de los años... he llegado a entender cuánto creemos saber y cuánto no sabemos", dice Dewey de sus textos sobre la naturaleza. Añade que nunca dejará de escribir para los niños porque, al igual que ella misma, "los niños quieren saber el porqué de las cosas".

Diario de la Antártida

Cuatro meses en el fondo del mundo

escrito e ilustrado por
Jennifer Owings Dewey

PREGUNTA ESENCIAL

¿Cómo se relacionan las distintas partes de un ecosistema?

Desde hacía tiempo, la autora tenía la visión de explorar ella misma la Antártida, a la que denomina "la región más ventosa, más fría, más imponente de la Tierra". Recientemente, viajó en avión y en barco a este continente helado. Su primer encuentro emocionante fue con las ballenas jorobadas, cuando su barco se detuvo para dejarlas pasar. Ahora se ha establecido en la estación Palmer, donde pasará cuatro meses. Durante su visita a la Antártida, planea dibujar y fotografiar este lugar fascinante y también escribir sobre él.

vista al alejarse de la estación Palmer

27 de noviembre
Isla Litchfield

Cuando hace buen tiempo, voy a la isla Litchfield y paso allí el día, a veces también la noche. Litchfield está a tres millas de distancia de Palmer en bote inflable; es una isla protegida que visitan dos o tres personas al año. Antes de ir a Litchfield, me enseñan a caminar en suelo abierto en la Antártida. Una pulgada de musgo tarda cien años en crecer. El roce descuidado del tacón de una bota podría destrozar doscientos años de crecimiento en cuestión de segundos.

viaje en bote inflable

Empaco mi comida y ropa adicional en un bolso marinero impermeable. Una mochila pequeña contiene lápices, bolígrafos y papel para dibujar y escribir. No hay agua dulce en la isla, pero llevo dos cantimploras con un galón de agua cada una.

Cada isla tiene un refugio de emergencia con alimentos y provisiones, marcado con una bandera. Está disponible por si alguien se pierde durante una tormenta.

Sola, después del transporte a la isla, escucho las aves, su sonido, el silbido del suave viento, las olas que golpean las playas llenas de grava y ningún sonido humano, excepto mi respiración.

Cae la luz del crepúsculo y me arrastro dentro de mi tienda de campaña; alerta e incapaz de dormir durante un largo rato, escucho los sonidos de la noche antártica.

ANALIZAR EL TEXTO

Secuencia de sucesos ¿Qué palabras y frases de las páginas 378 y 379 te dan pistas sobre la estructura general del texto?

3 de diciembre
Isla Litchfield

Litchfield, una de las islas más grandes cercanas a la costa, tiene una colonia de pingüinos, o área de anidamiento, en la suave pendiente del extremo oeste. El suelo es rocoso, pero lo suficientemente plano para que los pingüinos construyan sus nidos. Hay una playa cerca donde pueden recolectar los pequeños guijarros grises que utilizan para hacer sus nidos.

La colonia consiste en doscientos o trescientos pingüinos: es pequeña según los estándares de estas aves. Los pingüinos son casi todos de la especie "adelia", bautizada así en 1838 por Dumont d'Urville, en honor a su esposa. Me pregunto: ¿se parecían a ella, actuaban como ella o simplemente el explorador la echaba de menos?

Las parejas se saludan en el nido con llamados similares a rebuznos. Se frotan el pecho y el estómago, aletean, estiran el cuello y extienden el pico hacia el cielo, un comportamiento denominado "exposición estática".

Encuentro un sitio abrigado junto a la colonia y coloco las seis libras de metal de mi máquina de escribir en lo alto, sobre una roca plana. Los pingüinos comienzan a deambular por allí.

Se acurrucan cerca de mí: huelen a guano y agua salada. Me jalan suavemente la ropa con sus picos y un pájaro osado toma mi gorra y se la lleva. Les da curiosidad el sonido que hace la máquina de escribir cuando tecleo: "tap tap". Suben y pasan por encima de mí, jalan el papel metido en el rodillo. Los dejo curiosear. Los visitantes humanos no deben tocar a los pingüinos, ni a ningún otro animal salvaje, pero los pingüinos pueden tomarse su tiempo pasándonos revista.

Sigo a los pingüinos cuando van a recoger guijarros. Es una tarea pesada para un pingüino adelia. Transportan un guijarro a la vez con el pico. Serán necesarios cientos de viajes para completar un nido.

pingüino adelia

Colocar un guijarro en su lugar toma tiempo. Con el guijarro en el pico, el pingüino hace círculos alrededor del nido, mientras se inclina haciendo reverencias como si fuera un mayordomo. Finalmente, cuando decide dónde es más necesario el guijarro, el ave lo deja caer y se aleja arrastrando los pies hacia la playa, para buscar otro. Si un pingüino le roba un guijarro a otro, estalla una ruidosa discusión. Las aves enojadas chillan, como niños que se pelean, pero nunca llegan a golpearse.

ANALIZAR EL TEXTO

Vocabulario específico de un campo
¿Cuáles son algunas palabras y términos específicos de las páginas 380 y 381? ¿Qué significan? ¿Cómo lo sabes?

ballenas azules

20 de diciembre
Estación Palmer

He aprendido que el animal más grande de la Tierra, la ballena azul de cien toneladas, solo se alimenta de uno de los animales más pequeños de la Tierra: el krill. Hay más krill en los mares que estrellas en el universo visible.

El krill es uno de los eslabones de una cadena alimentaria simple. Los pingüinos, las focas y las ballenas comen krill. A su vez, el diminuto krill, semejante al camarón, come fitoplancton, plantas unicelulares que brotan en el mar durante la primavera y el verano.

Mi nuevo amigo, Carl, un oceanógrafo, me dijo que deberíamos probar el krill, ya que tantos animales crecen tan bien alimentándose de krill. En el laboratorio de biología colocamos cucharadas de krill en un frasco. Buscamos una sartén, después derretimos mantequilla y cocinamos krill allí.

Alguien dice:

—Añade ajo.

Alguien más agrega:

—¿Y qué tal un poco de pimienta y sal?

Añadimos esos ingredientes. Cuando la mezcla parece lista, nos la comemos.

—Sabe a mantequilla —dice uno.

—Sabe más a ajo —replica otro.

—Sabe a mantequilla y a ajo —dice Carl.

—El krill no tiene sabor propio —concluyo.

krill

24 de diciembre
Estación Palmer

Eran las tres de la mañana y había luz de día afuera; no podía dormir. Bajé lentamente las escaleras, anoté mi salida y tomé el sendero señalado con banderas que subía hasta el glaciar.

Vestida con una gorra de vigilante, tres capas de ropa debajo de mi anorak y botas, trepé por el sendero en un silencio total, roto solo por el ruido de la nieve que crujía bajo mis suelas. Nubes de color verde y violeta cubrían el cielo de un extremo al otro. El mar tenía color de estaño.

Cerca de la cima escuché el sonido de algo que se fracturaba, una bofetada amplificada un millón de veces en mi oído. Después siguió otro y otro más. Ecos y réplicas crepitaban en el aire. El cielo comenzó a resplandecer con una luminosidad espectral, como si alguien que se encontrara en el firmamento hubiera encendido una luz de neón en lugar del sol.

Sentí que caía en picada hacia abajo. Había aparecido una grieta bajo mis pies, una fisura del glaciar.

ANALIZAR EL TEXTO

Símiles y metáforas La autora usa **símiles** y **metáforas** para comparar una cosa con otra cosa totalmente diferente. Para los símiles, se usan las palabras *como* o *parecido a,* entre otras. Para una metáfora, no se usan estas palabras. Un ejemplo de metáfora es la comparación del sonido de algo que se fractura con una bofetada. Halla otros ejemplos en la página 383.

Estoy viva porque la grieta era angosta. Caí hasta los hombros: las suelas de mis botas eran demasiado anchas y no cabía en la parte inferior de la grieta. Miré fijamente hacia abajo, al interior de un agujero verde azulado recortado en planos, como un diamante.

Después de respirar profundamente un par de veces, comencé a trepar hacia afuera. Aterrorizada de pensar que la grieta podría agrandarse, me moví lentamente. Pasó una hora hasta que estuve nuevamente sobre hielo firme.

El color del cielo se volvió gris azulado con rayas amarillas a lo largo del horizonte occidental. Vi con horror un diseño de grietas zigzagueantes, como una vidriera fracturada, a través de la superficie del glaciar.

Observé mi reloj. Había salido hacía tres horas. No sé por qué, pero no quería que nadie viniera a rescatarme. Decidí gatear cuesta abajo por el glaciar valiéndome de las manos y las rodillas.

Sentía mi camino pulgada a pulgada. Frotaba la superficie de la nieve con las palmas antes de avanzar.

Esta noche siento un agotamiento nuevo, fruto de haber sufrido un susto de muerte mientras observaba uno de los cielos más bellos que veré en mi vida.

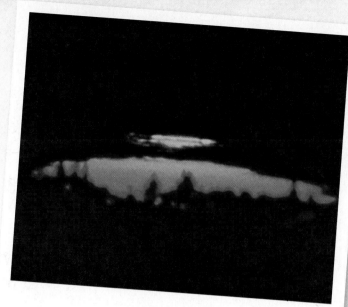
un rayo verde

6 de enero
Estación Palmer

Hace un rato, mi amigo Carl, el oceanógrafo, vino a mi habitación y me dijo:

—Ven, vamos a ver el rayo verde.

—¿El qué? —le pregunté.

—Ven, ya verás. Apresúrate o nos lo perderemos.

Nos dirigimos cuesta arriba por el glaciar y nos sentamos en la cima, mirando hacia el oeste. El sol se deslizaba lentamente hacia el horizonte. A medida que caía, su orbe resplandecía con un color anaranjado oscuro. Su forma era gruesa, como una calabaza aplastada. Cerca del final de la caída, la luz de la parte superior del orbe emitió un destello verde, el rayo verde.

—Allí está —dije—. ¡Lo vi!

El rayo verde es un fenómeno raro y fugaz de la atmósfera terrestre. Para percibirlo a simple vista, no tiene que haber nubes en el horizonte durante la caída del sol, como sucede frecuentemente sobre el mar. Ese destello verde se produce en ciertas condiciones del cielo relacionadas con el modo en que se refracta la luz. Dura menos de una vigésima de segundo.

huevo de pingüino

12 de marzo
El regreso a casa

Antes de irme, recogí (con permiso) un huevo de pingüino estéril que nunca nacería. Le hice un lugar en mi maleta ya que regalé muchas de mis prendas de vestir.

La compañía aérea perdió mi maleta en Miami. Le dije a la gente de la aerolínea que necesitaba recuperarla, implorando y suplicando:

—Tengo un huevo de pingüino ahí —les dije. Se miraron entre ellos y me observaron con extrañeza.

Afortunadamente para mí, y para ellos, encontraron la maleta.

El huevo me recuerda mi viaje al lugar donde los pingüinos crían polluelos plumosos, el krill pulula en cantidades mayores que las estrellas del cielo, las ballenas tienen derechos y los icebergs flotan a la deriva en arcos grandiosos que atraviesan el oleaje del océano Antártico. En casa, miro hacia afuera y veo el paisaje desértico: entonces recuerdo el desierto antártico, la última gran frontera silvestre de la Tierra.

Ahora analiza

Cómo analizar el texto

Usa estas páginas para aprender acerca de Secuencia de sucesos, Vocabulario específico de un campo y Símiles y metáforas. Luego, vuelve a leer *Diario de la Antártida* para aplicar lo que has aprendido.

Secuencia de sucesos

Diario de la Antártida: Cuatro meses en el fondo del mundo está escrito en forma de entradas de diario. En los diarios, los autores comparten experiencias de sus propias vidas a medida que ocurren. Cada entrada de un diario suele comenzar con una fecha. Las fechas ayudan a los lectores a seguir la **secuencia de sucesos** y a saber cuánto tiempo transcurrió entre una entrada y otra. Algunas palabras clave como *después* y *esta noche* también muestran la secuencia de sucesos.

Usar un organizador gráfico como el siguiente te puede servir para describir la estructura general de un texto organizado según una secuencia de sucesos. ¿Cuál es la primera fecha y el primer suceso de *Diario de la Antártida*?

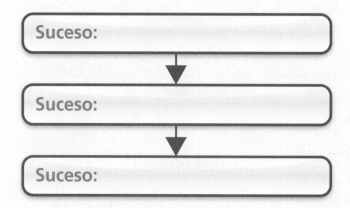

Suceso:

↓

Suceso:

↓

Suceso:

ESTÁNDARES COMUNES

RI.4.3 explain events/procedures/ideas/concepts in a text; **RI.4.4** determine the meaning of general academic and domain-specific words and phrases; **RI.4.5** describe the overall structure of a text or part of a text; **L.4.5a** explain the meaning of similes and metaphors in context; **L.4.6** acquire and use general academic cond domain-specific words and phrases

Vocabulario específico de un campo

Un texto de no ficción suele enfocarse en temas específicos. Las áreas del conocimiento se llaman **campos**. Cada campo tiene su propio conjunto de palabras. Por ejemplo, las palabras *krill* y *fitoplancton* son importantes para el tema del ecosistema oceánico. Cuando encuentres **vocabulario específico de un campo**, busca **claves** para entender su significado. En la página 382, algunas palabras, como *diminuto* y *semejante al camarón,* son claves para entender lo que es el *krill*.

Símiles y metáforas

Los **símiles** y las **metáforas** son una forma de **lenguaje figurado** que se usa para comparar una cosa con otra cosa totalmente diferente. Para los símiles se usan las palabras *como* o *parecido a,* entre otras, pero para la metáfora, no se usan esas palabras. *Los pingüinos son hombres vestidos de esmoquin* es una metáfora que te ayuda a imaginarte el patrón en blanco y negro de un pingüino. Cuando leas un símil o una metáfora, piensa en qué se está comparando y qué te ayuda a imaginarte esa comparación.

Es tu turno

REPASAR LA PREGUNTA ESENCIAL

Turnarse y comentar Repasa la selección con un compañero y prepárate para comentar esta pregunta: *¿Cómo se relacionan las distintas partes de un ecosistema?* Mientras comentas la pregunta, túrnate con tu compañero para repasar las evidencias del texto y explicar las ideas clave.

Comentar en la clase

Para continuar comentando *Diario de la Antártida,* explica tus respuestas a estas preguntas:

1 ¿Por qué hay tantas reglas para visitar la Antártida?

2 ¿Qué tres cosas llevarías si hicieras un viaje hasta la Antártida?

3 ¿Qué piensas que quiere decir la autora cuando dice que la Antártida es "la última gran frontera silvestre de la Tierra"?

CONOCER LOS DATOS

Seguir la cadena alimenticia Dibuja una cadena alimenticia antártica en la que muestres ballenas, krill y fitoplancton. Luego, comenta esta pregunta con un compañero: *¿De qué manera la desaparición de krill puede afectar a las ballenas, a otros animales y al ecosistema oceánico?* Usa evidencia del texto de *Diario de la Antártida* para explicar tus respuestas.

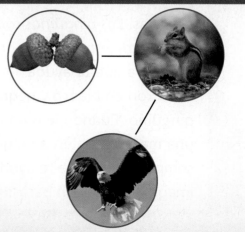

ESCRIBE SOBRE LO QUE LEÍSTE

Respuesta La autora eligió escribir un diario para compartir información sobre su aventura en la Antártida. ¿Crees que escribir un diario sobre la Antártida es más interesante que leer sobre la región en un texto informativo típico? ¿Por qué? Escribe un párrafo en el que expreses tu opinión. Indica las razones de tu opinión y apóyalas con evidencia del texto, datos y detalles. Vuelve a plantear tu opinión en la conclusión.

Sugerencia para la escritura

Mientras escribes tu respuesta, recuerda usar los tiempos verbales correctamente. Asegúrate de que haya concordancia entre los sujetos y los verbos.

ESTÁNDARES COMUNES **RI.4.1** refer to details and examples when explaining what the text says explicitly and when drawing inferences; **RI.4.5** describe the overall structure of a text or part of a text; **W.4.1a** introduce a topic, state an opinion, and create an organizational structure; **W.4.1b** provide reasons supported by facts and details; **W.4.1d** provide a concluding statement or section; **W.4.9b** apply grade 4 Reading standards to informational texts; **SL.4.1d** review key ideas expressed and explain own ideas and understanding

TEXTO INFORMATIVO

Ciencias frías

por Dewey Badeaux

☑ GÉNERO

Un **texto informativo,** como este artículo, ofrece información sobre un tema. Cada tema suele organizarse debajo de un encabezamiento. En un texto informativo se suelen incluir fotografías con pies de foto o rótulos.

☑ ENFOQUE EN EL TEXTO

Relato de segunda mano

Un relato de segunda mano ofrece información que el autor no conoció a través de su propia experiencia. El autor investigó en libros, en Internet y tal vez habló con personas que habían experimentado los sucesos que se incluyen en el artículo. Un relato de segunda mano se escribe en tercera persona.

ESTÁNDARES COMUNES **RI.4.6** compare and contrast a firsthand and secondhand account of the same event or topic; **RI.4.9** integrate information from two texts on the same topic

En la estación Palmer de la Antártida, los científicos viven y trabajan en un mundo de hielo. Una enorme capa de hielo que cubre el continente ayuda a los científicos de la estación Palmer a comprender un ambiente que no existe en ninguna otra parte de la Tierra.

ÁFRICA
OCÉANO ATLÁNTICO
MADAGASCAR
AMÉRICA DEL SUR
OCÉANO ÍNDICO
ANTÁRTIDA
OCÉANO PACÍFICO
AUSTRALIA
NUEVA ZELANDIA

Aprende en línea

Una casa lejos de casa

La estación Palmer es una de las tres bases de la Antártida operadas por Estados Unidos. Está ubicada en la isla Anvers, justo al oeste de la península Antártica en la parte noroeste del continente. Los científicos de la estación Palmer viven en la base todo el año y realizan estudios de campo en el ambiente que los rodea. Kate Madin, una escritora que fue de visita, dijo: "Este pueblo tiene un solo propósito y todos aquí forman parte de él: la investigación científica en el ecosistema costero de la Antártida".

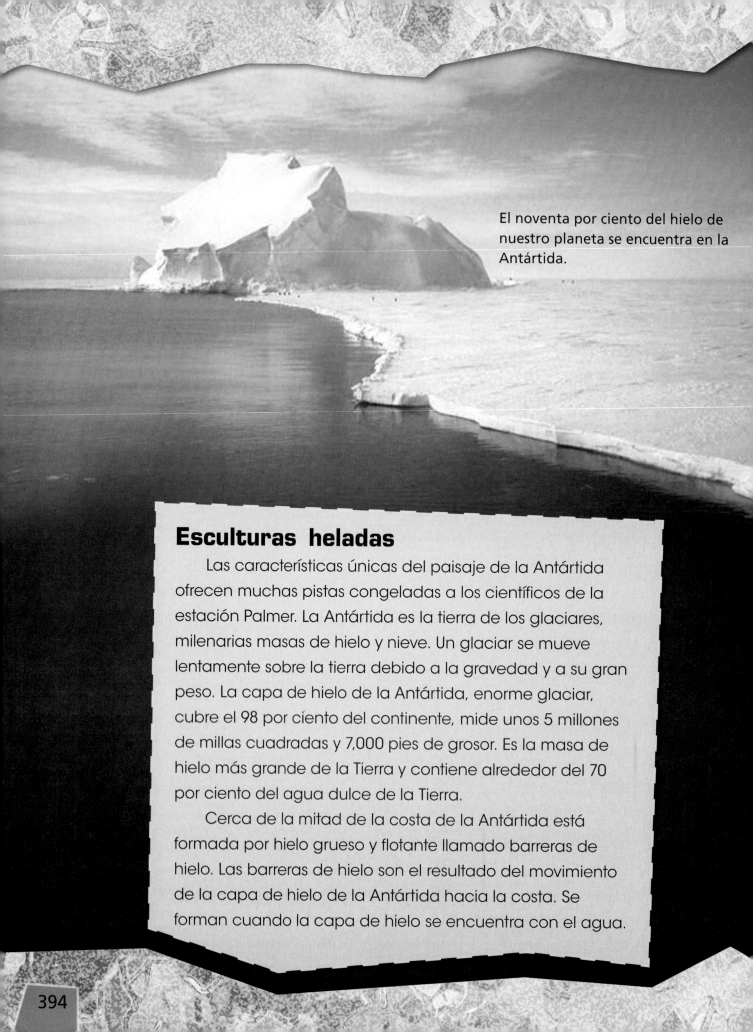

El noventa por ciento del hielo de nuestro planeta se encuentra en la Antártida.

Esculturas heladas

Las características únicas del paisaje de la Antártida ofrecen muchas pistas congeladas a los científicos de la estación Palmer. La Antártida es la tierra de los glaciares, milenarias masas de hielo y nieve. Un glaciar se mueve lentamente sobre la tierra debido a la gravedad y a su gran peso. La capa de hielo de la Antártida, enorme glaciar, cubre el 98 por ciento del continente, mide unos 5 millones de millas cuadradas y 7,000 pies de grosor. Es la masa de hielo más grande de la Tierra y contiene alrededor del 70 por ciento del agua dulce de la Tierra.

Cerca de la mitad de la costa de la Antártida está formada por hielo grueso y flotante llamado barreras de hielo. Las barreras de hielo son el resultado del movimiento de la capa de hielo de la Antártida hacia la costa. Se forman cuando la capa de hielo se encuentra con el agua.

En las aguas gélidas cercanas a la costa de la Antártida se pueden ver icebergs. Un iceberg es una gran masa de hielo flotante que se desprende de un glaciar o de una barrera de hielo. ¡Los icebergs pueden tener el tamaño de un automóvil o de un país pequeño! Las corrientes oceánicas y los vientos influyen en el movimiento de los icebergs. Con el tiempo, los icebergs se derriten y desaparecen.

Los científicos de la estación Palmer estudian cómo se mueve la capa de hielo de la Antártida y cómo cambia la temperatura del océano con el paso del tiempo. Estudian también cómo los cambios en la capa y las barreras de hielo afectan a los animales que viven en la Antártida. El trabajo de los científicos les ayuda a comprender de qué manera los cambios climáticos de la Tierra pueden afectar al resto del mundo.

Los científicos de la estación Palmer creen que muchos icebergs llegaron de la barrera de hielo Wilkins cuando se desprendió en 2008.

Los vientos de la Antártida pueden alcanzar velocidades de hasta 185 millas por hora.

El lugar más ventoso, frío y seco de la Tierra

La Antártida es un lugar de climas extremos. ¿Sabías que es el lugar más ventoso de la Tierra? Durante una tormenta de nieve, el viento es tan fuerte que puede cambiar la forma del hielo y de las rocas. Los vientos más fuertes soplan en la costa del continente y en la península Antártica.

En la Antártida no hace calor, pero gran parte del continente es el lugar más seco de la Tierra. ¡Es un desierto! Como el aire es tan frío y seco, es difícil que se formen nubes y que llueva o nieve en el centro del continente. Además de ser el desierto más seco, ¡la Antártida es el desierto más grande!

En el interior de la Antártida, el clima es muy frío en invierno: llega a –94 °F. En verano, la temperatura puede ascender hasta 60 °F. Como las condiciones climáticas pueden ser tan severas, los científicos están muy ocupados durante el verano. Durante algunas semanas del verano, el sol no se pone: ¡hay luz las 24 horas! Las temperaturas cálidas hacen que el hielo de la costa se derrita y la fauna se vea afectada.

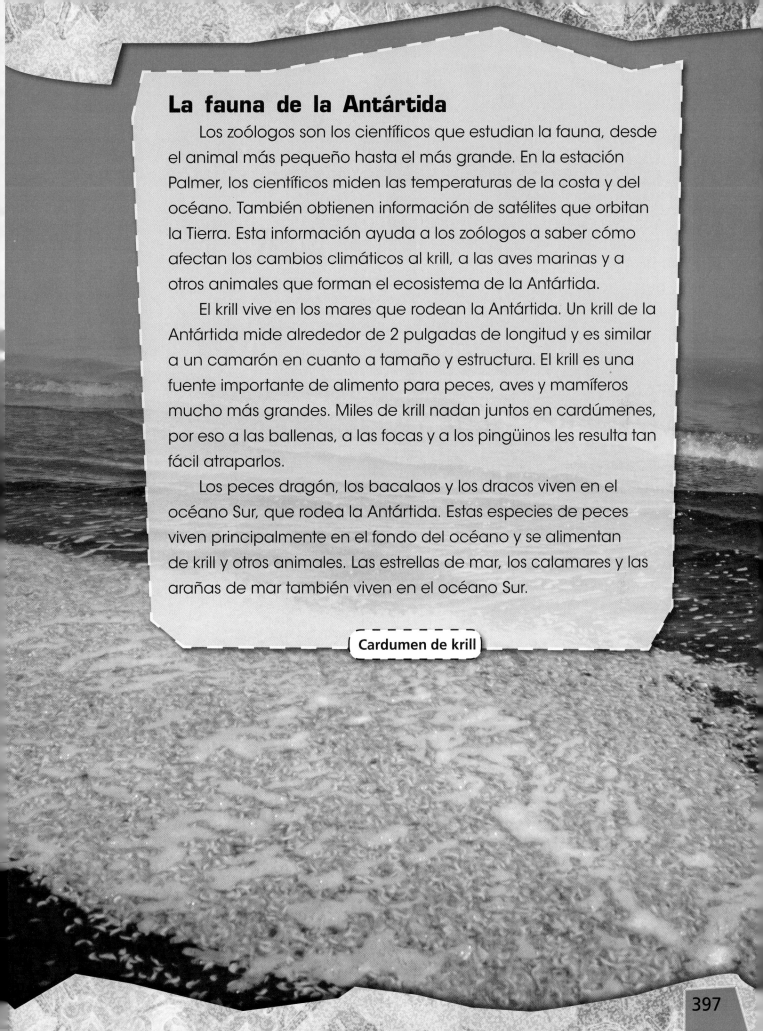

La fauna de la Antártida

Los zoólogos son los científicos que estudian la fauna, desde el animal más pequeño hasta el más grande. En la estación Palmer, los científicos miden las temperaturas de la costa y del océano. También obtienen información de satélites que orbitan la Tierra. Esta información ayuda a los zoólogos a saber cómo afectan los cambios climáticos al krill, a las aves marinas y a otros animales que forman el ecosistema de la Antártida.

El krill vive en los mares que rodean la Antártida. Un krill de la Antártida mide alrededor de 2 pulgadas de longitud y es similar a un camarón en cuanto a tamaño y estructura. El krill es una fuente importante de alimento para peces, aves y mamíferos mucho más grandes. Miles de krill nadan juntos en cardúmenes, por eso a las ballenas, a las focas y a los pingüinos les resulta tan fácil atraparlos.

Los peces dragón, los bacalaos y los dracos viven en el océano Sur, que rodea la Antártida. Estas especies de peces viven principalmente en el fondo del océano y se alimentan de krill y otros animales. Las estrellas de mar, los calamares y las arañas de mar también viven en el océano Sur.

Cardumen de krill

En las frías aguas de la Antártida se puede ver cómo descansan las focas. De los distintos tipos de focas de la Antártida, la foca marina es la más grande. Una foca marina macho puede pesar hasta 8,000 libras. Muchos científicos sostienen que las focas se parecen a las nutrias y a las mofetas. Por otra parte, ¡otros científicos sostienen que las focas están más relacionadas con los osos!

Las focas pueden mantener la respiración durante mucho tiempo mientras nadan bajo el agua. Algunas focas pueden nadar hasta 50 millas por día cuando cazan krill, peces y pingüinos.

En el océano Sur también viven ballenas enormes. Como cualquier otro mamífero, las ballenas necesitan aire para vivir. La mayoría de los mamíferos, como las focas, respiran por la nariz y por la boca. Sin embargo, las ballenas respiran por un agujero que tienen en la parte superior de la cabeza. En los mares gélidos de la Antártida se pueden ver ballenas jorobadas, orcas y muchos otros tipos de ballenas.

Foca marina

Ballena jorobada

En la Antártida viven distintas clases de aves marinas. Viven y anidan en las costas de la Antártida y buscan comida en el agua. El albatros es una clase de ave marina que vive en la Antártida. El albatros tiene una envergadura de 11 pies y esto lo convierte en el ave voladora más grande del mundo.

Los pingüinos, otra clase de ave marina, viven y anidan en grupos grandes. A diferencia de otras aves marinas, estas aves blancas y negras no pueden volar. Para buscar comida, los pingüinos caminan sobre la tierra y nadan en el océano Sur.

En la estación Palmer, los científicos están muy interesados en los pingüinos. Estos científicos estudian cómo el sol, la atmósfera, el océano y el suministro de alimento hacen que la población de pingüinos aumente o disminuya. Como la Antártida está tan aislada, los científicos pueden concentrarse en una sola especie y aprender mucho sobre cómo sobrevive esa especie.

Pingüinos emperadores

Una mirada al pasado y al futuro

Los fósiles que se descubrieron en las islas cercanas a la Antártida han llevado a muchos científicos a sostener que la Antártida fue alguna vez un lugar mucho más cálido, donde recorrían el terreno dinosaurios pequeños, parecidos a aves. Los fósiles de árboles antiguos también sugieren que el lugar era lo suficientemente cálido para que florecieran flores. ¿Te imaginas la Antártida cálida y soleada?

Si hay demasiado sol es un problema, claro. Los científicos han descubierto un agujero en la capa de ozono de la atmósfera que está sobre la Antártida. La capa de ozono es un escudo gaseoso que nos protege de los rayos poderosos del Sol. Sin esa protección, la mayor parte de la vida de la Tierra no podría sobrevivir. Para ayudar a reducir el agujero de ozono, los gobiernos de muchos países se unen para disminuir la contaminación. Con el tiempo, los científicos creen que esto ayudará a solucionar el problema.

El trabajo que realizan los científicos de la estación Palmer permite que personas de todo el mundo aprendan sobre el clima, los océanos y la fauna de nuestro planeta. Al estudiar las pistas del pasado y lo que ocurre en la actualidad, también pueden descubrir información que nos ayuda a hacer predicciones importantes sobre el futuro.

Dos científicos toman una muestra de hielo para su investigación.

Comparar el texto

Diario de la Antártida
Cuatro meses en el fondo del mundo
Jennifer Owings Dewey

Ciencias frías

DE TEXTO A TEXTO

Comparar relatos de primera mano y relatos de segunda mano *Diario de la Antártida* es un relato de primera mano sobre la Antártida, escrito por alguien que realmente visitó el lugar. *Ciencias frías* es un relato de segunda mano, escrito por un observador externo. ¿En qué se parecen estos dos relatos? ¿En qué se diferencian? Comenta estas preguntas con un compañero. Para hablar con propiedad, cita evidencia del texto de las dos selecciones en tu comentario.

EL TEXTO Y TÚ

Vacaciones extremas La Antártida es un ambiente de extremos. ¿Te gustaría visitar la Antártida o trabajar allí? ¿Por qué? Escribe un párrafo y da razones, datos y detalles que la apoyen. Asegúrate de plantear tu opinión con claridad.

EL TEXTO Y EL MUNDO

Comprender la Antártida Comenta con un grupo la información que aprendiste a partir de *Diario de la Antártida* que no aparece en *Ciencias frías*. ¿De qué manera *Ciencias frías* te ayudó a comprender la experiencia de Jennifer Owings Dewey?

Aprende en línea

ESTÁNDARES COMUNES **RI.4.6** compare and contrast a firsthand and secondhand account of the same event or topic; **RI.4.9** integrate information from two texts on the same topic; **W.4.1a** introduce a topic, state an opinion, and create an organizational structure; **W.4.1b** provide reasons supported by facts and details; **W.4.10** write routinely over extended time frames and shorter time frames

Gramática

¿Qué son los verbos modales? Los **verbos auxiliares** son verbos que aparecen junto a un **verbo principal,** pero no muestran una acción cuando aparecen solos. Por ejemplo, en la oración *Estoy corriendo, estoy* es un verbo auxiliar que muestra cuándo ocurre la acción. Otro tipo de verbos auxiliares, llamados **verbos modales,** muestran cómo pueden o deben ser las cosas. Entre los verbos modales se encuentran *poder* y *deber.*

Verbo modal	Ejemplo	Significado
poder	Un científico <u>puede</u> explorar la frontera silvestre de la Antártida.	Capacidad
poder	Las personas <u>pueden</u> congelarse en un clima tan frío.	Posibilidad
poder	El Dr. Ernst dijo que <u>podías</u> salir mañana.	Permiso
deber	<u>Debes</u> usar muchas capas de ropa en este clima tan frío.	Obligación

Inténtalo **Trabaja con un compañero. Señala el verbo principal y el verbo modal de cada oración. Luego, comenta el significado de cada verbo modal.**

1. Un oceanógrafo puede trabajar en la Antártida.

2. Los científicos podrían volver a casa antes de lo previsto.

3. Los demás integrantes del grupo pueden quedarse otra semana.

4. Los científicos deben decidirse antes de mañana.

Puedes usar verbos auxiliares para que el significado de tus oraciones sea más claro para tus lectores. Entre otras cosas, los verbos modales, como *poder* y *deber,* les indican a tus lectores cuál es la probabilidad de que ocurra una acción o un suceso.

La acción puede ocurrir, pero es poco probable.	La acción tiene que ocurrir sí o sí.

Algún día, Shauna podría ir a la Antártida.	La doctora debe volar a la Antártida hoy.

 Relacionar la gramática con la escritura

Mientras revisas tu carta persuasiva, busca lugares en los que un verbo modal podría aclarar el significado. Si has usado algún verbo auxiliar, asegúrate de haberlo usado correctamente.

ESTÁNDARES COMUNES

W.4.1a introduce a topic, state an opinion, and create an organizational structure; **W.4.1b** provide reasons supported by facts and details; **W.4.4** produce writing in which development and organization are appropriate to task, purpose, and audience; **L.4.1c** use modal auxiliaries to convey various conditions

Escritura de opinión

 ☑ Ideas Una forma de convencer a las personas de hacer algo o pensar de algún modo es escribir una **carta persuasiva.** Para comenzar una carta persuasiva, debes presentar el tema y plantear tu opinión con claridad. Debes incluir las razones de tu opinión, junto con datos y detalles que apoyen esas razones. Tu carta también debe incluir un encabezado, un saludo, una despedida y una firma.

Jenna escribió una carta persuasiva para pedirle a su maestra que aprobara una excursión para hacer con la clase. Revisó su introducción para presentar su tema y plantear su opinión con claridad. También añadió razones que apoyaran su opinión.

Lista de control de la escritura

☑ Ideas

> ¿Di razones y las apoyé con datos y detalles?

☑ Organización
¿Usé todas las partes de la carta correctamente?

☑ Elección de palabras
¿Elegí palabras que fueran convincentes?

☑ Voz
¿El tono de mi carta es amistoso y positivo?

☑ Fluidez de las oraciones
¿Usé los verbos modales correctamente?

☑ Convenciones
¿Usé las reglas de ortografía, gramática y puntuación correctamente?

Borrador revisado

Creo que visitar el acuario que está en Nueva Inglaterra sería la excursión perfecta para nuestra clase.

^ ¡N̶u̶e̶s̶t̶r̶a̶ ̶c̶l̶a̶s̶e̶ ̶n̶u̶n̶c̶a̶ ̶v̶i̶s̶i̶t̶a̶ ̶n̶i̶n̶g̶ú̶n̶ ̶l̶u̶g̶a̶r̶

e̶m̶o̶c̶i̶o̶n̶a̶n̶t̶e̶! Como sabe, hemos leído

sobre los pingüinos de la Antártida. Y ahora

queremos aprender más sobre ellos.
¡Hacer una excursión al acuario sería una manera divertida y emocionante de aprender para toda la clase!
^ E̶n̶t̶o̶n̶c̶e̶s̶,̶ ̶n̶o̶s̶ ̶g̶u̶s̶t̶a̶r̶í̶a̶ ̶i̶r̶ ̶a̶l̶ ̶a̶c̶u̶a̶r̶i̶o̶ ̶q̶u̶e̶ ̶e̶s̶t̶á̶ ̶e̶n̶

N̶u̶e̶v̶a̶ ̶I̶n̶g̶l̶a̶t̶e̶r̶r̶a̶.̶

Avenida Pine 4680

Boston, MA 02101

8 de noviembre de 2013

Estimada Sra. Beal:

Creo que visitar el acuario que está en Nueva Inglaterra sería la excursión perfecta para nuestra clase. Como sabe, hemos leído sobre los pingüinos de la Antártida. Y ahora queremos aprender más sobre ellos. ¡Hacer una excursión al acuario sería una manera divertida y emocionante de aprender para toda la clase! Podríamos ver las tres clases de pingüinos que viven allí y podríamos aprender más sobre sus hábitats. La excursión sería tan genial como visitar la Antártida.

Como conclusión, espero que tenga en consideración mi idea de hacer una excursión con la clase. ¡Creo que una excursión hasta el acuario que está en Nueva Inglaterra sería impresionante para todos!

Atentamente,

Jenna Morgan

Leer como escritor

¿Cómo modificó Jenna su primera oración? Mientras escribes tu carta, revisa la introducción para asegurarte de que plantea tu opinión sobre el tema con claridad.

En mi versión final, revisé mi primera oración e incluí una introducción nueva en la que indico mis sentimientos. Luego, verifiqué el uso correcto de los verbos auxiliares.

Vocabulario en contexto

VOCABULARIO CLAVE

sociable

intercambio

exceso

reforzar

almacenamiento

transportar

cámara

escaso

obstáculo

arduo

Librito de vocabulario

Tarjetas de contexto

 L.4.6 acquire and use general academic and domain-specific words and phrases

406

1 sociable

Las cabras montesas son gregarias, así como las personas son sociables. Viven en grupos.

2 intercambio

Los delfines se comunican entre sí mediante intercambios de sonidos.

3 exceso

Esta persona cosecha el exceso de la miel de un panal. Las abejas usan el resto para poder vivir.

4 reforzar

El cuidado que les dan los elefantes a sus crías refuerza los vínculos de la manada.

Aprende en línea

▶ Estudia cada Tarjeta de contexto.

▶ Usa las claves de contexto para conocer el significado de estas palabras.

5 almacenamiento

Para tener alimento en el invierno, esta ardilla lleva semillas hacia un lugar de almacenamiento.

6 transportar

Las pequeñas hormigas transportan objetos muy pesados en grupo.

7 cámara

Las avispas colocan sus huevos en una cámara ahuecada de su colmena.

8 escaso

Cuando no hay agua o el alimento es escaso, los leones padecen para encontrarlos.

9 obstáculo

No hay obstáculos que bloqueen la entrada a la madriguera de este conejo.

10 arduo

La confección de una bella manta puede convertirse en una tarea muy ardua.

Leer y comprender

Aprende en línea

☑ DESTREZA CLAVE

Características del texto y de los elementos gráficos
Mientras lees *Vida y momentos de la hormiga*, observa las características del texto y de los elementos gráficos. Entre las **características del texto** están los encabezados y los pies de foto. Entre los **elementos gráficos** están los diagramas, las líneas cronológicas y otros elementos visuales. Las características de los elementos gráficos suelen añadir información que no se incluye en el texto. Mientras lees, piensa cómo cada característica te ayuda a comprender el texto. Usa un organizador gráfico como el siguiente para enumerar las características del texto y de los elementos gráficos de la selección y la información que ofrece cada característica.

Característica del texto o elemento gráfico	Número de página	Información

☑ ESTRATEGIA CLAVE

Preguntar Hacerte preguntas antes, durante y después de leer te permitirá verificar tu comprensión de la selección. Mientras lees *Vida y momentos de la hormiga*, haz pausas para hacerte preguntas, como: *¿Por qué las hormigas hacen esto?* Busca evidencia del texto para responder tus preguntas.

ESTÁNDARES COMUNES

RI.4.1 refer to details and examples when explaining what the text says explicitly and when drawing inferences; **RI.4.7** interpret information presented visually, orally, or quantitatively

Los insectos

Los científicos sostienen que en la actualidad existen más de ocho millones de insectos en el mundo. Muchas especies han estado de aquí para allá desde la época de los dinosaurios. Puede ser que los insectos sean pequeños, pero son muy importantes para nuestro medio ambiente. Por ejemplo, fertilizan el suelo y polinizan las flores y los árboles.

En *Vida y momentos de la hormiga,* aprenderás sobre la asombrosa y complicada vida de las hormigas. Aprenderás por qué son unos de los insectos más importantes del mundo.

TEXTO PRINCIPAL

☑ DESTREZA CLAVE

Características del texto y de los elementos gráficos

Examina la manera en que el texto y las ilustraciones funcionan juntos.

☑ GÉNERO

Un **texto informativo** ofrece datos e información sobre un tema. Mientras lees, busca:

▶ encabezamientos que comiencen las secciones de información relacionada,

▶ gráficas que ayuden a explicar el tema principal, como mapas, diagramas o tablas, y

▶ la estructura del texto: las maneras en las que se organizan las ideas y la información.

CONOCE AL AUTOR E ILUSTRADOR

Charles Micucci

Charles Micucci enfoca su trabajo de manera práctica. Para la investigación de *Vida y momentos de la hormiga*, construyó su propio criadero de hormigas y observó su comportamiento. Entre otros libros de Micucci de esta serie están *Vida y momentos de la manzana*, *Vida y momentos de la abeja* y *Vida y momentos del maní*. Para el libro de la manzana, sembró veintitrés semillas de manzana y cultivó las plantas en su departamento. Dos de esas plantas se transplantaron después al Central Park de la ciudad de Nueva York. Micucci ha ilustrado además varios libros de otros autores.

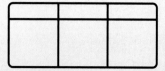

Vida y momentos de la hormiga

Escrito e ilustrado por
Charles Micucci

PREGUNTA ESENCIAL

¿De qué manera cada ser vivo tiene un papel importante en el mundo?

Dueñas de la Tierra

Las hormigas han excavado la tierra durante más de 100 millones de años. Su dinastía se extiende desde la época de los dinosaurios hasta la actualidad.

Son uno de los insectos más importantes del mundo. Aran más suelo que los escarabajos, comen más insectos que las mantis religiosas y superan en número a muchos insectos, en una relación de 7 millones a 1.

Excavando túneles en las selvas, en los bosques y en los jardines de todos los continentes, excepto la Antártida, las hormigas se pasean como si fueran las dueñas de la Tierra. Y quizás lo sean.

GRANDES DINASTÍAS DE LA TIERRA

100,000,000 A.C.   65,000,000 A.C.   PRESENTE

SERES HUMANOS

HORMIGAS

DINOSAURIOS

412

Onza por onza, la hormiga es uno de los animales más fuertes de la Tierra. Una hormiga puede levantar una semilla que pesa cinco veces más que ella, mientras que un elefante puede levantar un tronco de hasta solo un quinto de su peso.

Cada año, las hormigas de todo el mundo excavan más de 16 mil millones de toneladas de tierra, suficiente para llenar 3 mil millones de camiones de basura.

Con frecuencia se compara a las hormigas con las personas porque viven en comunidades, son sociables y trabajan juntas para resolver sus problemas.

413

En el interior de un hormiguero

La mayoría de las hormigas construyen sus hogares bajo tierra. Las hormigas excavan sacando la tierra con sus mandíbulas. Cuando mastican la tierra, se mezcla con su saliva y así forman pequeños ladrillos. Después amontonan estos ladrillos para reforzar los túneles. Finalmente, las hormigas transportan afuera el exceso de tierra con sus mandíbulas y gradualmente se forma un hormiguero.

Debajo del hormiguero se encuentra el nido de hormigas. Los nidos pequeños tienen solo una cámara a pocas pulgadas debajo de la superficie, mientras que los nidos grandes pueden tener miles de cámaras y llegar a una profundidad de veinte pies. Todos los nidos proporcionan refugio contra la intemperie y un medio ambiente seguro para que la hormiga reina ponga los huevos.

90 °F

80 °F

Un hormiguero absorbe los rayos del sol y transfiere el calor hacia abajo dentro del nido. Un hormiguero puede estar diez grados más caliente que el área que lo rodea.

Con frecuencia, las hormigas anidan debajo de una piedra o de un tronco, lo cual protege el nido y atrapa la humedad del suelo. Las hormigas necesitan humedad para que sus cuerpos no se sequen.

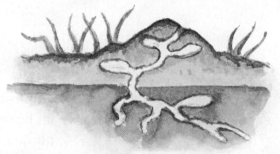

Las hormigas excavan sus nidos a una profundidad suficiente para llegar al suelo húmedo. Cuando el aire seca el nido, excavan nuevos túneles en el suelo húmedo.

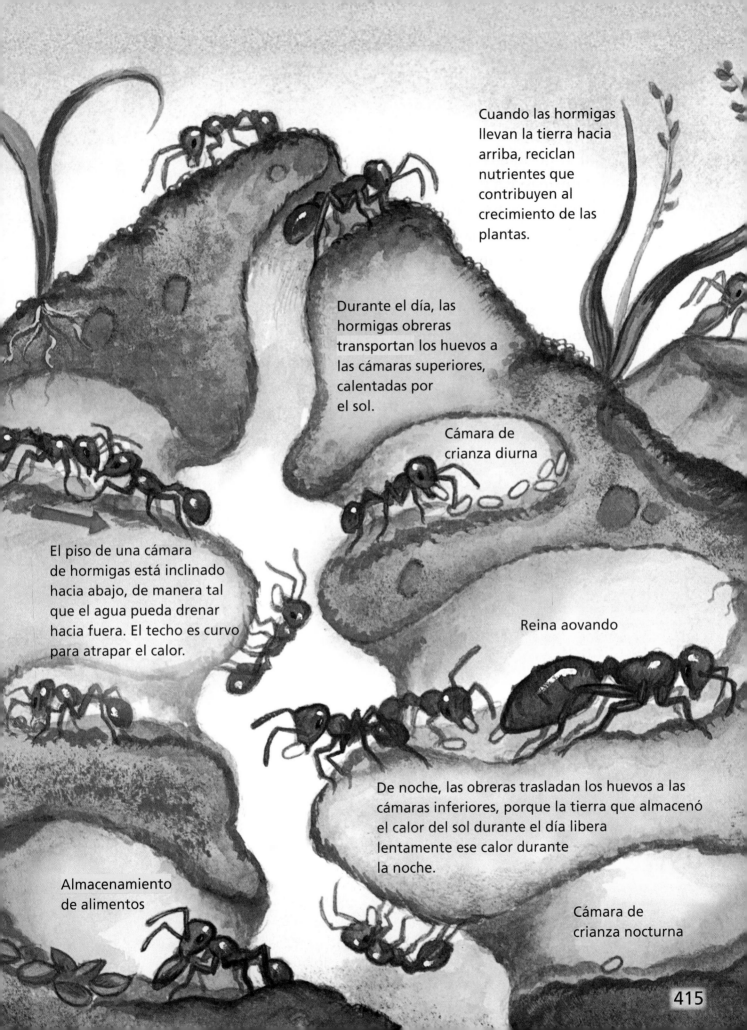

Cuando las hormigas llevan la tierra hacia arriba, reciclan nutrientes que contribuyen al crecimiento de las plantas.

Durante el día, las hormigas obreras transportan los huevos a las cámaras superiores, calentadas por el sol.

Cámara de crianza diurna

El piso de una cámara de hormigas está inclinado hacia abajo, de manera tal que el agua pueda drenar hacia fuera. El techo es curvo para atrapar el calor.

Reina aovando

De noche, las obreras trasladan los huevos a las cámaras inferiores, porque la tierra que almacenó el calor del sol durante el día libera lentamente ese calor durante la noche.

Almacenamiento de alimentos

Cámara de crianza nocturna

415

Una vida dedicada al trabajo

Las hormigas comienzan su vida laboral limpiándose a sí mismas. En un par de días, empiezan a compartir los alimentos y a asearse unas a otras. Los intercambios de alimentos unen a la colonia. No hay una hormiga jefe, pero las hormigas activas usualmente comienzan a realizar las tareas de la colonia y luego otras hormigas se les unen.

Las hormigas más jóvenes trabajan en el nido. Cuidan de la hormiga reina, alimentan a las larvas y excavan túneles. Después de un par de meses, las hormigas dejan el nido para buscar alimento. Nunca dejan de trabajar; exhaustas o con heridas de batalla, las hormigas trabajan hasta morir.

Criada de la reina
Las hormigas jóvenes ayudan a la reina a poner sus huevos sosteniéndolos con las mandíbulas.

Hormiga "nodriza"
Las hormigas lamen a las larvas para que no se sequen y las alimentan para que crezcan.

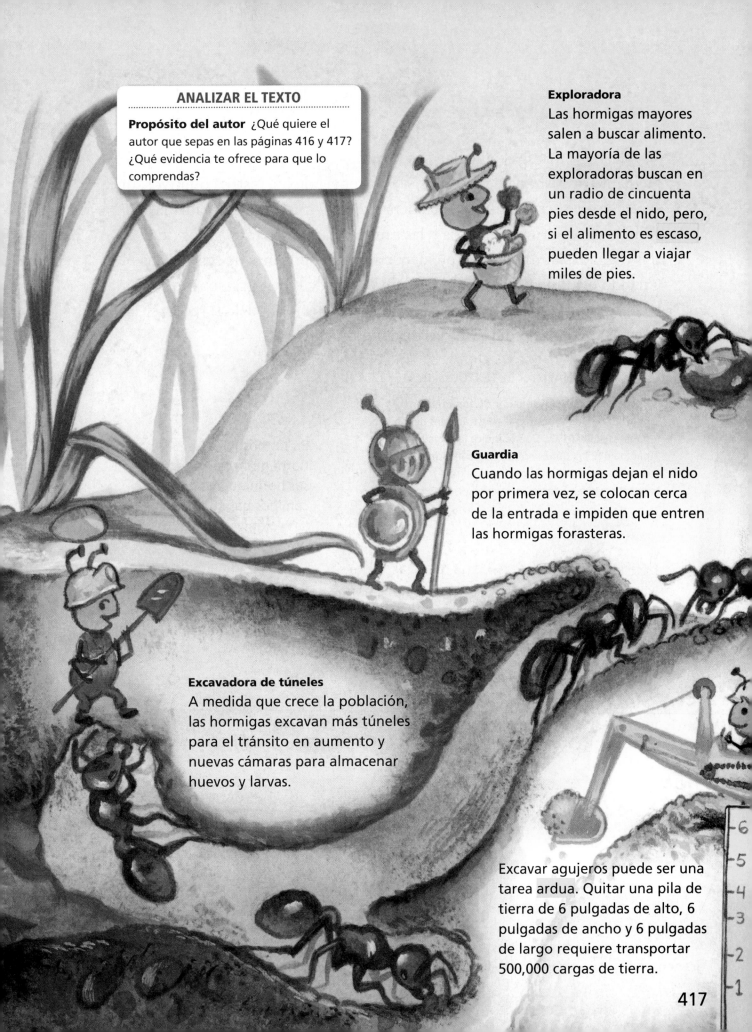

ANALIZAR EL TEXTO

Propósito del autor ¿Qué quiere el autor que sepas en las páginas 416 y 417? ¿Qué evidencia te ofrece para que lo comprendas?

Exploradora

Las hormigas mayores salen a buscar alimento. La mayoría de las exploradoras buscan en un radio de cincuenta pies desde el nido, pero, si el alimento es escaso, pueden llegar a viajar miles de pies.

Guardia

Cuando las hormigas dejan el nido por primera vez, se colocan cerca de la entrada e impiden que entren las hormigas forasteras.

Excavadora de túneles

A medida que crece la población, las hormigas excavan más túneles para el tránsito en aumento y nuevas cámaras para almacenar huevos y larvas.

Excavar agujeros puede ser una tarea ardua. Quitar una pila de tierra de 6 pulgadas de alto, 6 pulgadas de ancho y 6 pulgadas de largo requiere transportar 500,000 cargas de tierra.

417

Carreteras comunitarias

Algunas hormigas vinculan sus hormigueros a las fuentes de alimento mediante un sistema de caminos. A diferencia de los rastros olfativos, que son invisibles, estos caminos pueden verse fácilmente. Las cuadrillas de construcción quitan la hierba y las ramitas para formar caminos de dos a seis pulgadas de ancho que pueden extenderse por más de seiscientos pies. Cuando el alimento es abundante, un millar de hormigas por pie se apiña en el camino. Las colonias de hormigas establecidas pueden recorrer las mismas carreteras comunitarias durante muchos años.

ANALIZAR EL TEXTO

Características del texto y de los elementos gráficos ¿Qué muestran las ilustraciones de las páginas 418 y 419? ¿Qué te indica la tabla de la página 419? ¿Cómo se relaciona la información de cada elemento gráfico con el texto?

En los bosques, las hormigas rojas conectan sus hormigueros mediante caminos para hormigas. Las colonias grandes de hormigas del bosque transportan miles de orugas e insectos por sus caminos cada día.

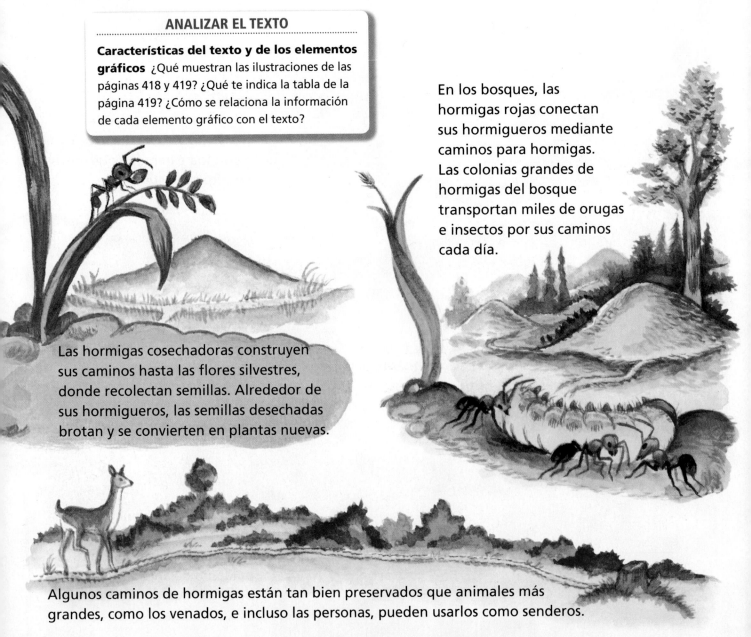

Las hormigas cosechadoras construyen sus caminos hasta las flores silvestres, donde recolectan semillas. Alrededor de sus hormigueros, las semillas desechadas brotan y se convierten en plantas nuevas.

Algunos caminos de hormigas están tan bien preservados que animales más grandes, como los venados, e incluso las personas, pueden usarlos como senderos.

MICROPUENTES

Las hormigas legionarias forman puentes vivientes para cruzar arroyos enlazándose unas con otras.

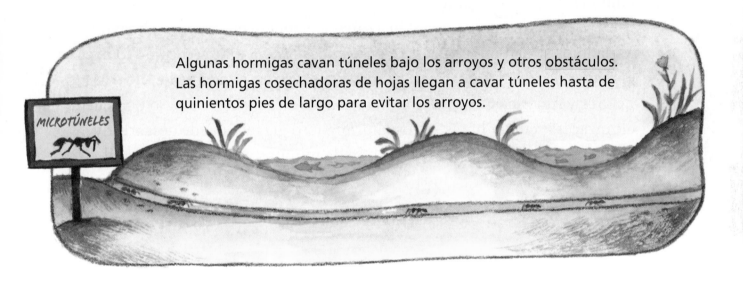

MICROTÚNELES

Algunas hormigas cavan túneles bajo los arroyos y otros obstáculos. Las hormigas cosechadoras de hojas llegan a cavar túneles hasta de quinientos pies de largo para evitar los arroyos.

Harlow Shapley, un astrónomo cuyo pasatiempo era estudiar a las hormigas, llevó a cabo pruebas para evaluar su velocidad: descubrió que corren más rápido en los días calurosos.

MICROLÍMITES DE VELOCIDAD

TEMPERATURA	78 °F	85 °F	92 °F
VELOCIDAD* (pulgadas por segundo)	1	$1\frac{3}{8}$	$1\frac{5}{8}$

*Las velocidades corresponden a la hormiga argentina.

419

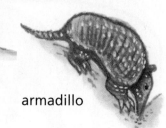
lagarto cornudo

armadillo

pájaro carpintero

Un mundo peligroso

Cuando mides menos de un cuarto de pulgada de altura, el mundo puede ser un lugar peligroso. Cada vez que una hormiga deja su hogar, corre el riesgo de no regresar. Los lagartos cornudos se comen a las hormigas con un lengüetazo cuando salen del nido, los pájaros carpinteros las atrapan cuando suben a los árboles y la hormiga león, un insecto con alas, las embosca en pozos de arena fina.

A veces las hormigas no están a salvo ni siquiera en su propio hogar. Los armadillos se dan un festín con las hormigas excavadoras, tal como lo hace el mayor demoledor de viviendas: el oso hormiguero gigante de América del Sur y América Central. Con siete pies de largo y con un peso que puede alcanzar las setenta libras, un oso hormiguero gigante puede desgarrar y abrir un nido de hormigas en cuestión de minutos y devorar veinte mil hormigas en una sola comida.

Trampa de arena sin retorno

La hormiga león excava un pozo de arena circular y espera en el fondo.

Cuando una hormiga se asoma al pozo, la hormiga león lanza arena al aire para que la hormiga se tropiece.

La hormiga se tropieza y cae al pozo. Entonces la hormiga león la agarra con sus grandes pinzas.

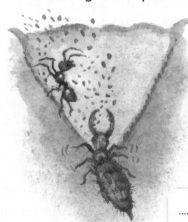

ANALIZAR EL TEXTO

Explicar conceptos e ideas científicas
¿Cuál es la idea principal que el autor quiere que sepas en esta sección?

420

El oso hormiguero gigante

El oso hormiguero gigante es un animal lento, corto de vista y desdentado que se ha salvado de la extinción por una única razón: se especializa en comer hormigas y termitas.

Gruesas cerdas protegen su cuerpo de las picaduras de los insectos.

La pared estomacal absorbe los aguijones de las hormigas y tiene músculos especiales que trituran a las hormigas para poder digerirlas.

Con su cola de tres pies de largo, con pelos de quince pulgadas, barre hacia él las hormigas que intentan escaparse.

Con sus garras de cuatro pulgadas, puede excavar a través de la tierra dura o de los troncos.

Su largo hocico se mete profundamente en el nido. Los osos hormigueros usan su fuerte sentido del olfato para localizar a las hormigas.

La boca solo se abre un cuarto de pulgada, aproximadamente el ancho de un lápiz.

Puede sacar su lengua, semejante a un gusano, diecinueve pulgadas hacia afuera de la boca. La lengua está recubierta con saliva pegajosa, la cual hace que las hormigas se le adhieran.

Cómo reciclan hojas las hormigas

Las hormigas cosechadoras recogen hojas y las llevan al nido. En el proceso, desaceleran el crecimiento excesivo del bosque y restituyen al suelo alimento proveniente de las hojas.

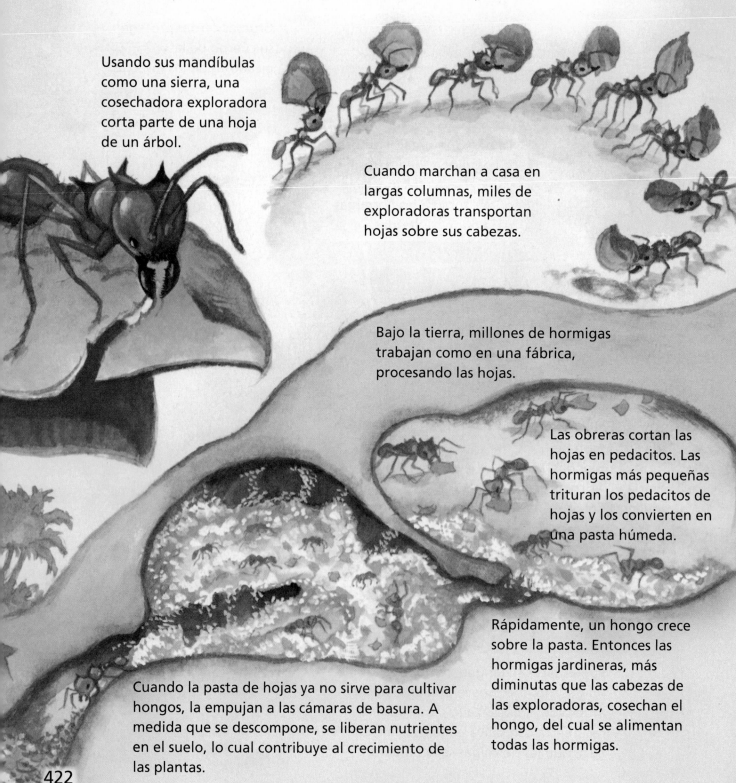

Usando sus mandíbulas como una sierra, una cosechadora exploradora corta parte de una hoja de un árbol.

Cuando marchan a casa en largas columnas, miles de exploradoras transportan hojas sobre sus cabezas.

Bajo la tierra, millones de hormigas trabajan como en una fábrica, procesando las hojas.

Las obreras cortan las hojas en pedacitos. Las hormigas más pequeñas trituran los pedacitos de hojas y los convierten en una pasta húmeda.

Rápidamente, un hongo crece sobre la pasta. Entonces las hormigas jardineras, más diminutas que las cabezas de las exploradoras, cosechan el hongo, del cual se alimentan todas las hormigas.

Cuando la pasta de hojas ya no sirve para cultivar hongos, la empujan a las cámaras de basura. A medida que se descompone, se liberan nutrientes en el suelo, lo cual contribuye al crecimiento de las plantas.

Ahora analiza

Cómo analizar el texto

Usa estas páginas para aprender acerca de Características del texto y de los elementos gráficos, Conceptos e ideas científicas y Propósito del autor. Luego, vuelve a leer *Vida y momentos de la hormiga* para aplicar lo que has aprendido.

Características del texto y de los elementos gráficos

Vida y momentos de la hormiga ofrece datos sobre las hormigas. Al igual que otros textos informativos, incluye **características del texto**, como encabezados y pies de foto. También incluye **elementos gráficos**, como ilustraciones, diagramas, tablas y líneas cronológicas. Estas características organizan la información y ayudan a los lectores a comprender el tema principal. A veces, un elemento gráfico añade información que no se presenta con palabras en el texto.

Cuando encuentres una característica del texto o de los elementos gráficos, haz una pausa para pensar en cómo la información te ayuda a comprender el tema principal o cómo te ayuda a mejorar tu conocimiento del tema principal.

Observa "Trampa de arena sin retorno" de la página 420. ¿Cómo explican las ilustraciones cómo una hormiga león usa una trampa?

Característica del texto o elemento gráfico	Número de página	Información

Aprende en línea

Explicar conceptos e ideas científicas

Los autores de textos informativos suelen describir **conceptos e ideas científicas** complejos. Mientras vuelves a leer la selección, asegúrate de comprender qué ocurre durante la vida de las hormigas y por qué ocurre. Usa detalles e información del texto para explicar los conceptos.

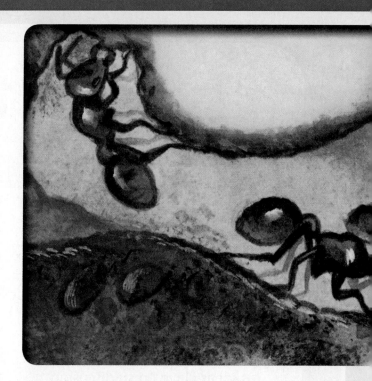

Propósito del autor

El **propósito del autor** es su razón para escribir. Es posible que un autor tenga más de un propósito. Para determinar el propósito del autor, puedes analizar cómo las razones y la evidencia apoyan sus conceptos principales. ¿El autor intenta informarte, persuadirte o entretenerte? Por ejemplo, uno de los propósitos del autor para escribir *Vida y momentos de la hormiga* es explicar por qué las hormigas son importantes para la Tierra. En las páginas 412 y 413, el autor ofrece datos y detalles que apoyan la opinión de que las hormigas son criaturas importantes.

Es tu turno

REPASAR LA PREGUNTA ESENCIAL

Turnarse y comentar

Repasa la selección con un compañero y prepárate para comentar esta pregunta: *¿De qué manera cada ser vivo tiene un papel importante en el mundo?* Túrnense para repasar y explicar las ideas clave en su discusión. Hagan y respondan preguntas para aclarar sus ideas.

Comentar en la clase

Para continuar comentando *Vida y momentos de la hormiga*, explica tus respuestas a estas preguntas:

1 ¿Por qué el autor llama a las hormigas "dueñas de la Tierra"?

2 ¿Cómo cambió tu opinión sobre las hormigas después de leer el texto?

3 ¿Qué piensas que pueden aprender las personas de las hormigas sobre cómo vivir y trabajar juntas?

USAR CARACTERÍSTICAS DE LOS ELEMENTOS GRÁFICOS

Crear un diagrama Observa el diagrama de la página 415. Dibuja tu propio diagrama de un hormiguero. Usa la información de la página 414 para añadir detalles y pies de foto a tu diagrama. Luego, comenta con un compañero de qué manera el diagrama del libro y tu diagrama te ayudan a comprender cómo se construye y funciona un hormiguero.

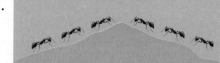

ESCRIBE SOBRE LO QUE LEÍSTE

Respuesta Piensa en las diferentes maneras en las que las hormigas trabajan en conjunto para crear una sociedad. Luego, escribe dos párrafos donde compares y contrastes las colonias de hormigas y las comunidades humanas. En el primer párrafo, explica en qué se parecen las dos sociedades. En el segundo párrafo, explica en qué se diferencian.

Sugerencia para la escritura

Comienza cada párrafo con un enunciado claro sobre las semejanzas o las diferencias. Usa palabras y frases de transición como *de manera similar* y *pero* para señalar en qué se parecen o en qué se diferencian las sociedades.

Aprende en línea

ESTÁNDARES COMUNES **RI.4.1** refer to details and examples when explaining what the text says explicitly and when drawing inferences; **RI.4.7** interpret information presented visually, orally, or quantitatively; **W.4.2c** link ideas within categories of information using words and phrases; **W.4.9b** apply grade 4 Reading standards to informational texts; **SL.4.1c** pose and respond to questions and make comments that contribute to the discussion and link to others' remarks

ESTÁNDARES COMUNES

RL.4.2 determine theme from details/summarize; **RL.4.10** read and comprehend literature

LA PALOMA Y LA HORMIGA

adaptado por Anne O'Brien

Esta adaptación de una antigua fábula está ambientada en la isla de Puerto Rico, donde un ancho río, el Río de la Plata, fluye desde las montañas hasta el mar. Cerca del río se alza un gran árbol llamado ausubo.

Una paloma estaba sentada en las ramas de un árbol de ausubo. Era muy sociable y le gustaba conocer a otros animales. Al pie del árbol había un hormiguero. Allí trabajaba una hormiga que transportaba alimento hasta el hormiguero. La paloma observaba cómo la hormiga reforzaba el hormiguero y despejaba la cámara central. La veía apartar los obstáculos de los túneles.

—¡Qué trabajadora! —observó la paloma. No mucho después, escuchó la vocecita de la hormiga:

—¡Tengo tanta sed!

La paloma quiso ayudarla. Voló a una rama baja.

—El río no está lejos —gritó la paloma—. Está justo detrás de los pastos altos.

En la orilla del río, la hormiga bebió por largo rato. Después, súbitamente, el viento la arrastró al agua.

—¡Auxilio! —gritó la hormiga. Al escuchar el grito de la hormiga, la paloma tomó una ramita con su pico y la dejó caer al agua.

—¡Trepa y sálvate! —exclamó la paloma. Aferrándose a la ramita, la hormiga llegó a la orilla arrastrada por el agua.

—¿Cómo te podré agradecer? —preguntó la hormiga a la paloma—. La vida es dura y tanta generosidad es escasa.

—Fue un placer —respondió la paloma—. Me gusta ayudar a las demás criaturas. Nunca habrá generosidad en exceso en este mundo.

La hormiga volvió a su arduo trabajo pensando en las palabras de la paloma.

Más tarde ese mismo día, apareció un cazador llamado Rafael, que llevaba una gran bolsa. Divisó a la paloma en el árbol de ausubo. Comenzó a trabajar cerca del hormiguero y construyó una trampa para aves.

La hormiga vio la bolsa y la trampa. «Cuando el cazador atrapa un ave, la mete a la bolsa y se la lleva», pensó la hormiga.

Justo en ese momento, la hormiga vio a la paloma volar hacia la trampa.

—¡Oh, no! —dijo la hormiga—. ¡Va a atrapar a la paloma! Tengo que actuar rápidamente.

En un abrir y cerrar de ojos, la hormiga trepó al pie de Rafael y le picó el tobillo. El cazador gritó de dolor y se frotó el tobillo. La paloma, asustada, voló a la copa del árbol.

—Qué lástima —pensó Rafael—, ahora tendré que atrapar a mi presa en otro lugar.

Cuando el cazador se marchó, la paloma se dirigió a su amiga.

—Ahora tengo que agradecerte yo —dijo.

—Fue un placer —respondió la hormiga.

La lección que enseña esta fábula es la siguiente:
El intercambio de actos de generosidad es la mejor manera de hacer amigos.

Comparar el texto

DE TEXTO A TEXTO

Comparar Compara la hormiga de ficción de *La paloma y la hormiga* y las hormigas reales de *Vida y momentos de la hormiga*. ¿De qué manera la hormiga de *La paloma y la hormiga* se comporta como una hormiga real? ¿Qué hacen las hormigas reales que la de ficción no hace? Trabaja con un compañero para hacer una lista de ideas a partir de la evidencia del texto. Luego, comparen su lista con las de otros estudiantes.

EL TEXTO Y TÚ

Hacer una lista de "datos divertidos" *Vida y momentos de la hormiga* contiene muchos datos sobre las hormigas. ¿Qué datos te parecieron los más divertidos para aprender? Dale un vistazo al texto otra vez y haz una lista de cinco datos que te parezcan interesantes de las hormigas. Comparte tu lista con un compañero.

EL TEXTO Y EL MUNDO

Comparar hormigas Usa textos de referencia y un motor de búsqueda de Internet para investigar y tomar notas sobre dos clases de hormigas. Luego, crea una tabla para compararlas. Incluye detalles que digan cómo son, dónde viven y cuáles son sus hábitos. Presenta tus resultados a la clase.

ESTÁNDARES COMUNES **RI.4.1** refer to details and examples when explaining what the text says explicitly and when drawing inferences; **W.4.7** conduct short research projects that build knowledge through investigation; **W.4.8** recall information from experiences or gather information from print and digital sources/take notes, categorize information, and provide a list of sources

Gramática

¿Qué es el participio pasado? El **participio pasado** es una forma no conjugada del verbo. Se forma agregando las terminaciones *-ado* e *-ido* a la raíz de los verbos. Estos participios son regulares. Otros son irregulares, como *roto, visto, dicho*.

El participio pasado se usa con el verbo auxiliar *haber* en presente para formar el pretérito perfecto compuesto y con el pretérito imperfecto para formar el pretérito pluscuamperfecto.

Pretérito perfecto simple. Haber: *he, has, ha, hemos, han*	Pluscuamperfecto. Haber: *había, habías, había, habíamos, habían*
Las hormigas han existido en la tierra por millones de años.	Muchas hormigas no estaban en su nido. Habían salido a buscar alimento.
Han cavado túneles para construir sus hogares debajo de la tierra.	Otras se habían quedado a cuidar a la reina.

El participio pasado también se usa como adjetivo para describir a un sustantivo. Puede aparecer solo o en una frase y concuerda en género y en número con el sustantivo al que modifica.

frase de participio

Las hormigas forman ladrillos de tierra mezclada con saliva.

Inténtalo **Trabaja con un compañero. Indica si se usa el pretérito perfecto compuesto o el pretérito pluscuamperfecto.**

1. Las hormigas han creado caminos resistentes.

2. Habían salido en busca de alimento.

3. El oso hormiguero ha sobrevivido comiendo hormigas.

4. Muy pocas hormigas se habían salvado.

Cuando escribas, recuerda que puedes formar oraciones compuestas combinando oraciones simples que estén relacionadas. Asegúrate de mantener la secuencia de los tiempos verbales.

Oraciones simples relacionadas

El científico ha observado a las hormigas por mucho tiempo.

El científico ha tomado notas detalladas por mucho tiempo.

Oración compuesta

El científico ha observado a las hormigas y ha tomado notas detalladas por mucho tiempo.

 Relacionar la gramática con la escritura

Mientras revisas tu ensayo persuasivo la semana próxima, identifica oraciones simples que puedas combinar para formar oraciones compuestas. Trata de usar los tiempos compuestos y mantén la secuencia de los tiempos verbales.

W.4.1a introduce a topic, state an opinion, and create an organizational structure; **W.4.1b** provide reasons supported by facts and details; **W.4.5** develop and strengthen writing by planning, revising, and editing; **W.4.10** write routinely over extended time frames and shorter time frames

Escritura de opinión

Taller de lectoescritura: Preparación para la escritura

☑ **Organización** Los buenos escritores organizan sus ideas antes de escribir un **ensayo persuasivo**. Tomar notas puede servirte para identificar razones, datos y ejemplos que apoyen tu opinión. Hacer un organizador gráfico puede servirte para organizarlos para tu ensayo.

Para su ensayo persuasivo, Julio eligió escribir sobre las granjas de hormigas del salón de clases. Primero hizo algunas investigaciones y tomó notas. Luego, usó un mapa de apoyo de ideas para organizar sus razones, sus datos y sus ejemplos. Más adelante, volvió a ordenar las razones según su importancia.

Lista de control del proceso de escritura

▶ **Preparación para la escritura**

☑ ¿Enuncié una opinión y un objetivo claros?

☑ ¿Enumeré razones sólidas que apoyen mi objetivo?

☑ ¿Incluí datos y detalles para apoyar mis razones?

☑ Si investigué, ¿identifiqué las fuentes y tomé notas usando mis propias palabras?

Hacer un borrador

Revisar

Corregir

Publicar y compartir

Explorar un tema principal

<u>¿Por qué son interesantes las hormigas?</u>

—más fuertes que los elefantes para su tamaño

—construyen hogares subterráneos

—trabajan juntas para cuidar a la reina y los huevos

Micucci, Charles. <u>Vida y momentos de la hormiga.</u>

<u>¿Cómo funcionan las granjas de hormigas?</u>

—dos tipos: gel; arena o tierra

—conseguir 25 hormigas y alimentarlas

"Armar una granja de hormigas de la clase."

AllThingsAnt.com. 15 Nov. 2010

Mapa de apoyo de ideas

Opinión: Los estudiantes del salón 6 deberían tener una granja de hormigas.

Razón: Nos enseñará a ser responsables.
Datos y detalles:
Tendremos que elegir la granja (arena, tierra o gel). Empezaremos con 25 hormigas. Tendremos que alimentarlas y darles agua con regularidad.

Razón: Las hormigas son fascinantes.
Datos y detalles:
Para su tamaño, las hormigas son más fuertes que los elefantes. Tienen una estructura social compleja.

Razón: Podremos aprender mediante la observación.
Datos y detalles:
Podríamos observar cómo construyen los hormigueros, cómo se cuidan unas a otras y cómo la comunidad se desarrolla y crece.

Leer como escritor

¿Cómo puede ayudar a Julio el mapa de apoyo de ideas para desarrollar los párrafos? Mientras escribes un ensayo persuasivo esta semana, busca cuáles son las maneras en que un mapa de apoyo de ideas puede ayudarte a organizar tus pensamientos.

Tomé notas sobre las hormigas y las granjas de hormigas. Luego, usé las notas para crear un mapa de apoyo de ideas. Enumeré razones para apoyar mi opinión. Agregué datos y detalles para apoyar mis razones. Esto me ayudó a organizar mis ideas.

Lección 15

Vocabulario en contexto

Ecología para niños

Maravilloso Tiempo

✓ VOCABULARIO CLAVE

organismo
directamente
afectar
rastro
vasto
hábitat
variedad
especie
prohibir
radiación

Librito de vocabulario

Tarjetas de contexto

L.4.6 acquire and use general academic and domain-specific words and phrases

1 organismo

Los biólogos estudian los organismos, o seres vivos, de la Tierra.

2 directamente

Plantar un árbol beneficia directamente al ambiente. Los resultados se ven en poco tiempo.

3 afectar

El humo y la contaminación afectan negativamente el aire, que perjudica la salud.

4 rastro

Lávate bien las manos, o pueden quedarte rastros de suciedad y de gérmenes.

Aprende en línea

▶ Analiza cada Tarjeta de contexto.

▶ Usa un diccionario para que entiendas el significado de estas palabras del Vocabulario.

5 **vasto**

Los vastos desiertos se extienden cientos de millas en todas direcciones.

6 **hábitat**

Los bosques y los océanos son hábitats que albergan diversidad de plantas y animales.

7 **variedad**

El bosque tropical contiene una amplia variedad de plantas y animales.

8 **especie**

Hay muchas especies diferentes de tiburones, por ejemplo, el tiburón martillo.

9 **prohibir**

En muchos sitios públicos se prohíbe tirar basura. Debe desecharse con responsabilidad.

10 **radiación**

El Sol y otras estrellas producen radiación, o rayos de energía invisibles.

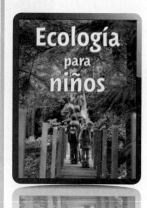

Leer y comprender

 **Aprende en línea**

☑ DESTREZA CLAVE

Ideas principales y detalles Mientras lees *Ecología para niños*, busca las **ideas principales**, o los puntos más importantes que plantea el autor. Busca **detalles** de apoyo que brinden datos o ejemplos de las ideas principales. Observa cómo los detalles que elige el autor apoyan la razón más importante por la que escribe. Usa un organizador gráfico como este como ayuda.

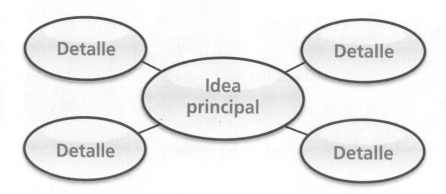

☑ ESTRATEGIA CLAVE

Verificar/Aclarar Mientras lees *Ecología para niños*, **verifica** que entiendes el texto, es decir, asegúrate de que lo comprendes. Si algo no tiene sentido, detente y **aclárulo**.

 ESTÁNDARES COMUNES

RI.4.1 refer to details and examples when explaining what the text says explicitly and when drawing inferences; **RI.4.2** determine the main idea and explain how it is supported by details/summarize; **RF.4.4c** use context to confirm or self-correct word recognition and understanding

UN VISTAZO AL TEMA PRINCIPAL

El medio ambiente

Las ciencias de la vida son el estudio de todos los seres vivos. ¿Sabías que los seres vivos pueden afectar su medio ambiente? Este es un tema que estudian los ecólogos. Los ecólogos son científicos que estudian a los seres vivos y su medio ambiente.

La Tierra parece tan grande que posiblemente no creas que tus acciones pueden afectarla. De hecho, las acciones de todos afectan el medio ambiente. En *Ecología para niños*, aprenderás sobre las muchas formas en que los seres humanos afectamos el medio ambiente. También aprenderás lo que podemos hacer para proteger la Tierra.

RECICLAMOS

TEXTO PRINCIPAL

Ecología para niños

✓ DESTREZA CLAVE

Ideas principales y detalles

Explica la idea principal, es decir, lo que más trata el texto. Busca detalles que apoyen la idea principal.

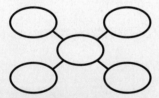

✓ GÉNERO

Un **texto informativo** da datos y ejemplos sobre un tema. Mientras lees, busca:

▶ encabezamientos que presentan secciones que contienen información relacionada,

▶ fotografías y pies de fotos y

▶ datos y detalles sobre un tema.

RI.4.2 determine the main idea and explain how it is supported by details/summarize; **RI.4.8** explain how an author uses reasons and evidence to support points; **L.4.3a** choose words and phrases to convey ideas precisely

440

CONOCE AL AUTOR

Federico Arana

Federico Arana ha pasado su vida estudiando el medio ambiente y, como profesor de ciencias, sabe todo sobre ecología. También pinta y practica música. Las pinturas de Federico se han visto en Alemania, Suiza, Estados Unidos y en su tierra natal, México. Sin embargo, reconoce que es de gran importancia educar a la gente sobre los peligros que enfrenta el medio ambiente. Federico ha escrito numerosos libros que ayudan a las personas a entender qué pueden hacer para salvar el planeta.

Ecología para niños

por Federico Arana

PREGUNTA ESENCIAL

¿Por qué es importante estar informado sobre lo que ocurre en el mundo?

Ecología

¿Qué significa la palabra *ecología?* El término fue inventado por Ernst Haeckel, un biólogo alemán. Haeckel unió dos elementos provenientes del griego: *eco,* que significa "casa", y *logía,* que significa "estudio". Juntos quieren decir "el estudio de la casa". La "casa" en la que Haeckel pensaba es nuestro planeta, la Tierra. La Tierra es el hogar de todos los seres vivos: humanos, animales, plantas, hongos y hasta diminutos microbios.

Estudiar una casa es aprender cómo la usan sus habitantes. Un ecólogo es un científico que estudia las relaciones entre los organismos y su medio ambiente. El medio ambiente es lo que rodea a los organismos. Puede contener agua, gases, rocas y temperatura.

Los ecólogos también estudian el delicado equilibrio entre usar el medio ambiente y, a la vez, protegerlo.

Un día, un ecólogo preguntó a un niño qué creía que significaba proteger el medio ambiente.

El niño dijo:

—Vas al bosque y buscas a alguien que quiere cortar un árbol. Le quitas el hacha. Le cuentas la importancia que tienen los árboles. Le dices que hacen más bella la naturaleza porque cuidan el suelo y dan oxígeno al aire y refugio a las aves y a otros animales.

Los árboles nos brindan recursos y belleza natural.

442

—Buena respuesta —contestó el ecólogo—, pero quizá no sea fácil encontrar a un leñador con quien hablar. Además, recuerda que a veces es necesario talar un árbol. Si talamos demasiados árboles, el bosque desaparecerá. Si no talamos ninguno, no obtendremos recursos del bosque. Debemos encontrar el equilibrio correcto.

—Ya entiendo —afirmó el niño—. Necesitamos los recursos del bosque para obtener madera y papel; si no, no tendríamos escritorios ni cuadernos para la escuela.

—Exacto. Y la escuela es un buen lugar donde aprender ecología —agregó el ecólogo—. Así sabrás cómo proteger el medio ambiente natural.

Ecosistemas

Los científicos llaman *biosfera* a la Tierra y a la atmósfera que la rodea. Para estudiarla, la dividen en partes llamadas ecosistemas.

Un ecosistema es un área natural donde grupos de seres vivos y no vivos interactúan con su medio ambiente. Algunos ejemplos de ecosistemas son los bosques, los lagos, los pantanos y los desiertos.

Un ecosistema y los organismos que viven en él pueden depender de otros ecosistemas. Por ejemplo, un oso que vive en un bosque podría recurrir a un lago para buscar peces para comer y agua para beber.

De la misma manera, los problemas de un ecosistema a menudo afectan directamente a los organismos de otros ecosistemas. Pensemos, por ejemplo, en los problemas del bosque húmedo tropical.

Este oso depende de dos ecosistemas diferentes.

La destrucción de los bosques

Cuatro de los siete continentes de la Tierra tienen rastros de lo que fueron vastos bosques tropicales. Ahora, estos bosques han desaparecido.

¿Cómo desaparecieron? Una gran parte de ellos fue talada para limpiar el suelo para la agricultura. Esto ocasionó problemas. La capa de tierra sobre la que se asienta un bosque es delgada. Sin árboles con raíces profundas, la lluvia arrastra la tierra. Pronto solo queda un suelo seco y arenoso donde pueden crecer muy pocos cultivos.

Si no hay plantas para comer, los animales tienen que abandonar sus hábitats. También se pierden enormes cantidades de oxígeno. Se cree que la selva amazónica por sí sola produce un tercio de todo el oxígeno de la atmósfera terrestre. Además, muchas plantas de los bosques tropicales se usan para fabricar medicinas. Preservar el bosque tropical es importante para todos los seres vivos.

Talar un bosque tropical puede crear problemas en el mundo.

ANALIZAR EL TEXTO

Elección de palabras del autor ¿Qué palabras precisas y específicas usa el autor para explicar los problemas de los bosques tropicales?

445

Un océano de recursos

   Otro ecosistema que hay que usar y proteger es el mar.

   El mar cubre cuatro quintos de la superficie terrestre. Es un mundo asombroso repleto de una enorme variedad de criaturas. Entre ellas, peces, cangrejos, medusas, corales, esponjas, almejas, caracoles y algas. Los mamíferos marinos, como los delfines y las ballenas, pasan toda su vida en el mar. Otros mamíferos, como las focas, las morsas y los osos polares, viven cerca del mar y pasan mucho tiempo en él. Las tortugas marinas y algunas aves, como los pingüinos, pasan la mayor parte de su vida en el mar. Los científicos siguen descubriendo nuevas especies de vida marina.

En el mar vive una variedad de criaturas asombrosa.

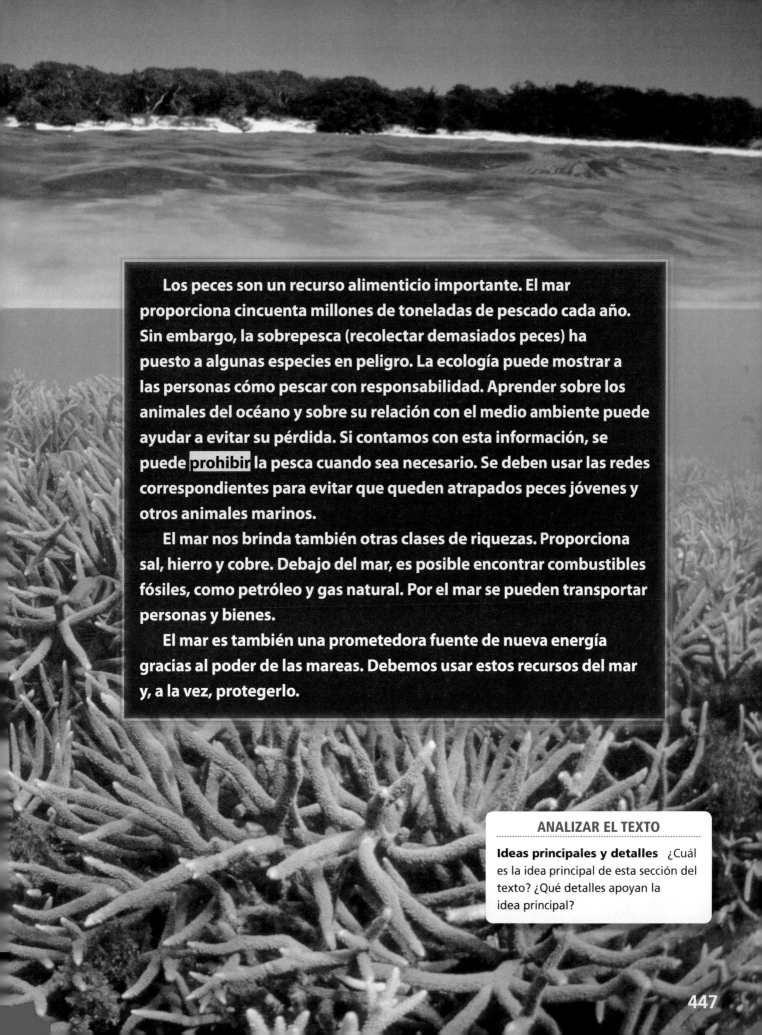

Los peces son un recurso alimenticio importante. El mar proporciona cincuenta millones de toneladas de pescado cada año. Sin embargo, la sobrepesca (recolectar demasiados peces) ha puesto a algunas especies en peligro. La ecología puede mostrar a las personas cómo pescar con responsabilidad. Aprender sobre los animales del océano y sobre su relación con el medio ambiente puede ayudar a evitar su pérdida. Si contamos con esta información, se puede prohibir la pesca cuando sea necesario. Se deben usar las redes correspondientes para evitar que queden atrapados peces jóvenes y otros animales marinos.

El mar nos brinda también otras clases de riquezas. Proporciona sal, hierro y cobre. Debajo del mar, es posible encontrar combustibles fósiles, como petróleo y gas natural. Por el mar se pueden transportar personas y bienes.

El mar es también una prometedora fuente de nueva energía gracias al poder de las mareas. Debemos usar estos recursos del mar y, a la vez, protegerlo.

ANALIZAR EL TEXTO

Ideas principales y detalles ¿Cuál es la idea principal de esta sección del texto? ¿Qué detalles apoyan la idea principal?

La protectora capa de ozono

Otra parte importante de la biosfera de la Tierra es la atmósfera, el manto de aire que envuelve el planeta. Parte de la atmósfera está formada por la capa de ozono, que nos protege de los rayos del Sol.

La luz solar nos permite ver y es necesaria para el crecimiento. Su calor controla la temperatura de la Tierra. Todos los seres vivos necesitan la luz y el calor del Sol para vivir y para crecer.

El Sol produce también una poderosa radiación: rayos X, rayos ultravioletas y microondas. Si la capa de ozono desapareciera, la Tierra recibiría una cantidad excesiva de estos rayos nocivos, que dañarían a todos los seres vivos.

Se ha prohibido el uso de productos químicos que pueden debilitar la capa de ozono. Si pensamos ecológicamente, podemos usar los recursos del Sol sin peligro.

La capa de ozono protege la Tierra de los rayos nocivos del Sol.

¿Cómo puedes proteger la biosfera terrestre?

Una manera de proteger el medio ambiente es ayudar a detener la contaminación. Estas son algunas ideas:

Coloca la basura en su lugar. El lugar que le corresponde no son las calles, los ríos ni los océanos. La basura y otras clases de contaminación hacen daño a los seres vivos.

Cuando puedas, usa relojes y calculadoras que funcionen con energía solar. Si usas la energía de pilas, recíclalas cuando estén gastadas.

Cuando salgas de una habitación, apaga la luz. Cuando no estés usando el televisor, la radio o la computadora, apágalos también. De esta manera, tu familia usará menos electricidad y ahorrará dinero.

Un ambiente limpio es responsabilidad de todos.

Ahorra agua por todos los medios posibles. Toma duchas cortas. Cierra la llave mientras te cepillas los dientes. Si una llave de agua gotea, pide a un adulto que la arregle.

Por último, recuerda que muchas personas cometen errores porque no tienen conocimientos sobre ecología y contaminación. En lugar de enojarte con ellas, ¡enséñales! Ayudarás a mejorar el ambiente para ti y para tus hijos.

ANALIZAR EL TEXTO

Analizar un argumento ¿Qué argumento expone el autor al final de la selección? ¿Qué evidencia usa para apoyarlo?

Ahora analiza

Cómo analizar el texto

Usa estas páginas para aprender acerca de Ideas principales y detalles, Elección de palabras del autor y Analizar un argumento. Luego, vuelve a leer *Ecología para niños* para aplicar lo que has aprendido.

Ideas principales y detalles

Los textos informativos como *Ecología para niños* contienen una idea principal y detalles de apoyo. La **idea principal** es de lo que trata mayormente el texto. Para explicar el tema de la ecología, el autor usa **detalles** y evidencia que apoyan la idea principal.

Cuando se expresa una idea principal, es como si el autor dijera: "Sobre esto estoy escribiendo y así es como apoyo mis ideas". Si una idea principal está implícita, o se sugiere, el lector debe usar pistas para descubrirla.

Vuelve a leer la página 444 de *Ecología para niños*. En esta sección del texto, la idea principal está expresada claramente. ¿Qué oración expresa la idea principal? ¿Qué oraciones apoyan la idea principal?

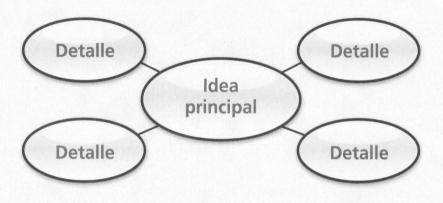

RI.4.2 determine the main idea and explain how it is supported by details/summarize; **RI.4.8** explain how an author uses reasons and evidence to support points; **L.4.3a** choose words and phrases to convey ideas precisely

Elección de palabras del autor

Los autores de los textos informativos eligen cuidadosamente las palabras para expresar sus ideas con claridad y precisión. Vuelve a leer la página 442. El autor usa la frase *delicado equilibrio* para describir lo que estudia un ecólogo. Un significado de la palabra *delicado* es "difícil o complicado". La elección de palabras del autor les muestra a los lectores que el trabajo de los ecólogos puede ser un desafío.

Analizar un argumento

Cuando los autores incluyen un **argumento** en un texto, defienden algo que quieren que los lectores crean o hagan. La última sección de *Ecología para niños* incluye un argumento. Lee el encabezamiento de la página 450. ¿Cómo te ayuda el encabezamiento a saber qué esperar del argumento del autor?

Es tu turno

mi
Escritura genial

REPASAR LA PREGUNTA ESENCIAL

Turnarse y comentar

Repasa la selección con un compañero y prepárate para comentar esta pregunta: *¿Por qué es importante estar informado sobre lo que ocurre en el mundo?* Mientras comentas la pregunta, túrnate con tu compañero para explicar las ideas clave repasando la evidencia del texto.

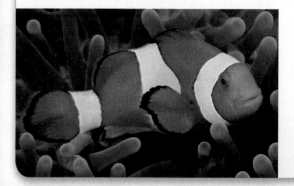

Comentar en la clase

Para continuar comentando *Ecología para niños*, explica tus respuestas a estas preguntas:

1 ¿Cuál es la idea más importante que el autor quiere que entiendas sobre la ecología?

2 ¿Cómo se relaciona la información del texto con las cosas que haces todos los días?

3 ¿Qué acciones puedes realizar para proteger el medio ambiente?

¿QUÉ SIGNIFICA?

Usar fuentes de referencia Elige cuatro de estas palabras de la selección: *medio ambiente, recursos, biosfera, atmósfera, ecosistema, contaminación.* Busca cada una de las palabras en la selección. Luego, búscalas en un diccionario impreso o digital. Escribe una nueva oración que incluya una definición para cada palabra. Comparte tus oraciones con un compañero.

ESCRIBE SOBRE LO QUE LEÍSTE

Respuesta ¿Estás de acuerdo o en desacuerdo con el autor de *Ecología para niños* en que debe haber un equilibrio entre el uso de los recursos naturales y la protección del medio ambiente? ¿Qué razones y qué evidencia usa el autor para apoyar sus ideas? Escribe un párrafo en el que expliques por qué estás de acuerdo o no con el autor. Usa datos y evidencia del texto de la selección para apoyar tus ideas.

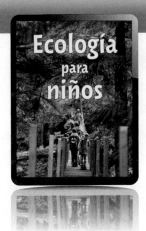

Ecología para niños

Sugerencia para la escritura

Expresa tu opinión al comienzo de tu respuesta. Usa palabras y frases de transición para conectar las razones y la evidencia de tu opinión.

Aprende en línea

ESTÁNDARES COMUNES **RI.4.2** determine the main idea and explain how it is supported by details/summarize; **W.4.1b** provide reasons supported by facts and details; **W.4.1c** link opinion and reasons using words and phrases; **W.4.9b** apply grade 4 Reading standards to informational texts; **SL.4.1c** pose and respond to questions and make comments that contribute to the discussion and link to others' remarks; **SL.4.1d** review key ideas expressed and explain own ideas and understanding; **L.4.4c** consult reference materials, both print and digital, to determine or clarify meaning

Lección 15
POESÍA

✓ GÉNERO

La **poesía** usa el sonido y el ritmo de las palabras para sugerir imágenes y expresar sentimientos.

✓ ENFOQUE EN EL TEXTO

La **rima** es la repetición de sonidos al final de dos o más palabras. Da ritmo y forma a los poemas.

Maravilloso
tiempo

Prepárate para una variedad de estados del tiempo y poemas. "Niebla" contiene una metáfora que pinta una imagen en tu mente. En el haiku "Lluvia de invierno" y en "Paraguas", te pueden mojar algunas gotas de lluvia. Escucha los sonidos de "Tiempo" y métete en el "Restaurante Buentiempo" para encontrar el tiempo que se adapta a todos los hábitats.

Niebla

La niebla llega
en patitas de gato.

Se sienta y mira
el muelle y la ciudad
sobre el anca silenciosa
y sigue su camino.

*Adaptación del
original de Carl Sandburg*

ESTÁNDARES COMUNES **RL.4.5** explain major differences between poems, drama, and prose/refer to their structural elements; **RL.4.10** read and comprehend literature

Aprende en línea

Lluvia de invierno

Lluvia de invierno,
un paraguas y un saco
saltando en un charco.

*Adaptación del original
de Buson*

Paraguas

Allá mojada,
acá sequita.
Acogedor paragüitas
tengo para mí solita.

*Adaptación del original
de Rob Hale*

Tiempo

El tiempo está lleno
de sonidos bellos:
él canta
y respira
y susurra
y suspira
y ruge
y chasquea
y silba
y gorjea
y truena
y zumba
y brama
y retumba
y chilla
y rechina
y aúlla
y destella
y ESTALLA.

*Adaptación del original
de Aileen Fisher*

457

Restaurante Buentiempo

Si buscas con algo tu vasta panza llenar,
Restaurante Buentiempo es el sitio ejemplar.
   Botellas de lluvia te sirven de entrada,
   la niebla en copa trae rastros de Granada.
El trueno es delicia, lo piden a gritos,
incluye tornados y calma apetitos.
   La brisa de nieve es otro manjar,
   con lluvia y rocío la puedes untar.
Ciclones y granizo de postre te van a dar,
mas cómelo lento o te va a indigestar.
   Si afuera hace frío o está muy caliente,
   ¡en este lugar mejora el ambiente!

Adaptación del original de Calef Brown

Escribe un poema sobre el tiempo

El tiempo afecta directamente a los organismos de todas las especies, desde una manada de búfalos hasta un enjambre de pulgas diminutas. ¿Cómo te afecta a ti? ¿Qué piensas de la radiación del Sol? ¿Se debería prohibir la nieve? Escribe un poema sobre los estados del tiempo que te gustan o que no te gustan. Incluye las razones.

Comparar el texto

Comparar textos sobre la naturaleza Habla con un compañero sobre *Ecología para niños* y *Maravilloso tiempo*. Comenta estas preguntas: *¿Cuál de los textos trata sobre cómo influye el medio ambiente en ti? ¿Cuál de los textos trata sobre cómo tú puedes influir en el medio ambiente? ¿Cuál trata sobre ambas cosas?* Después de comentar tus ideas, escribe con tu compañero la respuesta a cada pregunta. Usa evidencia del texto de cada selección para apoyar tus respuestas.

EL TEXTO Y TÚ

Hacer una lista de hábitos Vuelve a leer la última página de *Ecología para niños*. Identifica las cinco cosas que las personas pueden hacer para proteger el medio ambiente. Luego, haz una lista de las cosas que ya haces para proteger el planeta. Haz una segunda lista de las cosas que te gustaría empezar a hacer.

¿Qué hago para salvar la Tierra?

¿Qué quiero empezar a hacer?

EL TEXTO Y EL MUNDO

Registrar las precipitaciones El agua es un recurso importante. Investiga la cantidad de lluvia que cae en tu comunidad o en tu estado en un año típico. Registra la información en una tabla.

Total de lluvia en mi estado

Lluvia en un año	El mes más lluvioso	El mes más seco

RI.4.1 refer to details and examples when explaining what the text says explicitly and when drawing inferences; **RI.4.2** determine the main idea and explain how it is supported by details/summarize; **RI.4.9** integrate information from two texts on the same topic; **W.4.7** conduct short research projects that build knowledge through investigation; **W.4.9b** apply grade 4 Reading standards to informational texts

Gramática

Aprende en línea

¿Qué es un verbo irregular? Los **verbos irregulares** no siguen el patrón de conjugación de los verbos regulares. Tienen cambios en la raíz, en la terminación o en ambas en al menos uno de los tiempos verbales. Sus formas, en el participio pasado, son en su mayoría irregulares.

Lo **digo** ahora.　　Lo **dije** antes.　　Ya lo **he dicho.**

Presente	Pretérito perfecto simple	Participio pasado
ir: voy, vas, va, vamos, van	fui, fuiste, fue, fuimos, fueron	**ido**: Nunca habíamos **ido** a una reserva natural.
hacer: hago, haces, hace, hacemos, hacen	hice, hiciste, hizo, hicimos, hicieron	**hecho**: Hemos **hecho** varias excursiones escolares.
decir: digo, dices, dice, decimos, dicen	dije, dijiste, dijo, dijimos, dijeron	**dicho**: Nos han **dicho** que debemos tener cuidado.
traer: traigo, traes, trae, traemos, traen	traje, trajiste, trajo, trajimos, trajeron	**traído**: Todos los estudiantes han **traído** sus tareas.
ver: veo, ves, ve, vemos, ven	vi, viste, vio, vimos, vieron	**visto**: No hemos **visto** esa película.

Inténtalo

Copia las oraciones. Rellena los espacios en blanco con la forma correcta del verbo que se indica entre paréntesis.

1 Nosotros _____ a una excursión escolar ayer. (ir)

2 Nuestra maestra _____ mapas del parque del condado. (traer)

3 En el parque hay un letrero que _____ "Cuidado con los animales". (decir)

4 Nunca habíamos _____ tantos animales salvajes. (ver)

460

El uso incorrecto de las formas y los tiempos verbales puede confundir a los lectores. Cuando corrijas tu escritura, asegúrate de haber usado las formas correctas de los verbos irregulares y de haber mantenido la secuencia de los tiempos verbales. También asegúrate de haber usado las formas correctas del verbo auxiliar *haber*.

Secuencia incorrecta	Secuencia correcta
La maestra trae un cartel de una red alimentaria ayer. Nos pide hacer una de tarea. Yo hago un dibujo de una red alimentaria para mi estanque. Mi maestra no lo ve todavía.	La maestra trajo un cartel de una red alimentaria ayer. Nos pidió hacer una de tarea. Yo hice un dibujo de una red alimentaria para mi estanque. Mi maestra no lo ha visto todavía.

 ## Relacionar la gramática con la escritura

Mientras corriges tu ensayo persuasivo, revisa con atención la forma de los verbos irregulares y corrige los errores que encuentres. Usar las formas correctas de los verbos es una parte importante de escribir bien.

ESTÁNDARES COMUNES W.4.1a introduce a topic, state an opinion, and create an organizational structure; W.4.1b provide reasons supported by facts and details; W.4.1c link opinion and reasons using words and phrases; W.4.1d provide a concluding statement or section; L.4.3a choose words and phrases to convey ideas precisely

Escritura de opinión

Taller de lectoescritura: Revisar

☑ **Ideas** En un **ensayo persuasivo,** los buenos escritores enfocan el texto presentando una opinión clara. Mientras revisas tu ensayo persuasivo, incluye razones sólidas y apóyalas con datos y ejemplos. Conecta tus opiniones y razones con frases y palabras como *por ejemplo* y *además.* Asegúrate de terminar con un enunciado de conclusión en el que vuelvas a expresar tu opinión.

Julio reemplazó las palabras que tenían poco significado con palabras más específicas. Luego, agregó frases para conectar las opiniones y las razones. También agregó una oración convincente de conclusión.

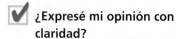

Lista de control del proceso de escritura

Preparación para la escritura

Hacer un borrador

▶ **Revisar**

☑ ¿Expresé mi opinión con claridad?

☑ ¿La apoyé con razones, datos y ejemplos?

☑ ¿Usé palabras efectivas y específicas para que mis puntos sean persuasivos?

☑ ¿Usé los verbos irregulares correctamente?

Corregir

Publicar y compartir

Borrador revisado

Una razón por la que deberíamos

~~Nuestra clase debería~~ tener un terrario

^ es que

de hormigas ~~porque~~ las hormigas son

^

fascinantes Por ejemplo,

~~interesantes.~~ En proporción a su tamaño son

^   ^

Además,

más fuertes que los elefantes. Tienen una

^

estructura social compleja. Las hormigas

construir

trabajan juntas para ~~hacer~~ sus nidos y

^

conseguir sus alimentos. También cuidan de la

reina.

¡Un terrario de hormigas para la clase sería una gran idea porque aprenderíamos sobre las hormigas y sobre el trabajo en equipo!

Por qué el Salón 6 necesita un terrario de hormigas

por Julio Cordoza

En la escuela primaria Chadbourne, una regla dice "se prohíben las mascotas en el salón de clases". Es razonable. Muchas personas son alérgicas a animales como los hámsteres y los conejos. ¿Pero no sería maravilloso si pudiéramos tener en el salón una mascota a la que nadie sea alérgico? Así lo creen los estudiantes del Salón 6. Por eso queremos tener un terrario de hormigas.

Una razón por la que deberíamos tener un terrario de hormigas es que las hormigas son fascinantes. Por ejemplo, en proporción a su tamaño, son más fuertes que los elefantes. Además, tienen una estructura social compleja. Las hormigas trabajan juntas para construir sus nidos y conseguir sus alimentos. También cuidan de la reina. ¡Un terrario de hormigas para la clase sería una gran idea porque aprenderíamos sobre las hormigas y sobre el trabajo en equipo!

Leer como escritor

¿Qué palabras usó Julio para conectar su opinión con las razones de su opinión? ¿Cómo puedes unir tus opiniones con las razones?

En mi trabajo final, reemplacé las palabras dudosas o imprecisas con otras más convincentes y específicas. También me aseguré de usar los verbos irregulares correctamente.

Lee el artículo "¡Incendios forestales!". Mientras lees, detente y responde las preguntas usando evidencia del texto.

¡Incendios forestales!

Los incendios forestales son grandes fuegos que se propagan sin control por el terreno. Suelen producirse en zonas deshabitadas. Cada año, ocurren alrededor de 100,000 incendios forestales en Estados Unidos.

> El prefijo *des-* que aparece delante de las palabras significa "no". ¿Qué crees que significa la palabra *deshabitadas*?

Un verano escalofriante

Durante el verano de 1988, los incendios forestales arrasaron el Parque Nacional Yellowstone. En cuatro meses, los incendios quemaron más de 793,000 acres de tierra, es decir, el 36% del parque.

¿Por qué los incendios de 1988 produjeron tantos daños? Por un lado, ese verano fue muy seco. De hecho, fue el verano más seco del que se tenga registro en Yellowstone. Para peor, el tiempo estaba caluroso y ventoso. Las condiciones del tiempo hicieron que el fuego se expandiera rápidamente.

Los incendios de Yellowstone comenzaron en junio con algunos incendios pequeños. Al principio, las personas y los edificios no corrían peligro, por lo que los encargados del parque decidieron dejar que los incendios se extinguieran solos.

No apagar un incendio pequeño puede ser bueno para la tierra. Los incendios quitan las plantas muertas del terreno para que puedan crecer plantas nuevas. Los pinos contorta cubren casi el 80% de la superficie arbolada de Yellowstone. Estos árboles necesitan el intenso calor que provocan los incendios para abrir sus piñas y liberar las semillas. Solo después de eso pueden comenzar a crecer nuevos árboles. Generalmente, los incendios no dañan las raíces de la hierba y las flores, que están bajo tierra. Las plantas vuelven a crecer rápidamente.

ESTÁNDARES COMUNES — **RI.4.4** determine the meaning of general academic and domain-specific words and phrases; **RI.4.3** explain events/procedures/ideas/concepts in a text; **RI.4.5** describe the overall structure of a text or part of a text; **RI.4.8** explain how an author uses reasons and evidence to support points

Con el tiempo, sin embargo, los incendios que se producían en Yellowstone durante ese verano se hicieron demasiado grandes. Comenzaron cuarenta y dos nuevos incendios debido a la caída de rayos. Las personas que no eran cuidadosas con los fósforos y las fogatas causaron nueve más. No todos los incendios se iniciaron dentro del parque, pero todos se expandieron rápidamente por él. Los incendios se diseminaron y algunos más pequeños se unieron y formaron incendios más grandes. Un cambio en la dirección del viento podía cambiar en poco tiempo la dirección en la que se movía el incendio.

El humo de los incendios de Yellowstone formó una nube que se elevó a miles de pies en el aire. Llovía ceniza en millas a la redonda. En Cooke City, una ciudad cercana, alguien con buen sentido del humor agregó la letra "d" al final de "Cooke" en el cartel de la entrada de la ciudad. Así se formó "Cooked City", que en inglés significa "Ciudad cocinada". Sin embargo, la situación no era para nada divertida.

Los bomberos locales no podían apagar tantos incendios sin ayuda. Llegaron equipos de bomberos de todo el país para ayudar, pero la tarea seguía siendo imposible. Al final, la campaña incluyó a 25,000 personas y costó $120 millones. Pero fueron la lluvia y la nieve las que pusieron fin a los incendios en septiembre.

 ¿Qué estructura le dio el autor a esta sección del artículo? Haz una lista de algunas palabras y frases que señalan la estructura.

Bomberos especializados en incendios forestales

Quizás hayas visto fotos o videos de los bomberos de una ciudad dirigiéndose rápidamente a edificios en llamas. Estos bomberos usan ropa gruesa que los protege de las llamas y los escombros que pueden caer. Los bomberos especializados en incendios forestales no usan el mismo tipo de equipamiento que los bomberos de las ciudades. Tienen uniformes y herramientas diferentes.

El trabajo del bombero especializado en incendios forestales es difícil. Los bomberos tienen que talar árboles y quitar maleza. Hacen zanjas para evitar que los incendios se expandan. Si usaran ropa gruesa y abrigada, la temperatura de su cuerpo aumentaría hasta niveles peligrosos.

Para resolver este problema, los científicos han inventado equipamientos especiales para los bomberos especializados en incendios forestales. Su ropa está hecha con una tela liviana especial. También llevan tiendas de campaña hechas con una lámina especial que refleja el calor y lo aleja de la tienda. Un bombero que se protege en este refugio de emergencia puede sobrevivir a un incendio de temperaturas superiores a los 1,000 °F.

 ¿Qué nuevos tipos de equipamiento desarrollaron los científicos para los bomberos especializados en incendios forestales? ¿Por qué lo hicieron?

Los bomberos paracaidistas son bomberos especiales que trabajan en zonas remotas. Hay una base de bomberos paracaidistas del Servicio forestal en West Yellowstone. Los bomberos paracaidistas viajan rápidamente en avión, helicóptero, en un vehículo terrestre o a pie a los lugares donde se producen incendios. Están bien entrenados y deben tener un buen estado físico. También deben ser valientes. Eso se debe a que su trabajo es lanzarse en paracaídas desde los aviones y aterrizar cerca de los incendios.

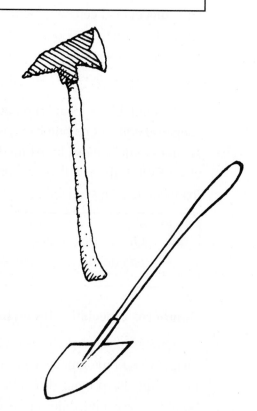

Después de que aterrizan, les arrojan las herramientas, el alimento y el agua que necesitarán con un paracaídas. Luego, los bomberos paracaidistas atraviesan rápidamente terrenos irregulares, cargando hasta 115 libras de equipamiento cada uno. Se enfrentan a grandes cantidades de humo, fuego y calor. Llevan alimentos y agua suficientes para dos días. A veces se les acaban antes de haber terminado su tarea.

Combatir incendios forestales es un trabajo importante y difícil. Los hombres y las mujeres que lo hacen arriesgan su vida para salvar nuestras tierras. Todos debemos estar agradecidos a estas valientes personas.

 ¿Qué evidencia presenta el autor en este artículo para apoyar la afirmación de que combatir incendios forestales es un trabajo difícil?

466

unidad 4

✓ VOCABULARIO CLAVE

conducir

crecer

contar

fama

valer la pena

hacerse cargo

situación

merecer

defender

satisfecho

Librito de vocabulario

Tarjetas de contexto

L.4.6 acquire and use general academic and domain-specific words and phrases

468

1 conducir

Los guías que conocían bien los caminos del Oeste solían conducir, o guiar, a los viajeros.

2 crecer

El número de carretas que iban hacia el Oeste continuó creciendo en la década de 1850.

3 contar

Esta familia construyó una casa de adobe. Contaba con el material en las cercanías del lugar.

4 fama

Cuando los clientes estaban contentos con una tienda, la fama del lugar crecía rápidamente.

Aprende en línea

▶ Estudia cada Tarjeta de contexto.

▶ Separa en sílabas las palabras más largas. Usa un diccionario para comprobar tu trabajo.

5 valer la pena

Esta parcela tiene terreno fértil y acceso al agua. Vale la pena trabajarla.

6 hacerse cargo

Se aproxima un tornado. Mamá quiere que me haga cargo de nuestro plan de emergencia.

7 situación

Los carteros estaban preparados para cualquier situación ya que cabalgaban solos.

8 merecer

Los niños que trabajaban mucho en la granja merecían una recompensa.

9 defender

Los viajeros que iban al Oeste se defendían de los ataques haciendo un círculo con las carretas.

10 satisfecho

Pese a los peligros y al trabajo arduo, algunos colonos estaban satisfechos con su vida.

Leer y comprender

☑ DESTREZA CLAVE

Comparar y contrastar Para comprender mejor un cuento, **comparar** y **contrastar** las palabras, las acciones y los pensamientos de los personajes puede resultarte útil. Mientras lees *Un caballo llamado Libertad*, compara y contrasta los diferentes personajes. Busca sus semejanzas y sus diferencias. Presta mucha atención a la evidencia del texto que muestra lo que dicen, lo que hacen y lo que piensan los personajes en distintas partes del cuento. Usa un organizador gráfico como el siguiente para comparar y contrastar los personajes.

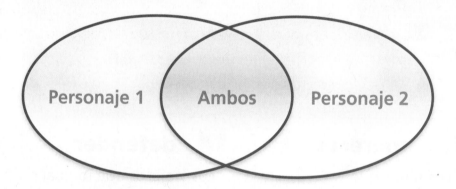

Personaje 1   Ambos   Personaje 2

☑ ESTRATEGIA CLAVE

Verificar/Aclarar Mientras lees *Un caballo llamado Libertad*, recuerda **verificar** o buscar las palabras o las ideas que no tengan sentido. Si encuentras algo confuso, haz una pausa para **aclarar** el texto o poner en claro la idea. Por ejemplo, puedes intentar volver a leer la parte del texto que te resultó confusa.

 RL.4.3 describe a character, setting, or event, drawing on details; **RF.4.4c** use context to confirm or self-correct word recognition and understanding

Las contribuciones individuales

Durante toda la historia de Estados Unidos, hubo personas que hicieron contribuciones importantes para la nación. Algunas, como Abraham Lincoln, son famosas. Otras son personas comunes que ayudaron a Estados Unidos a crecer gracias a la determinación y el trabajo arduo. Los cocheros de las diligencias, por ejemplo, ayudaban a las personas a atravesar largas distancias por territorios peligrosos en el siglo XIX. Antes de que se inventaran los trenes y los automóviles, los cocheros de las diligencias se ocupaban de llevar sanos y salvos a sus pasajeros por caminos de tierra llenos de pozos y puentes desvencijados.

Un caballo llamado Libertad cuenta la historia de Charlotte Parkhurst, una joven muy decidida que conduce una diligencia a mediados del siglo XIX. Verás cómo Charlotte enfrenta las adversidades para realizar con éxito un trabajo que hasta ese momento solo habían realizado hombres.

Lección 16

TEXTO PRINCIPAL

✓ DESTREZA CLAVE

Comparar y contrastar
Examina en qué se parecen y en qué se diferencian los personajes.

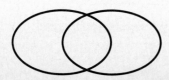

✓ GÉNERO

Una **ficción histórica** es un cuento ambientado en el pasado y cuenta sobre personas, lugares y sucesos que ocurrieron de verdad o que podrían haber ocurrido. Mientras lees, busca:

▶ un entorno compuesto por un momento real y un lugar real del pasado y

▶ detalles que muestren que la historia sucedió en el pasado.

ESTÁNDARES COMUNES **RL.4.3** describe a character, setting, or event, drawing on details; **RL.4.4** determine the meaning of words and phrases, including those that allude to characters in mythology; **RL.4.10** read and comprehend literature

Aprende en línea

CONOCE A LA AUTORA
Pam Muñoz Ryan

Para investigar *Un caballo llamado Libertad*, Pam Muñoz Ryan recuerda: "Yo quería viajar por un camino polvoriento con surcos profundos, por colinas ondulantes". Encontró un parque de diversiones que ofrecía dar vueltas en diligencias antiguas. Ahí viajó en uno de esos carruajes, se sentó junto al conductor y hasta llevó las riendas de los caballos. *Un caballo llamado Libertad* ganó el premio nacional Willa Cather.

CONOCE AL ILUSTRADOR
Marc Scott

Marc Scott sabe mucho sobre ilustrar una escena llena de acción. Además de trabajar en libros sobre la pesca de ballenas y sobre minería, ha realizado ilustraciones para videojuegos basadas en la Serie Mundial de béisbol, en el esquí acrobático y en la película *La guerra de las galaxias*.

Un caballo llamado Libertad

por Pam Muñoz Ryan

selección ilustrada por Marc Scott

PREGUNTA ESENCIAL

¿Qué cualidades tienen las personas exitosas?

A mediados del siglo XIX, cuando a la mayoría de las mujeres no se les permitía trabajar, Charlotte Parkhurst se disfrazaba de hombre para poder trabajar con caballos. Se hacía llamar "Charley" y mantenía en secreto su verdadera identidad. Años más tarde, "Charley" se mudó de Rhode Island a una región cerca de Sacramento, California. Allí, junto con sus amigos James y Frank, se ganaba la vida conduciendo diligencias tiradas por caballos. De pronto, un terrible accidente la dejó parcialmente ciega. Ahora, con tan solo un ojo, Charlotte debe volver a aprender a conducir carretas.

A l día siguiente, la diligencia se volcó, pero Charlotte pudo saltar a tiempo. ¿Qué estaba haciendo mal? Sabía conducir una carreta de caballos. No necesitaba practicar con los caballos ni las riendas. Los conocía perfectamente. Lo que no conocía era su ojo. Debía entrenar su ojo sano, aprender a usarlo de nuevo.

de que charlette se disfrazo de hombre porque las señoras no podian trabajar

que charlett
trabajaba con 2
caballos con
1 ojo pareve
el ojo no podia
Ver.

ANALIZAR EL TEXTO

ficción histórica ¿Cuál es el entorno
? ¿Cómo puede influir el entorno en
s del cuento?

Charlotte fue aumentando poco a poco el tamaño de
la diligencia. Primero con dos caballos, luego con cuatro y,
finalmente, con seis. Llevaba toda la vida superándose a sí
misma y no pensaba detenerse. Ni siquiera le importaba que
Frank y James se enteraran de lo que hacía.

"No me importa que me vean intentarlo", pensó.

Aprendió los diferentes sonidos de los cascos de los
caballos en distintos tipos de caminos. Si el camino tenía
una superficie dura, los cascos sonaban de forma grave,
retumbaban. Si la superficie era blanda, el sonido era sordo
y opaco. Contaba con que su ojo sano sustituiría al ojo que
había perdido. Confiaba en sus sentidos. Especialmente en el
sexto sentido que tenía con los caballos.

Charlotte condujo la diligencia una y otra vez por la ruta
y memorizó cada piedra y cada árbol. Se fijó un objetivo: si
conseguía terminar diez viajes de ida y vuelta sin problemas,
sabría que era tan buena como cualquier otro cochero.
Después, solamente tendría que convencer a Frank y a James.

Después del décimo viaje sin problemas, Charlotte fue a hablar con James:

—Quiero tomar la ruta que pasa por el río.

—Charley, ya sabes. Frank y yo pensamos…

—Acompáñame, y si crees que no puedo hacerlo, no te volveré a molestar —dijo Charlotte.

—¿Qué dirán los viajeros del parche que tienes sobre el ojo? —preguntó James.

—Diles que es para asustar a los bandidos. No sabrán que es mentira.

—No sé…

Charlotte defendió sus ideas.

—Ya conoces mi buena fama. He viajado hasta aquí. La única razón por la que vine a California es para conducir diligencias. Y vine porque ustedes me lo pidieron. Sabes que he estado practicando. Todo lo que te pido es que recuerdes cómo conducía antes. No te lo pediría si no supiera que puedo volver a hacerlo.

A regañadientes, James dijo:

—En cuanto vea que no puedes manejar la situación, yo tomaré las riendas.

—Yo te diré si necesito ayuda. No te entrometas, a no ser que yo te lo pida.

—De acuerdo —dijo James.

—¿Mañana?

—Mañana, si el tiempo se mantiene así.

—No voy a ser un cochero de buen tiempo —dijo Charlotte—. Quiero guiar como siempre, como los demás cocheros.

—Bueno, supongo que te lo mereces. Mañana salimos, llueva o truene.

Fue una de esas tormentas en que la lluvia cae torrencialmente, pero la diligencia tenía prevista su partida. El coche estaba repleto de pasajeros, equipaje y sacos de correo que tenían que llegar a su destino. Después de asegurar el equipaje, Charlotte ya estaba completamente empapada. James, que cargaba una escopeta, iba a su lado.

El viento arreciaba y la lluvia llegaba de todas partes. James parecía nervioso.

—¡Charley, no puedo ni ver el camino! —gritó.

—¡Bueno, entonces es bueno que yo me haga cargo, porque puedo olerlo y escucharlo! —gritó Charlotte.

James se recostó en el asiento mientras la diligencia se adentraba en la tormenta. El lodo llegaba hasta la mitad de las ruedas, pero Charlotte supo encontrar el camino.

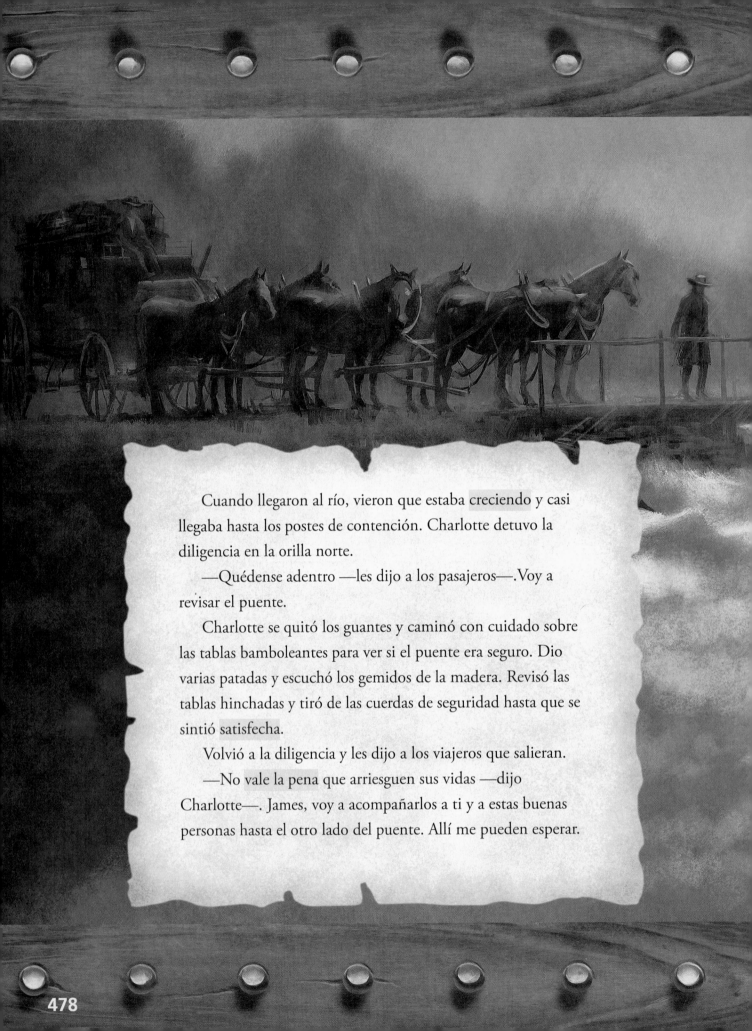

Cuando llegaron al río, vieron que estaba creciendo y casi llegaba hasta los postes de contención. Charlotte detuvo la diligencia en la orilla norte.

—Quédense adentro —les dijo a los pasajeros—. Voy a revisar el puente.

Charlotte se quitó los guantes y caminó con cuidado sobre las tablas bamboleantes para ver si el puente era seguro. Dio varias patadas y escuchó los gemidos de la madera. Revisó las tablas hinchadas y tiró de las cuerdas de seguridad hasta que se sintió satisfecha.

Volvió a la diligencia y les dijo a los viajeros que salieran.

—No vale la pena que arriesguen sus vidas —dijo Charlotte—. James, voy a acompañarlos a ti y a estas buenas personas hasta el otro lado del puente. Allí me pueden esperar.

Pero un caballero corpulento se negó a bajar.

—Prefiero arriesgarme dentro del coche —dijo.

—No en mi diligencia —dijo Charlotte.

—Estoy acostumbrado a la aventura, joven —replicó.

—El puente no soportará más peso y no estoy dispuesto a perder a mi primer pasajero en este río. Así que o sale o yo lo ayudaré a salir.

Todavía refunfuñando, el hombre se bajó de mala gana.

Bajo la lluvia cegadora, Charlotte condujo a los pasajeros en grupos pequeños hasta el otro lado del puente. Cuando estuvieron a salvo en la otra orilla, volvió a buscar la diligencia.

ANALIZAR EL TEXTO

Personificación Los autores a veces usan un tipo de metáfora llamada **personificación**. La personificación otorga características humanas a objetos inertes. Busca un ejemplo de personificación en las páginas 478 y 479 y explica su significado.

Subió de nuevo al pescante. Un trueno retumbó cerca. Supo lo que iba a pasar y sujetó con fuerza las riendas mientras esperaba el relámpago. Cayó a una milla de distancia, pero ella mantuvo bien sujetos a los caballos. Confiando en sus instintos, avanzó por el puente con extremada lentitud. Las tablas crujían mientras las ruedas de hierro traqueteaban sobre ellas. Los viajeros se apiñaban y miraban ansiosamente desde la otra orilla. Por debajo, a pocos pies, el río corría vertiginosamente.

El puente se meció y los caballos se agitaron y relincharon. Con un chasquido, la diligencia quedó en medio del puente.

Charlotte mantenía la vista en la otra orilla.

Oía los crujidos y gemidos de la madera desgastada que significaban que el puente se estaba desmoronando.

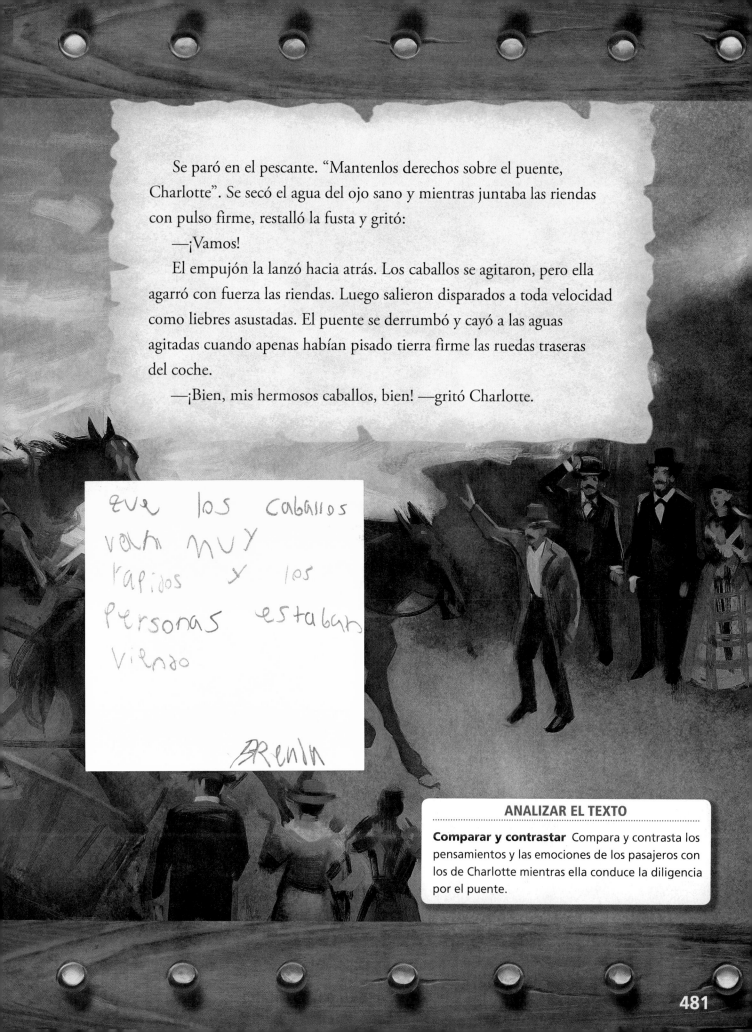

Se paró en el pescante. "Mantenlos derechos sobre el puente, Charlotte". Se secó el agua del ojo sano y mientras juntaba las riendas con pulso firme, restalló la fusta y gritó:

—¡Vamos!

El empujón la lanzó hacia atrás. Los caballos se agitaron, pero ella agarró con fuerza las riendas. Luego salieron disparados a toda velocidad como liebres asustadas. El puente se derrumbó y cayó a las aguas agitadas cuando apenas habían pisado tierra firme las ruedas traseras del coche.

—¡Bien, mis hermosos caballos, bien! —gritó Charlotte.

eve los caballos
van muy
rapidos y los
personas estaban
viendo

Brenla

ANALIZAR EL TEXTO

Comparar y contrastar Compara y contrasta los pensamientos y las emociones de los pasajeros con los de Charlotte mientras ella conduce la diligencia por el puente.

Los viajeros corrieron hacia la diligencia gritando alborotados, mientras Charlotte tranquilizaba a los caballos.

—¡Nos podríamos haber caído todos al río! —gritó una mujer.

—¡El corazón me va a estallar! —exclamó un hombre al reunirse con los demás.

—¡Nos habríamos ahogado!

—¡Ese muchacho me salvó la vida! —dijo el caballero que al principio se había negado a abandonar la diligencia.

Y por la forma en que hablaban y la manera en que James asentía con la cabeza, Charlotte supo que nunca más dudarían de que ella podía guiar una diligencia.

Ahora analiza

Cómo analizar el texto

Usa estas páginas para aprender acerca de Comparar y contrastar, Ficción histórica y Personificación. Luego, vuelve a leer *Un caballo llamado Libertad* para aplicar lo que has aprendido.

Comparar y contrastar

Un caballo llamado Libertad es un cuento de ficción histórica sobre una joven que supera muchos desafíos para alcanzar su objetivo de convertirse en cochera de una diligencia. Para comprender mejor el cuento, **compara** y **contrasta** los dos personajes principales: Charlotte y James. Piensa en cómo es cada personaje. Presta atención a la evidencia del texto sobre lo que piensan, lo que dicen y lo que hacen los personajes.

Un organizador gráfico como el siguiente te ayudará a encontrar las semejanzas y las diferencias entre los personajes. ¿Qué cualidades tienen en común Charlotte y James? ¿Cuáles de sus cualidades son diferentes?

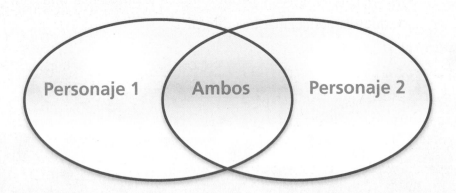

Personaje 1 — Ambos — Personaje 2

RL.4.3 describe a character, setting, or event, drawing on details; **RL.4.4** determine the meaning of words and phrases, including those that allude to characters in mythology; **L.4.5a** explain the meaning of similes and metaphors in context

Género: ficción histórica

Un buen cuento de **ficción histórica** brinda a los lectores una imagen vívida del momento y del lugar en los que está ambientada la historia. Los autores de ficción histórica deben describir cuidadosamente los personajes, los sucesos y el entorno para que sean creíbles. En *Un caballo llamado Libertad,* busca detalles sobre las diligencias y otros objetos que sean característicos de esa época y te permitan describir el entorno.

Personificación

Una **metáfora** es una comparación colorida que describe una cosa como si fuera otra. Por ejemplo, "el viento es un monstruo" es una metáfora. La **personificación** es un tipo de metáfora que otorga características humanas a un objeto inerte. Si un autor escribe que "la lluvia bailaba claqué en el tejado", no quiere decir que la lluvia es una bailarina. En realidad, usa la personificación para ayudar a los lectores a "oír" los fuertes golpes de las gotas de lluvia sobre el tejado.

Es tu turno

mí **Escritura genial**

Turnarse y comentar

Repasa *Un caballo llamado Libertad* con un compañero y prepárate para responder esta pregunta: *¿Qué cualidades tienen las personas exitosas?* Asegúrate de apoyar tus respuestas con evidencia de la selección sobre los pensamientos, las palabras y las acciones de los personajes.

 Comentar en la clase

Para continuar comentando *Un caballo llamado Libertad*, explica tus respuestas a estas preguntas:

1 ¿Qué sabes sobre Charlotte a partir de la forma en la que resuelve el problema que tiene en el ojo?

2 ¿Crees que está bien que Charlotte oculte su verdadera identidad?

3 ¿Qué consejos puede dar Charlotte a otras personas sobre alcanzar sus objetivos en la vida?

ROBAR LA ESCENA

Comparar una interpretación y un texto Trabaja en un grupo pequeño para elegir una escena de la historia. Ensayen la escena y, luego, interprétenla frente a sus compañeros. Después, compara con el grupo la interpretación y el texto escrito. Comenta cómo los actores interpretaron los sucesos y los detalles específicos que se describen en la selección.

ESCRIBE SOBRE LO QUE LEÍSTE

Respuesta Para poder conducir una diligencia, Charlotte debe mantener en secreto su identidad femenina. ¿Qué te indica esto acerca de la actitud de las personas hacia las mujeres a mediados del siglo xix? Escribe un párrafo en el que compares la actitud de las personas hacia las actividades que podían realizar las mujeres en esa época y la actitud hacia las actividades que pueden realizar hoy en día. Usa evidencia del texto para apoyar tus ideas.

Sugerencia para la escritura

Expresa con claridad la idea principal al principio del párrafo. Usa detalles del texto y tus conocimientos sobre la vida actual para apoyar tu idea.

Aprende en línea

ESTÁNDARES COMUNES

RL.4.3 describe a character, setting or event, drawing on details; **RL.4.7** make connections between the text and a visual or oral presentation of it; **W.4.9a** apply grade 4 Reading standards to literature; **W.4.10** write routinely over extended time frames and shorter time frames; **SL.4.1a** come to discussions prepared/explicitly draw on preparation and other information about the topic

Lección 16

TEXTO INFORMATIVO

☑ GÉNERO

Un **texto informativo,** como este **artículo de enciclopedia en línea,** da información objetiva sobre un tema.

☑ ENFOQUE EN EL TEXTO

Medios de comunicación digitales Internet brinda acceso a diversos medios de comunicación, como el artículo que se incluye aquí. Muchos sitios web cuentan con opciones que permiten ver videos, escuchar lo que se describe, hacer preguntas, emitir opiniones o agregar información. ¿Cuál es el propósito del mensaje de correo electrónico de la página 490?

RI.4.7 interpret information presented visually, orally, or quantitatively; **RI.4.10** read and comprehend informational texts; **RF.4.4a** read on-level text with purpose and understanding

Archivo   Editar   Ver   Favoritos

Historia de Texas: En línea

Spindletop

Noticias • Publicaciones • Enseñanza • Acontecimientos

En la década de 1890, Texas producía poco petróleo. Pero un hombre arriesgado pensó que valía la pena hacer un estudio más detenido de la zona este de Texas. En 1892, Pattillo Higgins, un geólogo autodidacta, empezó a perforar en busca de petróleo. Perforó cerca de Beaumont, Texas, en una colina llamada Spindletop Hill. Spindletop era una cúpula salina, que es una colina formada por la elevación de sales minerales subterráneas. Las primeras perforaciones de Higgins no dieron resultado. Su situación financiera no era buena, así que contrató al capitán Anthony F. Lucas para que se hiciera cargo.

Búsqueda

PETRÓLEO: Spindletop

El géiser de Lucas

Lucas era un geólogo destacado, que tenía fama de experto en cúpulas salinas. Empezó a hacer perforaciones en Spindletop en 1899. Al principio, él tampoco tuvo suerte y el dinero con el que contaba se estaba agotando. Lucas llevaba a hombres de negocios a Beaumont, con la esperanza de que invirtieran en el pozo. La mayoría creía que no se merecía la ayuda, pero Lucas defendió sus ideas sobre las cúpulas salinas y el petróleo. Finalmente, unos inversionistas se convencieron de que su proyecto valía la pena y llegaron los fondos.

En la mañana del 10 de enero de 1901, el equipo de Lucas perforó a una profundidad de 1,139 pies . . . y encontró petróleo. "El géiser de Lucas", como llegó a conocerse, lanzó petróleo a más de 150 pies de altura. Con el tiempo, produciría 100,000 barriles por día. Hasta ese momento, pocos pozos petroleros de Texas habían producido más de 25 barriles por día.

El pozo Spindletop, 1901

PETRÓLEO: Industria

Origen de una industria

Spindletop era el pozo petrolero más grande que se había visto en el mundo. El vecino Beaumont se transformó en uno de los primeros pueblos en auge por el petróleo. Su población de 10,000 habitantes se triplicó en tres meses y creció finalmente hasta alcanzar los 50,000. Hoy en día, Spindletop se conoce como el lugar de origen de la industria petrolera moderna.

Agradecemos los aportes de nuestros lectores. Por favor, envíennos sus comentarios por correo electrónico.

De: TCastillo@beaumont.net
A: webmaster@texashistoryonline.com
CC:

Asunto: Spindletop

Estimado equipo de Historia de Texas en línea:
    Les envío un dato interesante que aprendí. Apenas dos años después del acontecimiento en Spindletop, en el área de Beaumont había más de 600 compañías petroleras, con 285 pozos productores de petróleo. ¡Algunas de esas compañías petroleras todavía existen!
    Gracias por el artículo.

Taylor Castillo
4.º grado
Escuela de Beaumont Hill

Spindletop

Comparar el texto

DE TEXTO A TEXTO

Comparar y contrastar Charlotte Parkhurst, Pattillo Higgins y Anthony Lucas enfrentaron desafíos. ¿En qué se parecen los desafíos que enfrenta Charlotte Parkhurst a los que enfrentan Pattillo Higgins (a la derecha) y Anthony Lucas en Texas? ¿En qué se diferencian? Usa evidencia del texto de cada selección.

EL TEXTO Y TÚ

Escribir una carta Imagina que viajas hacia atrás en el tiempo hasta mediados del siglo XIX. ¿Qué diferencias notas entre tu vecindario de ahora y el del pasado? Escribe una carta a un amigo en la que compares y contrastes los dos entornos.

EL TEXTO Y EL MUNDO

Conectar con los Estudios Sociales En *Un caballo llamado Libertad,* Charlotte Parkhurst supera un desafío físico para continuar haciendo lo que le encanta. Trabaja en grupo para identificar a una persona famosa de la que hayas oído hablar o que haya hecho algo parecido. Comenta sus experiencias con tus compañeros.

Aprende en línea

ESTÁNDARES COMUNES **RL.4.1** refer to details and examples when explaining what the text says explicitly and when drawing inferences; **RI.4.1** refer to details and examples when explaining what the text says explicitly and when drawing inferences; **W.4.10** write routinely over extended time frames and shorter time frames; **SL.4.1a** come to discussions prepared/explicitly draw on preparation and other information about the topic

Gramática

¿Qué es un adjetivo? Un **adjetivo** es una palabra que da información sobre un sustantivo. Algunos adjetivos describen una *cualidad* y se llaman **calificativos.** Generalmente van después del sustantivo, aunque también pueden ir delante de él. Otros adjetivos indican *cantidad* y se llaman **determinativos.** Siempre se escriben antes del sustantivo.

Calificativo	Determinativo
Charlotte se valía de su ojo sano.	Ella hizo diez recorridos sin problemas.

Los adjetivos también muestran *origen*. Estos adjetivos se llaman **adjetivos gentilicios.**

origen

Patillo Higgins era un geólogo estadounidense.

Inténtalo **Con un compañero, halla los adjetivos que describen a los sustantivos subrayados. Identifica los adjetivos que indican cualidad o cantidad.**

1 Charlotte era una <u>conductora</u> valiente.

2 Ató dos <u>caballos</u> cansados al amarradero.

3 Dejó tres <u>caballos</u> en el establo al <u>cuidado</u> atento de su amigo.

4 La <u>mujer</u> joven entró al <u>consultorio</u> limpio del médico.

5 Quería que el médico le revisara el <u>ojo</u> lastimado.

Para que tu escritura sea fluida, puedes combinar oraciones cambiando de lugar algunos adjetivos. Si dos oraciones cortas tratan sobre el mismo sustantivo, mueve el adjetivo de una oración a la otra y combina las oraciones. Asegúrate de colocar el adjetivo antes o después del sustantivo, según corresponda.

Oraciones breves y cortadas

Los caballos salvajes trotaban por el camino polvoriento.

Había cinco caballos.

Oración más larga y fluida

Los cinco caballos salvajes trotaban por el camino polvoriento.

 ## Relacionar la gramática con la escritura

Mientras revisas tu párrafo descriptivo, busca oraciones breves y cortadas en las que se repita un sustantivo. Intenta combinarlas cambiando de lugar los adjetivos. Asegúrate de colocar los adjetivos en el lugar correcto.

W.4.3a orient the reader by establishing a situation and introducing a narrator or characters/organize an event sequence; **W.4.3b** use dialogue and description to develop experiences and events or show characters' responses; **W.4.3c** use transitional words and phrases to manage the sequence of events; **W.4.3d** use concrete words and phrases and sensory details

Escritura narrativa

✓ **Ideas** En *Un caballo llamado Libertad*, la autora usa **palabras concretas** y **detalles sensoriales** para que sus descripciones sean claras y vívidas. Mientras revisas tu **párrafo descriptivo**, usa un lenguaje claro y colorido para que tus descripciones sean más gráficas. Añade palabras de transición para que la secuencia de sucesos sea clara.

Claire hizo el borrador de un párrafo descriptivo sobre un viaje en autobús durante una tormenta. Luego, volvió a leer su borrador y añadió algunas palabras concretas y detalles sensoriales. También aclaró la situación sobre la que estaba escribiendo y añadió algunas palabras de transición.

Lista de control de la escritura

✓ **Ideas**

¿Expliqué claramente la situación en la que ocurrió mi escena?

✓ **Organización** ¿Todos mis detalles son acerca de un suceso principal?

✓ **Elección de palabras** ¿Usé palabras concretas y detalles sensoriales?

✓ **Voz** ¿Indiqué cómo es estar en el lugar que describí?

✓ **Fluidez de las oraciones** ¿Combiné las oraciones breves o cortadas y usé palabras de transición?

✓ **Convenciones** ¿Usé las reglas de ortografía, gramática y puntuación correctamente?

Borrador revisado

¡Pum! El trueno ~~fue realmente fuerte.~~ sonó como una explosión de dinamita

Todos los que íbamos en el autobús gritamos y, entonces, los niños más grandes empezamos a reír. Después, Algunos de los pequeños rompieron a llorar. en llanto ~~Estaban asustados.~~ De repente, la lluvia empezó a golpetear sobre el techo. Golpeaba cada vez más fuerte. , como un redoble de tambor

494

Un viaje para recordar

por Claire Amaral

¡Pum! El trueno sonó como una explosión de dinamita. Todos los que íbamos en el autobús gritamos y, entonces, los niños más grandes empezamos a reír. Después, algunos de los pequeños, asustados, rompieron en llanto. De repente, la lluvia empezó a golpetear sobre el techo. Golpeaba cada vez más fuerte, como un redoble de tambor. Mi ventanilla se empañó y, abajo, en el frente, los limpiaparabrisas se sacudían hacia un lado y hacia el otro como un director de orquesta que lleva el ritmo de alguna música súper rápida.

Cuando se detuvo el autobús y se abrió la puerta, el agua de la calle llegaba hasta el borde de la acera. Los niños que se bajaban en las primeras paradas tenían que saltar hasta la acera. ¡Por una vez, me alegré de ser la última en bajar!

Leer como escritor

¿Qué te permite ver y oír el texto de Claire? ¿Dónde puedes añadir palabras descriptivas en tu propio texto? ¿Dónde puedes añadir palabras de transición para hacer que la secuencia de sucesos sea más clara?

En mi trabajo final, aclaré el lugar donde sucede la historia. Cambié de lugar un adjetivo para combinar dos oraciones. Reemplacé algunas palabras imprecisas por palabras específicas y coloridas.

495

✓ VOCABULARIO CLAVE

**recompensar
graduarse
símbolo
adopción
desobedecer
confianza
pacientemente
confesar
ceremonia
realizar**

Librito de vocabulario · Tarjetas de contexto

Animales
que ayudan a la gente

ESTÁNDARES COMUNES

L.4.6 acquire and use general academic and domain-specific words and phrases

496

Vocabulario en contexto

① recompensar

Muchas mascotas quieren recompensar con afecto el cuidado de sus dueños.

② graduarse

Algunos perros logran graduarse en las escuelas de entrenamiento.

③ símbolo

La correa, para algunos perros, puede ser un símbolo de diversión al aire libre.

④ adopción

Algunos perros de servicio viven con cuidadores un tiempo hasta que alguien los toma en adopción.

Aprende en línea

▶ Estudia cada Tarjeta de contexto.

▶ Usa las claves de contexto para determinar el significado de cada palabra del Vocabulario.

5 desobedecer

Los perros bien entrenados no desobedecen las órdenes que les dan sus dueños.

6 confianza

Recompensar a un perro lo estimula y le da la confianza que necesita para progresar en su aprendizaje.

7 pacientemente

Los perros de exhibición deben esperar pacientemente su hora de participar.

8 confesar

Esta niña le confiesa a su mamá que cuidar de una mascota es un trabajo arduo.

9 ceremonia

En la ceremonia de premiación se otorgan los trofeos a los perros ganadores.

10 realizar

Este perro realiza su tarea de pastorear ovejas.

Leer y comprender

 **Aprende en línea**

☑ DESTREZA CLAVE

Secuencia de sucesos Mientras lees *El trabajo de Ivo,* observa la **secuencia,** o el orden, en que están organizados los sucesos. Algunos sucesos pueden ocurrir al mismo tiempo, pero hay sucesos que suceden después que otros. Busca fechas y palabras clave como *después, luego* y *ahora* como ayuda. Usa un organizador gráfico como el siguiente para describir la estructura general del texto.

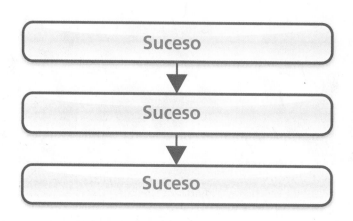

Suceso

↓

Suceso

↓

Suceso

☑ ESTRATEGIA CLAVE

Resumir Mientras lees, usa la secuencia de sucesos para **resumir,** o volver a contar brevemente, los sucesos más importantes. Debes usar tus propias palabras en el resumen para asegurarte de que comprendes las ideas y los sucesos.

 ESTÁNDARES COMUNES

RI.4.2 determine the main idea and explain how it is supported by details/summarize; **RI.4.5** describe the overall structure of a text or part of a text

498

Animales de servicio

Piensa en las cosas que haces todos los días para estar seguro, como mirar hacia ambos lados antes de cruzar la calle. Para las personas con discapacidades, mantenerse seguro puede ser un desafío. Imagina lo difícil que debe de ser cruzar una calle muy transitada para una persona que no ve.

Algunos animales pueden recibir entrenamiento para ayudar a las personas con discapacidades a hacer muchas cosas. *El trabajo de Ivo* cuenta la historia de un perro de servicio llamado Ivo. A medida que lees, verás cómo aprendió Ivo las numerosas cosas que debe saber un perro de servicio.

El trabajo de Ivo:
De perro de servicio a perro guía

☑ DESTREZA CLAVE

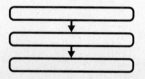

Secuencia de sucesos
Examina el orden cronológico en
el que ocurren los sucesos.

☑ GÉNERO

Una **no ficción narrativa**
cuenta sobre personas, cosas,
sucesos o lugares que son reales.
Mientras lees, busca:

▶ información objetiva que
   cuente una historia,

▶ características del texto, como
   fotografías y pies de foto, y

▶ sucesos narrados en orden
   cronológico.

CONOCE A LA AUTORA

Dorothy Hinshaw Patent

Dorothy Hinshaw Patent
siempre ha adorado a los
animales y le encanta estar al
aire libre. Cuando era niña, tenía
serpientes, ranas y peces en su
habitación. Asistió a la universidad para estudiar
Ciencias y quiso enseñar a los demás a amar
la naturaleza. Al igual que *El trabajo de Ivo: De
perro de servicio a perro guía,* su libro *El búfalo y
los indios* describe una relación estrecha entre
las personas y los animales.

CONOCE AL FOTÓGRAFO

William Muñoz

William Muñoz ha viajado por Estados Unidos
estudiando detalladamente con su cámara a
los animales y el medio ambiente. Entre los
animales que ha fotografiado están los osos
pardos, las águilas pescadoras y las águilas
blancas. Él y Dorothy Hinshaw Patent han
trabajado juntos en más de sesenta libros.

ESTÁNDARES COMUNES
RI.4.2 determine the main idea and explain
how it is supported by details/summarize;
RI.4.4 determine the meaning of general
academic and domain-specific words and phrases;
RI.4.5 describe the overall structure of a text or part of a text

Aprende
en línea

EL TRABAJO DE IVO

De perro de servicio a perro guía

por Dorothy Hinshaw Patent
fotografías de William Muñoz

¿Cómo se benefician las personas y los animales mutuamente?

Ivo nació en la granja Oso Tímido, *Shy Bear*, en Montana, junto con su hermana, Isa, y su hermano, Ian. Como todos los cachorros, los tres jóvenes perros, de raza *golden retriever*, nacieron con los ojos cerrados, las orejas aterciopeladas y un pelaje muy suave. Sin embargo, a diferencia de la mayoría de los cachorros, estos tres nacieron con un propósito especial; se espera que, antes de que cumplan dos años, se conviertan en perros de servicio, que ayudarán a personas que no pueden desplazarse por sí solas a llevar una vida más plena. Ivo, Isa e Ian pertenecen a *PawsAbilities*, una organización que entrena perros compañeros de personas con discapacidades.

Brea, la madre de los perritos, y Kathleen Decker, la coordinadora de los cachorros en adopción de *PawsAbilities*, los cuidan muy bien. Los cachorros crecen grandes y fuertes. Sus ojos y oídos se abren para poder asimilar el mundo que los rodea. Rápidamente empiezan a saltar y jugar juntos y se vuelven cada día más osados. A las cuatro semanas, Kathleen comienza a darles comida para cachorros. Antes de cumplir las seis semanas, ya no necesitan la leche de su madre. En poco tiempo dejarán este hogar.

Antes de que puedan ayudar a personas discapacitadas, los perros de servicio deben aprender a manejarse con confianza en el mundo y en cualquier situación que pueda presentárseles: ruidos fuertes, autobuses malolientes, multitudes de personas.

Cada cachorro vivirá con una persona especial llamada criador del cachorro en adopción. El cachorro se convertirá en un miembro más de la familia, donde le darán mucho amor, atención y elogios a medida que le enseñan el mundo.

A las ocho semanas de edad, aproximadamente, Ivo, Isa e Ian conocen a sus criadores. Ivo va al hogar de Sandy Welch, una maestra de sexto grado de Lolo, Montana. Sandy ya tiene su propio y hermoso *golden retriever*, Laddy Griz. Laddy e Ivo se hacen amigos rápidamente. Kathleen visita a Ivo y a Sandy un mes después para ver cómo está Ivo y para comprobar sus destrezas.

Una de las tareas más importantes que realiza un perro de servicio es recuperar cosas, por ejemplo, cuando el dueño deja caer sus llaves. Sandy ya ha estado trabajando esta destreza con Ivo, así que Kathleen lanza sus llaves y le pide a Ivo que las vaya a buscar y se las traiga. El cachorro corre, las recoge con la boca y se las devuelve a Kathleen. ¡Buenas noticias: Ivo ya está a punto de convertirse en un perro de servicio!

ANALIZAR EL TEXTO

Secuencia de sucesos Explica, en orden, los sucesos que le ocurren a Ivo en esta página.

Ivo recupera las llaves de Kathleen.

503

Desde el principio, los criadores de cachorros se reúnen para aprender cómo enseñarles todo lo que deben saber. Los cachorros tienen que aprender a acercarse o a sentarse cuando se les ordena y a caminar, sujetos con una correa, siguiendo de cerca a su dueño.

Kathleen también les enseña a presionar con la pata la señal de acceso para sillas de ruedas. El símbolo aparece sobre los botones que abren las puertas automáticamente cuando se presionan. Kathleen utiliza una tapa de plástico pegada a una vara con una tira de tela. Sobre la tapa está la señal de acceso de sillas de ruedas. Coloca una golosina para perros en el piso y la cubre con la tapa. Uno por uno, los cachorros olfatean y presionan la tapa con la nariz, intentando obtener la golosina; pero solo cuando la tocan con una pata, Kathleen alza la vara para que el cachorro reciba su recompensa.

Isa intenta descubrir cómo alcanzar la golosina que está debajo de la tapa de plástico.

Ivo se baja del autobús.

Después, el grupo va a la estación de autobuses. La empresa de autobuses le presta a *PawsAbilities* un autobús con chofer. Los cachorros practican cómo subir y bajar una y otra vez. Pasean por la ciudad y aprenden a mantenerse tranquilos en el autobús cuando se detiene y vuelve a arrancar. Hacia el final del día, pasear en autobús se ha vuelto tan natural como un viaje en carro.

Los criadores de cachorros llevan a los perros dondequiera que pueden, por ejemplo, a eventos deportivos y mercados de frutas y verduras. Cada dos semanas, el grupo se encuentra en un sitio distinto en algún lugar de la ciudad. En el centro comercial, los cachorros aprenden a no distraerse en la tienda de mascotas o con la multitud de personas que pasan. También practican cómo abrir la puerta presionando el botón que tiene el símbolo de la silla de ruedas. En la universidad, aprenden cómo jalar y abrir una puerta usando un tirador hecho con una cuerda atada a la perilla. En la biblioteca, aprenden a echarse en silencio debajo de la mesa, mientras los criadores de cachorros hojean libros. También aprenden a entrar correctamente en un ascensor, caminando junto al criador de cachorros en lugar de ir adelante o atrás. Sería peligroso si la puerta del ascensor se cerrara y atascara la correa.

Sandy lleva a Ivo a su salón de clases dos días por semana. Les explica a sus estudiantes la importancia de entrenarlo correctamente.

"Ivo debe aprender a echarse solo y permanecer así, aunque se aburra", dice. Deben dejarlo tranquilo, aunque quiera que lo acaricien, así no se distrae de su tarea. Ustedes también pueden ayudar a enseñarles a otros niños que no deben acariciar a un perro de servicio que está en su período de entrenamiento.

Ivo tiene su propio rincón en el salón, donde debe reposar sobre su alfombra tranquilamente. Si se levanta y deambula por el salón, Sandy dice con voz firme: "¡Alfombra!". Después, le dice que se siente, se eche o se quede parado. También debe aprender a estar siempre cerca de la persona a la que ayuda.

Cuando Sandy y sus estudiantes trabajan con Ivo, forman un círculo y lo llevan al centro. Después, uno de los niños lo llama. Ivo sabe que le darán una golosina si apoya la cabeza sobre el regazo del niño. Los niños se turnan para llamarlo y así lo ayudan a que aprenda a acudir cada vez que alguien lo llama. Después, le enseñan a usar la nariz para presionar el interruptor de la luz, otra tarea importante que debe aprender un perro de servicio.

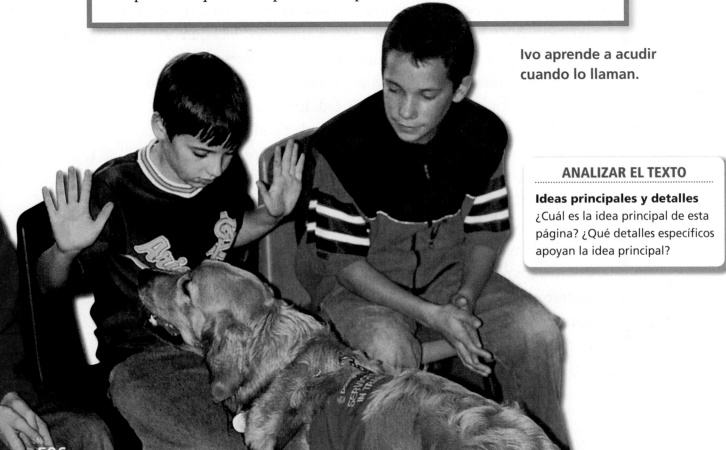

Ivo aprende a acudir cuando lo llaman.

ANALIZAR EL TEXTO

Ideas principales y detalles
¿Cuál es la idea principal de esta página? ¿Qué detalles específicos apoyan la idea principal?

Se necesita mucha práctica para que Ivo aprenda a apretar un interruptor de luz con la nariz en lugar de hacerlo con la boca.

Ivo pasea por toda la escuela y así se acostumbra a los lugares ruidosos como la cafetería y el gimnasio mientras se realizan eventos de animación. Sandy también lo lleva a otros salones de clase y les habla a otros estudiantes sobre los perros de servicio.

Cuando se aproxima el verano, los estudiantes de Sandy deben decirle adiós a Ivo. Todos los niños tienen la oportunidad de expresar lo que significó para ellos la presencia de Ivo en su salón de clases.

"Me sentí especial porque pude ayudar a entrenarlo", dice una niña.

"Nunca me habían gustado los perros antes de que llegara Ivo, pero ahora me gusta tenerlo cerca", confiesa un niño.

"Tener a Ivo en el salón fue realmente estupendo", dice otra niña.

Para recompensar a los niños por toda su ayuda, Sandy organiza una excursión a la granja Oso Tímido. Allí, los niños se turnan para confeccionar juguetes para perros, armar un álbum de recortes para el futuro compañero de Ivo, recorrer la granja y jugar con los cachorros de seis semanas de edad. Y también pueden despedirse de Ivo por última vez.

Cuando empieza el verano ya es hora de que Ivo deje a Sandy y reciba un entrenamiento más específico para perros de servicio, pero las instalaciones de entrenamiento que le han asignado no están listas todavía. Glenn Martyn, el director de *PawsAbilities*, no puede encontrar otro grupo de perros de servicio que pueda emplear a Ivo. Todos se preocupan. ¿Qué pasará? ¿Podrá Ivo aprender otra carrera?

Aunque raramente aceptan perros criados y entrenados en otro lugar, la asociación de Perros Guía para Ciegos de San Rafael, California, toma cartas en el asunto.

"Ivo tiene mucha confianza en sí mismo, lo cual es muy importante en un perro guía, así que le daremos una oportunidad", dice su coordinador, "pero tendremos que cambiarle el nombre". Cada perro que entrenamos tiene un nombre distinto y ya tenemos uno llamado Ivo. Cambiaremos la manera de escribirlo a "Ibo", así no tendrá que aprender un nombre nuevo.

Ahora Ibo debe aprender todo un conjunto de nuevas destrezas. Esto le llevará de cuatro a cinco meses. Tiene que acostumbrarse a llevar puesto un arnés para perros guía. La entrenadora, Stacy Burrow, lo ayuda a aprender muchas cosas como detenerse en las esquinas de las calles y cruzar solamente cuando el camino está despejado.

Ibo trabaja con Stacy en el campus de Perros Guía para Ciegos.

Lo más importante que debe aprender un perro guía es la desobediencia inteligente. Saber cuándo desobedecer puede permitir que un perro guía le salve la vida a su dueño. Por ejemplo, si una persona ciega le dice al perro que continúe caminando cuando un carro pasa un semáforo en rojo, el perro debe negarse a obedecer. Ibo es inteligente y aprueba con buenas notas.

ANALIZAR EL TEXTO

Vocabulario específico de un campo ¿Qué significan los términos *perro guía, instalaciones de entrenamiento, arnés para perros guía,* y *desobediencia inteligente*? ¿Cómo puedes usar las claves del contexto para descubrir los significados de estos términos?

Después del entrenamiento, Ibo es nombrado guía de Donald Simmonson, un afinador de pianos que ya había jubilado a dos perros guía cuando se volvieron demasiado viejos. Ibo y Donald trabajan juntos tres semanas en San Rafael hasta que llega el momento de graduarse.

Sandy viene desde Montana para la graduación. Se encuentra con Ibo y conoce a Donald antes de la ceremonia. Ibo y Sandy están encantados de volverse a ver, pero Ibo sabe que ahora su lugar está con Donald.

Durante la ceremonia, se anuncia el nombre de Donald. Sandy le entrega a Ibo. Ahora Ibo es el perro de Donald y ambos serán cariñosos y generosos compañeros. Sandy extrañará a Ibo, pero está feliz porque el perro ha encontrado un hogar con alguien como Donald.

En su hogar de Kennewick, Washington, Donald e Ibo siguen aprendiendo a trabajar en equipo. Grayson, el perro guía jubilado de Donald, también vive allí. Grayson e Ibo se hacen amigos y juegan juntos tal como lo hacían Ibo y Laddy.

Stacy, Sandy e Ibo esperan mientras Donald habla durante la graduación.

509

Joey acompaña a Donald y a Ibo hasta el escenario para el gran momento.

Cuando Donald sale a trabajar, Ibo lo guía. Una vez que entran en la habitación donde está el piano, Donald dice: "Ibo, busca el piano", e Ibo lo conduce hasta el instrumento. Entonces Donald se pone a trabajar e Ibo se echa a su lado, esperando pacientemente, como aprendió en el salón de clases de Sandy. Se encuentra allí para ayudar a Donald en cualquier momento que sea necesario.

"Estoy tan contento de que Ibo y yo nos hayamos encontrado", dice Donald. "Es el perro perfecto para mí".

Sandy y Donald se hacen amigos y, para darle una sorpresa, Sandy invita a Donald a la graduación de octavo grado de los niños que ayudaron a entrenar a Ibo.

La esposa de Donald, Robbie, conduce su casa rodante hasta Montana para asistir a la graduación. Después de hablar ante el público acerca de Ibo y Donald, Sandy muestra la película de la graduación de Perros Guía para Ciegos. Después anuncia que Donald e Ibo están en el auditorio y Joey, el estudiante preferido de Ibo, los acompaña hasta el escenario. Los niños están sorprendidos y encantados de ver los resultados de su arduo trabajo y el de tantas otras personas. ¡Su propio estudiante canino, Ibo, ahora es un perro guía capaz de trabajar!

El trabajo de Ivo:
De perro de servicio a perro guía

Ahora analiza

Cómo analizar el texto

Usa estas páginas para aprender acerca de Secuencia de sucesos, Ideas principales y detalles y Vocabulario específico de un campo. Luego, vuelve a leer *El trabajo de Ivo* para aplicar lo que has aprendido.

Secuencia de sucesos

Las selecciones de no ficción narrativa como *El trabajo de Ivo* cuentan una historia que sucedió en la vida real. Los sucesos se suelen contar en el orden o la **secuencia** en la que ocurren. La forma en la que está organizado el texto se denomina **estructura**. Las fechas, los números y las palabras distintivas como *después, luego* y *después del entrenamiento* indican que el texto está organizado de acuerdo con una secuencia de sucesos.

Podrás entender mejor *El trabajo de Ivo* si describes su estructura. Vuelve a leer las páginas 502 y 503. ¿Qué palabras distintivas ves? ¿Cuál es el orden de los sucesos en esas páginas?

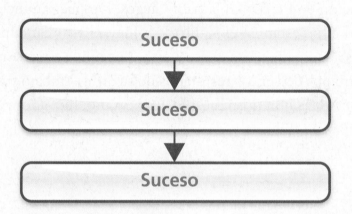

Suceso

Suceso

Suceso

ESTÁNDARES COMUNES

RI.4.2 determine the main idea and explain how it is supported by details/summarize; **RI.4.3** explain events/procedures/ideas/concepts in a text; **RI.4.4** determine the meaning of general academic and domain-specific words and phrases; **RI.4.5** describe the overall structure of a text or part of a text; **L.4.4a** use context as a clue to the meaning of a word or phrase; **L.4.6** acquire and use general academic and domain-specific words and phrases

Aprende en línea

Ideas principales y detalles

Los autores apoyan sus **ideas principales**, que son el tema principal del texto, con **detalles** como datos y ejemplos. La idea principal de las páginas 504 y 505 es que los criadores de cachorros deben enseñarles importantes destrezas a los cachorros. Los detalles explican qué quiere decir el autor con esto:

- presionar un botón de acceso para silla de ruedas,
- jalar para abrir puertas y
- subir y bajar de ascensores y autobuses.

Vocabulario específico de un campo

Los textos de no ficción suelen enfocarse en áreas de conocimiento específicas que se denominan **campos.** Cada campo incluye palabras que es importante conocer cuando se aprende sobre ese tema. Por ejemplo, las palabras *perro de servicio, canino* y *orden* son importantes para el tema de los perros guía. Cuando encuentres un **término específico** que no conozcas, usa las claves del contexto o un diccionario para comprender su significado.

Canino | Animales de la familia de los perros

Es tu turno

mi **Escritura genial**

Turnarse y comentar Repasa la selección con un compañero y prepárate para responder esta pregunta: *¿Cómo se benefician las personas y los animales mutuamente?* Apoya tus ideas con evidencia del texto. Túrnate con tu compañero para repasar y explicar las ideas clave. Establezcan y cumplan reglas como no interrumpirse entre ustedes y escucharse con atención.

Comentar en la clase

Para continuar comentando *El trabajo de Ivo*, comenta estas preguntas:

1. ¿Por qué puede ser difícil para los entrenadores como Sandy despedirse de cada cachorro?

2. ¿Cuál es la característica más importante que debe tener un perro guía? Explica tu respuesta.

3. ¿Qué destrezas o características necesitan tener los criadores de cachorros para hacer su trabajo?

SE BUSCAN CRIADORES DE CACHORROS

Crear un folleto Trabaja con un compañero para crear un folleto en el que invites a las personas a criar cachorros en adopción. Resume brevemente cuáles son las tareas de un criador de cachorros. Usa encabezamientos para organizar las ideas e incluye detalles importantes en cada sección. Asegúrate de incluir dibujos o fotografías de cachorros.

¡Trabaje como criador de cachorros!

ESCRIBE SOBRE LO QUE LEÍSTE

Respuesta Piensa en lo que hacen los criadores de cachorros para enseñarles a los perros jóvenes las destrezas necesarias para que se conviertan en buenos perros de servicio. ¿Te gustaría entrenar un perro de servicio? ¿Por qué? Escribe un párrafo en el que expliques tu opinión. Incluye razones y apóyalas con datos, detalles y evidencia de la selección.

El trabajo de Ivo:
De perro de servicio a perro guía

Sugerencia para la escritura

Usa palabras de transición y frases como *también* y *otra de las razones* para vincular tus opiniones y razones. También, busca oraciones breves y cortadas que puedas combinar para que tu texto sea más fluido.

Aprende en línea

ESTÁNDARES COMUNES **RI.4.1** refer to details and examples when explaining what the text says explicitly and when drawing inferences; **RI.4.2** determine the main idea and explain how it is supported by details/summarize; **RI.4.5** describe the overall structure of a text or part of a text; **W.4.1b** provide reasons supported by facts and details; **W.4.1c** link opinion and reasons using words and phrases; **SL.4.1a** come to discussions prepared/explicitly draw on preparation and other information about the topic

TEXTO INFORMATIVO

ESTÁNDARES COMUNES

RI.4.2 determine the main idea and explain how it is supported by details/summarize; **RI.4.10** read and comprehend informational texts

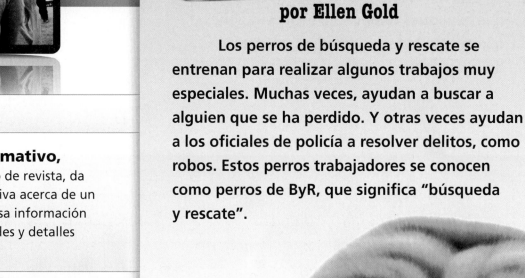

Narices sagaces
perros de búsqueda y rescate

por Ellen Gold

Los perros de búsqueda y rescate se entrenan para realizar algunos trabajos muy especiales. Muchas veces, ayudan a buscar a alguien que se ha perdido. Y otras veces ayudan a los oficiales de policía a resolver delitos, como robos. Estos perros trabajadores se conocen como perros de ByR, que significa "búsqueda y rescate".

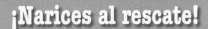

¡Narices al rescate!

Los perros poseen un gran sentido del olfato. Tienen alrededor de veinticinco veces más receptores olfativos que las personas. Esto los hace buenos para el trabajo de búsqueda y rescate. Los perros de ByR se entrenan para que sigan los rastros que se dejan en el aire, en la tierra ¡y hasta debajo del agua!

El tipo más común entre los perros de ByR es el que olfatea el aire. Puede encontrar a una persona perdida rastreando el olor que ha dejado tras de sí. Los perros siguen el olor a medida que se hace más intenso y luego guían a los socorristas hasta la persona perdida.

Cualidades de un buen perro de ByR

Antes de enseñar las destrezas de ByR a los perros, los entrenadores buscan en ellos ciertas cualidades. Buscan perros a los que les guste jugar y complacer a sus entrenadores. Los perros que tengan estas cualidades responderán a las recompensas cuando se los esté entrenando. Los perros de ByR deben ser además amistosos, sanos y listos. No deben temer a los extraños. Ciertos tipos de perros tienen un talento natural para el trabajo de búsqueda y rescate. Son generalmente los sabuesos, los pastores alemanes y los *golden retriever*.

Gandalf, el perro de ByR, y el niño extraviado

En marzo de 2007, un niño explorador de doce años se alejó del campamento de su tropa en Carolina del Norte. Juzgó mal la gravedad de estar solo en medio de la naturaleza y en poco tiempo perdió el rumbo.

El niño sobrevivió cuatro días tomando agua de un riachuelo y buscando lugares seguros para dormir. Su padre sospechó que el niño estaba tratando de vivir su cuento favorito, que trata de un niño que sobrevive en un ambiente natural por sus propios medios.

Mientras tanto, a su hijo lo buscaba un equipo de búsqueda y rescate que contaba con perros. Uno de los perros, llamado Gandalf, percibió el olor del niño y lo encontró. Le salvó la vida. ¡Qué gran favor le hizo Gandalf a ese niño y a su familia!

Entrenamiento y trabajo de ByR

Entrenar perros de ByR es un gran trabajo. Preparar a un perro para una misión de búsqueda y rescate puede llevar más de un año. Hay que admitir, lamentablemente, que no todos los perros que pasan por el entrenamiento tienen lo que hace falta para ser un perro de ByR.

Aquellos que llegan a serlo cumplen diferentes tipos de trabajo. A veces buscan a un sospechoso que forma parte de un plan delictivo. Y otras veces sus búsquedas ayudan a personas inocentes. Podrían tener que buscar a alguien perdido en la naturaleza o atrapado debajo de un edificio derrumbado.

Cualquiera sea su misión, los perros de ByR son una gran ayuda para sus compañeros de equipo humanos.

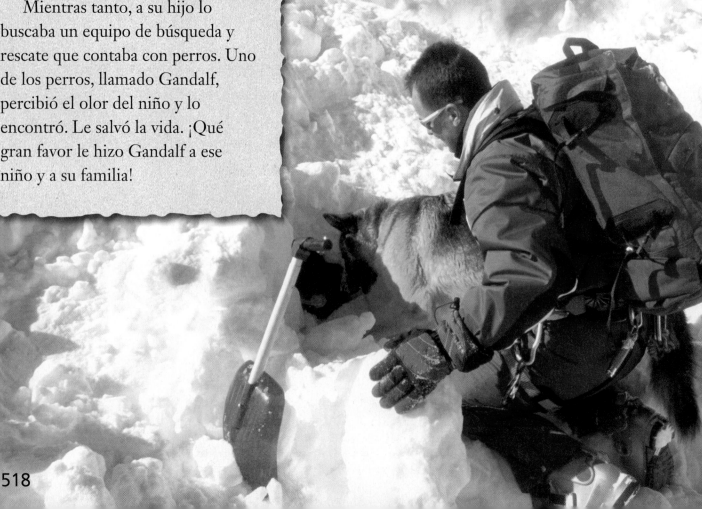

Comparar el texto

Comparar acciones ¿Crees que Ivo sería un buen perro de búsqueda y rescate? ¿Por qué? Comenta tus opiniones con un compañero. Usa evidencia del texto de cada selección para apoyar tus ideas.

EL TEXTO Y TÚ

Trabajar con animales ¿Alguna vez has entrenado a una mascota o has observado cómo se hace? Escribe un párrafo en el que expliques qué puede aprender una persona entrenando a un animal.

EL TEXTO Y EL MUNDO

Investigar perros de servicio A Ivo lo entrenaron primero como perro de servicio y luego como perro guía. Algunos perros reciben entrenamiento para ser perros de búsqueda y rescate. ¿Para qué otros trabajos y servicios se puede entrenar a los perros? Trabaja en grupo para investigar otras maneras en las que los perros reciben entrenamiento para ayudar a los humanos. Mientras investigas, toma notas y categoriza la información. Presenta los resultados a la clase.

Aprende en línea

ESTÁNDARES COMUNES

RI.4.1 refer to details and examples when explaining what the text says explicitly and when drawing inferences; **RI.4.9** integrate information from two texts on the same topic; **W.4.7** conduct short research projects that build knowledge through investigation; **SL.4.4** report on a topic or text, tell a story, or recount an experience/speak clearly at an understandable pace

Gramática

¿Qué es un adverbio? Un **adverbio** es una palabra que describe a un verbo. Los adverbios de **modo** indican *cómo,* los adverbios de **tiempo** indican *cuándo* y los adverbios de **lugar** indican *dónde.* Muchos adverbios de modo terminan en *-mente.*

Adverbios

Cómo: El cachorrito jugaba alegremente con su cola.

Cuándo: Después le ladró a un pájaro bullicioso.

Dónde: La mamá estaba cerca.

Los adverbios de **afirmación** afirman algo. Los adverbios de **negación** niegan algo.

Adverbio de afirmación: A los cachorros también les encanta pasear.

Adverbio de negación: Nuestro cachorro nunca atrapa ardillas.

Inténtalo **Escribe las siguientes oraciones en una hoja aparte. Identifica los adverbios e indica si son de modo, tiempo, lugar, afirmación o negación.**

1 Un gato viene a nuestro jardín temprano.

2 Nuestra perra le ladra enérgicamente.

3 Pero jamás le hace nada.

4 Después le abrimos la puerta para que salga al jardín.

5 ¡Y efectivamente ella va a buscar al gato!

Cuando escribas, usa adverbios precisos para dar a tus lectores imágenes claras de cómo, cuándo y dónde suceden las cosas. Los adverbios precisos también ayudan a que tu escritura sea más interesante y se entienda con más facilidad.

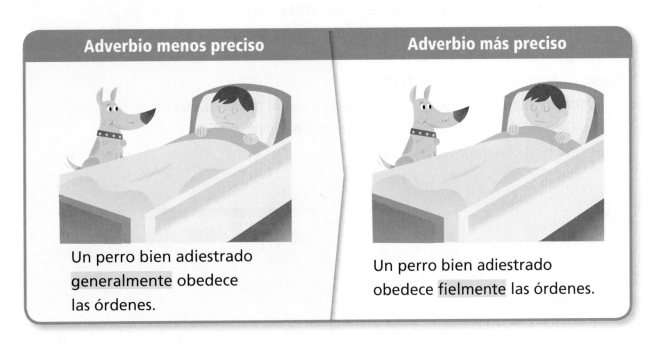

Adverbio menos preciso	Adverbio más preciso
Un perro bien adiestrado generalmente obedece las órdenes.	Un perro bien adiestrado obedece fielmente las órdenes.

Adverbio menos preciso	Adverbio más preciso
El perro era muy obediente.	El perro era extraordinariamente obediente.
Mi perro es bastante grande.	Mi perro es increíblemente grande.

 ### Relacionar la gramática con la escritura

Mientras revisas tu carta amistosa, identifica lugares donde puedas usar adverbios precisos. Usa lenguaje descriptivo para ayudar a los lectores a crear imágenes claras en su mente.

ESTÁNDARES COMUNES

W.4.3a orient the reader by establishing a situation and introducing a narrator or characters/organize an event sequence; **W.4.3b** use dialogue and description to develop experiences and events or show characters' responses; **W.4.3e** provide a conclusion; **W.4.4** produce writing in which development and organization are appropriate to task, purpose, and audience

Escritura narrativa

✔️ **Voz** En *El trabajo de Ivo*, Donald deja aflorar sus sentimientos cuando dice: "Estoy tan contento de que Ibo y yo nos hayamos encontrado". Mientras revisas tu **carta amistosa,** no cuentes simplemente lo que sucedió. Deja que tus palabras muestren lo que sientes de verdad. Usa la siguiente lista de control de la escritura cuando revises tu trabajo.

Anthony hizo el borrador de una carta a su tía sobre su nuevo perro. Después revisó algunas partes para que sus sentimientos afloraran más claramente.

Lista de control de la escritura

✔️ **Ideas**
¿Mi final resume el propósito de mi texto?

✔️ **Organización**
¿Conté los sucesos en orden cronológico?

✔️ **Fluidez de las oraciones**
¿Combiné las oraciones breves y cortadas para que se lean con fluidez?

✔️ **Elección de palabras**
¿Elegí palabras vivaces e interesantes?

✔️ **Voz**
¿Mi escritura dice cómo soy y muestra mis sentimientos?

✔️ **Convenciones**
¿Usé las reglas de ortografía, gramática y puntuación correctamente?

Borrador revisado

Querida tía Brenda:
¡Adivina!
La semana pasada conseguí una perrita. ~~la~~
más inteligente y más adorable.
~~Es una perra muy buena.~~ En el albergue

para animales, me llamó la atención una

perrita blanca y marrón llamada Patsy. ~~La vi~~

de inmediato. Ella vino directamente hacia

mí moviendo la cola. Cuando la acaricié,
Después de eso, de ninguna manera me
habría ido del albergue sin ella.
me lamió la cara. ~~Así que decidí que la~~

~~quería.~~

Nashville, 30 de junio de 2008

Querida tía Brenda:

¡Adivina! La semana pasada conseguí la perrita más inteligente y más adorable. En el albergue para animales, de inmediato me llamó la atención una perrita blanca y marrón llamada Patsy. Ella vino directamente hacia mí moviendo la cola. Cuando la acaricié, me lamió la cara. Después de eso, de ninguna manera me habría ido del albergue sin ella. Cuando llegamos a casa, empecé a enseñarle y enseguida aprendió a sentarse y quedarse quieta. Ahora le estoy enseñando a dar la patita. No veo la hora de que conozcas a Patsy. ¡Por favor, ven a visitarnos pronto!

Te quiere,
Anthony

Leer como escritor

¿Qué partes muestran cómo se siente Anthony con respecto a su perrita Patsy? ¿En qué parte de tu carta puedes mostrar más sentimientos?

En mi carta final, hice cambios para mostrar mejor mis sentimientos. También combiné dos oraciones cortas cambiando un adverbio de lugar.

☑ **VOCABULARIO CLAVE**

adquirir

desgracia

coaccionar

presumir

sonreír

indignado

cesar

declarar

idear

ingenioso

Librito de vocabulario

Tarjetas de contexto

ESTÁNDARES COMUNES

L.4.6 acquire and use general academic and domain-specific words and phrases

Vocabulario en contexto

① adquirir

Para adquirir más fuerza, esta mujer se entrena en el gimnasio.

② desgracia

Cuando algo se daña o hay un accidente, ocurre una desgracia y nos sentimos desafortunados.

③ coaccionar

Nunca coacciones a un compañero con amenazas para que te dé algo que tú quieres.

④ presumir

El niño presumió del pez que había atrapado. Estaba orgulloso de su tamaño.

Aprende en línea

▶ Estudia cada Tarjeta de contexto.

▶ Usa un diccionario para comprender el significado de las palabras del Vocabulario.

5 **sonreír**

La estudiante no podía parar de sonreír por su buena calificación. Su sonrisa muestra lo orgullosa que está.

6 **indignado**

El niño está indignado. No puede creer que hizo la tarea equivocada.

7 **cesar**

La lluvia cesó al mediodía. Paró justo a tiempo para el partido de béisbol.

8 **declarar**

La estudiante declaró lo que haría como presidenta de la clase. Lo dijo con mucha firmeza.

9 **idear**

El niño ideó un plan para poder hacer sus tareas y también para jugar al básquetbol.

10 **ingenioso**

Las personas ingeniosas pueden resolver situaciones muy difíciles.

LAS PROEZAS
DE HÉRCULES

Leer y comprender

Aprende en línea

☑ DESTREZA CLAVE

Estructura del cuento Mientras lees *Las proezas de Hércules,* lleva un registro de la evidencia del texto que muestre la **estructura del cuento**. Presta atención a los personajes nuevos a medida que vayan apareciendo. Busca detalles que te ayuden a imaginarte el entorno, es decir, el lugar y el momento en los que ocurre el cuento. Además, busca los sucesos más importantes de la trama del cuento. Usa un organizador gráfico como el siguiente para anotar la evidencia del texto que encuentres.

Personajes	Entorno
• •	• •
Trama	
• • •	

☑ ESTRATEGIA CLAVE

Preguntar Mientras lees *Las proezas de Hércules,* haz **preguntas** importantes sobre la conducta y la personalidad de cada personaje. Por ejemplo, puedes preguntar por qué un personaje se comporta de determinada manera o por qué dice determinadas cosas. Además de hacer preguntas mientras estás leyendo, también hazte preguntas sobre el cuento antes y después de leerlo.

Cuentos tradicionales

Un cuento tradicional es un cuento que se transmite oralmente a través del tiempo. Cada cultura tiene cuentos que las personas narran y vuelven a narrar. Un mito es una clase de cuento tradicional. Los mitos suelen incluir dioses, diosas, héroes y monstruos. Los héroes mitológicos demuestran la fuerza, la inteligencia y el coraje que se necesitan para resolver desafíos. Los mitos reflejan las creencias de una cultura.

Las proezas de Hércules es un mito griego que cuenta sobre las aventuras del poderoso Hércules, el hijo del dios Zeus.

Lección 18

TEXTO PRINCIPAL

LAS PROEZAS DE HÉRCULES

✅ **DESTREZA CLAVE**

Estructura del cuento Explica los elementos que conforman el cuento: los personajes, el entorno y la trama, es decir, la serie de sucesos.

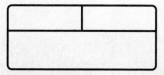

✅ **GÉNERO**

Los **mitos** son cuentos imaginativos que muestran lo que creía un grupo de personas del pasado. Mientras lees, busca:

▶ una explicación de cómo se originaban las personas o los lugares,

▶ personajes exagerados o sobrenaturales y

▶ sucesos que no pueden ocurrir en la vida real.

 ESTÁNDARES COMUNES **RL.4.2** determine theme from details/summarize; **RL.4.4** determine the meaning of words and phrases, including those that allude to characters in mythology; **RL.4.9** compare and contrast the treatment of similar themes and topics

 Aprende en línea

CONOCE AL ILUSTRADOR

David Harrington

Hacer dibujos es uno de los primeros recuerdos que tiene David Harrington de su infancia. Dibujaba sobre cualquier cosa que no se moviera: suelos, paredes, muebles e incluso la parte de atrás de su tarea. Para David, el proceso de creación de sus personajes comienza con la imaginación. Primero piensa en cómo son, piensa en sus personalidades, sus actitudes y sus motivaciones, hasta que se vuelven reales para él. Una vez que conoce a sus personajes, empieza a visualizarlos y puede comenzar a dibujarlos. A David le encanta ilustrar libros para niños; dice que abren una puerta a un mundo nuevo.

LAS PROEZAS DE HÉRCULES

narrado por Martina Meléndez   ilustrado por David Harrington

PREGUNTA ESENCIAL

¿Qué hace que un personaje sea memorable?

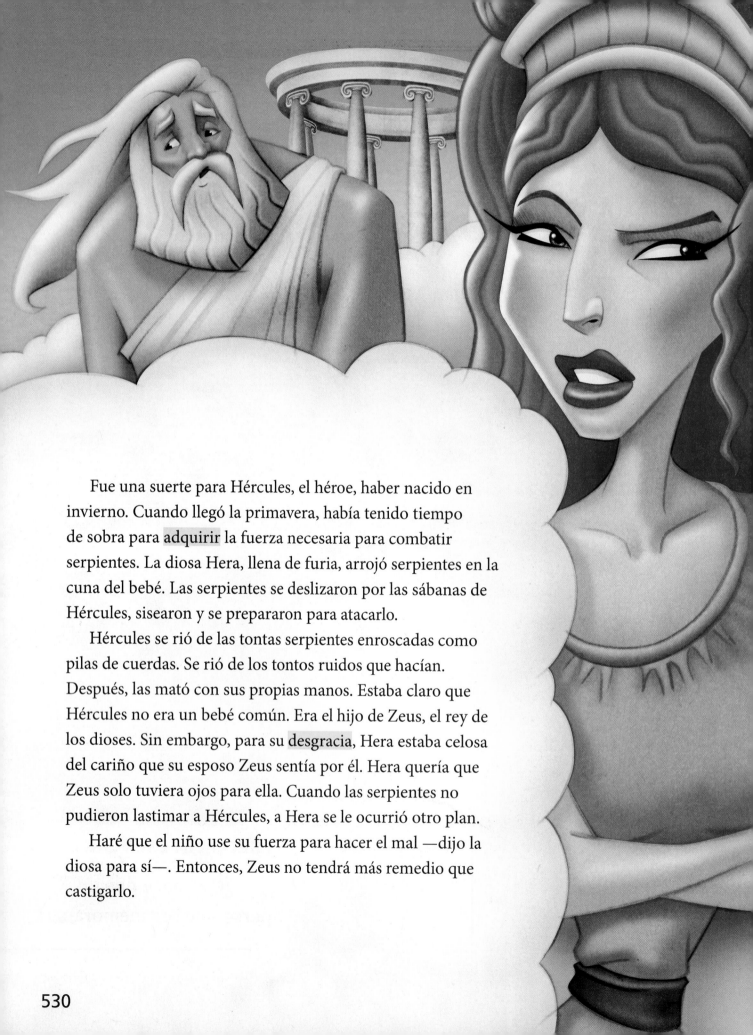

Fue una suerte para Hércules, el héroe, haber nacido en invierno. Cuando llegó la primavera, había tenido tiempo de sobra para adquirir la fuerza necesaria para combatir serpientes. La diosa Hera, llena de furia, arrojó serpientes en la cuna del bebé. Las serpientes se deslizaron por las sábanas de Hércules, sisearon y se prepararon para atacarlo.

Hércules se rió de las tontas serpientes enroscadas como pilas de cuerdas. Se rió de los tontos ruidos que hacían. Después, las mató con sus propias manos. Estaba claro que Hércules no era un bebé común. Era el hijo de Zeus, el rey de los dioses. Sin embargo, para su desgracia, Hera estaba celosa del cariño que su esposo Zeus sentía por él. Hera quería que Zeus solo tuviera ojos para ella. Cuando las serpientes no pudieron lastimar a Hércules, a Hera se le ocurrió otro plan.

Haré que el niño use su fuerza para hacer el mal —dijo la diosa para sí—. Entonces, Zeus no tendrá más remedio que castigarlo.

Hera usó su poder para coaccionar
a Hércules. Zeus estaba decepcionado de
la conducta de su hijo, por eso decidió que
Hércules tendría que recuperar su honor y probar que
era digno del don de la fuerza.

Zeus ordenó a Hércules que sirviera al rey Euristeo.
Cerca del reino de Euristeo vivían muchos enemigos
peligrosos, y un joven fuerte como Hércules podría
mantener su pueblo a salvo.

Pero Hera tenía otros planes en mente para Hércules.
Para asegurarse de que no la molestaría por mucho tiempo,
le dio a Euristeo algunas ideas de tareas imposibles que
Hércules nunca podría cumplir. Hércules se fue a vivir entre
los pastores y el ganado del reino de Euristeo. Cerca de allí,
en el valle de Nemea vivía un león feroz y malvado.

—Tu primera tarea será matar al león de Nemea —dijo el rey Euristeo.

Por supuesto que la misión imposible había sido idea de Hera. Las garras del león parecían espadas relucientes y sus dientes eran aun más filosos. El león podía comer una manada de antílopes en el desayuno y devorar a un niño pequeño de un solo bocado.

Después de aceptar el desafío, Hércules vigiló y esperó a que el león saliera del bosque.

—El león será fuerte, pero yo soy más fuerte —presumió Hércules—. Yo luché contra unas serpientes cuando era apenas un bebé. Las maté con mis propias manos.

Cuando el león salió, Hércules primero intentó matarlo con su garrote poderoso. Como no lo logró, lo atacó con lanzas muy afiladas. ¡Ningún arma lastimaba a esa bestia! Entonces, el joven rodeó al león por el cuello con los brazos. Había matado a las serpientes con las manos, y así también mató al león.

Hércules sonrió orgulloso con el león que yacía muerto a sus pies. Levantó el cuerpo pesado del animal y desfiló con él por el reino. Las personas gritaban y vitoreaban. Elogiaban a Hércules por su fuerza. Desde su trono del Olimpo, Zeus sonreía mientras Hera simplemente miraba indignada.

«Veamos», pensó Hera. «¿Qué idea puedo darle a Euristeo?» Y entonces se acordó de que la hidra de Argos vivía cerca de allí. La hidra era un monstruo de nueve cabezas y una de esas cabezas era inmortal. Como todo lo inmortal, no había forma de destruirla. Hércules había estrangulado al león de Nemea, pero, ¿podría destruir a la hidra?

—Te ordeno que mates a la hidra para que mi reino esté a salvo —dijo Euristeo. Hércules aceptó la tarea con valentía.

Hércules atacó a la hidra con flechas en llamas, pero la hidra se enroscó en una de las piernas de Hércules. Entonces Hércules comenzó a pegarles a las cabezas con su garrote. Cada vez que destruía una cabeza, ¡aparecían dos más!

Finalmente, Hércules logró vencer a todas las cabezas menos a una. Entonces, con un poco de ayuda de Zeus, por fin destruyó la cabeza inmortal. ¡Ahora Hera estaba realmente furiosa!

—¡En poco tiempo ese joven volverá a ser el protegido de Zeus! —murmuró—. ¡Debo detenerlo! —Los alaridos de furia de Hera estremecieron el monte Olimpo. Sus pasos fuertes y pesados agujerearon las nubes.

ANALIZAR EL TEXTO

Alusión Con la información que tienes sobre Hera, si alguien usa el término "la ira de Hera", ¿qué crees que quiere decir? ¿Qué detalles del mito te ayudan a comprender esta alusión?

Después de varias horas, el ataque de furia y los pasos fuertes cesaron. A Hera se le ocurrió un plan y estaba segura de que esta vez no podría fallar. Hera le dijo a Euristeo que le ordenara a Hércules que fuera a buscar manzanas. Por supuesto que las manzanas no eran comunes. Eran unas manzanas de oro que crecían en el jardín de las Hespérides y estaban custodiadas por un dragón feroz que vigilaba los árboles.

—No le tengo miedo a ese dragón —declaró Hércules—. Maté al león de Nemea y a la hidra de Argos. Mataré al dragón mientras esté dormido.

Cuando Hércules se acercó al jardín, el dragón dormía, tal como esperaba Hércules. Pero cuando oyó los pasos del joven, abrió un ojo para mirar al intruso.

Hércules se acercó a la criatura, que yacía enroscada entre los árboles. Las manzanas colgaban de las ramas de los árboles. Las ramas se mecían sobre la cabeza del dragón.

Hércules ideó un plan. —Le pediré a Atlas que me alcance las manzanas —dijo con seguridad. Atlas era el dueño del jardín de las Hespérides y el dragón trabajaba para él.

Hércules caminó durante semanas para llegar al monte de Atlas. Los dioses habían enviado a Atlas allí hacía mucho tiempo como castigo. Estaba condenado a pasar toda su vida sosteniendo el peso del mundo en sus espaldas. «Tal vez Atlas necesita un poco de ayuda», pensó Hércules.

—¡Pobre Atlas! —dijo Hércules—. Debes estar muy cansado. ¿No quieres que sostenga tu carga un momento? Tengo la fuerza y puedo hacerlo.

¡Atlas rebosaba de alegría! ¡No podía creer lo que acababa de oír! Soñaba con volver a caminar por la tierra, volver a oler las flores. Anhelaba andar por los ríos y los arroyos.

—Me encantaría ayudarte y darte un descanso —le dijo Hércules—, pero necesito que me hagas un pequeño favor. Tráeme algunas manzanas del jardín de las Hespérides.

Atlas accedió y partió enseguida. Se fue a caminar contento por el mundo.

Al poco tiempo, Atlas regresó. Dejó las manzanas delante de Hércules, le dio las gracias muy amablemente y se preparó para seguir su camino.

—Las manzanas no son para mí —explicó Hércules— debo llevárselas al rey Euristeo.

ANALIZAR EL TEXTO

Estructura del cuento Muchos cuentos tradicionales cuentan un patrón de sucesos llamados **proezas**. Una proeza es una hazaña, una misión o una acción valerosa que lleva a cabo un héroe. ¿Cuáles son las proezas de Hércules en este mito? Usa sucesos y detalles específicos del cuento para explicar tus ideas.

Yo se las llevaré por ti —dijo Atlas, que había probado la libertad y quería disfrutarla un poco más. Hércules estaba seguro de que si Atlas se iba no regresaría nunca más.

—¡Vaya! ¿Se las llevarías por mí? —suplicó Hércules sin vacilar—. Te estaré agradecido de por vida. Pero yo no estoy tan acostumbrado a este peso como tú, ya tengo los brazos cansados y entumecidos. ¿No sostendrías tú el mundo un minuto mientras yo descanso un poquito?

Atlas se encogió de hombros.

—Claro, no veo por qué no. Y después yo le entregaré personalmente las manzanas al rey —dijo. Le dio las manzanas a Hércules, tomó el mundo y volvió a cargarlo sobre sus espaldas.

Hércules estiró los hombros cansados. Estiró los brazos y las piernas. Y, luego, se despidió amablemente de Atlas y partió rumbo al palacio de Euristeo.

—Bueno, bueno —dijo Euristeo cuando Hércules le entregó las manzanas de oro—. Además de fuerte, eres ingenioso. Has vuelto a cumplir una tarea imposible.

536

Pero así como Euristeo era un rey poderoso, Zeus era un dios poderoso. Zeus tenía el poder de otorgar el don de la fuerza y también tenía el poder de arrebatarlo. A partir de ese día, Hércules prometió usar su fuerza solamente para ayudar a los demás. Siempre trataba a las personas con respeto y se comportaba con amabilidad.

Zeus estaba muy contento con su hijo Hércules y lo recompensó. Lo llevó a vivir con los dioses al monte Olimpo. Hércules se volvió inmortal y vivió para siempre en el Olimpo, con el deber de proteger desde allá arriba a los mortales de aquí abajo.

ANALIZAR EL TEXTO

Tema ¿Qué lección aprendiste a partir de cómo enfrentó Hércules cada misión? Usa detalles del mito para apoyar tus ideas.

LAS PROEZAS DE HÉRCULES

Ahora analiza

Cómo analizar el texto

Usa estas páginas para aprender acerca de Estructura del cuento, Tema y Alusión. Luego, vuelve a leer *Las proezas de Hércules* para aplicar lo que has aprendido.

Estructura del cuento

En los mitos como *Las proezas de Hércules,* hay personajes, un entorno y una trama. Los **personajes** suelen ser dioses y diosas con poderes sobrenaturales. El **entorno** es el momento y el lugar en los que ocurre el cuento. En los mitos, la **trama**, es decir, la serie de sucesos, generalmente está formada por pruebas o **proezas** que el personaje principal debe superar. Estas pruebas suelen presentarse en un patrón de tres.

Busca evidencia del texto en el cuento que te ayude a describir los personajes, el entorno y la trama. Vuelve a leer las páginas 530 y 531. ¿De qué manera la autora describe el entorno del cuento? ¿Qué dicen esos detalles sobre lo que puede pasar en el mito?

Personajes	Entorno
•	•
•	•

Trama
•
•
•

ESTÁNDARES COMUNES
RL.4.2 determine theme from details/summarize; **RL.4.3** describe a character, setting, or event, drawing on details; **RL.4.4** determine the meaning of words and phrases, including those that allude to characters in mythology; **RL.4.9** compare and contrast the treatment of similar themes and topics

Aprende en línea

Tema

Las proezas de Hércules es un mito griego de hace muchísimo tiempo. Al igual que en muchos mitos, el héroe debe cumplir una serie de pruebas o misiones. Al final del mito, el héroe aprende una lección importante sobre la vida. Esa lección de vida es el **tema** del cuento. Los detalles sobre los personajes, los sucesos y el entorno pueden ayudarte a descubrir el tema. Por ejemplo, el detalle de que Hércules sonreía orgulloso después de matar al león te da una pista sobre el tema.

Alusión

Cuando un autor hace referencia a una persona, un lugar o un suceso famosos, usa una **alusión.** Los autores suelen remitirse a personajes mitológicos para describir las características de la personalidad de los personajes. Por ejemplo, si un autor escribe: "Paolo tenía la fuerza de Hércules", el autor quiere decir que Paolo es muy fuerte, como Hércules.

Cuando encuentres una alusión a una persona que no está en el cuento, pregúntate: "¿Quién es esta persona? ¿Por qué es conocida esa persona?".

Es tu turno

REPASAR LA PREGUNTA ESENCIAL

Turnarse y comentar Repasa la selección con un compañero y prepárate para comentar esta pregunta: *¿Qué hace que un personaje sea memorable?* Mientras comentas la pregunta con tu compañero, usa evidencia del texto para explicar las ideas clave. Además, haz comentarios sobre las ideas y las opiniones de tu compañero.

Comentar en la clase

Para continuar comentando *Las proezas de Hércules,* explica tus respuestas a estas preguntas:

1. ¿Crees que Hera y Zeus aprovechan bien sus poderes? ¿Por qué?

2. ¿Crees que Hércules hizo bien en engañar a Atlas para que volviera a sostener el peso del mundo? Explica tu respuesta.

3. ¿Qué lección aprendiste a partir del mito?

UNA INTERPRETACIÓN DE HÉRCULES

Hacer conexiones entre una interpretación y un texto Trabaja en un grupo pequeño para elegir una escena del mito. Ensaya la escena con tus compañeros e interprétenla frente a la clase. En una conversación con tus compañeros, compara cómo los actores interpretaron los detalles y los sucesos específicos y cómo se describen esos detalles y sucesos en el mito.

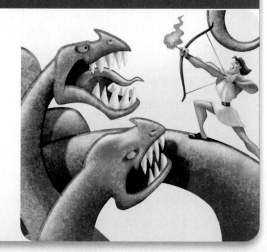

ESCRIBE SOBRE LO QUE LEÍSTE

Respuesta Imagina que eres un entrevistador de televisión. ¿Qué preguntas le harías a Hércules? Haz una lista de esas preguntas y deja espacios debajo para anotar las respuestas. Trabaja con un compañero y túrnense para hacer y responder las preguntas del otro. Toma notas sobre las respuestas de tu compañero.

LAS PROEZAS DE HÉRCULES

Sugerencia para la escritura

Usa sustantivos específicos y verbos precisos en tus preguntas para que sean claras y fáciles de comprender. Asegúrate de usar la puntuación correcta al comienzo y al final de cada pregunta.

ESTÁNDARES COMUNES

RL.4.2 determine theme from details/summarize; **RL.4.7** make connections between the text and a visual or oral presentation of it; **W.4.10** write routinely over extended time frames and shorter time frames; **SL.4.1c** pose and respond to questions and make comments that contribute to the discussion and link to others' remarks; **SL.4.1d** review key ideas expressed and explain own ideas and understanding; **L.4.3a** choose words and phrases to convey ideas precisely

CUENTO POPULAR

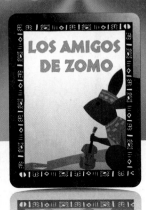

LOS AMIGOS DE ZOMO

☑ GÉNERO

Un **cuento popular** es un cuento que se ha transmitido de una generación a otra. Los personajes suelen ser animales que aprenden una lección de vida.

narrado por Tamara Andrews
ilustrado por Benjamin Bay

☑ ENFOQUE EN EL TEXTO

Los **refranes** y los **proverbios** son dichos cortos que dicen una verdad esencial. Seguro has escuchado el dicho que dice "Al que madruga, Dios lo ayuda".

La mejor manera de tener un amigo es ser un amigo. Zomo el conejo no lo sabía y tuvo que aprenderlo solo. En la jungla vivían muchos animales y muchos eran buenos amigos. Zomo pensaba que era mejor que todos los demás animales. Y creía con certeza que era más inteligente. Era el animal más inteligente de la jungla. Era el animal más inteligente del reino.

ESTÁNDARES COMUNES

RL.4.10 read and comprehend literature; **L.4.5b** recognize and explain the meaning of idioms, adages, and proverbs

Aprende en línea

Zomo estaba completamente orgulloso de su inteligencia. Solía presumir y alardear de ella frente a los demás animales y se reía de las bromas que les hacía. Pero a pesar de que a Zomo le gustaba ser inteligente, no era feliz. Los animales estaban cansados de que presumiera y alardeara tanto. Ninguno quería ser amigo de Zomo.

Entonces, Zomo el conejo fue a pedirle un consejo al dios Cielo. Fue a esperarlo en la roca grande de la jungla donde sabía que solía aparecer.

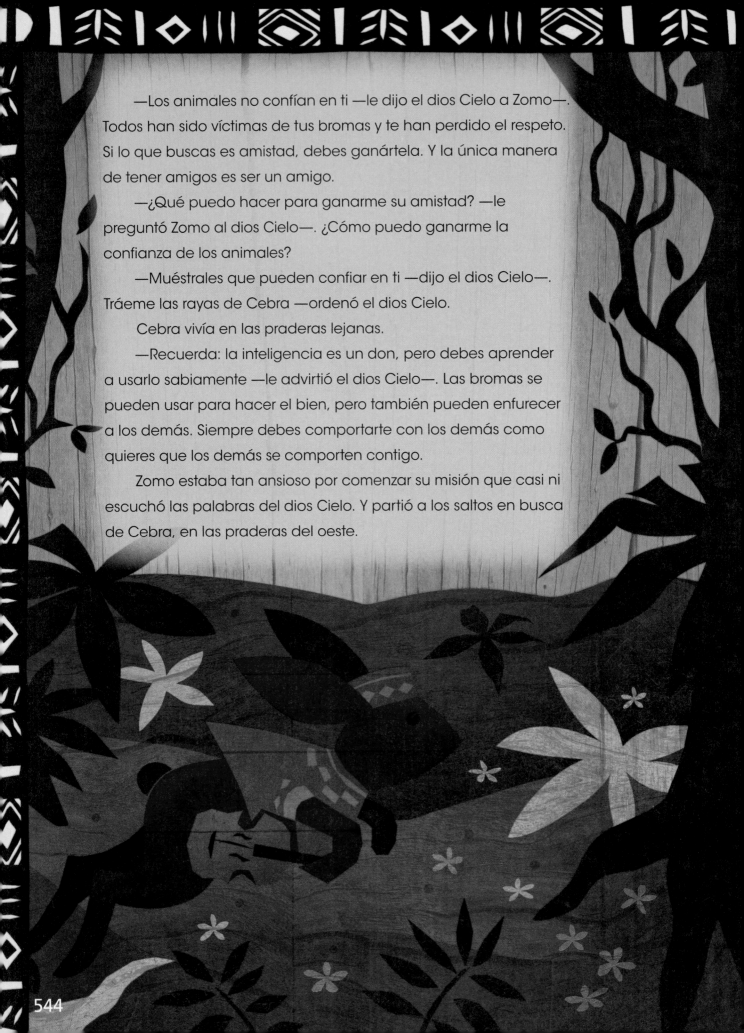

—Los animales no confían en ti —le dijo el dios Cielo a Zomo—. Todos han sido víctimas de tus bromas y te han perdido el respeto. Si lo que buscas es amistad, debes ganártela. Y la única manera de tener amigos es ser un amigo.

—¿Qué puedo hacer para ganarme su amistad? —le preguntó Zomo al dios Cielo—. ¿Cómo puedo ganarme la confianza de los animales?

—Muéstrales que pueden confiar en ti —dijo el dios Cielo—. Tráeme las rayas de Cebra —ordenó el dios Cielo.

Cebra vivía en las praderas lejanas.

—Recuerda: la inteligencia es un don, pero debes aprender a usarlo sabiamente —le advirtió el dios Cielo—. Las bromas se pueden usar para hacer el bien, pero también pueden enfurecer a los demás. Siempre debes comportarte con los demás como quieres que los demás se comporten contigo.

Zomo estaba tan ansioso por comenzar su misión que casi ni escuchó las palabras del dios Cielo. Y partió a los saltos en busca de Cebra, en las praderas del oeste.

—Sol me guiará —se dijo Zomo a sí mismo— porque se acuesta en el océano oeste. Si no pierdo de vista a Sol, no tendré problemas para hallar el camino. Zomo siguió a Sol hasta las praderas. Sol seguía moviéndose hacia el oeste. Cuando Sol se hundió en las aguas azules para dormir profundamente debajo de las olas, Zomo se despidió con las manos.

Zomo no tenía sueño. Tenía mucho por hacer. El cielo estaba negro y la pradera que tenía por delante parecía infinita.

«¡Estoy seguro de que Cebra se está escondiendo de mí!», pensó. «¡No veo nada en la oscuridad! Cebra puede estar aquí cerca o puede estar escondida muy, muy lejos».

En un principio, Zomo decidió esperar hasta el amanecer para pedirle a Sol que lo ayudara a encontrar a Cebra.

«¡Cebra no puede esconderse de la luz del día de Sol!», pensó Zomo. Y justo en ese instante, recordó las palabras del dios Cielo.

«Si tengo que ganarme la confianza de Cebra, no debo hacer bromas ni trampas. Tendré que buscar a Cebra yo solo», pensó.

Zomo caminó por la pradera y comenzó a tocar el violín. La música despertó a Cebra, que la escuchó y comenzó a bailar.

Mientras tocaba, Zomo miraba cómo Cebra se movía con gracia entre las hierbas altas.

—¡Ay, Cebra! —gritó Zomo—. ¡Qué encantador! ¿Dónde aprendiste a bailar?

Cebra dejó de bailar. Zomo dejó de tocar.

—Aprendí a bailar con mi padre —dijo Cebra—. Mi padre era el mejor bailarín de la jungla y el mejor bailarín del reino. Cuando mi padre bailaba, la lluvia caía suavemente del cielo. Cebra se balanceó para aquí y se balanceó para allá, deslizándose por la pradera. Y cuando le tomó la mano a Zomo, dejó unas rayas en su violín.

Juntos, se deslizaron de izquierda a derecha. Bailaron tomados de la mano hasta que volvió a aparecer Sol. Y sonrieron cuando una lluvia cálida y suave cayó de las nubes y regó la tierra.

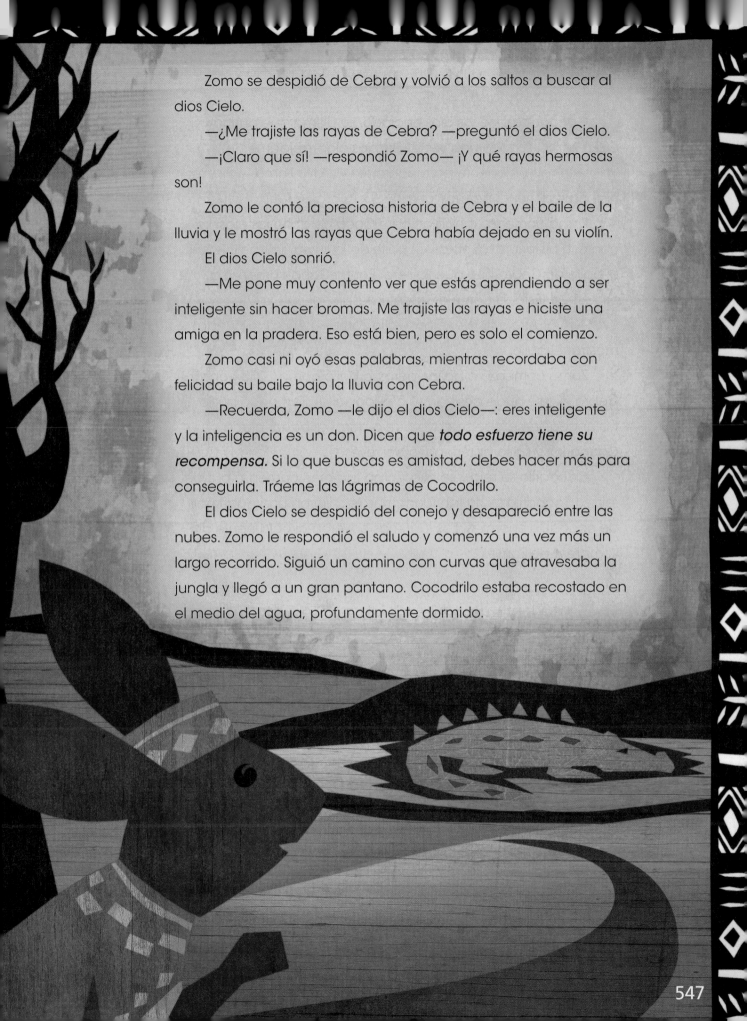

Zomo se despidió de Cebra y volvió a los saltos a buscar al dios Cielo.

—¿Me trajiste las rayas de Cebra? —preguntó el dios Cielo.

—¡Claro que sí! —respondió Zomo— ¡Y qué rayas hermosas son!

Zomo le contó la preciosa historia de Cebra y el baile de la lluvia y le mostró las rayas que Cebra había dejado en su violín.

El dios Cielo sonrió.

—Me pone muy contento ver que estás aprendiendo a ser inteligente sin hacer bromas. Me trajiste las rayas e hiciste una amiga en la pradera. Eso está bien, pero es solo el comienzo.

Zomo casi ni oyó esas palabras, mientras recordaba con felicidad su baile bajo la lluvia con Cebra.

—Recuerda, Zomo —le dijo el dios Cielo—: eres inteligente y la inteligencia es un don. Dicen que *todo esfuerzo tiene su recompensa.* Si lo que buscas es amistad, debes hacer más para conseguirla. Tráeme las lágrimas de Cocodrilo.

El dios Cielo se despidió del conejo y desapareció entre las nubes. Zomo le respondió el saludo y comenzó una vez más un largo recorrido. Siguió un camino con curvas que atravesaba la jungla y llegó a un gran pantano. Cocodrilo estaba recostado en el medio del agua, profundamente dormido.

547

—¡Oye, Coco! —gritó Zomo—. ¡Ya amaneció! ¿No crees que es hora de levantarse?

Cocodrilo abrió los ojos enojado. Lo último que quería ver era a Zomo. Lo miró una vez y cerró los ojos rápidamente.

—Tengo un cuento para contarte —le dijo Zomo—. Es una historia realmente hermosa.

Zomo comenzó a hablar, pero Coco no abría los ojos. Le contó la historia de Cebra y el baile de la lluvia. Le contó cómo el baile de Cebra hizo que lloviera. Por fin Coco comenzó a escuchar. ¡Estaba completamente despierto!

—¡Ajá! Atraje tu atención —dijo Zomo—. Ahora te puedo mostrar el baile.

Zomo comenzó a bailar, pero no bailó como bailó con Cebra. No se pudo deslizar: solo pudo saltar. Tampoco pudo balancearse porque se cayó. Fue a parar al agua, cerca de Cocodrilo, y su sombrero cayó del revés.

Cocodrilo se reía y se reía. Zomo también comenzó a reírse. Cocodrilo se rió tan fuerte que le salieron unas lágrimas de cocodrilo enormes. Las lágrimas cayeron directamente al sombrero de Zomo.

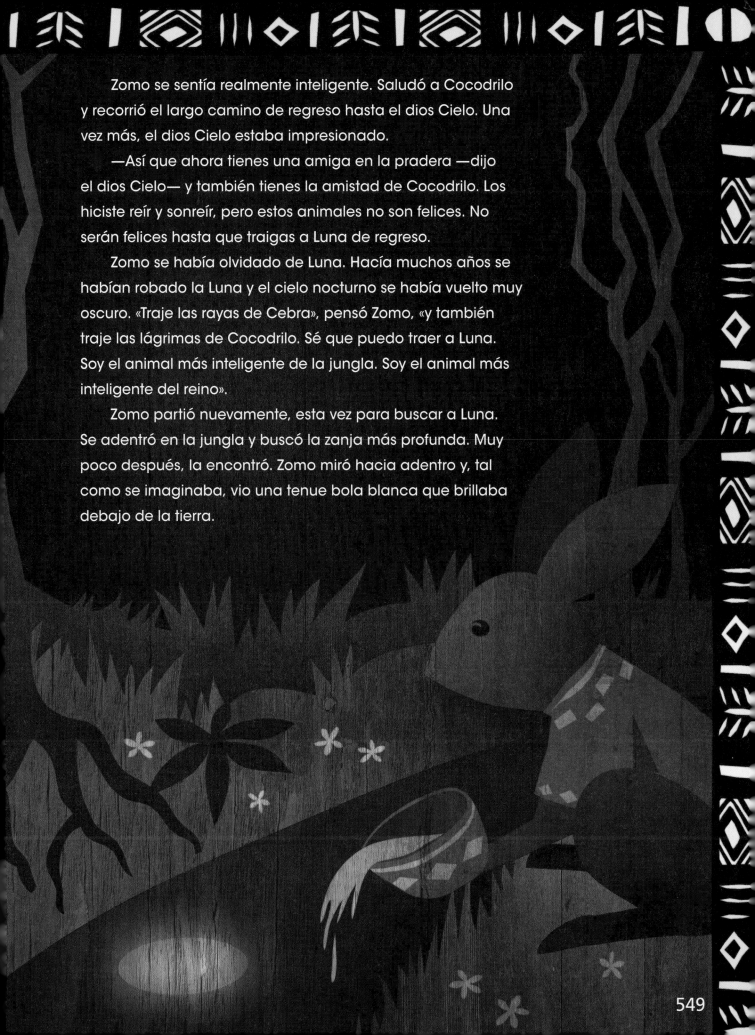

Zomo se sentía realmente inteligente. Saludó a Cocodrilo y recorrió el largo camino de regreso hasta el dios Cielo. Una vez más, el dios Cielo estaba impresionado.

—Así que ahora tienes una amiga en la pradera —dijo el dios Cielo— y también tienes la amistad de Cocodrilo. Los hiciste reír y sonreír, pero estos animales no son felices. No serán felices hasta que traigas a Luna de regreso.

Zomo se había olvidado de Luna. Hacía muchos años se habían robado la Luna y el cielo nocturno se había vuelto muy oscuro. «Traje las rayas de Cebra», pensó Zomo, «y también traje las lágrimas de Cocodrilo. Sé que puedo traer a Luna. Soy el animal más inteligente de la jungla. Soy el animal más inteligente del reino».

Zomo partió nuevamente, esta vez para buscar a Luna. Se adentró en la jungla y buscó la zanja más profunda. Muy poco después, la encontró. Zomo miró hacia adentro y, tal como se imaginaba, vio una tenue bola blanca que brillaba debajo de la tierra.

Zomo no perdió el tiempo. Estaba seguro de que había encontrado a Luna. Se sacó el sombrero, que estaba muy pesado por las lágrimas de Cocodrilo, y vació el contenido en la zanja. A medida que el agua subía y subía, Luna comenzó a flotar hacia la superficie. Zomo la sacó del agua y la arrojó hacia el cielo.

Los animales salieron de sus escondites de la jungla. Uno a uno, miraron el cielo. De repente, ¡los animales comenzaron a gritar!

—¡Viva Zomo! —gritó Casey el camello.

—Zomo nuestro amigo —dijo Glinda la cabra.

Zomo se sentía más inteligente que nunca. Y también se sentía mejor que nunca. Era genial ser inteligente, pero aun mejor era tener amigos. Parecía que ahora todos los animales eran amigos de Zomo. Y así fue que recordó un viejo dicho inteligente: *Nunca sobran los buenos amigos.*

Comparar el texto

DE TEXTO A TEXTO

Comparar proezas Completa un diagrama de Venn para comparar y contrastar los patrones de sucesos del mito *Las proezas de Hércules* y el cuento popular *Los amigos de Zomo.* ¿En qué se parecen las proezas de Hércules y Zomo? ¿En qué se diferencian? Piensa en el número y el tipo de tareas que realiza cada uno.

EL TEXTO Y TÚ

Escribir dichos Piensa en el tema de *Las proezas de Hércules y Los amigos de Zomo.* ¿Qué lección o interpretación nuevas aprendiste del mito y del cuento popular? Escribe un refrán o un proverbio en el que indiques con claridad qué aprendiste de cada cuento. Un refrán o proverbio es un dicho corto que enseña algo de manera memorable.

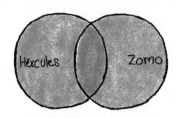

EL TEXTO Y EL MUNDO

Comparar cuentos Piensa en otros cuentos populares que hayas leído o escuchado de otras culturas. Compara y contrasta el patrón de sucesos y los temas de uno de esos cuentos con *Las proezas de Hércules* y *Los amigos de Zomo.* Trabaja con un compañero para comentar las semejanzas y las diferencias.

ESTÁNDARES COMUNES **RL.4.2** determine theme from details/summarize; **RL.4.9** compare and contrast the treatment of similar themes and topics; **L.4.5b** recognize and explain the meaning of idioms, adages, and proverbs

Gramática

¿Qué es una preposición? ¿Qué es una frase preposicional? Una **preposición** es una palabra que relaciona otras palabras de una oración. Una **frase preposicional** comienza con una preposición e incluye un sustantivo o un pronombre. Las preposiciones se usan para expresar ubicación o tiempo o para brindar otros detalles.

Preposiciones y frases preposicionales	
Expresa ubicación:	frase preposicional preposición sustantivo La protagonista viajó hacia el Reino Perdido.
Expresa tiempo:	frase preposicional preposición sustantivo Se quedó allí durante tres días.
Brinda detalles:	frase preposicional preposición sustantivo Aprendió muchas lecciones sobre la confianza.

Inténtalo   **Halla las preposiciones en las frases preposicionales subrayadas. Indica si la frase preposicional expresa ubicación o tiempo o si brinda otros detalles.**

① Un león feroz vivía <u>en Nemea</u>.

② Hércules se quedó <u>hasta el atardecer</u>.

③ Hércules golpeó a la Hidra <u>con un garrote</u>.

④ El héroe es un ejemplo <u>de valentía</u>.

En tu escritura, puedes usar frases preposicionales para añadir información útil e interesante a tus oraciones. Añadir detalles a tus oraciones ayuda al lector a visualizar lo que describes.

Oración menos descriptiva	Oración más descriptiva
El dragón nos observaba atentamente.	El dragón de dientes largos y afilados nos observaba atentamente.

 Relacionar la gramática con la escritura

Mientras revisas tu cuento, busca oraciones que puedas hacer más descriptivas si añades frases preposicionales.

W.4.3a orient the reader by establishing a situation and introducing a narrator or characters/organize an event sequence; **W.4.3b** use dialogue and description to develop experiences and events or show characters' responses; **W.4.3d** use concrete words and phrases and sensory details; **W.4.3e** provide a conclusion; **L.4.3a** choose words and phrases to convey ideas precisely

ESTÁNDARES COMUNES

Escritura narrativa

mi Escritura genial

Aprende en línea

☑ Elección de palabras En *Las proezas de Hércules*, la autora usa palabras concretas y sinónimos para evitar la repetición de palabras. Por ejemplo, en lugar de repetir la palabra *fuerte*, usa la palabra *feroz* y así hace que el detalle sea más apropiado. Cuando revises tu **cuento,** reemplaza las palabras repetidas por sinónimos más exactos. Mientras revisas, usa la lista de control de la escritura.

Tina hizo el borrador de un cuento sobre un niño que tenía que realizar proezas. Después, reemplazó algunas palabras con sinónimos.

Lista de control de la escritura

☑ **Ideas**
¿Incluí detalles vívidos?

☑ **Organización**
¿Escribí un comienzo interesante?

☑ **Elección de palabras**
¿Usé sinónimos para evitar la repetición de palabras?

☑ **Voz**
¿Usé un tono apropiado?

☑ **Fluidez de las oraciones**
¿Varié la forma en la que comienzan mis oraciones?

☑ **Convenciones**
¿Usé las reglas de ortografía, gramática y puntuación correctamente?

Borrador revisado

Balthazar era grande y fuerte. Nadie

había visto jamás un niño tan ~~fuerte~~. Para
  poderoso

cuando tenía ocho años, ¡ya tenía la estatura

de un cocotero!

Un día, un ogro secuestró a la mujer más
  de la aldea
inteligente. Balthazar supo que tenía que

rescatarla. Primero, Balthazar se encontró

con una serpiente gigante. Balthazar aplastó
  víbora
la ~~serpiente~~ fácilmente, con toda su fuerza

bruta.

Mucha fuerza

por Tina Herzog

Balthazar era grande y fuerte. Nadie había visto jamás un niño tan poderoso. Para cuando tenía ocho años, ¡ya tenía la estatura de una planta de cocos!

Un día, un ogro secuestró a la mujer más inteligente de la aldea. Balthazar supo que tenía que rescatarla. Primero, se encontró con una serpiente gigante. Con toda su fuerza bruta, Balthazar aplastó la víbora fácilmente. Después, un hombre que estaba apoyado contra un árbol lo detuvo:

—Te dejaré pasar si resuelves este acertijo —exclamó el hombre.

Balthazar se esforzó durante tres días para resolver la respuesta, pero, por fin, completó la segunda tarea.

Finalmente, Balthazar llegó al pantano viscoso del ogro. ¡Su última tarea era nadar una milla en el lodo hasta el centro del pantano! Allí encontró a la mujer en una jaula hecha de juncos. La liberó y la llevó a su casa. Los aldeanos comenzaron a cantar cánticos de alabanza cuando vieron que Balthazar se acercaba con la mujer sabia.

Leer como escritor

¿Qué palabras repetidas de tu cuento puedes reemplazar con sinónimos? ¿Cómo puedes hacer que tu conclusión sea más convincente?

En mi versión final, reemplacé algunas palabras que se repetían. También moví una frase al comienzo para modificar el tipo de oración.

superar
asociación
capitolio
sequía
dedicar
publicidad
violencia
conflicto
horizonte
brillante

Librito de vocabulario

Tarjetas de contexto

L.4.6 acquire and use general academic and domain-specific words and phrases

ESTÁNDARES COMUNES

Vocabulario en contexto

1 superar

César Chávez trabajó para superar las adversidades de los trabajadores del campo.

2 asociación

Estos niños han formado una asociación para mantener las playas limpias.

3 capitolio

En el capitolio se reúnen los legisladores de un estado para crear o modificar las leyes.

4 sequía

En la década de 1930, una sequía, o falta de lluvia, dificultó la vida de muchos granjeros.

Aprende en línea

▶ Estudia cada Tarjeta de contexto.

▶ Usa un diccionario como ayuda para entender estas palabras del Vocabulario.

5 dedicar

Martin Luther King, hijo, quiso dedicar su vida a la lucha por la igualdad.

6 publicidad

Los medios de comunicación difunden publicidad o noticias sobre los sucesos.

7 violencia

Muchas personas creen que los cambios deben producirse sin violencia, por medios pacíficos.

8 conflicto

La mayoría de los conflictos pueden resolverse a través del diálogo.

9 horizonte

En las granjas, César Chávez trabajaba hasta que el sol se ponía en el horizonte.

10 brillante

Los colores brillantes de la bandera estadounidense simbolizan la libertad.

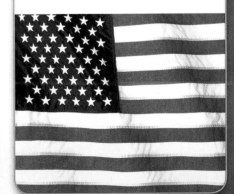

Leer y comprender

 Aprende en línea

☑ DESTREZA CLAVE

Conclusiones y generalizaciones Los autores no siempre expresan las cosas directamente. A veces, tienes que sacar tus propias **conclusiones**, o hacer tus propias inferencias. Una conclusión es algo que llegas a deducir por ti mismo. Una **generalización** es una especie de conclusión que dice la verdad acerca de algo *casi* siempre, pero no siempre. Mientras lees *Cosechando esperanza*, usa detalles y ejemplos del texto que te ayuden a sacar conclusiones sobre César Chávez y a hacer generalizaciones acerca de los desafíos que enfrentó. Anota tus conclusiones y los detalles del texto que las apoyan en un organizador gráfico.

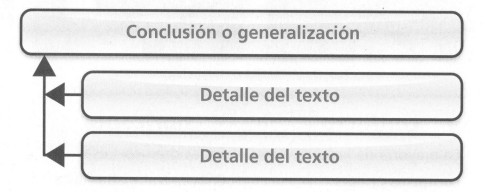

Conclusión o generalización

Detalle del texto

Detalle del texto

☑ ESTRATEGIA CLAVE

Inferir/Predecir A veces, el autor no expresa directamente sus ideas en el texto. Mientras lees *Cosechando esperanza*, usa detalles y evidencia del texto que te ayuden a **inferir** ideas que no estén expresadas directamente.

ESTÁNDARES COMUNES **RI.4.1** refer to details and examples when explaining what the text says explicitly and when drawing inferences

UN VISTAZO AL TEMA PRINCIPAL

La agricultura

Aunque algunos de los cultivos de Estados Unidos se cosechan con máquinas, gran parte de ese trabajo todavía se hace en forma manual. Los trabajadores migrantes viajan de una granja a otra y trabajan muchas horas donde los necesiten. Hasta la década de 1960, la vida de los trabajadores rurales era aun más difícil que en la actualidad. Trabajaban muchas horas por muy poco dinero. No existían leyes que los protegieran de las peligrosas condiciones laborales.

Cosechando esperanza cuenta la historia de César Chávez, quien peleó por los derechos de los trabajadores itinerantes de California. Como luchó por la justicia sin ejercer la violencia, muchas personas aún lo consideran un héroe.

TEXTO PRINCIPAL

Cosechando esperanza
LA HISTORIA DE
CÉSAR CHÁVEZ

KATHLEEN KRULL
ilustrado por
YUYI MORALES

✅ DESTREZA CLAVE

Conclusiones y generalizaciones

Usa detalles del texto para entender ideas que son muy generales o que no están expresadas.

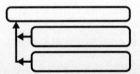

✅ GÉNERO

Una **biografía** relata los sucesos de la vida de una persona, escritos por otra persona. Mientras lees, busca:

- ▶ información sobre por qué la persona es importante,
- ▶ opiniones y juicios personales basados en hechos y
- ▶ sucesos en orden cronológico.

ESTÁNDARES COMUNES **RI.4.1** refer to details and examples when explaining what the text says explicitly and when drawing inferences; **RI.4.5** describe the overall structure of a text or part of a text; **L.4.5b** recognize and explain the meaning of idioms, adages, and proverbs

CONOCE A LA AUTORA
Kathleen Krull

Cuando era adolescente, a Kathleen Krull la despidieron de su trabajo de tiempo parcial en una biblioteca… ¡por leer demasiado! Cuando se convirtió en escritora, encontró un trabajo que le permitiría leer todo lo que quisiera. Conocida por sus libros de historia y sus biografías, ha escrito sobre presidentes, científicos, escritores, músicos y deportistas.

CONOCE A LA ILUSTRADORA
Yuyi Morales

Yuyi Morales nació en Xalapa, México. De pequeña, quería ser acróbata. Hoy es escritora e ilustradora y sus libros se han publicado en inglés y en español. No todas sus obras de arte las hace sobre papel: también fabrica títeres.

Aprende en línea

Cosechando esperanza

La Historia de César Chávez

por Kathleen Krull   ilustrado por Yuyi Morales

PREGUNTA ESENCIAL

¿Por qué es importante la agricultura?

Cuando era niño, César Chávez vivía en el rancho de su familia en Arizona. Tenían una casa grande y toda la comida que querían. A César le encantaba jugar con sus primos y su hermano Richard. Le gustaba escuchar los cuentos de sus familiares sobre la vida en México.

En el verano de 1937, cuando César tenía diez años, los árboles que rodeaban el rancho empezaron a marchitarse. El sol achicharró la tierra de la granja hasta dejarla tan dura como las piedras. La sequía estaba sofocando la vida en Arizona. Sin agua para sus cosechas, la familia Chávez no ganaba lo suficiente para pagar las cuentas.

Llegó un día en que la madre de César no podía dejar de llorar. César se sintió desconcertado viendo a su padre amarrar todas sus posesiones al techo del viejo carro. A pesar de su larga lucha, la familia ya no era dueña del rancho. No tenían más remedio que unirse a los cientos de miles de personas que huían hacia los fértiles valles de California en busca de trabajo.

La vida anterior de César había desaparecido. Ahora él y su familia eran campesinos migrantes. Trabajaban las tierras de otra gente, de un lado a otro de California, recogiendo cualquier tipo de fruta o verdura que estuviera en temporada.

Cuando la familia Chávez llegó a lo que sería su primera casa en California, lo que encontraron fue una cabaña en malas condiciones. Le faltaban las puertas y había basura por todo el suelo, que era de tierra. Un aire frío y húmedo se colaba dentro de las cobijas y la ropa. Compartían el agua y los baños con otras doce familias. Con tanta gente, el lugar estaba siempre sucio. Los vecinos peleaban constantemente y todo aquel ruido molestaba a César. No había lugar donde jugar con Richard. Las comidas a veces eran hojas de dientes de león recogidas al borde del camino.

César reprimió la amargura que le causaba haber perdido su hogar y empezó a trabajar junto a su familia. Aunque era pequeño y no muy fuerte, era un trabajador incansable. Casi todo tipo de cultivo era un tormento. Arrancar remolacha le desgarraba la piel entre el dedo pulgar y el índice. Los viñedos rociados con pesticidas le irritaban los ojos y lo hacían respirar con dificultad. Lo peor era la lechuga. Limpiar las malas hierbas que había alrededor de la lechuga con el azadón de mango corto le causaba espasmos de dolor por toda la espalda. Trabajar la tierra de otros en vez de la propia le parecía una forma de esclavitud.

La familia Chávez hablaba constantemente de ahorrar lo suficiente para poder volver a comprar su rancho. Pero, al final del día, la familia entera solo recibía treinta centavos por su trabajo. Conforme pasaban los años, hablaban cada vez menos del rancho.

Las ciudades no eran mucho mejores que los campos. En muchas tiendas y restaurantes había señales que decían: SOLO PARA BLANCOS. Ninguna de las treinta y cinco escuelas a las que asistió César a través de los años tampoco parecía un lugar seguro. En una ocasión en que César rompió la regla de hablar siempre en inglés, la maestra le colgó del cuello un letrero que decía: SOY UN PAYASO, HABLO ESPAÑOL. Aunque le gustaba aprender, llegó a odiar la escuela por los conflictos que allí se producían. Incluso a él mismo le pareció un milagro terminar el octavo grado. Después de eso, dejó la escuela para dedicarse a trabajar a tiempo completo en los campos.

El no haber podido estudiar avergonzó a César por el resto de su vida. Sin embargo, cuando era joven, lo único que quería era llevar comida a la mesa de su familia. Cuando trabajaba, le molestaba que los patrones trataran a los trabajadores como herramientas y no como seres humanos. No les daban agua potable, períodos de descanso ni acceso a cuartos de baño. Cualquiera que se atreviera a protestar era despedido, castigado o incluso, a veces, asesinado.

Así que César, como otros campesinos migrantes, tenía miedo y desconfianza cuando llegaban desconocidos tratando de ayudar.

¿Cómo podían esas personas saber lo que se sentía no tener poder?

¿Quién podía luchar contra tanta adversidad?

Y, sin embargo, César nunca había olvidado su antigua vida en Arizona y la fuerte impresión que había sentido cuando todo se vino abajo. El trabajo en el campo no tenía por qué ser tan miserable.

Con desconfianza, empezó a poner atención a lo que decían los que venían de afuera. Empezó a pensar que quizás habría esperanza. Y, con poco más de veinte años de edad, decidió dedicar el resto de su vida a luchar por el cambio.

Volvió a recorrer California, esta vez para convencer a la gente de que se uniera a la lucha. Al principio, de los cientos de trabajadores con los que hablaba, quizás encontraba uno que estuviera de acuerdo con él. Uno a uno, así es como empezó.

Una docena de mujeres acudieron a la primera reunión que organizó César. Él se sentó callado en un rincón. A los veinte minutos, todo el mundo empezó a preguntarse cuándo aparecería el organizador. César creyó que iba a morirse de vergüenza.

"Bueno, yo soy el organizador", les dijo, y se forzó a seguir hablando con la esperanza de inspirar respeto con su traje nuevo y el bigote que se estaba dejando crecer. Las mujeres lo escucharon cortésmente y él pensaba que lo hacían por lástima.

Pero a pesar de su timidez, César mostró que podía resolver problemas. La gente confiaba en él. Con los trabajadores era infinitamente paciente y compasivo. Con los patrones era testarudo, exigente y obstinado. Estaba aprendiendo a ser un luchador.

En la lucha por la justicia les dijo a todos que la verdad es un arma más poderosa que la violencia.

"La no violencia", les dijo, "requiere más valor".

Había que usar la imaginación para encontrar la forma de superar la falta de poder.

Cada vez más gente empezó a escucharlo.

Una noche, 150 personas se reunieron en un viejo teatro abandonado en Fresno. En esta primera reunión de la Asociación Nacional de Campesinos, César presentó su bandera: un águila negra, el pájaro sagrado de los aztecas.

Había nacido *La Causa*.

Había llegado la hora de la rebelión y el lugar era Delano. Aquí, en el corazón del exuberante Valle de San Joaquín, viñedos de brillante color verde se extendían hacia el horizonte. Los trabajadores malpagados trabajaban encorvados sobre los viñedos la mayor parte del año. Entonces, en 1965, los dueños de los viñedos les redujeron aun más los salarios.

César eligió luchar contra uno de los cuarenta patrones, con la esperanza de que otros recibieran el mensaje. Con los racimos de uvas maduros en las viñas, miles de trabajadores dejaron los campos de esa compañía y se declararon en huelga. Las uvas maduras no duran mucho.

ANALIZAR EL TEXTO

Expresiones idiomáticas ¿Qué significa la expresión idiomática "la verdad es un arma más poderosa que la violencia"? ¿Cómo se relaciona con lo que César Chávez intenta que hagan los otros campesinos?

La compañía contraatacó de todas las maneras posibles, desde los golpes hasta las balas. César se negó a responder con violencia. La violencia solo perjudicaría *La Causa*.

Lo que hizo fue organizar una marcha, una marcha de más de trescientas millas. Él y quienes lo apoyaban caminarían desde Delano hasta el Capitolio del estado en Sacramento para pedirle ayuda al gobierno.

César y otros sesenta y siete campesinos empezaron a caminar una mañana. Su primer obstáculo fue la policía de Delano. Treinta policías unieron sus brazos para impedirle al grupo cruzar la calle. Después de tres horas de discutir en público, el jefe de policía se retiró. El grupo entusiasta se encaminó bajo un sol abrasador hacia el norte. Su grito de solidaridad era *Sí se puede*.

Llegaron a Ducor durante la primera noche. Los caminantes durmieron afuera de la pequeña cabaña de la única persona que les dio la bienvenida.

En una sola fila continuaron cubriendo un promedio de quince millas al día. Cruzaron lentamente el Valle de San Joaquín, mientras que las uvas sin cosechar en Delano se cubrían de moho blanco. Muy pronto, a César le salieron ampollas en los pies. A él y a muchos otros les salía sangre por los zapatos.

La noticia se propagó. A lo largo del camino, los campesinos les ofrecían comida y bebida. Cuando se ponía el sol, los caminantes encendían velas y seguían adelante.

El albergue ya no era un problema. Los simpatizantes empezaron a darles la bienvenida con banquetes. Cada noche había un discurso.

"Este peregrinaje es la llama", gritó un orador, "que iluminará nuestra causa para que todos los campesinos vean lo que pasa aquí".

Seguidores entusiastas mantenían a los caminantes despiertos mientras hablaban sobre el cambio. Cada mañana, la línea de caminantes aumentaba. César siempre iba adelante.

En el noveno día, cientos de caminantes cruzaron Fresno.

La larga y pacífica marcha fue una sorpresa, ya que la gente no sabía cómo vivían los campesinos de California. Ahora eran los estudiantes, funcionarios públicos, líderes religiosos y ciudadanos de toda procedencia quienes ofrecían ayuda. Para la compañía de los viñedos, la publicidad se estaba haciendo insoportable.

Y en los viñedos las uvas continuaban pudriéndose.

En Modesto, al decimoquinto día, una multitud exaltada celebró el cumpleaños de César, quien cumplía treinta y ocho años. Dos días después, cinco mil personas recibieron a los caminantes en Stockton con flores, guitarras y acordeones.

ANALIZAR EL TEXTO

Conclusiones y generalizaciones Para cuando terminó la marcha, se habían unido cientos de personas. ¿Por qué es probable que estas personas se hayan unido a la marcha? ¿De dónde pueden haber provenido?

Aquella noche César recibió un mensaje que estaba seguro era una broma. Pero, por si acaso era verdad, dejó la marcha y alguien lo llevó durante la noche a una mansión en el rico Beverly Hills. Los oficiales de la compañía de viñedos lo estaban esperando. Estaban dispuestos a reconocer la autoridad de la Asociación Nacional de Campesinos y prometían un contrato con más dinero y mejores condiciones.

César se apresuró a regresar para unirse a la marcha.

El domingo de Pascua, cuando los caminantes llegaron a Sacramento, había más de diez mil personas en la marcha.

Desde los escalones del edificio del Capitolio se hizo el anuncio jubiloso: César Chávez acababa de firmar el primer contrato para los campesinos de la historia de Estados Unidos.

ANALIZAR EL TEXTO

Problema y solución ¿Qué hizo César Chávez cuando se encontró con un problema? ¿Cómo resolvió el grave problema de los derechos de los trabajadores?

Ahora analiza

Cómo analizar el texto

Usa estas páginas para aprender acerca de Conclusiones y generalizaciones, Problemas y soluciones y Expresiones idiomáticas. Luego, vuelve a leer *Cosechando esperanza* para aplicar lo que has aprendido.

Conclusiones y generalizaciones

Cosechando esperanza es una biografía sobre la vida de César Chávez. La autora presenta muchos datos sobre César, pero no explica todo. En cambio, espera que los lectores entiendan algunas cosas por sí mismos. Esta estrategia se denomina sacar **conclusiones,** o hacer inferencias. Una **generalización** es una especie de conclusión que dice la verdad acerca de algo *casi* siempre, pero no siempre. Puedes usar detalles y ejemplos de *Cosechando esperanza* para sacar una conclusión sobre César Chávez.

En *Cosechando esperanza* aprendemos que César Chávez era muy bueno para organizar a otras personas. ¿Qué detalles y evidencia del texto ayudan a los lectores a sacar esta conclusión?

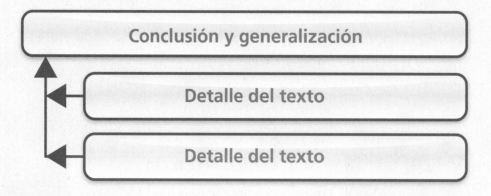

| Conclusión y generalización |
| Detalle del texto |
| Detalle del texto |

 ESTÁNDARES COMUNES

RI.4.1 refer to details and examples when explaining what the text says explicitly and when drawing inferences; **RI.4.5** describe the overall structure of a text or part of a text; **L.4.5b** recognize and explain the meaning of idioms, adages, and proverbs

 *Aprende en línea*

Problema y solución

Un tipo de **estructura del texto** se denomina **problema y solución**. En *Cosechando esperanza*, la autora describe, en primer lugar, los problemas que tiene que afrontar César Chávez para organizar la información sobre su vida. Luego, describe las soluciones que César les da a estos problemas. Por ejemplo, cuando César extrañaba su hogar después de que su familia había perdido la granja, decidió olvidar su tristeza y trabajar arduamente con ellos.

Expresiones idiomáticas

Los autores a veces usan **expresiones idiomáticas,** o frases cuyo significado difiere del significado literal de cada una de las palabras. Los autores usan las expresiones idiomáticas para describir las cosas de manera interesante. Por ejemplo, la autora dice que en la vida de Chávez "todo se vino abajo" cuando describe la pérdida de su hogar en Arizona. La expresión idiomática *venirse abajo* significa que algo cambió para mal, de manera confusa o angustiante. Puedes encontrar el significado de muchas expresiones idiomáticas en el diccionario.

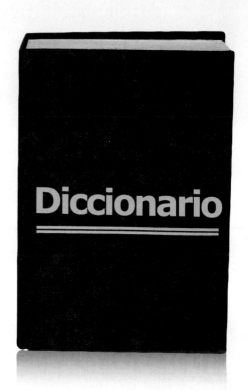

Diccionario

Es tu turno

Turnarse y comentar Repasa la selección con un compañero y prepárate para comentar esta pregunta: *¿Por qué es importante la agricultura?* Incluye evidencia del texto para apoyar tus inferencias. Mientras comentas la pregunta, túrnate con tu compañero para revisar y explicar las ideas clave de tu conversación.

Comentar en la clase

Para continuar comentando *Cosechando esperanza*, explica tus respuestas a estas preguntas:

1. ¿Por qué crees que César Chávez estaba avergonzado de no haber podido estudiar más?

2. ¿Qué quiso decir César cuando dijo que la verdad es un arma más poderosa que la violencia?

3. ¿Qué lecciones puedes aprender de César Chávez?

NO PELEEN: ¡MARCHEN!

Comentar la protesta Trabaja con un compañero para comentar por qué crees que César Chávez prefirió realizar manifestaciones pacíficas en vez de usar la violencia para obtener lo que querían los trabajadores rurales. ¿Qué fue lo que persuadió a los dueños de los cultivos de uvas a ceder ante sus exigencias? Usa detalles y evidencia del texto para explicar tus ideas.

DERECHOS DE LOS TRABAJADORES

ESCRIBE SOBRE LO QUE LEÍSTE

Respuesta Para cuando estaba en octavo grado, César Chávez ya había trabajado en la granja de su familia y también en tierras que pertenecían a otros dueños. Escribe un párrafo en el que expliques de qué manera estas experiencias lo prepararon para luchar por los derechos de los trabajadores rurales. Incluye evidencia del texto que te ayude a explicar el efecto que tuvieron en él las experiencias de su infancia.

Sugerencia para la escritura

Mientras escribes tu respuesta, concéntrate en el tema. Prepárate para escribir e identificar las experiencias importantes de la infancia de César. Usa frases preposicionales para agregar información interesante a tu respuesta.

Aprende en línea

ESTÁNDARES COMUNES **RI.4.1** refer to details and examples when explaining what the text says explicitly and when drawing inferences; **W.4.9b** apply grade 4 Reading standards to informational texts; **W.4.10** write routinely over extended time frames and shorter time frames; **SL.4.1a** come to discussions prepared/explicitly draw on preparation and other information about the topic; **SL.4.1d** review key ideas expressed and explain own ideas and understanding; **L.4.1e** form and use prepositional phrases

☑ GÉNERO

Un **texto informativo,** como este artículo de revista, proporciona datos y ejemplos sobre un tema.

☑ ENFOQUE EN EL TEXTO

Gráfica circular Un texto informativo puede incluir una gráfica circular, una especie de gráfica que usa porciones de un círculo para mostrar cómo se relacionan entre sí diferentes cantidades de algo en particular. ¿Qué indica la gráfica circular de la página 578 sobre la nutrición?

ESTÁNDARES COMUNES

RI.4.7 interpret information presented visually, orally, or quantitatively; **RI.4.10** read and comprehend informational texts

El Huerto
de la escuela

por Ned L. Legol

El programa «El huerto de la escuela» es parte huerto, parte cocina y parte salón de clases. Se trata de la alegría de aprender. El gran huerto está justo detrás de la Escuela de Enseñanza Media Martin Luther King, hijo, en Berkeley, California. La cocinera Alice Waters fundó «El huerto de la escuela». A ella le gusta dedicar gran parte de su tiempo a este programa.

Dentro de El huerto de la escuela

Todos los años, los estudiantes de sexto grado de la escuela plantan, cuidan y cosechan los cultivos del huerto. Aprenden sobre los efectos que el clima y la meteorología, que cambian constantemente, tienen en las plantas. Durante una sequía, por ejemplo, deben regar el huerto con mayor frecuencia. Esto hace que todas las plantas sigan vivas y estén saludables.

Los estudiantes cultivan todo tipo de frutas, verduras y hierbas. Colores brillantes rodean a los niños mientras trabajan en el huerto, que se extiende hacia el horizonte.

Hora de cocinar

Los estudiantes también aprenden a cocinar saludablemente con los productos que cultivan. La escuela alberga a estudiantes de culturas diferentes. Por lo tanto, las comidas varían desde los curries indios hasta las hojas de parra mediterráneas. Algunos de los niños aprenden a superar su temor a los alimentos desconocidos.

Si hay conflictos en la cocina o en el huerto, los estudiantes deben trabajar para resolverlos. El programa se adecua a la visión de inclusión, igualdad y crecimiento pacífico sin violencia, de Martin Luther King, hijo.

«El huerto de la escuela» ha inspirado programas similares por todo el país. Esta estudiante de Florida pertenece al programa Planta un Millar de Jardines.

Es rico y, también, saludable

«El huerto de la escuela» ha recibido buena publicidad por enseñar sobre los alimentos saludables. Lo que crece en el huerto está libre de pesticidas y fertilizantes. Las comidas que se preparan son buenas para los niños.

Muchos otros grupos, como la Asociación Dietética Estadounidense, también enseñan a los niños y a los adultos a comer sanamente. Como la necesidad de un almuerzo escolar saludable es tan importante, el tema se habla con frecuencia en el capitolio de cada estado.

Buena alimentación

Según el gobierno de Estados Unidos, se deben comer los tipos y las cantidades de comida por día que se mencionan aquí.

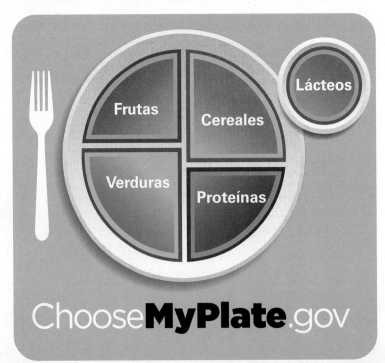

Cereales	Verduras	Frutas	Lácteos	Proteínas
6 oz	2.5 tazas	2 tazas	3 tazas	5.5 oz

Medidas: oz = onzas

Fuente: Departamento de Agricultura de Estados Unidos

Comparar el texto

DE TEXTO A TEXTO

¿Qué pensaría César? Imagina que César Chávez visita el huerto de una escuela primaria. ¿Qué crees que diría sobre el trabajo que se realiza allí? ¿Crees que le daría el visto bueno? Explica tus ideas en un párrafo con evidencia del texto.

EL TEXTO Y TÚ

Escribir un relato Piensa en alguna vez que hayas tenido que ser persistente para resolver un problema. Describe esa ocasión. Explica el problema que tuviste que resolver y de qué te sirvió ser persistente para resolverlo.

EL TEXTO Y EL MUNDO

Conectar con los Estudios Sociales La agricultura es una industria importante en muchas comunidades. Trabaja con un compañero para hacer una lista de los diferentes productos agrícolas que se producen en tu comunidad. Describe de qué manera el cultivo de estos productos afecta a tu comunidad. Comparte tus conclusiones con la clase.

ESTÁNDARES COMUNES **RI.4.1** refer to details and examples when explaining what the text says explicitly and when drawing inferences; **RI.4.9** integrate information from two texts on the same topic; **W.4.3a** orient the reader by establishing a situation and introducing a narrator or characters/organize an event sequence; **W.4.7** conduct short research projects that build knowledge through investigation

Gramática

¿Qué son los pronombres relativos y los adverbios relativos? Una **cláusula** es un grupo de palabras que tiene sujeto y predicado pero que puede ser una oración completa o no. Una **cláusula dependiente** es un tipo de cláusula que no puede existir por sí misma. Una **cláusula independiente** puede existir por sí misma porque es una oración completa.

> cláusula   cláusula
> independiente   dependiente
>
> Mi tío cocina estofado cuando hace frío.

Una cláusula dependiente puede estar introducida por un **pronombre relativo,** como *que, quien, el/la cual* o *cuyo,* o bien por un **adverbio relativo,** como *donde* o *cuando*.

> pronombre   cláusula
> relativo   dependiente
>
> Mi tío, quien es cocinero, sabe hacer estofado.

>   adverbio   cláusula
>   relativo   dependiente
>
> Mi tío cocina estofado en invierno, cuando hace frío.

Inténtalo **Con un compañero, identifica la cláusula dependiente en las siguientes oraciones. Indica si las oraciones tienen un pronombre relativo o un adverbio relativo.**

1. Un día, cuando se hartaron de sus condiciones laborales, los trabajadores se agruparon.

2. César, quien organizó la reunión, inició el debate.

3. Los granjeros, cuyas tierras no estaban siendo trabajadas, se sentían frustrados.

4. César fue a una mansión de Beverly Hills, donde se reunió con los dueños de las tierras.

5. El domingo de Pascua, cuando se firmó el contrato, había más de diez mil personas en la marcha.

Cuando escribas, combina oraciones con cláusulas para mostrar con claridad cómo se conectan las ideas que están relacionadas. Usa adverbios relativos o pronombres relativos según corresponda.

Oraciones separadas	Oraciones combinadas
Comencé a comer el sándwich en el recreo. La clase había terminado.	Comencé a comer el sándwich en el recreo, cuando la clase había terminado.
Mi mamá hace los mejores sándwiches. Es cocinera.	Mi mamá, quien es cocinera, hace los mejores sándwiches.

 ## Relacionar la gramática con la escritura

Mientras revisas tu narrativa personal la semana próxima, verifica si has usado correctamente los pronombres relativos y los adverbios relativos. También usa cláusulas para combinar oraciones y así evitar que tu escritura tenga oraciones cortas.

W.4.3a orient the reader by establishing a situation and introducing a narrator or characters/organize an event sequence; **W.4.3b** use dialogue and description to develop experiences and events or show characters' responses; **W.4.4** produce writing in which development and organization are appropriate to task, purpose, and audience; **W.4.5** develop and strengthen writing by planning, revising, and editing

Escritura narrativa

Taller de lectoescritura: Preparación para la escritura

✅ **Organización** Los buenos escritores organizan sus ideas antes de hacer un borrador. Para escribir una **narrativa personal** puedes organizar tus ideas en un cuadro de sucesos. En tu cuadro, escribe los sucesos principales en orden. Debajo de cada suceso principal, escribe detalles importantes o interesantes sobre él. Usa la siguiente lista de control del proceso de escritura a medida que revisas tu trabajo.

Steve decidió escribir sobre una aventura de la clase. Primero tomó unas notas. Luego, las organizó en un cuadro.

Lista de control del proceso de escritura

▶ **Preparación para la escritura**

☑ ¿Pensé en mi propósito para escribir?

☑ ¿Elegí un tema sobre el que me gustará escribir?

☑ ¿Exploré mi tema para recordar los sucesos y los detalles?

☑ ¿Organicé los sucesos en el orden en el que ocurrieron?

Hacer un borrador

Revisar

Corregir

Publicar y compartir

Explorar un tema

Tema: mi clase participó en una Caminata contra el Hambre

comentar el proyecto con la clase
- mi idea: Caminata contra el Hambre
- ayudar a la gente
- caminata de 5 millas
- votación: ¡mi idea ganó!

reunir los donativos prometidos
- conseguimos que la gente donara dinero
- total: $425

día de la caminata
- viaje en autobús
- gran multitud
- globos, alimentos
- caminamos durante 2 horas
- ¡CANSADOS!
- banda
- me sentí realmente orgulloso

Cuadro de sucesos

Suceso: Mi clase comentó ideas para realizar un proyecto comunitario.

Detalles: Algunos niños dieron ideas. La mía fue hacer una Caminata contra el Hambre para ayudar a la gente, caminar 5 millas y recibir meriendas gratis. Votamos y mi idea ganó.

Suceso: Reunimos los donativos de la gente.

Detalles: Amigos y parientes prometieron donar dinero. Recaudamos $425.

Suceso: El 6 de mayo, la clase fue en autobús a la caminata.

Detalles: En el lugar de partida, había una gran multitud, globos, agua gratis, barras de granola, gorras.

Suceso: Caminamos durante 2 horas.

Detalles: Fácil al principio, difícil después...; cansados, dolor de pies.

Suceso: Terminamos la caminata.

Detalles: Tocó una banda. Yo solamente quería irme a casa. Al día siguiente, me sentí realmente orgulloso.

Leer como escritor

¿Qué clase de orden usó Steve para organizar sus sucesos? ¿Qué partes de tu cuadro de sucesos puedes organizar más claramente?

En mi cuadro, puse los sucesos y los detalles en un orden que tiene sentido. Además, agregué algunos detalles nuevos.

VOCABULARIO CLAVE

territorio
acompañar
proponer
intérprete
tarea
provisiones
ruta
cuerpo
rudimentario
lugar de referencia

Librito de vocabulario

Tarjetas de contexto

L.4.6 acquire and use general academic and domain-specific words and phrases

Vocabulario en contexto

1 territorio

Para la mayoría de las personas, los polos representan territorio desconocido.

2 acompañar

Un guía te debe acompañar si quieres entrar a explorar una cueva.

3 proponer

Un grupo de científicos propuso realizar más viajes de exploración a Marte.

4 intérprete

Un intérprete es muy útil cuando las personas hablan idiomas diferentes.

Aprende en línea

▶ Estudia cada Tarjeta de contexto.

▶ Usa las claves de contexto para determinar el significado de cada palabra del Vocabulario.

5 tarea

Los buceadores tienen una gran tarea. No pueden dañar el ambiente marino ni a sus criaturas.

6 provisiones

Los excursionistas necesitan llevar consigo provisiones, como alimentos y agua.

7 ruta

Quienes practican el montañismo buscan una ruta segura para llegar a la cumbre.

8 cuerpo

En una expedición científica, cada miembro del cuerpo de investigadores es experto en su área.

9 rudimentario

La exploración espacial se ha desarrollado mucho desde sus inicios rudimentarios.

10 lugar de referencia

Identificar un lugar de referencia facilita el viaje de regreso en un lugar desconocido.

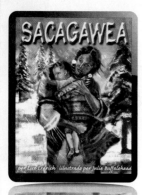

Leer y comprender

☑ DESTREZA CLAVE

Ideas principales y detalles Mientras lees *Sacagawea*, busca las ideas más importantes que presenta la autora. Las ideas más importantes se llaman **ideas principales**. También busca los **detalles de apoyo**, que dicen más cosas sobre las ideas principales. Usa un organizador gráfico como el siguiente para ver la relación entre las ideas principales y los detalles de apoyo. Luego, resume las ideas más importantes.

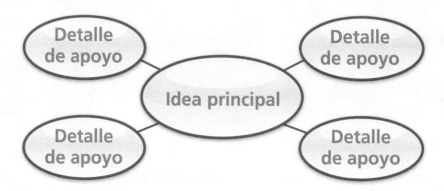

☑ ESTRATEGIA CLAVE

Visualizar Puedes **visualizar** las diversas etapas del viaje de Sacagawea para identificar las ideas principales y los detalles de apoyo de cada una. Los detalles descriptivos del texto te ayudarán a formarte imágenes mentales claras de las personas y de los lugares que visitaron Sacagawea y sus compañeros.

Historia de los indígenas

A principios del siglo XIX, la mayor parte del oeste de Estados Unidos estaba habitada solo por indígenas. Los indígenas tenían un profundo conocimiento de las tierras en las que vivían. Eran expertos en buscar alimento, construir refugios y orientarse en los bosques.

En 1804, los capitanes Meriwether Lewis y William Clark lideraron una expedición para explorar la región oeste de América del Norte. En el camino, una joven de origen shoshone llamada Sacagawea se unió a la expedición como guía y traductora. Mientras lees *Sacagawea*, conocerás los grandes aportes que Sacagawea brindó a la expedición.

TEXTO PRINCIPAL

☑ DESTREZA CLAVE

Ideas principales y detalles

Resume las ideas clave de un tema y los detalles que las apoyan.

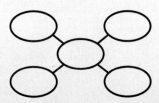

☑ GÉNERO

Una **biografía** es un texto sobre la vida de una persona, escrito por otra persona. Mientras lees, busca:

▶ información sobre por qué la persona es importante,

▶ opiniones y juicios personales basados en hechos y

▶ sucesos en orden cronológico.

ESTÁNDARES COMUNES **RI.4.2** determine the main idea and explain how it is supported by details/summarize; **RI.4.3** explain events/procedures/ideas/ concepts in a text; **RI.4.5** describe the overall structure of a text or part of a text

CONOCE A LA AUTORA

Lise Erdrich

Lise Erdrich es parte indígena y es miembro del grupo Turtle Mountain, de Plains-Ojibway. Para ser escritora se inspiró en su abuelo, que se la pasaba escribiendo o contando historias. Su hermana Louise también es escritora de libros para niños y para adultos.

CONOCE A LA ILUSTRADORA

Julie Buffalohead

Julie Buffalohead, parte india ponca, investigó el arte tradicional de los indígenas mientras estaba en la universidad. Con frecuencia, describe las leyendas y las tradiciones indígenas en sus cuadros. A veces usa la pintura como una manera de explorar temas importantes, como los prejuicios que algunas personas pueden tener acerca de los indígenas.

SACAGAWEA

por Lise Erdrich   ilustrado por Julie Buffalohead

PREGUNTA ESENCIAL

¿Qué aportes realizan a la historia estadounidense las personas de diferentes culturas?

Es el principio del siglo XIX. Sacagawea es una joven de origen shoshone, una tribu que habita en las aldeas del río Knife, en lo que ahora es Dakota del Norte. Cuando era niña, los indios de la tribu hidatsa la secuestraron de su hogar en las montañas Rocosas. Desde entonces, ha vivido con ellos en las Grandes Llanuras, lejos de su familia. Sacagawea ha aprendido muchas cosas de los hidatsa, incluso cómo cultivar alimentos. Ahora está casada con un cazador de pieles canadiense de origen francés llamado Toussaint Charbonneau.

Mientras tanto, los capitanes Meriwether Lewis y William Clark han estado preparando una expedición llamada Cuerpo de Descubrimiento (Corps of Discovery). Ellos y su equipo, que incluye un perro negro terranova, están a punto de empezar un viaje de exploración hasta el océano Pacífico.

El 14 de mayo de 1804, una tripulación de más de cuarenta hombres inició su travesía río arriba por el Missouri en un barco de quilla y dos grandes canoas llamadas piraguas. La expedición del Cuerpo de Descubrimiento estaba en camino.

Llegaron a las aldeas del río Knife a finales de octubre. Los recibieron con gran entusiasmo. A Sacagawea le contaron historias sobre un gigantesco perro negro que viajaba con los exploradores. Se enteró de que un bravo y asombroso "hombre blanco" de piel negra formaba parte de la tripulación. Se trataba de York, el esclavo del Capitán Clark.

Los exploradores construyeron un fuerte y lo llamaron Fuerte Mandan. Luego, se instalaron y pasaron el invierno en las aldeas del río Knife. Lewis y Clark se dieron cuenta de que necesitarían caballos para cruzar las montañas Rocosas. Los aldeanos les dijeron que podrían conseguirlos de la tribu shoshone cuando la expedición llegara al paso de la montaña.

El astuto Charbonneau les propuso que lo contrataran como guía e intérprete. No hablaba shoshone, pero Sacagawea sí. Le dijo a su esposa que se unirían a la expedición en la primavera. Aunque la noticia era emocionante, la mente de Sacagawea estaba en otra parte. En poco tiempo sería madre.

591

En febrero llegó el momento de que Sacagawea tuviera a su bebé. Fue un parto largo y difícil. El capitán Lewis quiso ayudarla. Le dio a un miembro de la tripulación dos cascabeles de serpiente para que los triturara y los mezclara con agua. Unos pocos minutos después de beber la mezcla, Sacagawea dio a luz a un varoncito. Aunque le pusieron "Jean-Baptiste Charbonneau", el capitán Clark lo llamaba Pompy. Al poco tiempo, todos lo conocían como Pomp.

El 7 de abril de 1805, la expedición inició su travesía hacia el oeste, luchando contra la corriente poderosa y turbia del Missouri en dos piraguas y seis canoas más pequeñas. Pomp no tenía ni siquiera dos meses de edad. En sus caminatas por las orillas del río, Sacagawea llevaba a Pomp sobre su espalda, en un portabebés, o envuelto cómodamente en su manto.

Cada miembro de la expedición había sido contratado por una habilidad especial: cazador, herrero, carpintero, marinero. Como intérprete, Charbonneau cobraba mucho más dinero que cualquier otro, aunque sus habilidades como marino, guía y explorador eran muy limitadas. La única cosa que hacía bien era cocinar salchichas de búfalo.

A pesar de no cobrar ni un centavo, Sacagawea hacía todo lo que podía para ayudar a la expedición. Mientras caminaba por la orilla junto al capitán Clark, buscaba plantas que le podían servir para mantener sana a la tripulación. Recogía bayas o desenterraba raíces de alcachofas con su pala. Su niñez con la tribu shoshone la había preparado bien para el viaje.

La expedición llevaba menos de dos meses cuando estuvo a punto de terminar en desastre. Charbonneau dirigía un bote por aguas picadas cuando una ráfaga de viento volteó el bote hacia un lado. Perdió el control y, ¡paf!, soltó el timón mientras el bote se llenaba de agua. Los objetos de valor de la expedición se iban perdiendo en el agua. Charbonneau recibió la orden de enderezar el bote; en caso contrario, lo fusilarían.

Sacagawea mantuvo la calma y rescató las cosas importantes de los capitanes: diarios de navegación, pólvora, medicinas, instrumentos científicos y todo lo que pudo alcanzar. Sin esas provisiones, la expedición no hubiera podido continuar.

Pocos días después, llegaron a un hermoso río. Los capitanes, en agradecimiento, lo llamaron río Sacagawea.

Hacia el mes de junio, la expedición entraba en la región montañosa. Pasó muy poco tiempo antes de que pudieran escuchar el rugido distante de las Grandes Cataratas del Missouri. Según el capitán Lewis, la vista de las cataratas era lo más impresionante que había visto en su vida. Sin embargo, no había manera de atravesarlas en bote. Les llevó aproximadamente un mes pasar alrededor de las Grandes Cataratas y las cuatro cascadas que habían descubierto justo detrás de ellas.

Construyeron chirriantes y rudimentarios vagones para llevar los botes y las provisiones. El runrún de los vagones a través de las filosas rocas y los nopales se mezclaba con los ruidos propios del granizo, la nieve y el viento que azotaban a la tripulación.

Un día, una copiosa lluvia causó un aluvión. Por el cañón bajaban rocas, lodo y agua en picada. Sacagawea abrazó a su hijo con todas sus fuerzas y Clark los empujó y arrastró hasta un lugar seguro. El portabebé, la ropa y las cobijas de Pomp desaparecieron con el agua, pero los tres salieron ilesos.

Hacia mediados de julio, la expedición volvía a navegar por el Missouri. Llegaron a un valle donde se unían tres ríos, un lugar que Sacagawea conocía bien. Si ella estaba triste por volverlo a ver, no lo demostró. Los capitanes se enteraron de cómo Sacagawea había sido capturada y de cómo habían matado a su gente.

Sacagawea reconoció una montaña que su gente usaba como lugar de referencia llamada Cabeza de Castor. Sabía que debían estar acercándose al campamento de verano de la tribu shoshone.

ANALIZAR EL TEXTO

Onomatopeyas En el segundo párrafo de esta página se incluye la palabra Chirriar. Chirriar es un ejemplo de **onomatopeya** que es una palabra que imita o recrea el sonido de la cosa o la acción nombrada. Busca otro ejemplo de onomatopeya en el mismo párrafo.

Casi dos semanas después, mientras Sacagawea caminaba a lo largo de la ribera del río, reconociendo aquel territorio familiar, vio a lo lejos a algunos hombres a caballo. De pronto, el capitán Clark vio como Sacagawea saltaba y bailaba de alegría chupándose los dedos. Sabía que esto significaba que esa era su gente, los shoshone.

Una multitud entusiasmada saludó a los exploradores en el campamento de la tribu. A pesar de que habían pasado muchos años desde la captura de Sacagawea, una mujer la reconoció, corrió hacia ella y la abrazó.

Lewis y Clark se dieron cuenta de que necesitarían los caballos de la tribu shoshone más de lo que habían pensado. Había más territorio montañoso de lo que esperaban entre el río Missouri y una ruta navegable hacia el Pacífico. Se llamó a una reunión del gran consejo para discutir el asunto. Sacagawea fue una de las traductoras.

Traducir para los hombres en el consejo del jefe era una gran responsabilidad. Sacagawea quería hacer un buen trabajo, pero al ver la cara del jefe de la tribu comenzó a llorar. ¡Era su hermano, Cameahwait! Sacagawea saltó, tiró su manta sobre él y rompió en llanto.

Cameahwait también estaba muy emocionado. Pero el consejo debía continuar. A pesar de que las lágrimas le seguían brotando, Sacagawea continuó con su tarea hasta que terminó la reunión.

Sacagawea pasó los últimos días de agosto con su gente. El tictac del reloj marcaba el tiempo: todo transcurría tan rápido. Pronto la expedición se vio cabalgando en los caballos de los shoshone para continuar su travesía por las montañas, dejando sus botes atrás.

En la siguiente etapa del viaje, estuvieron a punto de morir. Los senderos de la montaña eran estrechos y peligrosos, especialmente una vez que empezó a nevar. Los pies se les congelaron, no tenían suficiente alimento y las montañas parecían interminables.

Finalmente, la expedición llegó hasta el lado del Pacífico de las montañas Rocosas. Allí, los indios de la tribu nez percé los ayudaron a construir nuevos botes y aceptaron cuidarles los caballos en caso de que volvieran por esa ruta en la primavera.

La tripulación, con gran alivio, echó los botes al río Clearwater y dejó que la corriente los llevara hacia el océano.

A comienzos de noviembre, los exploradores escucharon el inconfundible bramido de las olas. ¡Finalmente habían llegado al océano Pacífico!

La tripulación votó para decidir dónde estaría el campamento de invierno. Sacagawea también pudo votar. Quería quedarse donde pudiera encontrar muchas raíces de wapato para la comida de invierno. Levantaron un campamento no lejos del océano por si acaso venía un barco para llevarlos de regreso a casa. Para entonces, la gente del este pensaba que todos en la expedición habían muerto hacía mucho tiempo. Ningún barco vino por ellos.

Una lluvia fría los iba mojando mientras cortaban troncos y construían el Fuerte Clatsop. Los cazadores fueron a buscar alimento mientras Sacagawea cavaba en busca de raíces de wapato en el terreno saturado de agua.

ANALIZAR EL TEXTO

Estructura del texto Resume brevemente lo que ocurrió en el texto hasta el momento. ¿Por qué levantaron un campamento de invierno? ¿Cómo está organizado el texto?

El día de Navidad fue lluvioso y sombrío, pero los miembros de la expedición estaban decididos a celebrar. Los hombres dispararon sus armas en forma de saludo y cantaron. Sacagawea le regaló al capitán Clark dos docenas de colas de comadreja blanca.

A principios de enero, Clark oyó que algunos indios decían que una ballena se había quedado varada en la orilla del mar. Decidió bajar hacia la playa a buscar grasa de aquella ballena para mejorar la dieta de sus hombres. Todos estaban cansados de comer carne y pescado magros.

Sacagawea se armó de valor e insistió en acompañar a Clark. No había viajado tanto para irse sin ver el mar. Y quería ver a aquella monstruosa criatura. Los capitanes aceptaron que fuera.

Finalmente, Sacagawea vio el océano Pacífico. Inmóvil, observó aquellas aguas que se extendían sin fin frente a ella. En la playa había un gran esqueleto de ballena. Era una vista imponente, tan grande como lo que medirían veinte hombres acostados uno tras otro. Aunque ya la ballena había sido limpiada por completo, Clark logró comprarles a los indios algo de grasa para alimentar a sus hombres.

La tripulación se mantuvo ocupada todo el invierno cazando y reparando los mocasines y sus equipos. Clark hizo mapas, mientras Lewis trabajaba en el informe para el presidente Jefferson.

Sacagawea cuidaba a Pomp, quien comenzaba a dar sus primeros pasos. El capitán Clark lo llamaba "mi pequeño bailarín". Se había encariñado con Sacagawea y su hijo. Cuando llegara el momento, la separación sería muy difícil.

Llegó la primavera y con ella el momento de regresar por donde habían venido. A finales de marzo, la expedición Cuerpo de Descubrimiento navegó por el río Columbia para recoger los caballos que habían dejado con la tribu de los nez percé.

En un lugar llamado Descanso del Viajero, la expedición se dividió en dos grupos. Sacagawea ayudaría a Clark a guiar a su grupo al sur, hacia el río Yellowstone. El grupo de Lewis se dirigiría al noreste a explorar el río Marias.

A finales de julio, el grupo de Clark se encontró con un enorme peñón a orillas del río Yellowstone. Clark la nombró Torre de Pompy, en honor a su adorado amiguito. En uno de los lados de la roca, escribió:

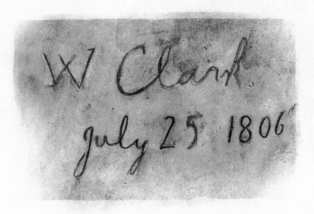

W. Clark, 25 de julio de 1806

Los dos grupos se encontraron el 12 de agosto. Dos días después, Sacagawea pudo ver una vez más las viviendas redondas en las aldeas del río Knife. Había estado fuera un año y cuatro meses.

Lewis y Clark se prepararon para volver a Saint Louis. Antes de partir, el capitán Clark se acercó a conversar con Sacagawea y Charbonneau. Les ofreció llevar a Pomp a Saint Louis con él. Su intención era criar al niño como si fuera su propio hijo y darle una buena educación.

Sacagawea sabía que el capitán cuidaría bien a su hijo. Pero el niño no tenía siquiera dos años de edad. No podía dejarlo ir aún. Sacagawea y Charbonneau prometieron llevar a Pomp a visitar a Clark después de que pasara un año.

El 17 de agosto de 1806, Sacagawea vio cómo el Cuerpo de Descubrimiento partía río abajo por el Missouri. Su viaje de exploración había terminado, pero la expedición todavía tenía cientos de millas por recorrer.

ANALIZAR EL TEXTO

Ideas principales y detalles ¿Cuál es la idea principal de la selección? ¿Qué detalles proporciona la autora para apoyar la idea principal?

Ahora analiza

Cómo analizar el texto

Usa estas páginas para aprender acerca de Ideas principales y detalles, Estructura del texto y Onomatopeyas. Luego, vuelve a leer *Sacagawea* para aplicar lo que has aprendido.

Ideas principales y detalles

Sacagawea es la biografía de una joven de origen shoshone llamada Sacagawea que ayudó a los capitanes Lewis y Clark a explorar el Oeste. En la selección, la autora presenta ideas principales o ideas importantes sobre Sacagawea y su experiencia. La autora explica estas **ideas principales** mediante **detalles**. Los detalles incluyen datos y ejemplos que dicen más cosas sobre las ideas principales.

En *Sacagawea*, aprendiste que Sacagawea fue una parte muy importante del Cuerpo de Descubrimiento. ¿Qué detalles del texto apoyan esta idea principal?

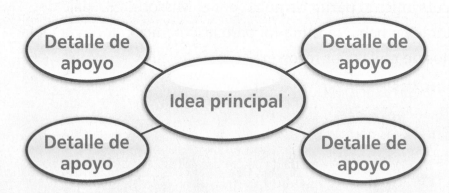

Aprende en línea

Estructura del texto

La **estructura del texto** es la forma en la que el autor organiza las ideas en un texto o en una parte de un texto. Los autores de textos históricos suelen explicar los sucesos en la **secuencia** en la que ocurrieron. Por ejemplo, *Sacagawea* comienza el día en el que partió la expedición, en mayo de 1804. Después, la autora describe la llegada de la expedición a las aldeas del río Knife a fines de octubre. Piensa en cómo encaja cada suceso en la estructura general del texto.

MAYO						
Dom.	Lun.	Mar.	Mié.	Jue.	Vie.	Sáb.
		1	2	3	4	5
6	7	8	9	10	11	12
13	14	15	16	17	18	19
20	21	22	23	24	25	26
27	28	29	30	31		

Onomatopeyas

El uso de **onomatopeyas** es un mecanismo literario que suelen usar los autores para ayudar a los lectores a imaginarse cómo suena algo en particular. Cuando usan una **onomatopeya**, los autores eligen palabras que imitan o recrean el sonido de la cosa o la acción que nombran. Por ejemplo, las palabras "ja, ja, ja" recrean el sonido que hacen las personas cuando se ríen y las palabras "tictac, tictac" imitan el sonido que hace un reloj.

Es tu turno

REPASAR LA PREGUNTA ESENCIAL

 Turnarse y comentar Repasa la selección con un compañero y prepárate para comentar esta pregunta: *¿Qué aportes realizan a la historia estadounidense las personas de diferentes culturas?* Mientras comentas la pregunta, túrnate con tu compañero para repasar las ideas clave y explicar las tuyas. Comenta las reglas, como "no interrumpir al otro".

Comentar en la clase

Para continuar comentando *Sacagawea*, explica tus respuestas a estas preguntas:

1 ¿Por qué crees que Sacagawea ayudó al Cuerpo de Descubrimiento?

2 ¿Qué puedes aprender de Clark acerca de cómo ser un buen líder? Usa ideas de la selección.

3 ¿Cuál crees que fue el aporte más importante de Sacagawea? ¿Por qué?

TRABAJAR EN EQUIPO

Comentar el éxito Trabaja con un compañero para comentar qué hizo que la expedición del Cuerpo de Descubrimiento tuviera éxito. Piensa en los desafíos que encontraron y en cómo trabajaron juntos para enfrentarlos. ¿Cuál fue la importancia de Sacagawea como miembro de este equipo? Usa evidencia del texto de la selección para apoyar tus ideas.

ESCRIBE SOBRE LO QUE LEÍSTE

Respuesta Imagina que te invitaron a participar de la expedición de Lewis y Clark. Piensa en las cualidades y en las destrezas que habrías aportado al equipo. Además, decide qué te habría gustado más de la expedición y qué te habría resultado más difícil. Escribe dos párrafos en los que expliques tus ideas según evidencia del texto.

Sugerencia para la escritura

Para que tu escritura sea más interesante y precisa, incluye adjetivos coloridos. Termina tu párrafo con una conclusión convincente que resuma tus destrezas.

Aprende en línea

ESTÁNDARES COMUNES **RI.4.1** refer to details and examples when explaining what the text says explicitly and when drawing inferences; **RI.4.2** determine the main idea and explain how it is supported by details/summarize; **W.4.2d** use precise language and domain-specific vocabulary; **W.4.2e** provide a concluding statement or section; **W.4.9b** apply grade 4 Reading standards to informational texts; **SL.4.1.b** follow rules for discussions; **SL.4.1d** review key ideas expressed and explain own ideas and understanding

POESÍA

Poesía indígena SOBRE LA NATURALEZA

La naturaleza y la relación de las personas con la naturaleza son dos temas importantes de la poesía indígena. Un poema puede incluir detalles que describen un territorio común, como un bosque donde el viento susurra a través de los árboles. También puede personificar un objeto al otorgarle características humanas. Además, un poema podría decir qué es importante en la vida.

☑ GÉNERO

La **poesía** usa el sonido y el ritmo de las palabras para sugerir imágenes y expresar sentimientos.

☑ ENFOQUE EN EL TEXTO

El **verso libre** crea un tipo de poesía sin rima y sin ritmo regulares. Mientras lees "El viento", observa que el poema no tiene rima ni ritmo como otros poemas que has leído antes. ¿De qué manera la longitud de cada verso crea la sensación de movimiento del viento en el poema?

ESTÁNDARES COMUNES **RL.4.5** explain major differences between poems, drama, and prose/refer to their structural elements; **RL.4.10** read and comprehend literature

Aquí estoy,
contémplame
dijo cuando apareció.
Soy la Luna,
contémplame.

Adaptación del original de *Teton Sioux*

EL VIENTO

De noche,
el viento nos mantiene despiertos,
susurrando entre los árboles.
No sabemos cómo haremos para dormir,
hasta que lo hacemos:
nos quedamos dormidos tan pronto
como amaina el viento.

Adaptación del original de *Crow*

PRESERVAR LAS TRADICIONES ORALES

Durante siglos, los indígenas han transmitido oralmente sus poemas, canciones y cuentos de una generación a otra. Las personas que no hablaban los idiomas de los indígenas necesitaban un intérprete para poder comprender y poner por escrito esta literatura oral. Hacia fines del siglo XIX, se podían utilizar grabadores cilíndricos para grabar y reproducir los sonidos. Comparados con los pequeños grabadores electrónicos actuales, los grabadores cilíndricos eran rudimentarios. Sin embargo, conservaban los sonidos con exactitud. En 1890, este instrumento se volvió importante para el científico Jesse Fewkes, que tuvo que acompañar a un cuerpo de investigadores al suroeste de Estados Unidos. El grabador estaba entre las provisiones de Fewkes. Lo usó para grabar y conservar las tradiciones orales de los indígenas.

Un grabador cilíndrico

Tú, dueño del día,
haz que sea hermoso.
Muestra tus colores de arco iris,
así será hermoso.

Adaptación del original de *Nootka*

RECUERDO MIS PEQUEÑAS AVENTURAS

Recuerdo mis pequeñas aventuras,
mis miedos,
esos miedos pequeños
que me parecían inmensos,
por todas las cosas vitales
que debía obtener y alcanzar;
pero hay una única cosa grandiosa,
la única cosa,
por la que vivir:
ver cómo amanece el grandioso día
y cómo el mundo se colma de luz.

Adaptación del original anónimo
(Indígena, siglo XIX)

Escribe un poema sobre la belleza

El poema "Tú, dueño del día" sugiere que es tarea de cada persona hacer que el día sea hermoso. ¿Cómo harías para que tu día sea hermoso? ¿Ayudarías a alguien que aprecias? ¿Tomarías una ruta especial para llegar a un monumento histórico? ¿Harías un dibujo o admirarías el atardecer? ¿Tus amigos te han propuesto ideas como estas en el pasado? Escribe un poema que cuente qué harías.

Comparar el texto

DE TEXTO A TEXTO

Comparar poemas Sacagawea vio muchos paisajes maravillosos durante su viaje. ¿Cuál de los poemas de *Poesía indígena sobre la naturaleza* podría haber usado para describir lo que veía? Comenta con un compañero cuál de los poemas crees que elegiría Sacagawea y por qué. Luego, escribe un poema sobre uno de los paisajes que vio Sacagawea. Usa onomatopeyas, símiles y metáforas para ayudar a los lectores a imaginar la escena. Cuando hayas terminado, comparte tu poema con un compañero. Explica los símiles y las metáforas que usaste.

EL TEXTO Y TÚ

Escribir una entrada de diario Sabemos detalles de la expedición del Cuerpo de Descubrimiento porque Lewis y Clark llevaron un diario. Recuerda un viaje que hayas hecho. Escribe algunas páginas de un diario sobre él. Explica por qué el viaje fue importante para ti.

EL TEXTO Y EL MUNDO

Investigar sobre los indígenas Elige un grupo de indígenas que haya vivido en tu estado en el pasado. Busca por lo menos tres datos interesantes sobre este grupo y anótalos en un cartel junto con dibujos o fotografías que ayuden a explicar tus datos.

La nación cheroquí en Texas

Los cheroquís emigraron del área de los Grandes Lagos y se dirigieron al sur. En Texas vivían en casas hechas de troncos.

Aprende en línea

ESTÁNDARES COMUNES

W.4.7 conduct short research projects that build knowledge through investigation; **W.4.10** write routinely over extended time frames and shorter time frames; **L.4.3a** choose words and phrases to convey ideas precisely; **L.4.5a** explain the meaning of similes and metaphors in context

Gramática

 *Aprende en línea*

¿Qué es una abreviatura? ¿Cómo se escriben las abreviaturas?
Una **abreviatura** es la forma reducida de algunas palabras. Las abreviaturas pueden comenzar con letra mayúscula o minúscula, pero siempre deben terminar con punto. Las abreviaturas solo se usan en tipos especiales de escritura, como direcciones y listas.

Algunas abreviaturas comunes					
Títulos	Sr. → Señor Ing. → Ingeniero		Gral. → General Dra. → Doctora		Sra. → Señora Srta. → Señorita
Direcciones	Avda. → Avenida Dpto. → Departamento		Cdad. → Ciudad Blvd. → Boulevard		C. P. → código postal C. C. → casilla de correo
Meses	feb. → febrero		ago. → agosto		oct. → octubre
Días	lun. → lunes		mié. → miércoles		dom. → domingo

 **Corrige los siguientes ejercicios. Vuelve a escribir los grupos de palabras en una hoja aparte con las abreviaturas correctas.**

1. Andrew Perkins
Avenida Groat 438
Grapevine, TEX 76051

2. Señorita Julia Smith

3. Doctora Linda Martínez
Casilla de correo 2727
Chadron, Nebraska 69337

4. lunes 8 de febrero de 2010

Los buenos escritores usan abreviaturas solo en tipos especiales de escritura, como direcciones y listas. Cuando uses abreviaturas, asegúrate de escribirlas correctamente.

Abreviaturas incorrectas	Abreviaturas correctas

Doct. James Sekiguchi Compa. Bradley Av Saratoga nº 127 Montgomery, Ala. 36104, EE.UU. 18 de sep	Dr. James Sekiguchi Cía. Bradley Avda. Saratoga n.º 127 Montgomery, AL 36104, EE. UU. 18 de sep.

 ## Relacionar la gramática con la escritura

Mientras editas tu relato personal, corrige todos los errores de uso de mayúsculas y de puntuación. Si usas abreviaturas, asegúrate de aplicar las mayúsculas y la puntuación correctamente.

W.4.3a orient the reader by establishing a situation and introducing a narrator or characters/organize an event sequence; **W.4.3b** use dialogue and description to develop experiences and events or show characters' responses; **W.4.3c** use transitional words and phrases to manage the sequence of events; **W.4.3d** use concrete words and phrases and sensory details; **W.4.3e** provide a conclusion

ESTÁNDARES COMUNES

Escritura narrativa

Taller de lectoescritura: Revisar

✓ **Ideas**   En *Sacagawea*, la autora elige cuidadosamente cómo describir los personajes y los sucesos. Las palabras y las frases concretas hacen que las ideas de la autora cobren vida. La autora también usa palabras de transición para conectar los sucesos en el orden en el que ocurrieron. Mientras revisas tu **narrativa personal,** añade palabras concretas y palabras de transición para comunicar las ideas de forma clara a los lectores. Usa la siguiente Lista de control del proceso de escritura a medida que revisas tu trabajo.

mi **Escritura genial**

Aprende en línea

    Steve hizo el borrador de su narrativa sobre una aventura de la clase. Cuando lo revisó, añadió palabras concretas y palabras de transición.

Lista de control del proceso de escritura

Preparación para la escritura

Hacer un borrador

▶ **Revisar**

✓ ¿Empecé con un captador de interés?

✓ ¿Organicé los sucesos en un orden lógico?

✓ ¿Usé palabras de transición para mostrar claramente el orden de los sucesos?

✓ ¿Incluí descripciones detalladas con palabras y frases concretas?

✓ ¿Mi final muestra cómo se resolvieron los sucesos?

Corregir

Publicar y compartir

Borrador revisado

Cuando nuestra maestra, la Sra. Kay, preguntó a nuestra clase qué proyecto nos ^comunitario^ gustaría hacer, alcé mi mano ^inmediatamente^.

—Hagamos una Caminata contra el Hambre —dije—. Recaudaremos dinero para ayudar a la gente y, además, será formidable caminar ~~varias~~ ^cinco^ millas ^por nuestra ciudad serrana^.

^Primero,^ La maestra Kay hizo una lista con nuestras ideas. ^Y después,^ Votamos ¡La caminata ganó! ^por diez votos^

614

Nuestra Caminata contra el Hambre

por Steve Jones

Cuando nuestra maestra, la Sra. Kay, preguntó a nuestra clase qué proyecto comunitario nos gustaría hacer, alcé mi mano inmediatamente.

—Hagamos una Caminata contra el Hambre —dije—. Recaudaremos dinero para ayudar a la gente y, además, será formidable caminar cinco millas por nuestra ciudad serrana.

Primero, la maestra Kay hizo una lista con nuestras ideas. Y después, votamos. ¡La caminata ganó por diez votos!

Todos estaban ansiosos por colaborar, incluso nuestro director, el Sr. Desmond.

—Estoy muy orgulloso de ustedes —dijo, y después nos hizo un generoso donativo. ¡El día anterior a la caminata habíamos recaudado $425!

Al día siguiente, el 6 de mayo, fuimos en autobús al lugar donde comenzaría la caminata. Había globos de colores, grandes estandartes y mesas largas con jugos y barras de granola. Caminamos durante dos horas. Cuando cruzamos la línea de llegada, la multitud nos aclamó. Me sentí muy orgulloso.

Leer como escritor

¿Cómo hizo Steve para que su narrativa fuese interesante? ¿Dónde puedes agregar detalles descriptivos e ideas y frases concretas en tu escritura?

Agregué una conclusión que dice cómo terminó el suceso. También me aseguré de usar la puntuación correcta.

Lee los pasajes "El picapedrero" y "Cambios de melodía". Mientras lees, detente y responde cada pregunta basándote en la evidencia del texto.

El picapedrero

cuento popular japonés

Había una vez un picapedrero que vivía en las afueras de la ciudad. Vivía en una cabaña pequeña pero cómoda. Estaba contento con la vida tranquila que llevaba hasta que un día de invierno visitó la ciudad más cercana. Y allí se encontró con una vivienda magnífica, mucho más espléndida que la suya.

—¡Mi mayor deseo es tener una casa como esta! —exclamó el picapedrero.

Cuando el picapedrero regresó a su hogar, su cabaña acogedora había desaparecido. En su lugar, había un palacio enorme. Durante un tiempo, el picapedrero estuvo encantado con su nuevo hogar. Sin embargo, al poco tiempo llegó el verano. El sol ardía cada día más y el picapedrero no podía soportar el calor abrasador, incluso en su palacio nuevo.

—Puede que yo sea rico, ¡pero el sol es aun más poderoso! —gimió—. ¡Mi mayor deseo es convertirme en el sol todopoderoso!

En el acto, el picapedrero se convirtió en el sol: inmenso y todopoderoso. Sus rayos brillaron sobre la Tierra hasta que los cultivos de arroz se secaron en los campos y hasta que los rostros de los ricos y los pobres quedaron chamuscados.

Un día, una nube oscura cubrió el rostro del sol y el sol exclamó:

—¡Soy inmenso, pero esta nube es aun más poderosa que yo! ¡Mi mayor deseo es convertirme en una nube!

> **1** ¿Cómo describirías al personaje del picapedrero? ¿Cómo ha cambiado? Da ejemplos del pasaje para justificar tu respuesta.

RL.4.2 determine theme from details/summarize; **RL.4.3** describe a character, setting, or event, drawing on details; **RL.4.4** determine the meaning of words and phrases, including those that allude to characters in mythology; **RL.4.9** compare and contrast the treatment of similar themes and topics

ESTÁNDARES COMUNES

El picapedrero se convirtió en una nube, tal como lo había deseado. En la Tierra llovió durante días y los campos volvieron a ser verdes. Pero el picapedrero no paró. Y diluvió tanto que las inundaciones destruyeron cultivos de arroz y pueblos enteros. Únicamente la gran montaña se mantuvo firme y resistió las inundaciones. Al observar esto, la nube se lamentó:

—Soy poderosa, ¡pero la montaña es aun más poderosa! ¡Mi mayor deseo es convertirme en montaña!

De repente, el picapedrero se transformó en una montaña. Se erigió gigante y orgullosa. Ni el sol ni la lluvia la inmutaban. Los días se convirtieron en semanas, las semanas en meses y los meses en años. Durante todo ese tiempo, la montaña estuvo sola y en silencio, sintiéndose cada vez más solitaria.

—Mi mayor deseo ahora es volver a ser un simple picapedrero —suspiró finalmente la montaña con tristeza. Entonces, el picapedrero se convirtió en hombre otra vez y vivió en su cabaña pequeña en las afueras de la ciudad. Y nunca más deseó ser algo o alguien que no fuera él mismo.

 ¿Qué lección aprendió el picapedrero? Usa detalles del pasaje para justificar tu respuesta.

Cambios de melodía

fábula

Había una vez un pajarito llamado Pío. Pío disfrutaba tanto cantando, que cantaba todo el día. Y tenía una voz muy inusual; no se parecía a la de ningún otro pájaro.

—¡Pío! ¡Pío! —trinaba en un tono dulce y agradable.

Un día, Pío dejó de cantar por un momento y se puso a escuchar el canto de los otros pájaros. Le pareció que la música de los demás sonaba mejor que su propio canto. En ese mismo instante, decidió que cambiaría su canto y cantaría exactamente como los otros pájaros.

Pío se sentó en lo alto de un árbol y escuchó el canto de otro pájaro hasta que pudo repetirlo con precisión. —¡Pío-pí! ¡Pío-pí! —cantó a viva voz.

Al rato, su amigo Cielito, el azulejo, se posó en la rama de al lado. Cielito lo miró y le preguntó:

—¿Eres tú, Pío? Tu canto suena distinto hoy, no se parece en nada al tuyo. Pensé que era otro pájaro el que cantaba.

—Eso es porque hoy decidí cantar como mi amigo Kiwi —respondió Pío—. Mañana voy a cantar como Paloma y pasado mañana cantaré como Marcela.

Pío se detuvo para respirar y cantó.

—Escucha, Cielito, ¡hasta puedo cantar como tú!

Pío cantó de manera burlona y estridente, como un azulejo. Le lastimó la garganta y le provocó tos, pero sonó *igual* a Cielito.

—¡Qué buena imitación! —graznó Cielito—. Pero, ¿por qué imitas a otros pájaros, Pío, en vez de cantar como lo haces tú?

—Los otros pájaros cantan melodías tan maravillosas —contestó Pío. Y, después, agregó con tristeza: —Sus cantos suenan mucho más musicales que el mío.

—Lamento mucho que te sientas así —opinó Cielito con el ceño fruncido—. Siempre pensé que tu canto era el más melodioso de todos.

 3 ¿Qué significa la palabra *melodioso* en este pasaje? Explica cómo se aclara su significado gracias a la manera en la que se utiliza la palabra en este pasaje.

—¿De verdad? —preguntó Pío con incredulidad. Cielito asintió. Pío se preguntó si lo que había dicho Cielito podía ser verdad. También pensó que imitar a otros pájaros le lastimaba la garganta y lo hacía sentir incómodo. Entonces, estiró un ala hacia Cielito y dijo: —Gracias, amigo mío. Decidí cambiar de melodía… ¡volveré a cantar como yo!

A partir de ese momento, Pío siempre cantó con su propia melodía encantadora: —¡Pío! ¡Pío!

Y, una vez más, disfrutó tanto de cantar con su propia voz que cantó todo el día.

 4 ¿En qué se parecen los temas de estos pasajes? ¿En qué se diferencian?

unidad 5

Vocabulario
en contexto

El mundo según Humphrey
Betty G. Birney

Cambiar de canal

☑ VOCABULARIO CLAVE

apreciar
bulla
combinación
enseguida
presentar
nocturno
proeza
esfuerzo
sugerir
alboroto

Librito de vocabulario

Tarjetas de contexto

La verdad acerca de los roedores

---

1 **apreciar**

Muchas personas aprecian a sus mascotas. Sienten un gran afecto por ellas.

2 **bulla**

Si un perro ladra fuerte y hace mucha bulla, debes entrenarlo para que no lo haga.

3 **combinación**

Muchas personas pueden sentir una combinación de amor y frustración por sus mascotas.

4 **enseguida**

Si tu perro necesita salir y no quieres que ensucie tu casa, sácalo enseguida.

 ESTÁNDARES COMUNES

L.4.6 acquire and use general academic and domain-specific words and phrases

Aprende en línea

▶ Estudia cada Tarjeta de contexto.

▶ Usa un diccionario para comprender el significado de estas palabras.

5 presentar

Debes tener mucho cuidado cuando presentas una mascota nueva a las demás mascotas de tu casa.

6 nocturno

Algunas mascotas, como los gatos y los hámsters, son nocturnos: son más activos de noche.

7 proeza

A muchas personas les gusta enseñarles a sus mascotas a hacer trucos y otras proezas que requieren destreza.

8 esfuerzo

Cuidar a una mascota supone un gran esfuerzo, o trabajo, y tiempo, sea la clase de animal que sea.

9 sugerir

Los expertos sugieren, o recomiendan, mantener la calma cuando se entrena a una mascota.

10 alboroto

Algunos pájaros hablan y, cuando gritan, pueden generar un gran alboroto.

Leer y comprender

Aprende en línea

✓ DESTREZA CLAVE

Tema Mientras lees *El mundo según Humphrey*, pregúntate qué lección importante aprenden los personajes principales a lo largo del cuento. Esa lección es el **tema** del cuento. Usa un organizador gráfico como el siguiente para anotar la evidencia del texto relacionada con los pensamientos y las acciones de los personajes y con la forma en la que los personajes cambian y maduran. Esto te ayudará a descubrir el tema del cuento.

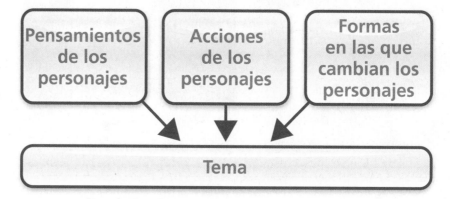

Pensamientos de los personajes → Acciones de los personajes → Formas en las que cambian los personajes → Tema

✓ ESTRATEGIA CLAVE

Resumir Cuando resumes un cuento, describes brevemente los sucesos principales con tus propias palabras. Mientras lees *El mundo según Humphrey*, haz una pausa al final de cada página para resumir brevemente lo que acabas de leer y asegurarte de que comprendiste.

ESTÁNDARES COMUNES

RL.4.1 refer to details and examples when explaining what the text says explicitly and when drawing inferences; **RL.4.2** determine theme from details/summarize

UN VISTAZO AL TEMA PRINCIPAL

Los medios de comunicación

Los medios de comunicación, como la televisión, las revistas e Internet, son herramientas poderosas. Pero, ¿son buenos los excesos? En la actualidad, muchos estadounidenses pasan varias horas por día mirando televisión y jugando o trabajando con computadoras. ¿Cómo pasábamos el tiempo antes de que los medios acapararan casi toda nuestra atención?

El mundo según Humphrey es la historia de una familia que aprende una valiosa lección sobre los medios de comunicación.

TEXTO PRINCIPAL

El mundo según Humphrey

Betty G. Birney

☑ DESTREZA CLAVE

Tema Explica la lección o el mensaje de una obra de ficción.

☑ GÉNERO

Una **fantasía** es un cuento imaginario que puede incluir personajes y sucesos que no son realistas. Mientras lees, busca:

▶ sucesos o entornos que no podrían pertenecer a la vida real y
▶ personajes que se comportan de maneras que no son realistas.

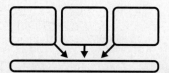

ESTÁNDARES COMUNES **RL.4.2** determine theme from details/summarize; **RL.4.6** compare and contrast the point of view from which stories are narrated; **RL.4.10** read and comprehend literature; **L.4.5b** recognize and explain the meaning of idioms, adages, and proverbs

  Aprende en línea

CONOCE A LA AUTORA

Betty G. Birney

Betty G. Birney escribió su primer "libro", titulado *El osito del bosque (The Teddy Bear in the Woods)*, a los siete años. Ahora es la autora de más de veinticinco libros infantiles, entre ellos varios otros de la serie Humphrey. Aunque Birney critica a la televisión en esta selección, ha escrito más de doscientos episodios de programas televisivos, como *Madeline* y *Los Fraguel (Fraggle Rock)*.

CONOCE A LA ILUSTRADORA

Teri Farrell-Gittins

Es posible que, si Teri Farrell-Gittins hubiera visto tanta televisión como la familia de esta selección, hoy no sería una artista. Cuando era pequeña, en su casa no había televisor, así que dibujaba mucho. Ilustrar esta selección le recordó lo importante que es desconectarse, usar la imaginación y salir al aire libre a ver la belleza de la naturaleza.

EL MUNDO SEGÚN HUMPHREY

por **Betty G. Birney**

selección ilustrada por **Teri Farrell-Gittins**

PREGUNTA ESENCIAL

¿Por qué los medios de comunicación pueden ser una distracción?

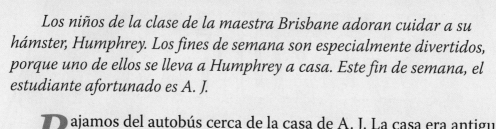

Los niños de la clase de la maestra Brisbane adoran cuidar a su hámster, Humphrey. Los fines de semana son especialmente divertidos, porque uno de ellos se lleva a Humphrey a casa. Este fin de semana, el estudiante afortunado es A. J.

Bajamos del autobús cerca de la casa de A. J. La casa era antigua y tenía dos pisos y un gran pórtico. Apenas entré, toda la familia me dio una calurosa bienvenida: la mamá de A. J., su hermano menor, Teo; su hermanita, Delia, y su hermano bebé, Benjamín.

—Anthony James, ¿por qué no nos presentas a tu amiguito? —dijo su mamá al saludarnos.

¿Anthony James? Todos en la escuela lo llamaban A. J., por sus iniciales, o simplemente "Ajota".

—Él es Humphrey —respondió.

—Hola, Humphrey —dijo la Sra. Thomas—. ¿Cómo te fue hoy, Anthony?

—Pésimo. Garth estuvo lanzándome bandas elásticas todo el día. No me deja en paz.

—Pero ustedes dos solían ser amigos —dijo su madre.

—Solíamos serlo, sí —replicó A. J.—, hasta que se convirtió en un TONTO.

La mamá le dio unas palmaditas a su hijo en el hombro.

—Bueno, tienes todo el fin de semana para superarlo. Ahora lleva a Humphrey a la sala y acomódalo.

La maestra Brisbane lo llamaba Baja-Tu-Voz-A. J., porque A. J. siempre levantaba muchísimo la voz cuando hablaba en clase. En muy poco tiempo, noté que todos en la casa de A. J. hablaban en voz muy alta. Tenían que hacerlo, porque de fondo se oía constantemente la bulla de la televisión.

Pues bien, todas las casas en las que he estado hasta ahora tenían un televisor y he disfrutado algunos de los programas que he visto.

Hay un canal que solo transmite programas aterradores sobre animales salvajes que se atacan unos a otros. Quiero decir *salvajes*, como tigres, osos e hipopótamos. (¡Oh!, espero que esta palabra no esté en nuestra prueba de vocabulario en el futuro próximo). Esos programas me hacen apreciar la protección de una linda jaula. Siempre y cuando la cerradura no esté completamente cerrada.

Hay otro canal que solo presenta personas vestidas de manera graciosa que bailan y cantan en lugares muy extraños. En ese sentido, me alegra tener mi propio abrigo de piel y no tener que pensar en qué ponerme todos los días.

Pero los que más me gustan son los programas de dibujos animados. Tienen ratones, conejos y otros roedores interesantes, aunque nunca he visto un programa con un hámster. Todavía no.

De todas maneras, la diferencia en la casa de la familia Thomas es que la televisión está encendida *todo el tiempo*. Hay un televisor sobre una mesa, frente a un sofá grande y confortable y frente a una silla grande y confortable, donde casi siempre hay alguien sentado mirando la televisión. Lo sé porque pusieron mi jaula en el suelo junto al sofá. Desde allí, podía ver muy bien la televisión.

Sin embargo, no siempre podía escuchar la televisión, porque la madre de A. J. tenía una radio en la cocina, que sonaba muy fuerte casi todo el tiempo mientras ella cocinaba, hacía crucigramas o mientras hablaba por teléfono. No importaba qué estuviera haciendo, la radio siempre estaba encendida.

Cuando el papá de A. J. regresó a casa después del trabajo, se dejó caer sobre el sofá y se puso a mirar la televisión mientras jugaba con el bebé. Después A. J. y Teo conectaron unos juegos de video y jugaron mientras su papá miraba. Delia escuchaba la radio con su mamá y bailaba en la cocina.

Cuando llegó la hora de cenar, todos los miembros de la familia tomaron sus platos y se sentaron en la sala para poder ver la televisión mientras comían.

Después, vieron televisión un rato más. Hicieron palomitas de maíz y siguieron viendo la televisión.

Finalmente, los niños se fueron a la cama. Primero el bebé, después Delia y más tarde Teo y A. J.

Una vez que todos estuvieron en sus habitaciones, el Sr. y la Sra. Thomas continuaron viendo televisión y comieron un poco de helado.

Más tarde, la Sra. Thomas bostezó ruidosamente.

—Esto no da para más, Charlie. Me voy a la cama y te sugiero que tú también lo hagas —dijo.

Pero el Sr. Thomas simplemente siguió viendo televisión. O al menos siguió sentado allí hasta que se quedó dormido en el sofá. Terminé viendo el resto del combate de lucha libre sin él.

ANALIZAR EL TEXTO

Expresiones idiomáticas ¿Qué quiere decir la Sra. Thomas cuando dice "Esto no da para más"? ¿Cómo influye el uso de esta expresión idiomática en el cuento?

Desgraciadamente, el luchador que yo alentaba, Thor el Glorioso, perdió. Por fin, el Sr. Thomas se despertó, bostezó, apagó el televisor y subió la escalera hasta su dormitorio. Por fin había paz y tranquilidad.

Pero el silencio duró solamente unos diez minutos. Al poco tiempo, mamá bajó con Benjamín y le dio su biberón mientras miraba la televisión. Cuando al fin Benjamín se quedó dormido, la Sra. Thomas bostezó y apagó el televisor. Bendito alivio.

Cinco minutos después, regresó el Sr. Thomas.

—Lo lamento, hámster. No puedo dormir —masculló hacia mí mientras encendía el televisor con el control remoto. Miró, miró y cabeceó hasta quedarse dormido nuevamente; pero la televisión seguía encendida. No me quedó otra opción que ver una sarta de publicidades de ceras para carros, programas para bajar de peso, aparatos para hacer gimnasia y los Magníficos Clásicos de Armónica.

La combinación de ser un animal nocturno y estar bajo ese bombardeo de luz y sonido me mantuvo completamente despierto.

Al amanecer, Delia entró a la habitación de puntillas, arrastrando su muñeca por el cabello, y cambió de canal para ver un programa de dibujos animados sobre princesas.

Vio otro programa sobre perros y gatos. (¡Qué miedo!) Después, el Sr. Thomas se despertó y quiso saber los resultados de algunos eventos deportivos. La Sra. Thomas le entregó al bebé con su biberón y, poco después, los niños mayores pusieron los juegos de video en la televisión y sus padres los miraron jugar.

Era RUIDOSO-RUIDOSO-RUIDOSO. Pero parecía que los Thomas no lo notaban.

—¿Qué quieres para desayunar? —preguntó gritando mamá.

—¿Qué? —respondió papá gritando más fuerte todavía.

—¿QUÉ QUIERES PARA DESAYUNAR? —vociferó mamá.

—¡GOFRES TOSTADOS! —vociferó papá más fuerte.

—¡NO PUEDO OÍR LA TELEVISIÓN! —gritó Teo y subió el volumen.

—¿QUIERES JUGO? —gritó mamá.

—¡NO TE OIGO! —respondió papá.

Y así siguieron. Con cada pregunta nueva, el sonido de la televisión subía y subía hasta que llegó a ser verdaderamente ensordecedor.

Entonces, mamá encendió su radio.

Los Thomas eran una familia realmente simpática, pero yo estaba seguro de que sería un fin de semana muy largo y ruidoso si no se me ocurría un plan.

Así que giré en mi rueda durante un rato para que me ayudara a pensar. Pensé, pensé y pensé otro poco. Entonces, se me ocurrió la gran idea. Probablemente se me habría ocurrido antes, ¡si hubiera podido escuchar mis pensamientos!

Hacia el mediodía, toda la familia Thomas estaba viendo el partido de fútbol americano en la televisión. O, mejor dicho, el Sr. Thomas estaba viendo el partido de fútbol americano en la televisión, mientras A. J. y Teo le hacían preguntas a gritos. La Sra. Thomas estaba en la cocina escuchando la radio y hablando por teléfono. Delia jugaba al cucú con el bebé, sentada cómodamente en la silla.

Nadie me estaba mirando, así que abrí con cuidado la cerradura que no cierra de la jaula y salí rápidamente.

Naturalmente, nadie me oyó cuando atravesé el piso con rápidos saltitos y di la vuelta por toda la habitación hasta llegar al espacio que estaba detrás del mueble del televisor. Entonces, con un gran esfuerzo, logré desconectar el enchufe: una de las proezas más difíciles que hice en mi vida.

ANALIZAR EL TEXTO

Punto de vista ¿Quién cuenta este cuento? ¿Cómo influye este punto de vista en lo que sabes sobre los sucesos?

La televisión quedó en silencio. Maravillosa, feliz y calladamente en silencio. Tanto silencio que me dio miedo moverme. Esperé detrás del mueble, inmóvil.

Los Thomas miraban fijamente la pantalla del televisor a medida que la imagen se oscurecía lentamente.

—Teo, ¿golpeaste el control remoto? —preguntó el Sr. Thomas.

—No. Está debajo de la mesa.

—Anthony, ve a encender esa cosa de nuevo —dijo el Sr. Thomas.

A. J. dio un brinco y presionó el botón de encendido del televisor.

No pasó nada.

—¡Está dañado! —exclamó.

La Sra. Thomas llegó corriendo desde la cocina y preguntó:

—¿Qué sucedió?

El Sr. Thomas le explicó que el televisor se había apagado y hablaron de lo viejo que era (cinco años), se preguntaron si tendría una garantía (nadie lo sabía) y si el Sr. Thomas era capaz de arreglarlo (no lo era).

—Todo andaba bien y se apagó de golpe sin motivo. Supongo que lo mejor es que lo llevemos a arreglar —dijo el Sr. Thomas.

—¿Cuánto tiempo tomará que lo arreglen? —preguntó Delia con una vocecita quejosa.

—No lo sé —respondió su papá.

—¿Cuánto costará? —preguntó la Sra. Thomas.

—¡Oh! —dijo su esposo—, había olvidado que no estamos muy bien de fondos en este momento.

El bebé comenzó a llorar. Pensé que el resto de la familia también se pondría a llorar.

—Bueno, me pagan el viernes que viene —dijo papá.

A. J. se levantó de un salto y agitó las manos diciendo:

—¡Falta una semana entera para eso!

—Me voy a la casa de la abuela. Su televisión funciona —dijo Teo.

—Yo también —dijo Delia sumándose a la conversación.

—La abuela tiene la reunión del club de bridge esta noche en su casa —dijo mamá.

—Ya sé —dijo papá—. Vamos al cine a ver una película.

—¿Sabes cuánto cuesta ir al cine? —preguntó mamá—. Además, no podemos llevar al bebé.

—Oh.

Se quejaron y discutieron durante un buen rato, en voz tan alta que logré echar una carrera de regreso a mi jaula y pasé desapercibido. Después supongo que dormité. Recuerden que apenas si había pegado un ojo desde que había llegado. La discusión era un sonido de fondo amable y tranquilizador después de todo ese alboroto.

Estaba medio dormido cuando la discusión dio un giro.

—Pero no hay nada que hacer —se quejó Delia.

Su padre se rió entre dientes y le dijo: —¡Nada que hacer! Niña, mis hermanos y yo solíamos pasar los fines de semana en la casa de mi abuela, que nunca tuvo un televisor. ¡No lo habría permitido!

—¿Qué hacían? —preguntó A. J.

—¡Oh!, siempre teníamos algo que hacer —recordó—. Jugábamos a la baraja y con juegos de tablero y juegos de palabras. Y corríamos a su jardín para jugar al corre que te pillo. —Se rió entre dientes otra vez y añadió: —Muchas veces, simplemente nos sentábamos en el pórtico y hablábamos. Mi abuela... Ella sí que sabía *hablar*.

—¿Y de qué hablaban? —preguntó Teo.

—¡Oh!, nos contaba historias sobre su infancia. Sobre cosas graciosas, como esa vez que su tío se fue caminando dormido a la iglesia en pijamas.

La Sra. Thomas dio un grito de asombro:

—¡Oh!, sigue contando, Charlie.

—Solo les estoy contando lo que ella nos contó. El tío se despertó en medio del servicio religioso, miró hacia abajo y allí estaba, vestido con su pijama de rayas azules y blancas.

Solté un chillido de sorpresa y todos los niños se rieron.

Después la Sra. Thomas contó sobre una niña de su clase que un día, sin querer, fue a la escuela en pantuflas.

—Sí, esas peludas —explicó con una gran sonrisa.

Y hablaron y hablaron. Y después el papá sacó una baraja y jugaron a un juego llamado "Ocho Loco" y a otro llamado "Cerdito", en el que se ponían los dedos sobre las narices y se reían como hienas. Cuando Benjamín protestaba, se turnaban para mecerlo sobre las rodillas.

Después de un rato, la Sra. Thomas exclamó con sorpresa:

—¡Niños, cómo ha pasado el tiempo! ¡Hace una hora que deberían estar durmiendo!

Todos los niños rezongaron y preguntaron si podían jugar a las cartas al día siguiente. Un rato más tarde, todos los miembros de la familia Thomas se habían ido a la cama y todo estaba SILENCIOSO-SILENCIOSO-SILENCIOSO por primera vez desde que había llegado a la casa.

Temprano en la mañana, Teo, Delia y A. J. bajaron corriendo las escaleras y jugaron al "Ocho Loco". Más tarde, salieron corriendo afuera y jugaron a lanzar una pelota de fútbol en el jardín.

Los Thomas estaban desayunando con Benjamín cuando sonó el teléfono. El Sr. Thomas habló durante unos minutos. Solo decía:

—¡Oh!, está bien, sí.

Cuando colgó, le dijo a la Sra. Thomas:

—Vamos a tener un huésped, pero no se lo digas a Anthony James.

¡Oh!, ¡un misterio! Me gustan los misterios porque es divertido resolverlos, pero no me gustan los misterios porque me desagrada no saber qué está pasando. Así que esperé y esperé.

Unas horas más tarde, sonó el timbre de la puerta.

¡El huésped resultó ser Garth Tugwell!, que llegó acompañado por su padre.

—Realmente les agradezco —les dijo el Sr. Tugwell al matrimonio Thomas—. Fue idea de la maestra Brisbane. Como ahora Garth no puede tener a Humphrey en casa, sugirió que podría ayudar a A. J. a cuidarlo aquí.

Típico de la maestra Brisbane. ¡Como si yo diera lata y necesitara cuidados especiales!

Pero Garth había estado llorando porque no podía tenerme en su casa, así que quizás (solo quizás) la maestra estaba tratando de ser amable.

Después de que el Sr. Tugwell se fuera, el Sr. Thomas llamó a A. J.

A. J. entró corriendo en la habitación y prácticamente dio marcha atrás cuando vio a Garth.

—Tenemos un huésped —dijo el Sr. Thomas—. Dale la mano, Anthony. Garth está aquí para ayudarte a cuidar a Humphrey.

A. J. y Garth se dieron la mano de mala gana.

—¿Cómo es eso? —le preguntó A. J.

Garth se encogió de hombros y replicó:

—Lo dijo la maestra Brisbane.

—Bueno, ven. Limpiemos su jaula y acabemos con esto —dijo A. J.

Los niños no hablaron mucho mientras limpiaban la jaula, pero comenzaron a reírse cuando limpiaron el rincón que uso como bacinica. (No sé por qué eso siempre hace reír a todo el mundo).

Cuando dejaron de reírse, comenzaron a hablar y a bromear. Decidieron dejarme salir de la jaula, así que tomaron un juego de bloques viejos de la habitación de Delia y me construyeron un inmenso laberinto. ¡Oh, me encantan los laberintos!

ANALIZAR EL TEXTO

Tema A. J. aprende una lección cuando Garth llega a su casa. ¿Cuál es esa lección? ¿Cómo se relaciona con el tema del cuento?

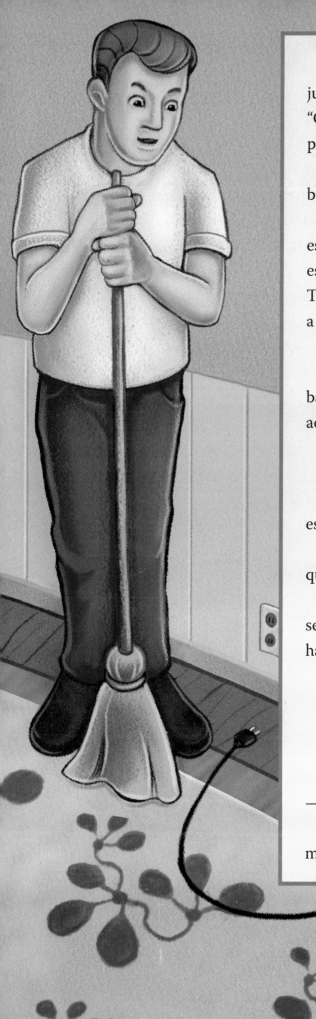

Cuando todos estábamos cansados de ese juego, A. J. se ofreció a enseñarle a Garth a jugar al "Ocho Loco" y después Teo y Delia se les unieron para jugar a otro juego de naipes.

Nadie mencionó la televisión. Nadie disparó bandas elásticas.

Después, durante la tarde, todos los niños estaban afuera jugando fútbol americano. Yo estaba profundamente dormido hasta que la Sra. Thomas entró a la sala con una escoba y comenzó a barrer. Un instante después entró el Sr. Thomas.

—¿Qué estás haciendo, querida?

—¿Qué crees que estoy haciendo? Estoy barriendo. Sabes, con todo lo que merendamos aquí, el piso es un verdadero desastre —dijo.

—¿Benjamín duerme? —le preguntó su esposo.

—¡Ajá!

El Sr. Thomas se acercó a su esposa y le sacó la escoba de las manos:

—Ahora te sientas y descansas un momento, querida. Yo barreré. Vamos, no discutas.

La Sra. Thomas sonrió, le agradeció y se sentó en el sofá. El Sr. Thomas barrió por toda la habitación.

Incluso detrás de la televisión. ¡Vaya, vaya!

Cuando llegó allí, dejó de barrer y se inclinó.

—Esto sí es una sorpresa... —masculló.

—¿Qué sucede? —preguntó la Sra. Thomas.

—Mira. ¡El televisor está desenchufado! —respondió su esposo—. ¡Desenchufado!

Salió de atrás del televisor, con el enchufe en la mano, y miró con extrañeza.

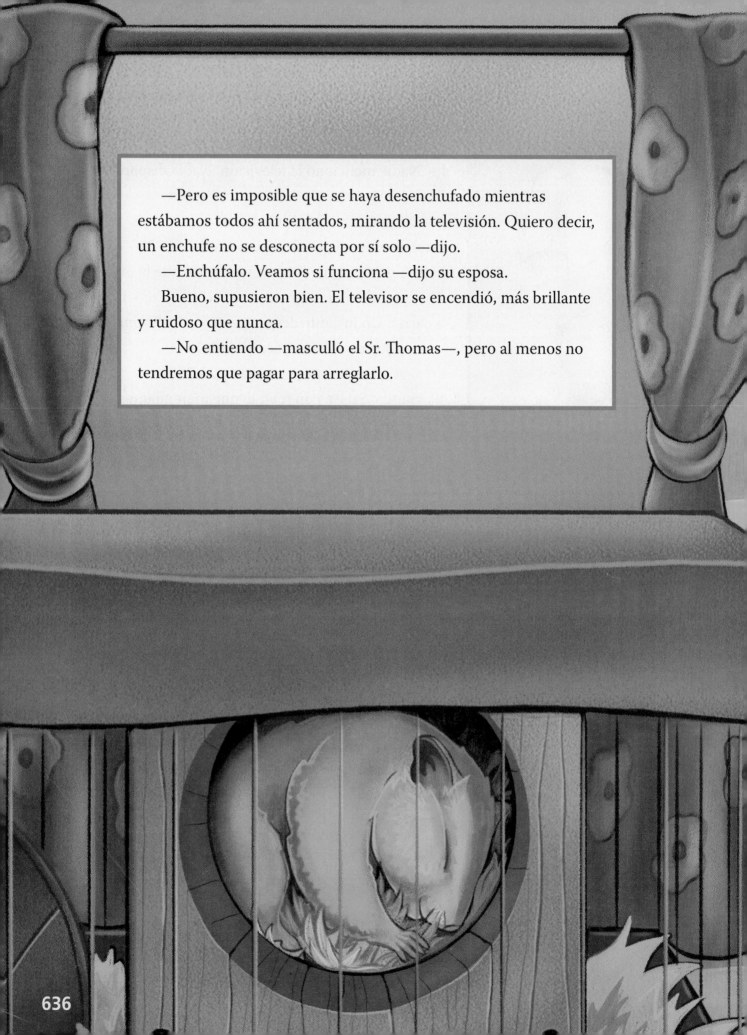

—Pero es imposible que se haya desenchufado mientras estábamos todos ahí sentados, mirando la televisión. Quiero decir, un enchufe no se desconecta por sí solo —dijo.

—Enchúfalo. Veamos si funciona —dijo su esposa.

Bueno, supusieron bien. El televisor se encendió, más brillante y ruidoso que nunca.

—No entiendo —masculló el Sr. Thomas—, pero al menos no tendremos que pagar para arreglarlo.

La Sra. Thomas observó fijamente la pantalla durante unos segundos, después echó un vistazo por la ventana. Afuera, los niños jugaban alegremente.

—Charlie, ¿qué te parece si lo dejamos desenchufado durante un par de días más? —le preguntó—. No se lo diremos a los niños y listo.

El Sr. Thomas sonrió abiertamente. Después se inclinó, desenchufó el televisor y dijo:

—No le hará mal a nadie.

Dejó la escoba y se sentó en el sofá junto a su esposa. La pareja se quedó allí sentada en la sala, riendo como..., ¡como el personaje al que llaman Deja-de-reír-Gail!

De pronto, el Sr. Thomas me miró.

—¿No te molesta que haya un poco de paz y silencio, verdad, Humphrey?

—¡NO-NO-NO! —chillé. Después, enseguida, me quedé dormido.

Ahora analiza

Cómo analizar el texto

Usa estas páginas para aprender acerca de Tema, Punto de vista y Expresiones idiomáticas. Luego, vuelve a leer *El mundo según Humphrey* para aplicar lo que has aprendido.

Tema

El mundo según Humphrey es un cuento de fantasía. En el cuento, un hámster ayuda a una familia a aprender una lección importante. La lección que la familia aprende a lo largo del cuento es el **tema** del cuento.

Si prestas mucha atención a la evidencia del texto, como los pensamientos y las acciones de los personajes, puedes descubrir el tema de un cuento. La forma en la que los personajes maduran y cambian también revela el tema.

En la página 637, el Sr. y la Sra. Thomas deciden no enchufar el televisor. ¿Por qué decidieron esto? ¿Qué aprendió la familia Thomas sobre la televisión en el cuento?

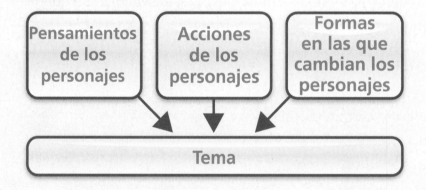

Pensamientos de los personajes → Acciones de los personajes → Formas en las que cambian los personajes → **Tema**

 ESTÁNDARES COMUNES **RL.4.1** refer to details and examples when explaining what the text says explicitly and when drawing inferences; **RL.4.2** determine theme from details/summarize; **RL.4.4** determine the meaning of words and phrases, including those that allude to characters in mythology; **RL.4.6** compare and contrast the point of view from which stories are narrated; **L.4.5b** recognize and explain the meaning of idioms, adages, and proverbs

 Aprende en línea

Punto de vista

Un **punto de vista** es la posición desde la que se escribe un cuento. Cuando se relata un cuento desde el **punto de vista de la primera persona,** el narrador es un personaje del cuento. El narrador usa verbos en primera persona y habla sobre los sucesos y las personas como él los ve. Si el narrador es un observador externo de los sucesos del cuento, el cuento se relata desde el **punto de vista de la tercera persona.** Cuando habla de los personajes, el narrador usa verbos en tercera persona.

Expresiones idiomáticas

A menudo, los autores usan **expresiones idiomáticas,** es decir, frases que no tienen el mismo significado literal que sus palabras. Si el personaje de un cuento dice que "está hecho un trapo", ¿qué crees que quiere decir? El significado literal de la frase es que se convirtió en un trapo, pero la expresión significa "estar cansado o sin energía". Los autores usan expresiones idiomáticas para escribir con más imaginación.

Es tu turno

mi
Escritura genial

REPASAR LA PREGUNTA ESENCIAL

Turnarse y comentar Repasa la selección con un compañero y prepárate para comentar esta pregunta: *¿Por qué los medios de comunicación pueden ser una distracción?* Mientras comentas la pregunta con tu compañero, repasa el tema del cuento y otras ideas clave. Para aportar a la conversación, haz comentarios y usa evidencia del texto.

Comentar en la clase

Para continuar comentando *El mundo según Humphrey*, explica tus respuestas a estas preguntas:

1. ¿Cómo se usa el humor en el cuento? Da ejemplos.

2. ¿Crees que el Sr. y la Sra. Thomas deberían haberles dicho de inmediato a los niños que el televisor funcionaba? ¿Por qué?

3. ¿Cuáles de las actividades del cuento te gustaría hacer? ¿Por qué?

EL MUNDO SEGÚN A. J.

Volver a contar una escena Imagina que eres A. J. Cuenta la escena en la que Garth y tú limpian la jaula del hámster y construyen un laberinto para Humphrey. Asegúrate de volver a contar el cuento desde el punto de vista de A. J. Luego, comenta con un compañero en qué se parecen y en qué se diferencian la narración de A. J. y la de Humphrey.

ESCRIBE SOBRE LO QUE LEÍSTE

Respuesta ¿Crees que la lección que aprende la familia Thomas después de que Humphrey desenchufa el televisor es importante? Escribe un párrafo en el que expreses tu opinión. Usa evidencia del texto para apoyar tus ideas. Termina el párrafo con una oración de conclusión en la que vuelvas a expresar tu opinión con claridad.

Sugerencia para la escritura

Asegúrate de describir en tu párrafo la lección que aprende la familia. Busca las oraciones breves y cortadas que puedas unir para formar oraciones más complejas.

ESTÁNDARES COMUNES

RL.4.2 determine theme from details/summarize; **RL.4.6** compare and contrast the point of view from which stories are narrated; **W.4.1a** introduce a topic, state an opinion, and create an organizational structure; **W.4.1b** provide reasons supported by facts and details; **W.4.1d** provide a concluding statement or section; **W.4.9a** apply grade 4 Reading standards to literature; **SL.4.1c** pose and respond to questions and make comments that contribute to the discussion and link to others' remarks

ANUNCIOS PUBLICITARIOS

☑ GÉNERO

Los **anuncios publicitarios,** como estos carteles, son avisos breves creados para captar la atención del público con el fin de apoyar una idea o acción.

☑ ENFOQUE EN EL TEXTO

Las **técnicas persuasivas** son los tipos de lenguaje y las gráficas con los que un autor intenta convencer al lector de que piense o actúe de cierto modo. ¿De qué manera el lenguaje y las gráficas trabajan juntos en su función de persuadir?

RI.4.7 interpret information presented visually, orally, or quantitatively; **RI.4.10** read and comprehend informational texts

¿Cuántos anuncios publicitarios ves en un día normal? Probablemente veas cientos. Pueden estar en carteles enormes, en camisetas, en autobuses, en tiendas, en revistas y, por supuesto, en la televisión.

Los anuncios publicitarios pueden vender un producto, un servicio o una idea, pero todos tienen un objetivo: influenciarte. Los anuncios usan una combinación de técnicas para alcanzar ese objetivo. Presentan sus ideas no solo con palabras sino también con imágenes y colores.

Sé consciente de las técnicas persuasivas de los anuncios. Algunos tratan de convencerte de hacer cosas que no sabías que existían, entre ellas, cosas que no quieres hacer. En las páginas siguientes hay dos carteles para que estudies. ¿Cómo buscan influir en tus pensamientos y en tu conducta?

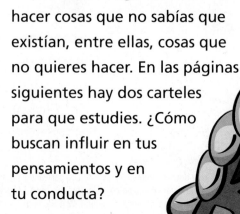

Los colores de este cartel son muy brillantes. Los colores pueden contribuir a convertir las actividades comunes en grandes proezas o aventuras.

El objetivo de este cartel es hacer que aprecies la alegría de realizar estas actividades.

¿Cómo se sienten estos niños? ¿Cómo lo sabes?

Los dibujos muestran movimiento y una gran vitalidad. Demuestran que el esfuerzo de encontrar algo distinto que hacer será recompensado.

¡APAGA LA TV!
¡ENCIENDE LA VIDA!

Cinco cosas fabulosas que hacer

¡Lee un libro!

¡Monta bicicleta!

¡Habla con un amigo!

¡Sé creativo!

¡Vamos a jugar!

Estos carteles buscan influenciarte. Quieren que apagues la televisión y encuentres enseguida algo distinto que hacer. ¿Qué efectos positivos y negativos tienen en la audiencia?

Comparar el texto

DE TEXTO A TEXTO

Comparar y contrastar puntos de vista ¿Qué punto de vista se usa para contar *El mundo según Humphrey*? ¿Qué punto de vista se usa para contar *La búsqueda de Hércules*? Comenta con un compañero la diferencia entre los puntos de vista de la primera persona y la tercera persona. Comenta el efecto del punto de vista en los cuentos. Usa evidencia del texto para apoyar tus ideas.

EL TEXTO Y TÚ

Expresar una opinión Por las noches, ¿prefieres mirar la televisión o participar en juegos de mesa y contar historias, como hizo la familia Thomas cuando su televisor estaba desenchufado? Explica tus ideas en un párrafo. Apoya tus razones con datos y detalles del cuento y de tus propias experiencias.

EL TEXTO Y EL MUNDO

Analizar anuncios publicitarios Busca dos anuncios publicitarios gráficos: uno de una clase de alimento y otro de un juego que te guste. Luego, compara tus anuncios con los de un compañero. ¿Cómo tratan estos anuncios de convencerte de que compres o que uses sus productos? ¿Cómo te hacen sentir? Comenta tus respuestas con tu compañero.

ESTÁNDARES COMUNES

RL.4.6 compare and contrast the point of view from which stories are narrated; **RI.4.1** refer to details and examples when explaining what the text says explicitly and when drawing inferences; **W.4.1a** introduce a topic, state an opinion, and create an organizational structure; **W.4.1b** provide reasons supported by facts and details; **W.4.10** write routinely over extended time frames and shorter time frames

Gramática

¿Qué son las formas comparativa y superlativa de los adjetivos y los adverbios? La **forma comparativa** de los adjetivos compara dos personas, lugares o cosas con la construcción *más/menos + adjetivo + que.* La **forma superlativa** compara más de dos personas, lugares o cosas con la construcción *el/la + más/menos + adjetivo,* la palabra *muy* delante del adjetivo o el sufijo *-ísimo* al final del adjetivo. Hay algunas excepciones como *bueno/mejor/el mejor* y *malo/peor/el peor.*

Adjetivo:	La casa de A. J. era ruidosa.
Forma comparativa:	La casa de A. J. era más ruidosa que la de Garth.
Forma superlativa:	La casa de A. J. era la más ruidosa del vecindario. / La casa de A. J. era muy ruidosa. / La casa de A.J. era ruidosísima.

Los adverbios también tienen forma comparativa y superlativa. Para la forma comparativa, usa *más/menos + adverbio + que.* Para la superlativa, coloca *muy* delante del adverbio o agrega *-ísimo* al final del adverbio. Recuerda las excepciones *bien/mejor/muy bien* y *mal/peor/muy mal.*

Adverbio:	A. J. y Delia comieron rápido para salir a jugar.
Forma comparativa:	A. J. comió más rápido que Delia para salir a jugar.
Forma superlativa:	A. J. comió rapidísimo para salir a jugar.

Inténtalo   **Con un compañero, identifica si los adjetivos o los adverbios se usan en su forma comparativa o superlativa.**

1. Nuestro hámster es el más inteligente del mundo.

2. Cuando tiene hambre, come su alimento contentísimo.

3. Su pelo es más grueso que el pelo del ratón que teníamos antes.

4. Y observa lo que hacemos más frecuentemente que el ratón.

Cuando escribas, puedes usar adjetivos o adverbios en su forma comparativa o superlativa para que tus oraciones sean más claras y descriptivas.

Menos descriptivos	Más descriptivos

Nuestro hámster nuevo es grande.

Nuestro hámster nuevo es grandísimo.

Nuestro hámster nuevo corre rápido.

Nuestro hámster nuevo corre muy rápido.

 ## Relacionar la gramática con la escritura

Mientras revisas tu resumen, identifica dónde puedas usar adjetivos o adverbios para hacer comparaciones. Esto hará que tus oraciones sean más claras e interesantes.

ESTÁNDARES COMUNES

W.4.2a introduce a topic and group related information/include formatting, illustrations, and multimedia; **W.4.2b** develop the topic with facts, definitions, details, quotations, or other information and examples; **W.4.2c** link ideas within categories of information using words and phrases; **W.4.9a** apply grade 4 Reading standards to literature

Escritura informativa

☑ Ideas *El mundo según Humphrey* es un cuento de ficción. Un resumen de un texto de ficción es un breve recuento que informa a los lectores de qué trata el cuento. Un buen resumen presenta el tema principal con claridad y describe los personajes principales y los sucesos más importantes. Los ejemplos del texto ayudan a explicar los sucesos principales.

Amanda resumió una parte de *El mundo según Humphrey*. Luego, añadió una oración para presentar el tema principal con claridad. Quitó los detalles sin importancia y añadió un ejemplo. También añadió frases y palabras de enlace para conectar las ideas.

Lista de control de la escritura

☑ Ideas
¿Incluí detalles y ejemplos importantes para desarrollar el tema?

☑ Organización
¿Presenté el tema principal?

☑ Fluidez de las oraciones
¿Usé palabras y frases para conectar las ideas?

☑ Elección de palabras
¿Usé mis propias palabras?

☑ Voz
¿Hice que mi resumen sea interesante?

☑ Convenciones
¿Escribí bien las comparaciones?

Borrador revisado

El mundo según Humphrey es un cuento de fantasía contado por Humphrey, un hámster.

Cada fin de semana, un estudiante diferente

de la clase de la maestra Brisbane se lleva a

~~Un fin de semana,~~
Humphrey a su casa. Humphrey va a la casa de

A. J. ~~A. J. tiene una hermanita que se llama~~

~~Delia.~~ A Humphrey no le gusta la casa de A. J. porque

~~El televisor está constantemente encendido. Hay~~

~~un programa sobre animales.~~ La familia mira

televisión todo el tiempo. Humphrey se da cuenta

de que en esa casa todos hablan más fuerte que

, incluso durante la cena.
los demás

648

Resumen de *El mundo según Humphrey*

por Amanda Farrell

El mundo según Humphrey es un cuento de fantasía contado por Humphrey, un hámster. Cada fin de semana, un estudiante diferente de la clase de la maestra Brisbane se lleva a Humphrey a su casa. Un fin de semana, Humphrey va a la casa de A. J. A Humphrey no le gusta la casa de A. J. porque el televisor está constantemente encendido. La familia mira televisión todo el tiempo. Humphrey se da cuenta de que en esa casa todos hablan más fuerte que los demás, incluso durante la cena. Humphrey sale de su jaula y, sin que nadie lo vea, desenchufa el televisor. Al principio, la familia se molesta. Pero, después, encuentra otras maneras divertidas de pasar el tiempo; por ejemplo, cuentan cuentos y juegan a los naipes. Finalmente, los padres de A. J. descubren que el televisor está desenchufado. ¡Y se guardan el secreto porque todos parecen estar mucho más felices que antes!

Leer como escritor

¿Por qué Amanda añadió ejemplos? Mientras escribes tu párrafo de resumen, asegúrate de incluir ejemplos del cuento para que los lectores entiendan tu resumen.

En mi resumen final, agregué frases para conectar la información. También incluí ejemplos específicos del texto para explicar los sucesos principales del cuento.

¡Yo podría hacerlo!
ESTHER MORRIS
logra que las
MUJERES
voten
Linda Arms White
Nancy Carpenter

El rol de la
Constitución

✓ VOCABULARIO CLAVE

política
inteligente
desordenado
aprobar
urna
legislatura
enmienda
candidato
informado
negar

Librito de
vocabulario

Tarjetas de
contexto

Las
trabajadoras
de los
molinos

L.4.6 acquire and use general
academic and domain-specific
words and phrases

ESTÁNDARES
COMUNES

Vocabulario
en **contexto**

① **política**

La política es el trabajo
de gobernar. Postularse
para un cargo público y
votar forman parte de
la política.

② **inteligente**

Una persona lista toma
una decisión inteligente
al momento de votar.

③ **desordenado**

Si no existiera un
conjunto de reglas o
leyes, la sociedad sería
desorganizada
o desordenada.

④ **aprobar**

Los candidatos de cargos
políticos esperan que los
votantes los aprecien y
los aprueben.

Aprende
en línea

▶ Estudia cada Tarjeta de contexto.

▶ Usa las claves de contexto para determinar el significado de cada palabra del Vocabulario.

5 urna

El día de elecciones los votantes van a los centros de votación para depositar su voto en las urnas.

6 legislatura

Una legislatura es un grupo de funcionarios elegidos que hacen las leyes.

7 enmienda

No fue hasta 1920 que una enmienda a la Constitución permitió que todas las mujeres de Estados Unidos votaran.

8 candidato

A veces los candidatos, las personas que desean ser elegidas para un cargo público, tienen debates.

9 informado

Los votantes informados buscan información sobre algunos temas para decidir cómo votar.

10 negar

A las personas no se les debe negar, o impedir, reunirse con los funcionarios que han elegido.

Leer y comprender

Aprende en línea

✓ DESTREZA CLAVE

Causa y efecto Mientras lees ¡*Yo podría hacerlo!*, observa que algunos sucesos provocan, o **causan,** otros sucesos, que se llaman **efectos**. Algunas veces, varias causas tienen un efecto. Otras veces, una sola causa tiene varios efectos o da lugar a una serie de sucesos. Una palabra distintiva como *porque, entonces* o *cuando* puede indicar que el autor organizó el texto a partir de una relación de causa y efecto. También es posible que una causa o un efecto estén implícitos en el texto, es decir, que no se expresen directamente. Se puede usar un organizador gráfico como el siguiente para anotar la evidencia del texto sobre las causas y los efectos.

> Causa:
>
> ↓
>
> Efecto:
>
> ↓
>
> Efecto:

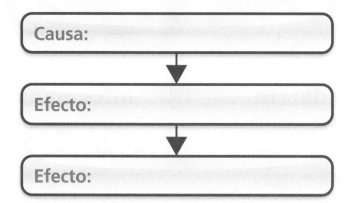

✓ ESTRATEGIA CLAVE

Inferir/Predecir Cuando haces **inferencias**, usas evidencia del texto para entender lo que el autor no dice directamente. Mientras lees, haz inferencias para entender las relaciones de causa y efecto entre los sucesos de ¡*Yo podría hacerlo!*

ESTÁNDARES COMUNES

RI.4.1 refer to details and examples when explaining what the text says explicitly and when drawing inferences; **RI.4.3** explain events/procedures/ideas/concepts in a text; **RI.4.5** describe the overall structure of a text or part of a text

Los derechos de los ciudadanos

La educación cívica es el estudio del gobierno y del papel que representan en él los individuos. Los derechos de los ciudadanos incluyen todo lo que las personas tienen permitido hacer de acuerdo con la ley. Por ejemplo, asistir a la escuela es un derecho que tienen todos los ciudadanos menores de 18 años en Estados Unidos. Votar en las elecciones es un derecho de todos los ciudadanos adultos.

¡Yo podría hacerlo! transcurre en la década de 1800. En esa época, a las mujeres no se les permitía votar en Estados Unidos. En la selección, conocerás a Esther Morris, una mujer que creía que todos los ciudadanos debían tener derecho a votar. Descubrirás qué hizo para ayudar a las mujeres a ganar este derecho.

TEXTO PRINCIPAL

CONOCE A LA AUTORA

Linda Arms White

Linda Arms White se crió en los amplios espacios abiertos de Wyoming, que también es conocido como el Estado de la Igualdad. Cuando era pequeña, oyó historias inspiradoras sobre Esther Morris. De adulta, Linda empezó a escribir el día en que su hijo menor tenía edad para ir a la escuela. Ahora sus hijos han crecido y ella ha publicado muchos libros tanto para niños como para adultos, entre ellos *Too Many Pumpkins (Demasiadas calabazas)* y *Comes a Wind (Un viento que llega)*.

☑ DESTREZA CLAVE

Causa y efecto Explica las relaciones de causa y efecto, o cómo un suceso lleva a otro. Busca palabras distintivas que señalen relaciones de causa y efecto.

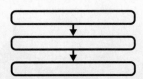

☑ GÉNERO

Una **biografía** es un texto sobre los sucesos de la vida de una persona escrito por otra persona. Mientras lees, busca:

▶ información sobre por qué la persona es importante,

▶ opiniones y juicios personales basados en hechos y

▶ sucesos en orden cronológico.

CONOCE A LA ILUSTRADORA

Nancy Carpenter

Nancy Carpenter comenzó a trabajar con libros infantiles el día que entregó un dibujo para la portada de un libro y el editor derramó algo en él. "Entonces —dice ella—, volví a hacer el trabajo gratis". Pronto el editor le dio un libro entero para ilustrar. Y siguieron diez más. Es la ilustradora de *Apples to Oregon (Manzanas a Oregón)*, *Fannie in the Kitchen (Fannie en la cocina)* y *Abe Lincoln: The Boy Who Loved Books (Abe Lincoln: el muchacho que adoraba los libros)*.

ESTÁNDARES COMUNES

RI.4.3 explain events/procedures/ideas/concepts in a text; **RI.4.4** determine the meaning of general academic and domain-specific words and phrases; **RI.4.5** describe the overall structure of a text or part of a text; **L.4.4a** use context as a clue to the meaning of a word or phrase

Aprende en línea

¡Yo podría hacerlo!

ESTHER MORRIS
logra que las
MUJERES
voten

Linda Arms White
ILUSTRACIONES DE
Nancy Carpenter

PREGUNTA ESENCIAL

¿Qué produce cambios
en una comunidad?

En 1820, Esther McQuigg, de seis años de edad, observaba cómo su madre preparaba el té.

—Yo podría hacerlo —dijo. —¿Hacer té? —preguntó su mamá—. Eso lo hacen las niñas mayores.

—Pero quiero aprender —dijo Esther, y así lo hizo. Puso agua en el hervidor y lo colocó sobre la estufa. Echó unas cucharadas de hojas de té en la tetera y después vertió agua hirviendo en ella. Esther coló el té en dos tazas, una para su madre y otra para ella.

Mientras estaban sentadas cerca de la ventana de su casa en Nueva York, Esther vio pasar hombres a caballo vestidos con sus mejores ropas; algunos llevaban banderas.

—¿Adónde van esos hombres, mamá? —preguntó Esther.

—Van a votar por el próximo presidente de Estados Unidos —respondió su madre.

—¿Va a votar papá?

—Sí, papá siempre vota.

—¿Tú votarás, mamá?

—No, querida, solo los hombres pueden votar.

Cuando Esther tenía ocho años de edad, observó cómo su madre hacía una fina costura. La aguja pasaba el hilo hacia adentro y hacia afuera, una y otra vez, dejando a su paso senderos diminutos y parejos de puntadas en la tela. Esther sintió que sus manos imitaban las de su madre.

—Yo podría hacerlo —dijo. Y así lo hizo.

Hizo ropa con algunos retazos de tela para su muñeca y, cuando sus puntadas se volvieron limpias y rectas, cosió una camisa para su papá.

Cuando Esther tenía once años, su madre murió. Por primera vez vio llorar a su padre, que reunió a sus once hijos y les dijo:

—No sé qué haremos sin su madre. Confío en que cada uno de ustedes será valiente y que cuidarán uno del otro. —Esther, la octava hija de los once, también lloró, pero después dijo:

—Yo puedo hacerlo, papá.— Y así lo hizo.

A los diecinueve años, Esther, con sus seis pies de altura, ya se ganaba sola la vida cosiendo vestidos para las damas de la alta sociedad.

Cuando las señoras querían sombreros que combinaran con sus vestidos, Esther los diseñaba y también los hacía. Pronto pensó en abrir una sombrerería para damas.

—Eres demasiado joven para dirigir un negocio —le dijeron.

—No veo por qué —respondió Esther. Y con esas palabras abrió una sombrerería en Owego, Nueva York.

Esther comenzó a asistir a las reuniones de abolicionistas de su iglesia, pero una multitud de personas que creían en el derecho de tener esclavos amenazaron con poner fin a esas reuniones, aunque tuvieran que demoler la iglesia bautista donde se llevaban a cabo. —No pueden hacer eso —dijo Esther—. Detendré a cualquiera que lo intente.

A los veintiocho años, Esther se casó con Artemus Slack y, pocos años después, tuvo un hijo al que llamaron Archy.

Pero cuando Artemus murió en un accidente, Esther tomó una gran decisión.

—Me mudaré a Illinois —les contó a sus amigos—. Reclamaré las tierras de Artemus y criaré allí a nuestro hijo.

—¡No puedes hacer eso! —exclamaron sus amigos—. Illinois está al borde de la civilización. Está lleno de gente peligrosa y de animales salvajes.

—Sí —replicó—, sí puedo hacerlo. —Y así fue.

En Illinois, luchó larga y arduamente para reclamar las tierras de Artemus, pero se le negó su herencia porque era mujer. Entonces Esther abrió otra sombrerería.

Conoció a John Morris, un comerciante e inmigrante polaco, y se casó con él. En 1851 tuvo a los gemelos Edward y Robert.

Sin embargo, a John se le hacía difícil ganarse la vida. Por lo tanto, Esther no solo criaba a los niños, cocinaba y lavaba la ropa, sino que también contribuía a ganar dinero.

A la edad de cuarenta y seis años, Esther acompañó a John cuando acudió a las urnas de las elecciones presidenciales y observó a través de la ventana mientras su marido votaba.

—Sabes —le dijo cuando salió—, yo puedo hacer eso.

—La política es un asunto de hombres, querida —dijo él.

—Tonterías —replicó Esther—. También es nuestro país.

Cuando estalló la guerra entre los estados del Norte y del Sur, Esther se sintió orgullosa de que Archy se uniera a la lucha victoriosa del Norte, que pondría fin a la esclavitud. Poco tiempo después, una enmienda a la Constitución les garantizó a los hombres afroamericanos todos los derechos de la ciudadanía, incluido el derecho al voto.

Cuando Esther escuchó a Susan B. Anthony hablando en público acerca de los derechos de las mujeres, comenzó a tener la esperanza de que, algún día, las mujeres también pudieran votar.

ANALIZAR EL TEXTO

Conclusiones y generalizaciones ¿Qué piensa Esther acerca del lugar que ocupan las mujeres en el mundo? ¿Cómo lo sabes?

En 1869, a los cincuenta y cinco años de edad, Esther se mudó al recientemente formado Territorio de Wyoming junto con sus hijos, que ya tenían dieciocho años. Allí, John y Archy, que se habían mudado el año anterior, los esperaban.

Esther y sus hijos viajaron en tren, atravesando millas de pradera, y en diligencia por encima de colinas rocosas, hasta llegar a South Pass City, una ciudad polvorienta construida muy de prisa. Allí se había encontrado oro. La mayoría de las dos mil personas que vivían allí eran hombres jóvenes ruidosos.

Los Morris transportaron sus pertenencias a una pequeña cabaña de troncos y así South Pass City se convirtió en su hogar. John probó suerte con otro negocio.

Archy compró una imprenta y fundó un periódico.

Esther abrió otra sombrerería.

Pero con seis hombres por cada mujer, siempre se necesitaba a alguien que curara a los enfermos y heridos, cosiera ropa, ayudara en los partos y diera consejos maternales a las pocas mujeres jóvenes de la ciudad. "Yo podría hacerlo", dijo Esther.

Y así lo hizo.

Un día, Esther leyó una proclamación pegada en una pared: SE CONVOCA A TODOS LOS CIUDADANOS VARONES DE MÁS DE 21 AÑOS DE EDAD A VOTAR EN LAS PRIMERAS ELECCIONES TERRITORIALES. Esther miró a su alrededor y vio a aquellos jóvenes desordenados.

—Es hora de que lo haga yo —dijo.

Cuando los hijos de Esther la vieron marchar hacia la casa, supieron que era mucho más probable que las cosas cambiaran a que permanecieran como estaban.

Esther invitó a su casa a los dos hombres que se habían presentado como candidatos a la legislatura territorial para que hablaran con los ciudadanos. Después envió invitaciones a las personas más influyentes del territorio: "Queda usted invitado a tomar el té y hablar con los candidatos".

Fregó su pequeño hogar desde el techo hasta el piso, lavó las cortinas y planchó su mejor vestido.

Cuando llegaron los candidatos y los invitados, Esther les sirvió el té.

—Algo que me gusta de Wyoming —dijo— es que todos somos importantes. Todos somos necesarios para dirigir la ciudad, tanto las mujeres como los hombres.

—Sí —asintieron sus huéspedes.

—Y aquí la gente no tiene miedo de intentar cosas nuevas.

Sus huéspedes volvieron a asentir.

661

Esther sonrió y se dirigió a los candidatos:

—Entonces, si ustedes fueran elegidos, ¿presentarían un proyecto de ley en la legislatura para que las mujeres puedan votar?

De pronto, en esa diminuta habitación llena de gente, no se oyó ni un solo sonido.

Finalmente, el coronel William Bright habló:

—Sra. Morris, a mi esposa también le gustaría votar. Es inteligente y culta. La verdad es que ella sería una votante más informada que yo. Si me eligen, yo presentaré ese proyecto de ley.

Como no quería verse en desventaja, el otro candidato, Herman Nickerson, también estuvo de acuerdo.

Estallaron los aplausos dentro de la diminuta cabaña y Esther se dejó caer sobre una silla.

—Gracias —dijo.

La gente le advirtió a Esther que, una vez que se presentara el proyecto de ley, los hombres de la legislatura lo tendrían que aprobar y el gobernador lo tendría que firmar. Esto no había sucedido nunca antes en ningún lado. ¿Por qué creía ella que podría suceder aquí?

Sin embargo, Esther había visto que las cosas que no era probable que sucedieran sucedían todos los días. Escribió cartas y visitó a los legisladores para asegurarse de que este proyecto de ley también se diera.

Y así fue. El 10 de diciembre de 1869, ¡el gobernador John Campbell firmó este proyecto y lo convirtió en ley! ¡LAS MUJERES DE WYOMING OBTUVIERON EL VOTO!

¡Viva!

¡Bravo!

¡Hurra!

¡Hurra!

ANALIZAR EL TEXTO

Vocabulario específico de un campo
¿Qué palabras relacionadas con el gobierno y la ciudadanía aparecen en las páginas 662 y 663? ¿Qué significan?

Las mujeres de todo el país se regocijaron por las mujeres de Wyoming.

Sin embargo, a algunas personas esto no les gustó. Solo ocho días después, el juez James Stillman, juez de paz del condado, presentó su renuncia. Se negó a administrar justicia en un lugar donde las mujeres contribuían a hacer las leyes.

Se corrió la voz de que se requería un nuevo juez de paz.

Los hijos de Esther se dirigieron a su madre.

—Mamá, tú puedes hacer eso —le dijeron.

Entonces Esther solicitó el cargo.

Archy, en ese entonces secretario de la corte, le tomó con orgullo el juramento a su madre. Así, la jueza Esther Morris se convirtió en la primera mujer del país en ocupar un cargo público.

Pero el juez Stillman se negó a entregarle a Esther el registro oficial de los expedientes de la corte.

—No importa —dijo—. Archy, por favor, ¿irías hasta la mercantil a comprarme un libro de actas? Comenzaré mi propio registro de casos judiciales.

Y, por supuesto, así lo hizo.

El 6 de septiembre de 1870, un año después del té en su casa, la jueza Esther Morris se puso su mejor vestido y, al lado de su esposo, John, y de sus hijos, caminó por la calle polvorienta hasta el lugar donde se encontraban las urnas electorales. Sería una de las miles de mujeres de Wyoming que votarían ese día, las primeras que obtuvieron ese derecho de modo permanente por parte de un organismo de gobierno de Estados Unidos.

Mientras caminaban, John, quien todavía creía que las mujeres no debían votar, intentaba aconsejarla sobre los candidatos y los asuntos por los que debía votar.

Esther alzó la mano.

—Yo puedo hacerlo —dijo.

Y así lo hizo.

ANALIZAR EL TEXTO

Causa y efecto ¿Qué sucesos llevan a que Esther Morris se convierta en la primera mujer del país en ocupar un cargo público? ¿Qué detalles del texto lo indican?

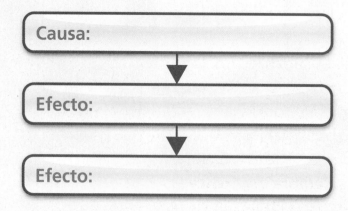

Ahora analiza

Cómo analizar el texto

Usa estas páginas para aprender acerca de Causa y efecto, Conclusiones y generalizaciones y Vocabulario específico de un campo. Vuelve a leer *¡Yo podría hacerlo!* para aplicar lo aprendido.

Causa y efecto

¡Yo podría hacerlo! describe las cosas importantes que hizo Esther Morris durante su vida. La biografía está organizada a partir de relaciones de **causa y efecto**. Una relación de causa y efecto existe cuando un suceso provoca otro suceso. Algunas veces, varias causas tienen un solo efecto. Otras veces, una sola causa tiene muchos efectos. Las **palabras distintivas** como *porque, entonces* y *cuando* pueden ayudarte a reconocer una relación de causa y efecto. Una causa o un efecto también pueden estar implícitos, es decir, no estar expresados directamente en el texto.

En la página 659 de *¡Yo podría hacerlo!*, la autora describe varias relaciones de causa y efecto. Por ejemplo, Artemus, el esposo de Esther, muere en un accidente. ¿Qué efectos produce este suceso? Usa evidencia del texto en tu respuesta.

> Causa:

> Efecto:

> Efecto:

ESTÁNDARES COMUNES **RI.4.1** refer to details and examples when explaining what the text says explicitly and when drawing inferences; **RI.4.3** explain events/procedures/ideas/concepts in a text; **RI.4.4** determine the meaning of general academic and domain-specific words and phrases; **RI.4.5** describe the overall structure of a text or part of a text; **L.4.4a** use context as a clue to the meaning of a word or phrase; **L.4.4c** consult reference materials, both print and digital, to determine or clarify meaning

Conclusiones y generalizaciones

Cuando Esther era pequeña y quiso preparar té, su madre le dijo: "Eso lo hacen las niñas mayores". La afirmación de la mamá de Esther es una **generalización**, una **conclusión** que a menudo es cierta, pero no siempre. Durante el siglo XIX, las personas hacían muchas generalizaciones injustas acerca de lo que podían o no podían hacer las mujeres. Esther tenía una opinión diferente. Puedes evaluar una generalización preguntándote si la afirmación es cierta siempre, a veces o si no es cierta nunca.

Vocabulario específico de un campo

¡Yo podría hacerlo! se enfoca en los derechos de las mujeres durante el siglo XIX y el esfuerzo de una mujer por cambiar las cosas. La autora usa muchas palabras que son importantes en el **campo** de la educación cívica; por ejemplo, *ciudadanía* y *proclamación*. Cuando encuentras una **palabra específica** que no conoces, busca claves del contexto o busca la palabra en un diccionario impreso o en línea.

Es tu turno

Turnarse y comentar Repasa la selección con un compañero y prepárate para comentar esta pregunta: *¿Qué produce cambios en una comunidad?* Túrnate con tu compañero para usar evidencia del texto y ejemplos de tus propias experiencias para apoyar tu respuesta. Responde las preguntas de tu compañero y comenta sus observaciones.

Comentar en la clase

Para continuar comentando *¡Yo podría hacerlo!*, explica tus respuestas a estas preguntas:

1. A medida que Esther crecía, ¿cómo demostraba que tenía un pensamiento independiente?

2. Según el texto, ¿por qué no aceptaba Esther la idea de que "la política es un asunto de hombres"?

3. ¿Qué acciones pueden realizar los individuos para contribuir a los derechos de los ciudadanos?

¡ESTHER LO HIZO!

Hacer una línea cronológica Piensa en la gran cantidad de cosas importantes que hizo Esther en su vida. Con un compañero, crea una línea cronológica que muestre sus logros, según se los describe en *¡Yo podría hacerlo!* Asegúrate de incluir detalles sobre las personas, los lugares y los sucesos del texto.

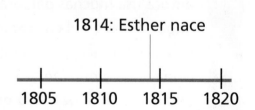

1814: Esther nace

1805   1810   1815   1820

Respuesta ¿Crees que Esther mejoró su comunidad de South Pass City, Wyoming? Si es así, ¿cómo lo hizo? Escribe un párrafo en el que expreses tu opinión. Apoya tu opinión con hechos y detalles del texto.

Sugerencia para la escritura

Mientras escribes tu respuesta, usa vocabulario específico para que tu texto se entienda claramente. Incluye una oración de conclusión en tu párrafo.

ESTÁNDARES COMUNES

RI.4.1 refer to details and examples from the text when explaining what the text says explicitly and when drawing inferences; **RI.4.3** explain events/procedures/ideas/concepts in a text; **W.4.1b** provide reasons supported by facts and details; **W.4.1d** provide a concluding statement or section; **W.4.9b** apply grade 4 Reading standards to informational texts; **SL.4.1a** come to discussions prepared/explicitly draw on preparation and other information about the topic

El rol de la
Constitución

RL.4.7 interpret information presented visually, orally, or quantitatively; **RL.4.10** read and comprehend informational texts

ESTÁNDARES COMUNES

670

El rol de la
Constitución

Por Carl DeSoto

La Constitución

Una constitución es un plan de gobierno. Un gobierno es un sistema de líderes y leyes a través del cual se gobierna una comunidad, un estado o una nación. La Constitución de Estados Unidos establece la organización del gobierno nacional. Dice que el gobierno debe tratar a todos los ciudadanos en forma justa y que la libertad de ellos debe ser respetada.

La Constitución de Estados Unidos

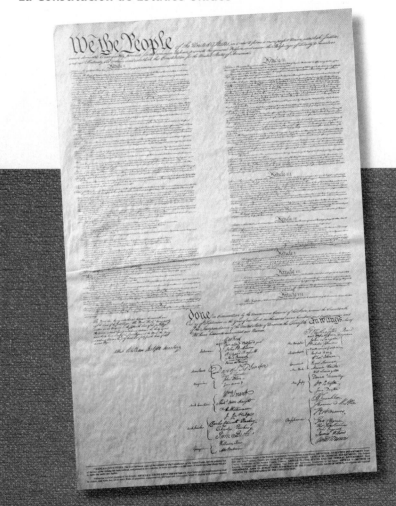

Cada estado tiene una constitución en la que se establece la organización del gobierno en ese estado. La constitución de un estado debe obedecer la Constitución de Estados Unidos y no puede anular los derechos que ella otorga.

La Constitución establece que el gobierno de Estados Unidos es una democracia, lo que significa que el pueblo elige a los líderes que lo gobernarán. El gobierno obtiene su poder del pueblo; por lo tanto, es una república. Los ciudadanos eligen a sus líderes para que los representen en el gobierno.

Los tres poderes

La Constitución de Estados Unidos organiza el gobierno nacional en tres poderes o ramas. Estos tres poderes son el legislativo, el ejecutivo y el judicial. De la misma forma, cada estado tiene un gobierno que se divide en estos tres poderes. La Constitución indica qué debe hacer y qué no debe hacer cada uno de los tres poderes.

La firma de la Constitución

El poder legislativo suele reunirse en un edificio como este.

El poder legislativo

El poder legislativo de un gobierno crea las leyes que debe cumplir toda la nación. El Congreso es el cuerpo principal del poder legislativo. El Congreso se divide en dos partes: el Senado y la Cámara de Representantes. El Senado tiene dos senadores electos por cada estado (cien senadores en total). El número de representantes electos de cada estado depende de la población de ese estado. Cuantos más residentes tiene el estado, más miembros pueden elegirse para la Cámara de Representantes. Todos los estados, excepto Nebraska, también cuentan con un poder legislativo compuesto por un senado estatal y una cámara de representantes. Nebraska posee solo una cámara.

El poder ejecutivo

El poder ejecutivo ejecuta las leyes promulgadas por el Congreso. El Presidente de Estados Unidos es el líder del poder ejecutivo. Cuando el Presidente asume el cargo, promete preservar, proteger y defender la Constitución de Estados Unidos. A nivel estatal, el líder del poder ejecutivo es el gobernador.

El poder judicial

El poder judicial está conformado por la Corte Suprema de Justicia y otras cortes. La Corte Suprema es la instancia judicial más alta de la nación. Está compuesta por nueve jueces que son elegidos por el Presidente y aprobados por el Congreso. Estos jueces se aseguran de que las leyes respeten la Constitución y de que se apliquen en forma justa. De la misma forma, cada estado tiene un poder judicial compuesto por una corte suprema estatal y otras cortes.

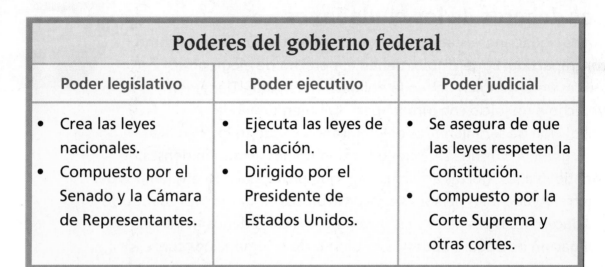

Poderes del gobierno federal		
Poder legislativo	**Poder ejecutivo**	**Poder judicial**
• Crea las leyes nacionales. • Compuesto por el Senado y la Cámara de Representantes.	• Ejecuta las leyes de la nación. • Dirigido por el Presidente de Estados Unidos.	• Se asegura de que las leyes respeten la Constitución. • Compuesto por la Corte Suprema y otras cortes.

Derechos y libertades

La Constitución de Estados Unidos otorga derechos y libertades a todos los ciudadanos estadounidenses. La Carta de Derechos de Estados Unidos forma parte de la Constitución. Enumera los muchos derechos y libertades de los ciudadanos estadounidenses. Estas libertades incluyen la libertad de prensa, la libertad de expresión y la libertad de culto. También protege a los estadounidenses acusados de delitos otorgándoles el derecho a un juicio con jurado.

Un derecho importante es el de elegir líderes y tomar decisiones por la ley de la mayoría. Según la Constitución, a partir de los 18 años de edad, todo ciudadano tiene derecho a votar en las elecciones. El ganador es la persona o la idea que obtenga más votos.

Todos los ciudadanos tienen el derecho de votar a partir de los 18 años de edad.

Los deberes de los ciudadanos

Los ciudadanos estadounidenses también tienen deberes como contrapartida. Por ejemplo, tienen el derecho de elegir a sus líderes pero también tienen la obligación de votar. Tienen el derecho a un juicio con jurado, pero también tienen la obligación de ser miembros de un jurado cuando se los convoca.

El gobierno brinda servicios a los ciudadanos estadounidenses. Mantiene a las fuerzas armadas para que proteja al país en tiempos de guerra. Ayuda a las personas a reconstruir sus comunidades cuando se producen desastres naturales. A cambio, los ciudadanos tienen la obligación de pagar impuestos. El dinero de los impuestos cubre los costos de hacer funcionar el gobierno. La Constitución le otorga al gobierno el derecho de recaudar impuestos.

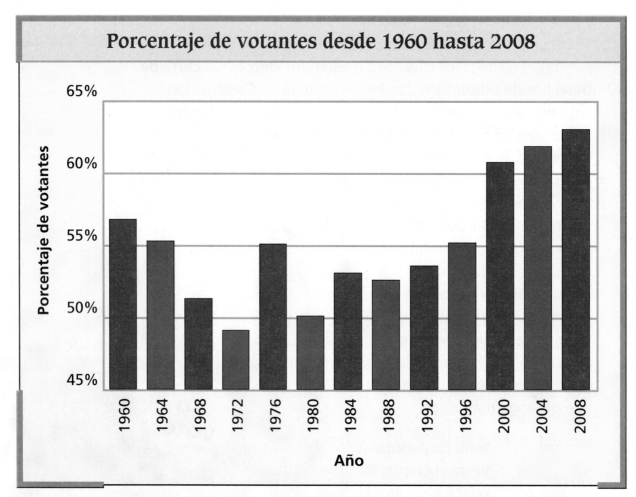

La gráfica muestra el porcentaje de personas elegibles para votar que efectivamente votaron en las elecciones presidenciales desde 1960 hasta 2008. La mayoría de los años, más de la mitad de los votantes elegibles cumplieron con su deber y votaron para elegir un presidente. En los últimos años, más del 60% de los votantes elegibles emitieron su voto.

Comparar el texto

DE TEXTO A TEXTO

Comparar textos informativos Habla con un compañero sobre la relación entre los textos *El rol de la Constitución* y *¡Yo podría hacerlo!*. Comenta estas preguntas: *¿Cómo influyó Esther Morris en la constitución de Wyoming? ¿Cómo cambió el papel que tenía la mujer en Wyoming?* Usa evidencia del texto para apoyar tus respuestas mientras hablas con tu compañero.

EL TEXTO Y TÚ

Escribir una carta Imagina que pudieras hablar con Esther Morris. ¿Qué le dirías? Escribe lo que piensas en una carta breve. Asegúrate de incluir el saludo, la fecha y una despedida formal.

EL TEXTO Y EL MUNDO

Conectar con los Estudios Sociales Esther Morris se esforzó mucho para que las mujeres tuvieran el derecho de votar porque pensaba que era muy importante. Con un compañero, investiga otras elecciones en tu comunidad y estado. ¿Cuál es el papel del votante individual en estas elecciones?

 ESTÁNDARES COMUNES **RI.4.9** integrate information from two texts on the same topic; **W.4.7** conduct short research projects that build knowledge through investigation; **W.4.8** recall information from experiences or gather information from print and digital sources/take notes, categorize information, and provide a list of sources; **W.4.10** write routinely over extended time frames and shorter time frames

Gramática

¿Qué es una palabra negativa? Una palabra es **negativa** si da el significado "no" a una oración. Las palabras *no, nunca, nadie, nada, ningún, ninguno* y *ninguna* son negativas. Cuando *no* y *nunca* están delante del verbo, exigen otra palabra negativa en el predicado. En esos casos, la oración tiene dos palabras negativas. Si la palabra negativa está en el sujeto, no hay que usar otra palabra negativa.

Dos palabras negativas	Una palabra negativa
Las mujeres no podían votar en ningún estado.	Ninguna mujer podía votar.
Esther Morris nunca perdió ni una pizca de esperanza.	Nada es tan importante como votar.

Inténtalo

Trabaja con un compañero. Lee cada una de las siguientes oraciones e indica si contiene una o dos palabras negativas.

1. Las mujeres no tenían ninguna propiedad.

2. Generalmente, no tenían nada de dinero.

3. Muchos hombres nunca quieren cambiar.

4. Esther nunca acepta una injusticia.

Mientras revisas tu escritura, si usaste dos palabras negativas en una oración, asegúrate de haberlas ubicado en el lugar correcto.

Oración con dos palabras negativas	Oración con una sola palabra negativa
A mi tía Leona no la ha frenado ningún obstáculo.	A mi tía Leona no la frenan los obstáculos.
No hay nada imposible para ella.	Nada es imposible para ella.

 ## Relacionar la gramática con la escritura

Mientras revisas tu explicación, asegúrate de haber usado las palabras negativas correctamente.

W.4.2a introduce a topic and group related information/include formatting, illustrations, and multimedia; **W.4.2c** link ideas within categories of information using words and phrases; **W.4.2.d** use precise language and domain-specific vocabulary

Escritura informativa

✔️ **Fluidez de las oraciones** La biografía *¡Yo podría hacerlo!* explica algunos sucesos importantes de la vida de Esther Morris. Una buena **explicación** introduce el tema con claridad, agrupa los hechos relacionados entre sí y contiene **palabras de transición** como *por ejemplo, también* y *porque* para conectar las ideas. Mientras revisas tu explicación, asegúrate de haber incluido estos elementos.

Joel explicó qué llevó a Esther Morris a abrir su primera sombrerería. Editó la introducción para que el tema quedara más claro. Luego, borró una oración que quedaba fuera de contexto. Después, agregó palabras de transición para conectar las ideas y reemplazó una palabra por otra más precisa.

Lista de control de la escritura

✔️ **Ideas** ¿Expliqué las ideas usando hechos?

✔️ **Organización** ¿Los sucesos y las ideas aparecen en un orden lógico?

✔️ **Elección de palabras** ¿Usé palabras y frases precisas?

✔️ **Voz** ¿Demostré interés en el tema?

✔️ **Fluidez de las oraciones** ¿Conecté mis ideas con palabras y frases?

✔️ **Convenciones** ¿Usé las reglas de ortografía, gramática y puntuación correctamente?

Borrador revisado

Los sucesos que llevaron a Esther Morris a abrir una sombrerería comenzaron cuando ella tenía apenas ocho años.

~~Esther Morris abrió una sombrerería. Su~~

~~negocio era exitoso.~~ Debido a que su madre era muy ~~buena~~ hábil para coser, a Esther le encantaba mirarla mientras hacía la ropa para la familia. Ella misma quería intentarlo. Comenzó a practicar costura haciendo ropa para las muñecas. En consecuencia, Aprendió a coser muy bien.

Otra forma en la que practicaba costura era ~~Practicaba~~ haciendo las camisas de su padre.

Una sombrerería para Esther

por Joel Silver

Los sucesos que llevaron a Esther Morris a abrir una sombrerería comenzaron cuando ella tenía apenas ocho años. Debido a que su madre era muy hábil para coser, a Esther le encantaba mirarla mientras hacía la ropa para la familia. Ella misma quiso intentarlo. Comenzó a practicar costura cosiendo ropa para las muñecas. En consecuencia, aprendió a coser muy bien. Otra forma en la que practicaba costura era haciendo las camisas de su padre.

A los diecinueve años, Esther se ganaba la vida haciendo vestidos finos. Sus clientas de la alta sociedad no querían otra cosa que sombreros que combinaran con sus vestidos, entonces Esther también comenzó a hacer sombreros. Esto le dio una idea maravillosa que nadie había tenido: ¿Por qué no abrir una sombrerería? Debido a la determinación de Esther y a la gran demanda de sus clientes, su sombrerería tuvo mucho éxito.

Leer como escritor

Joel agregó palabras de transición en varias oraciones para conectar sus ideas. ¿Qué palabras de transición puedes agregar a tu explicación para conectar las ideas más claramente?

En mi trabajo final, conecté mis ideas con algunas palabras de transición. Usé la palabra "hábil" en vez de "buena", porque era más precisa. También traté de usar bien los pronombres indefinidos.

23

El árbol eterno
Vida y momentos de una secuoya roja
Linda Vanes

Árboles altísimos

✓ VOCABULARIO CLAVE

recurso
denso
evaporarse
superficial
humedad
civilizado
continente
oportunidad
costumbre
independiente

Librito de vocabulario

Tarjetas de contexto

Por siempre verde
por Carol L. Greenfeld

L.4.6 acquire and use general academic and domain-specific words and phrases

680

Vocabulario
en **contexto**

1 **recurso**

Los árboles y los bosques son uno de los recursos, o bienes, más valiosos de la Tierra.

2 **denso**

Las raíces que salen de las ramas de este árbol son densas como un bosque espeso.

3 **evaporarse**

Las hojas anchas de algunos árboles permiten que el agua se evapore fácilmente.

4 **superficial**

Algunos árboles tienen raíces superficiales. Sus raíces no penetran mucho en la tierra.

Aprende en línea

► Estudia cada Tarjeta de contexto.

► Usa las pistas del contexto para determinar el significado de estas palabras del Vocabulario.

⑤ humedad

Muchísimas especies viven en los bosques tropicales debido a la humedad del ambiente.

⑥ civilizado

Las ciudades del mundo civilizado, o avanzado, reservan espacios para los árboles.

⑦ continente

El continente de América del Norte tiene los árboles más altos del mundo: las secuoyas.

⑧ oportunidad

En los bosques, puedes encontrar muchas oportunidades de trabajo voluntario.

⑨ costumbre

Algunas costumbres humanas, como la tala de árboles, causan daño a los bosques.

⑩ independiente

Es imposible vivir de manera independiente de los árboles porque necesitamos su oxígeno.

Leer y comprender

Aprende en línea

✓ DESTREZA CLAVE

Características del texto y de los elementos gráficos Mientras lees *El árbol eterno*, observa las **características del texto y de los elementos gráficos** de la selección; por ejemplo, los símbolos, las líneas cronológicas, los mapas, los diagramas y la letra cursiva. En general, un elemento gráfico complementa la información del texto. Cuando te encuentres con una característica del texto o de un elemento gráfico, pregúntate: *¿Cómo me ayuda esta característica a comprender el texto? ¿Cómo complementa mi comprensión del tema principal?* Usa un organizador gráfico como el siguiente para anotar las características del texto y de los elementos gráficos e indica qué información presenta.

Característica del texto o de los elementos gráficos	Número de página	Información
•	•	•
•	•	•
•	•	•

✓ ESTRATEGIA CLAVE

Verificar/Aclarar *El árbol eterno* cubre un cierto número de siglos y alterna la historia natural con la historia humana. Mientras lees, **verifica** tu comprensión de los sucesos y el paso del tiempo en la selección. Si no comprendes algo, haz una pausa para **aclarar,** o despejar, tu duda.

ESTÁNDARES COMUNES

RI.4.7 interpret information presented visually, orally, or quantitatively; **RF.4.4c** use context to confirm or self-correct word recognition and understanding

682

UN VISTAZO AL TEMA PRINCIPAL

Ciclos de vida

Todos los seres vivos tienen un ciclo de vida. El ciclo de vida comienza con el nacimiento y termina con la muerte. Para la mayoría de los árboles, la vida comienza cuando una semilla se abre y empieza a crecer una plántula, o un árbol pequeño.

El árbol eterno cuenta la historia del ciclo de vida de una secuoya roja. Las secuoyas rojas, originarias de California, son uno de los seres vivos más antiguos y más altos de la Tierra. Cuando leas la selección, descubrirás cuánto tiempo puede vivir una secuoya roja y a qué tiene que sobrevivir para convertirse en un "gigante viviente".

TEXTO PRINCIPAL

El árbol eterno
Vida y momentos de una secuoya roja
Linda Vieira
Ilustrado por Christopher Canyon

✓ DESTREZA CLAVE

Características del texto y de los elementos gráficos

Examina cómo te ayudan las características del texto a comprender y a ubicar la información.

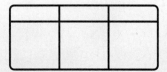

✓ GÉNERO

Un **texto informativo** presenta datos y ejemplos sobre un tema principal. Mientras lees, busca:

▶ encabezamientos que introduzcan secciones de información relacionada,

▶ gráficas que expliquen el tema principal, como los mapas, los diagramas, las tablas o los íconos, y

▶ la estructura del texto: la manera en la que se organizan las ideas y la información.

ESTÁNDARES COMUNES RI.4.5 describe the overall structure of a text or part of a text; RI.4.7 interpret information presented visually, orally, or quantitatively

 Aprende en línea

CONOCE A LA AUTORA

Linda Vieira

Linda Vieira usa la escritura como una manera de comprender algo. Vieira hace una "escritura previa" en su mente cada mañana cuando amanece, mientras pasea al perro. ¿Qué ocurre si no puede comenzar a escribir de inmediato? "Confío en mí misma y dejo que las ideas fluyan durante el tiempo que sea necesario antes de comenzar", dice ella.

CONOCE AL ILUSTRADOR

Christopher Canyon

¿Solo las personas talentosas llegan a ser artistas? Este ilustrador dice que no. Canyon cree que trabajar arduamente en tu arte es mucho más importante. "Algunas personas son talentosas por naturaleza, pero aun si no lo eres, *nunca debes renunciar* a las cosas que amas o a los sueños que tienes".

El árbol eterno

Vida y momentos de una secuoya roja

por Linda Vieira
ilustrado por Christopher Canyon

PREGUNTA ESENCIAL

¿Cómo se reflejan los cambios en los bosques y en los árboles?

Era una mañana fresca y con niebla, en un bosque cercano al océano, cuando el pequeño árbol se asomó por primera vez a la superficie de la tierra. Había otros árboles como él en el bosque siempre verde. Algunos eran más altos, otros más anchos, otros más viejos.

Con el tiempo, los científicos llamarían a este árbol *Sequoia sempervirens*, es decir, *secuoya eterna*. También llegaría a conocerse con el nombre de *secuoya roja*.

Más de 50 millones de años antes de que este árbol comenzara a crecer, distintos tipos de secuoyas crecían en todo el mundo. Vivieron en la misma época que los dinosaurios, hasta que llegaron los glaciares. Esos ríos de hielo de movimiento lento causaron la extinción de muchas plantas y animales.

El bosque largo y estrecho donde crecía el pequeño árbol se extendía 600 millas a lo largo de la costa occidental del continente norteamericano. Al este, su límite era una cordillera enorme y al oeste, el océano Pacífico.

La corriente de aire frío que soplaba desde el océano hacia las montañas protectoras salvó al bosque de los glaciares. El aire espeso y frío creó bancos de niebla, muy importantes para la supervivencia del pequeño árbol.

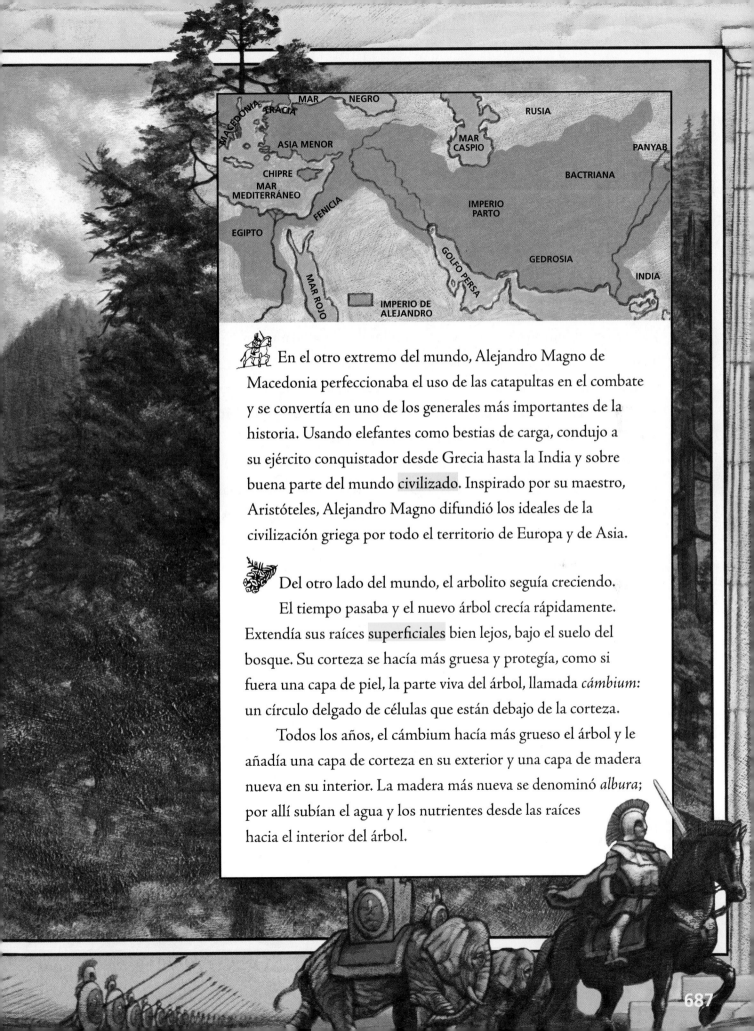

En el otro extremo del mundo, Alejandro Magno de Macedonia perfeccionaba el uso de las catapultas en el combate y se convertía en uno de los generales más importantes de la historia. Usando elefantes como bestias de carga, condujo a su ejército conquistador desde Grecia hasta la India y sobre buena parte del mundo civilizado. Inspirado por su maestro, Aristóteles, Alejandro Magno difundió los ideales de la civilización griega por todo el territorio de Europa y de Asia.

Del otro lado del mundo, el arbolito seguía creciendo.

El tiempo pasaba y el nuevo árbol crecía rápidamente. Extendía sus raíces superficiales bien lejos, bajo el suelo del bosque. Su corteza se hacía más gruesa y protegía, como si fuera una capa de piel, la parte viva del árbol, llamada *cámbium*: un círculo delgado de células que están debajo de la corteza.

Todos los años, el cámbium hacía más grueso el árbol y le añadía una capa de corteza en su exterior y una capa de madera nueva en su interior. La madera más nueva se denominó *albura*; por allí subían el agua y los nutrientes desde las raíces hacia el interior del árbol.

CORTEZA
ALBURA
DURAMEN
CAPA DE CÁMBIUM

El cámbium añadió cada vez más anillos de albura al interior del árbol, en la parte más cercana a su corteza. La albura más vieja se convirtió en el duramen del árbol. Sus cavidades fibrosas, tapadas por los desechos, ya no se usaban para transportar agua y alimento, pero el árbol aún necesitaba el duramen para mantenerse alto y recto.

El tiempo pasó. Decenas de arañas cazadoras buscaron huecos a lo largo de la corteza, que era desigual y gruesa, y tendieron sus telarañas por todas partes. El exterior del árbol parecía un edificio de apartamentos para arañas. Las telarañas no dañaban en absoluto al árbol que, simplemente, seguía creciendo.

Al otro lado del océano, en China, los hombres comenzaron a construir un gran muro de piedra a lo largo de sus fronteras, para protegerse de sus enemigos. Construido a mano en su totalidad, con tierra, ladrillos y piedras, se necesitaron millones de trabajadores y cientos de años para terminarlo. Finalmente, la Gran Muralla atravesó más de 1,500 millas de valles y montañas.

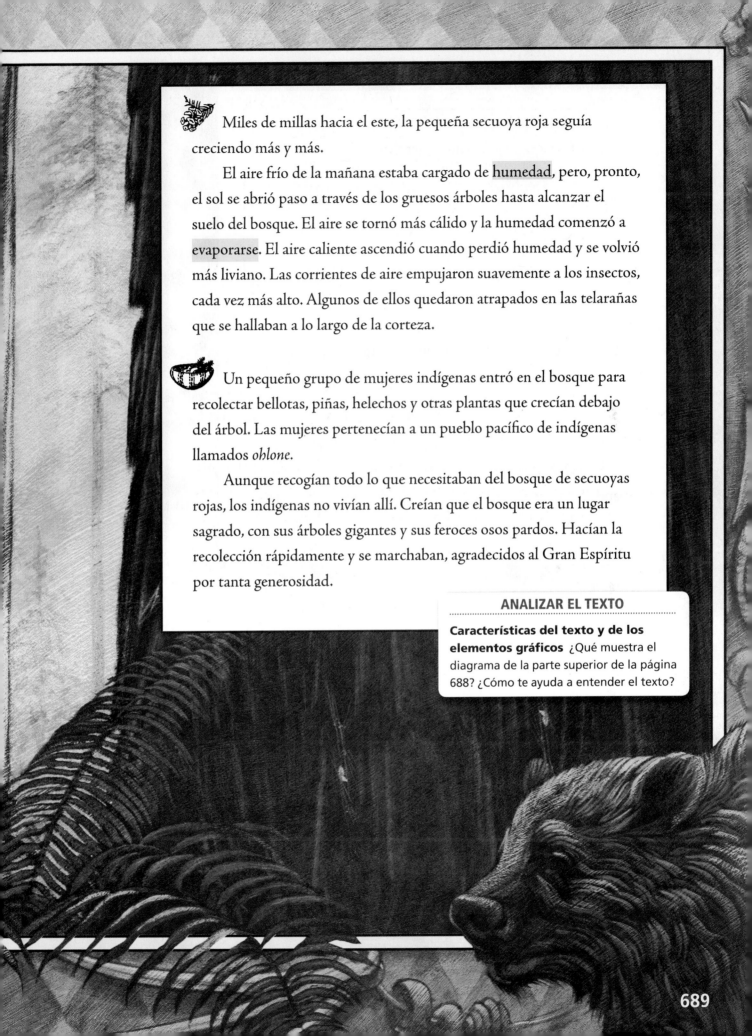

Miles de millas hacia el este, la pequeña secuoya roja seguía creciendo más y más.

El aire frío de la mañana estaba cargado de humedad, pero, pronto, el sol se abrió paso a través de los gruesos árboles hasta alcanzar el suelo del bosque. El aire se tornó más cálido y la humedad comenzó a evaporarse. El aire caliente ascendió cuando perdió humedad y se volvió más liviano. Las corrientes de aire empujaron suavemente a los insectos, cada vez más alto. Algunos de ellos quedaron atrapados en las telarañas que se hallaban a lo largo de la corteza.

Un pequeño grupo de mujeres indígenas entró en el bosque para recolectar bellotas, piñas, helechos y otras plantas que crecían debajo del árbol. Las mujeres pertenecían a un pueblo pacífico de indígenas llamados *ohlone*.

Aunque recogían todo lo que necesitaban del bosque de secuoyas rojas, los indígenas no vivían allí. Creían que el bosque era un lugar sagrado, con sus árboles gigantes y sus feroces osos pardos. Hacían la recolección rápidamente y se marchaban, agradecidos al Gran Espíritu por tanta generosidad.

ANALIZAR EL TEXTO

Características del texto y de los elementos gráficos ¿Qué muestra el diagrama de la parte superior de la página 688? ¿Cómo te ayuda a entender el texto?

Un pájaro carpintero se posó sobre el árbol, picoteó la corteza hasta hacer un pequeño agujero en ella y se comió los insectos diminutos que vivían allí.

Una ardilla gris subió corriendo por el árbol y escondió una bellota en el agujero que había dejado el pájaro carpintero. La ardilla escondió muchas bellotas ese año. Pero se olvidó por completo de la bellota que había escondido en el agujero del pájaro carpintero.

Los años pasaron y el cámbium del árbol tapó el agujero con una corteza nueva. La pequeña bellota quedó completamente encerrada dentro de la corteza y el árbol siguió creciendo.

El tiempo pasó. César Augusto se convirtió en el primer emperador de Roma y marcó el inicio del poderoso Imperio romano. El Imperio romano gobernó muchos territorios hasta fines del siglo v.

Para ese entonces, el árbol ya tenía 300 años de vida, bastante poco para una secuoya eterna. Medía casi 200 pies de altura y unos 20 pies de ancho alrededor de la base.

Un día, se produjo un gran incendio en el bosque y muchos árboles se quemaron. Las llamas alcanzaron la base de la secuoya roja, cerca del suelo. Finalmente, los elementos del duramen resistentes al fuego detuvieron las llamas, que dejaron una cueva baja en el interior del árbol.

El cámbium del árbol no sufrió daños graves a causa del fuego y continuó añadiendo corteza nueva alrededor de la entrada de la cueva. En el transcurso de muchos años, la corteza nueva cerró casi por completo la entrada de la cueva, mientras que su interior permaneció hueco. Y el árbol siguió creciendo.

A casi nueve mil millas al sureste del bosque, se encuentra el continente africano. En una sabana cubierta de hierba, en el límite del vasto desierto del Sahara, el reino de Kanem prosperó y se convirtió en un importante centro de comercio. Las caravanas llevaban artículos de metal, caballos y sal desde el norte de África y desde Europa para intercambiarlos allí por marfil y nueces de cola traídas desde el sur.

Muy lejos hacia el oeste, en el apacible bosque, la secuoya roja se levantaba alta y fuerte.

Pequeñas ardillas listadas subían y bajaban por el árbol. Anidaron en una rama que crecía de un modo extraño y diferente. La rama se había convertido en un nudo. Su madera se había doblado hasta formar un nudo que era tan cómodo que las ardillas listadas descansaban sobre él. El nudo no impidió que el árbol siguiera creciendo, cada vez más alto y más ancho. Ahora ya superaba los 250 pies de alto y medía más de 50 pies de circunferencia en su base. Crecía, crecía y seguía creciendo.

Un comerciante llamado Marco Polo viajó con su padre desde Europa hasta China. Fueron los primeros forasteros en ser bienvenidos en China. Allí hallaron oro, alhajas, sedas y especias jamás vistas por los europeos.

Cuando regresaron a su país, Marco Polo describió las costumbres avanzadas que habían hallado en China: un sistema postal, papel moneda y el uso del carbón para combustible.

La secuoya roja crecía cada vez más alta y más ancha. Sus nuevos anillos de madera crecían cada vez más juntos, como las páginas de un libro. Su corteza tenía casi un pie de grosor. De sus raíces retorcidas surgieron brotes de la corona de la raíz, que rodearon el árbol por encima de la tierra, formando un círculo llamado "anillo de hadas".

Otro incendio, menor que el anterior, arrasó el bosque y despejó toda la maleza que rodeaba el árbol. Las densas fibras del árbol extinguieron las llamas nuevamente, antes de que causaran daños.

Algunas piñas de secuoya cayeron de las altas ramas del árbol. Muchas se abrieron de golpe al caer contra el suelo y algunas de sus diminutas semillas germinaron y formaron árboles nuevos.

ANALIZAR EL TEXTO

Símiles Los autores usan símiles para comparar dos cosas diferentes con la palabra *como* o las frases *se parece a* o *se asemeja a*. ¿Qué significa el símil *liso como un espejo*? Busca un ejemplo de un símil en esta página. ¿Qué efecto causa en el lector el uso de ese símil?

Un explorador italiano llamado Cristóbal Colón quería hallar una ruta nueva hacia China. Motivado por las exploraciones de Marco Polo, convenció a la reina de España para que financiara su viaje hacia los mares no explorados del oeste. Si bien Colón no llegó a China, desembarcó en la región sureste de América del Norte y la llamó el *Nuevo Mundo*.

La secuoya roja se encontraba a unas 3,000 millas de distancia del lugar donde Colón había desembarcado. Seguía creciendo en su bosque protegido, allá lejos en el oeste.

Los venados se paseaban por los senderos del bosque y hallaban áreas escondidas para protegerse de sus enemigos, mientras pastaban en la vegetación exuberante.

En el bosque también vivían zorros grises. Algunas de sus crías habían nacido en el interior de la abrigada cueva del árbol.

Las aves anidaban en las ramas más elevadas de los árboles más altos y más viejos. Los mamíferos, las aves, los insectos y los reptiles convivían allí y sus especies se reproducían todos los años de acuerdo con un equilibrio natural.

ANALIZAR EL TEXTO

Estructura del texto ¿Cómo están estructuradas las ideas en el texto? ¿De qué manera la línea cronológica de la parte superior de la página complementa esta estructura?

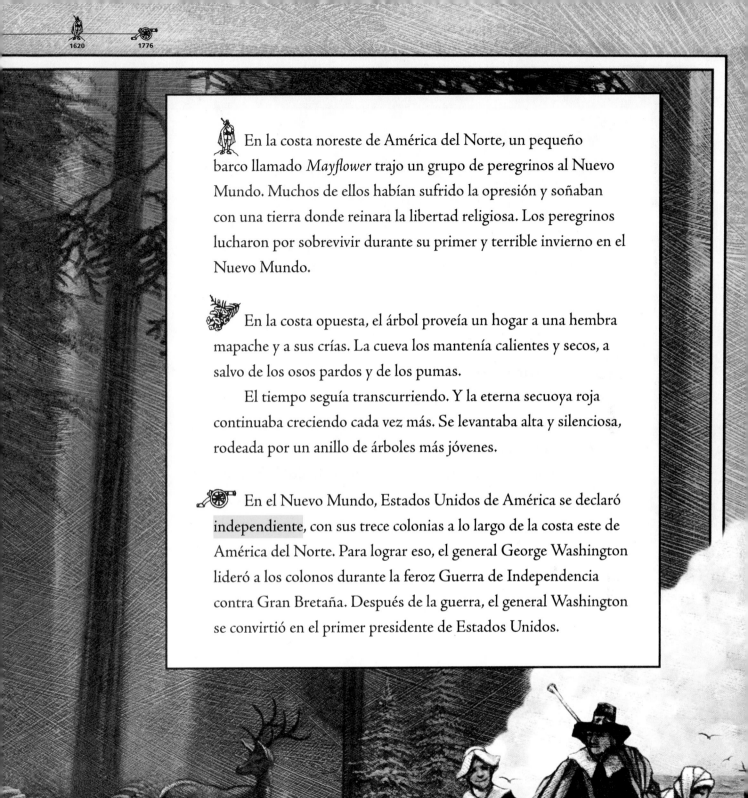

En la costa noreste de América del Norte, un pequeño barco llamado *Mayflower* trajo un grupo de peregrinos al Nuevo Mundo. Muchos de ellos habían sufrido la opresión y soñaban con una tierra donde reinara la libertad religiosa. Los peregrinos lucharon por sobrevivir durante su primer y terrible invierno en el Nuevo Mundo.

En la costa opuesta, el árbol proveía un hogar a una hembra mapache y a sus crías. La cueva los mantenía calientes y secos, a salvo de los osos pardos y de los pumas.

El tiempo seguía transcurriendo. Y la eterna secuoya roja continuaba creciendo cada vez más. Se levantaba alta y silenciosa, rodeada por un anillo de árboles más jóvenes.

En el Nuevo Mundo, Estados Unidos de América se declaró independiente, con sus trece colonias a lo largo de la costa este de América del Norte. Para lograr eso, el general George Washington lideró a los colonos durante la feroz Guerra de Independencia contra Gran Bretaña. Después de la guerra, el general Washington se convirtió en el primer presidente de Estados Unidos.

La secuoya roja gigante ya tenía más de 300 pies de altura. Era uno de los seres vivos más altos sobre la superficie de la Tierra.

Un día, una terrible tormenta se desató sobre el bosque. El viento y la lluvia azotaron los árboles; los truenos hicieron que los animales corrieran a esconderse. Un rayo relampagueante cayó sobre la base del árbol, en su parte más débil, cerca de la cueva. El árbol cayó de lado con un ruido estrepitoso. Su tronco enorme se quebró en pedazos cuando chocó contra el suelo.

En los territorios del oeste de América del Norte se descubrió oro. Miles de personas atravesaron el continente en carretas tiradas por caballos. Soñaban con obtener riquezas y nuevas oportunidades.

Los pueblos y ciudades de crecimiento rápido se desarrollaron velozmente. Los cazadores, leñadores, curtidores y mineros explotaron los recursos de la tierra. Poco después, un ferrocarril atravesó el continente de costa a costa. Los trenes transportaron a los colonos hacia lugares cercanos al bosque de secuoyas rojas, donde las vigorosas raíces del árbol caído seguían creciendo.

El tiempo pasó. La fuerza vital de la secuoya eterna no moría. Sus raíces dieron vida y energía a los árboles más jóvenes que la rodeaban. En poco tiempo, comenzó a crecer un árbol nuevo a partir del tronco quebrado.

Millones de insectos se alimentaron de la corteza del árbol. Después de muchos años, la madera comenzó a convertirse en polvo fino. Las babosas amarillas convirtieron el polvo en materia orgánica, que regresó al suelo en forma de nutrientes.

En el espacio exterior, un hombre caminó sobre la Luna por primera vez. Las personas lo vieron en las pantallas de televisión de todo el mundo. Los astronautas y cosmonautas de distintos países viajaron al espacio. Los científicos planearon construir una estación espacial a cientos de millas de la Tierra.

En la actualidad, las personas acampan a la sombra del árbol y los niños juegan sobre su tronco en descomposición. Están fascinados por su longitud: es más largo que un campo de fútbol americano.

En el bosque angosto y antiguo, las secuoyas eternas siguen creciendo. Se alzan como estatuas gigantescas, mientras millones de visitantes de todo el mundo llegan hasta allí y se maravillan por su altura increíble.

Se pueden ver algunos diminutos árboles nuevos que se asoman sobre la superficie de la tierra. La vida continúa en el bosque de secuoyas rojas de la costa.

Ahora analiza

Cómo analizar el texto

Usa estas páginas para aprender acerca de Características del texto y de los elementos gráficos, Estructura del texto y Símiles. Luego, vuelve a leer *El árbol eterno* para aplicar lo que has aprendido.

Características del texto y de los elementos gráficos

El árbol eterno es un texto informativo sobre el crecimiento de una secuoya roja. La selección incluye **características del texto y de los elementos gráficos** que presentan información para complementar el texto; por ejemplo, letra cursiva, líneas cronológicas, mapas, diagramas e íconos. Los íconos son pequeñas imágenes que representan ideas.

En esta selección, el mapa del imperio de Alejandro Magno y el diagrama de las capas de la secuoya roja ayudan a explicar las ideas del texto. Los íconos que se encuentran al principio de cada sección dan pistas sobre lo que la autora describe allí. La repetición del ícono de la piña de secuoya es una señal que indica: "Ahora, la autora va a hablar sobre la secuoya roja otra vez".

Vuelve a leer la página 687 de *El árbol eterno*. ¿Qué elementos gráficos hay en esa página? ¿Qué indican?

Característica del texto o de los elementos gráficos	Número de página	Información
•	•	•
•	•	•
•	•	•

Estructura del texto

La manera en la que los autores organizan los datos en los textos informativos se llama **estructura del texto.** En *El árbol eterno*, la autora presenta dos conjuntos de sucesos: uno describe la vida de un árbol y el otro relata los sucesos humanos que ocurrieron durante la vida del árbol. El ícono de la piña de secuoya roja señala datos sobre las secuoyas rojas. Otros íconos señalan sucesos humanos. Mientras vuelves a leer, busca pistas sobre cómo se estructura el texto.

Símiles

Los autores usan **símiles** para comparar dos cosas distintas con la palabra *como*. Los símiles ayudan al lector a formarse una imagen mental clara de lo que un autor está describiendo. En la oración "El lago se veía liso como un espejo", la expresión *liso como un espejo* es un símil. La comparación indica que el agua está quieta, que muestra una superficie pareja y que refleja las imágenes como un espejo.

Es tu turno

REPASAR LA PREGUNTA ESENCIAL

Turnarse y comentar Repasa la selección con un compañero, incluidas las características de los elementos gráficos, y prepárate para comentar esta pregunta: *¿Cómo se reflejan los cambios en los bosques y en los árboles?* Usa la evidencia del texto y las características de los elementos gráficos para apoyar tus respuestas. Túrnate para repasar y explicar las ideas clave. Haz preguntas y respóndelas para aclarar las ideas.

Comentar en la clase

Para continuar comentando *El árbol eterno*, explica tus respuestas a estas preguntas:

1. ¿Qué quiere la autora que sepas sobre las secuoyas rojas?

2. ¿Qué has aprendido sobre la historia del mundo a partir de los sucesos que describe la autora?

3. Si una secuoya roja pudiera hablar, ¿qué diría de las cosas que ha visto desde que brotó?

EL TIEMPO SIGUE AVANZANDO

Recordar sucesos históricos Con un compañero, piensa en dos sucesos históricos recientes para agregar a la línea cronológica de *El árbol eterno*. Escribe una descripción corta de cada suceso que se haya elegido y crea un dibujo, o ícono, para acompañar cada suceso. Luego, compara los sucesos con los sucesos que haya elegido otra pareja.

702

ESCRIBE SOBRE LO QUE LEÍSTE

Respuesta ¿Qué fue lo que más disfrutaste de esta selección? ¿Fue buena la elección de la autora de narrar la historia de los seres humanos junto con la historia de la secuoya roja? Escribe dos párrafos en los que expliques tu opinión sobre el texto. Incluye las razones de tu opinión y detalles que apoyen esas razones.

El árbol eterno
Vida y momentos de una secuoya roja
Linda Vieira
ilustrado por
Christopher Canyon

Sugerencia para la escritura

En el primer párrafo, indica qué es lo que más te gustó de la selección y da dos razones. En el segundo párrafo, da tu opinión sobre la estructura de la selección. Da dos razones que apoyen tu opinión.

Aprende en línea

ESTÁNDARES COMUNES **RI.4.1** refer to details and examples when explaining what the text says explicitly and when drawing inferences; **RI.4.7** interpret information presented visually, orally, or quantitatively; **W.4.1a** introduce a topic, state an opinion, and create an organizational structure; **W.4.8** recall information from experiences or gather information from print and digital sources/take notes, categorize information, and provide a list of sources; **W.4.9b** apply grade 4 Reading standards to informational texts; **SL.4.1a** come to discussions prepared/explicitly draw on preparation and other information about the topic

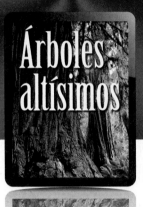

Árboles altísimos

La **poesía** usa el sonido y el ritmo de las palabras para sugerir imágenes y expresar sentimientos.

☑ **ENFOQUE EN EL TEXTO**

La **poesía narrativa** se enfoca en narrar un relato, con frecuencia, acerca de un suceso en particular. La poesía narrativa está dividida en líneas, y una sección de líneas se llama **estrofa** o **verso**. La manera en la que se estructuran los versos y las líneas se llama **métrica**. Mientras lees cada poema, observa cómo se relaciona cada estrofa con el significado del poema en general.

RL.4.5 explain major differences between poems, drama, and prose/refer to their structural elements; **RL.4.10** read and comprehend literature

Aprende en línea

Árboles altísimos

Los poemas que leerás a continuación tratan de personas y de árboles. "Ancestros del mañana" compara a los niños con árboles que crecen, mientras que "Primer árbol de 6,000 años de edad registrado en América" y "Secuoyas gigantes" describen la majestuosidad de unos árboles altísimos.

Ancestros del mañana

Los niños son
las ramas florecientes
de los árboles.

Un día, sus semillas
se convertirán
en las raíces

de otros árboles
que tendrán sus propias
ramas florecientes.

por Francisco X. Alarcón

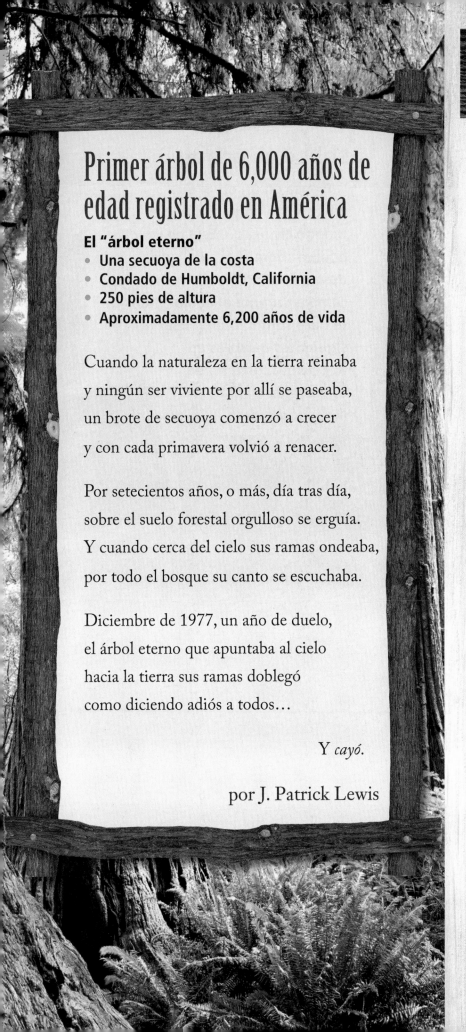

Primer árbol de 6,000 años de edad registrado en América

El "árbol eterno"
- Una secuoya de la costa
- Condado de Humboldt, California
- 250 pies de altura
- Aproximadamente 6,200 años de vida

Cuando la naturaleza en la tierra reinaba
y ningún ser viviente por allí se paseaba,
un brote de secuoya comenzó a crecer
y con cada primavera volvió a renacer.

Por setecientos años, o más, día tras día,
sobre el suelo forestal orgulloso se erguía.
Y cuando cerca del cielo sus ramas ondeaba,
por todo el bosque su canto se escuchaba.

Diciembre de 1977, un año de duelo,
el árbol eterno que apuntaba al cielo
hacia la tierra sus ramas doblegó
como diciendo adiós a todos…

Y *cayó*.

por J. Patrick Lewis

Los visitantes del Parque del Estado Humboldt Redwoods, en California, tienen muchas oportunidades de ver secuoyas. Las secuoyas son importantes recursos naturales del continente norteamericano. Mucha lluvia y una densa niebla proporcionan a las secuoyas la humedad que estas necesitan para crecer. Las raíces superficiales de los árboles toman el agua del suelo.

Los autos pueden atravesar algunas secuoyas cerca del parque.

Secuoyas gigantes

son los tatara-tatara-
tatarabuelos
de Sierra Nevada

sus cicatrices hablan de
las tormentas e incendios
a los que sobrevivieron

sin falta, cada año
sus inmensos troncos
otro anillo añaden:

grueso en un año húmedo
de lluvias abundantes,
delgado en uno seco

necesito a mi familia
  entera
tomada de las manos
para poder abrazar

al árbol más alto
al árbol más antiguo
de este bosque

  por Francisco X. Alarcón

Escribe un poema sobre un árbol

Piensa en un árbol que hayas visto en tu rincón del mundo civilizado. Escribe un poema sobre el árbol. Podrías describir cómo crece y cómo cambia durante el año o cómo te hace sentir. Intenta usar las siguientes palabras en tu poema: *costumbres, evaporarse* e *independiente.*

Comparar el texto

DE TEXTO A TEXTO

Comparar texto y poesía Compara los poemas de *Árboles altísimos* con *El árbol eterno.* Comenta estas preguntas con un compañero: *¿Qué describe cada poema? ¿Qué información de los poemas se puede encontrar también en la selección? ¿Por qué?* Con tu compañero, escribe las respuestas a las preguntas. Incluye evidencia del texto para apoyar tus ideas.

EL TEXTO Y TÚ

Escribir una respuesta Muchos animales dependen de los árboles para sobrevivir y suelen quedarse en el mismo árbol durante años. ¿Te gusta treparte a tu árbol preferido o sentarte bajo su sombra? Escribe un párrafo sobre la manera en la que los árboles influyen en tu vida.

EL TEXTO Y EL MUNDO

Hacer una línea cronológica Investiga las fechas de los sucesos históricos mencionados en *El árbol eterno.* Luego, usa esas fechas para hacer una línea cronológica de los sucesos que ocurrieron a lo largo de la vida de la secuoya. Resume los sucesos de la selección para incluirlos en tu línea cronológica.

Aprende en línea

ESTÁNDARES COMUNES

RL.4.1 refer to details and examples when explaining what the text says explicitly and when drawing inferences; **RI.4.1** refer to details and examples when explaining what the text says explicitly and when drawing inferences; **RI.4.9** integrate information from two texts on the same topic; **W.4.10** write routinely over extended time frames and shorter time frames

Gramática

¿Cómo puede afectar la puntuación a los lectores? Los signos de puntuación que usas producen efectos diferentes en tus lectores. Los **signos de exclamación** expresan una emoción (alegría, enojo, sorpresa). Los **puntos suspensivos** indican temor, duda o suspenso. Los **dos puntos** introducen una enumeración, una aclaración o una cita textual. Las **comillas** encierran las palabras exactas de una persona. El **guión de diálogo** indica las palabras exactas de cada personaje y los comentarios del narrador en un diálogo.

signos de exclamación	¡Esta secuoya roja tiene más de 100 años!
puntos suspensivos	Pedro no sabía lo que había en el cobertizo, pero igual abrió la puerta y...
dos puntos	Julia repasó todo lo que necesitaba: una linterna, un mapa y una mochila. Tanya sabía una cosa: iba a salvar el bosque.
dos puntos, comillas	Sus palabras fueron: "No lo haré".
guión de diálogo	—¿A qué hora salimos? —preguntó María. —A las nueve —respondió Jeremy.

 **Escribe cada una de estas oraciones en una hoja aparte. Usa la puntuación correcta.**

1. _____ Qué lindo era estar de vacaciones _____

2. Joel quería hacer dos cosas durante su viaje _____ visitar un bosque de secuoyas y nadar en el mar.

3. Joel sabía que se estaba olvidando de algo _____

4. El guardaparque dijo _____ Este árbol mide sesenta pies de circunferencia _____ .

5. Joel estaba seguro de algo _____ el árbol era muy alto.

Muchas veces, puedes combinar oraciones relacionadas si usas
determinados signos de puntuación, como los puntos suspensivos
o los dos puntos. Combinar oraciones puede hacer que tu escritura
sea más fluida y puede causar un efecto mayor en los lectores.

Oraciones separadas	Oraciones combinadas
—Shh. No asustes al pájaro carpintero —dijo Jack. —No lo haré —respondió Peter.	—Shh... no asustes al pájaro carpintero —dijo Jack. —No lo haré —respondió Peter.

Oraciones separadas: Tenemos todo lo que necesitamos. Tenemos binoculares, un libro de identificación de aves y una libreta.

Oraciones combinadas: Tenemos todo lo que necesitamos: binoculares, un libro de identificación de aves y una libreta.

 ## Relacionar la gramática con la escritura

**Mientras revisas tu composición sobre un proceso, busca lugares
en los que puedas usar distintos signos de puntuación para lograr
un mayor efecto en los lectores.**

W.4.2a introduce a topic and group related information/include formatting, illustrations, and multimedia; **W.4.2b** develop the topic with facts, definitions, details, quotations, or other information and examples; **W.4.2c** link ideas within categories of information using words and phrases; **W.4.2d** use precise language and domain-specific vocabulary

Escritura informativa

☑ **Organización** En *El árbol eterno*, la autora describe los sucesos en la vida de una secuoya roja. En una **composición sobre un proceso,** explicas una serie de sucesos. Debes comenzar por presentar el tema principal y, luego, explicar cada paso del proceso en el orden en el que sucede. Usa palabras de enlace, como *primero* y *porque* para que el proceso sea más claro. Agrupa ideas de una manera significativa y define los términos específicos.

Erin hizo el borrador de una composición sobre el proceso del crecimiento de una secuoya, desde que es una piña hasta que se convierte en árbol. Luego, reordenó los sucesos y añadió palabras de transición y palabras de enlace para organizar mejor las ideas. También agregó lenguaje preciso.

Lista de control de la escritura

☑ **Ideas** ¿Agrupé en párrafos las ideas relacionadas?

☑ **Organización**

¿Usé palabras de enlace para presentar el orden de los sucesos con claridad?

☑ **Elección de palabras** ¿Definí el vocabulario específico?

☑ **Voz** ¿Expresé mis ideas con claridad?

☑ **Fluidez de las oraciones** ¿Varié la longitud de las oraciones?

☑ **Convenciones** ¿Usé los signos de puntuación correctamente?

Borrador revisado

Las magníficas secuoyas son árboles de ^coníferas

crecimiento rápido. Las coníferas son plantas

que contienen sus semillas en una piña, y

así es como nacen las secuoyas. ^Primero, Las piñas

de uno de estos árboles (empiezan a abrirse).

las piñas secas
Después, (se secan) y desprenden las semillas.

, pero
No brotan muchas semillas, ^Las que lo hacen

se llaman plántulas.

710

Cómo crece una secuoya joven

por Erin Casey

Las magníficas secuoyas son coníferas de crecimiento rápido. Las coníferas son plantas que contienen sus semillas en una piña, y así es como nacen las secuoyas. Primero, las piñas de uno de estos árboles se secan. Después, las piñas secas empiezan a abrirse y desprenden las semillas. No brotan muchas semillas, pero las que lo hacen se llaman plántulas.

A medida que la plántula va creciendo, sus raíces se extienden hacia afuera. Las raíces obtienen nutrientes del suelo y la plántula crece. Las plántulas pueden crecer más de un pie por año y se convierten en árboles jóvenes. Con el tiempo, los árboles jóvenes se convierten en secuoyas gigantes.

Leer como escritor

Mientras escribes tu composición sobre un proceso, asegúrate de agrupar en los mismos párrafos las ideas relacionadas para que esas ideas estén bien organizadas y sean fáciles de seguir.

En mi trabajo final, reordené algunos pasos del proceso y usé palabras de enlace. También me aseguré de usar los signos de puntuación en las oraciones correctamente.

VOCABULARIO CLAVE

vínculo

sufrir

intruso

compañero

recinto

inseparable

abalanzarse

principal

agotado

afecto

Librito de vocabulario	Tarjetas de contexto

L.4.6 acquire and use general academic and domain-specific words and phrases

Vocabulario en **contexto**

1 vínculo

Muchas personas tienen un vínculo, o conexión, muy fuerte con los animales.

2 sufrir

Los veterinarios tratan a los animales que tienen heridas o sufren enfermedades.

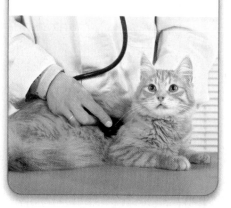

3 intruso

Los animales son cautos cuando un intruso invade su territorio.

4 compañero

Una mascota es generalmente un compañero para su amo, ya que pasan mucho tiempo juntos.

Aprende en línea

▶ Analiza cada Tarjeta de contexto.

▶ Usa un diccionario para entender el significado de estas palabras del Vocabulario.

5 recinto

Este peón de campo verifica que el recinto de animales esté bien firme y sea seguro.

6 inseparable

A menudo, las personas y sus animales de servicio se vuelven inseparables. Nunca se apartan uno del otro.

7 abalanzarse

Este perro se abalanzó hacia la pelota que lanzó su amo. Salió corriendo a atraparla.

8 principal

Una de las tareas principales de un biólogo marino en un acuario es instruir a los visitantes acerca de la vida en el mar.

9 agotado

A este paseador de perros le encanta su trabajo, pero al final del día estará muy agotado o exhausto.

10 afecto

Esta niña siente afecto, o cariño, por la oveja de la granja de su familia.

Leer y comprender

Aprende en línea

☑ DESTREZA CLAVE

Comparar y contrastar La siguiente selección trata de dos animales muy distintos que han formado un vínculo. Mientras lees *Owen y Mzee*, busca las formas en las que los autores organizan la información para mostrar las **semejanzas** y las **diferencias** entre los dos animales. Piensa en el tamaño, la edad y la situación de cada animal. Usa un organizador gráfico como el siguiente para anotar las semejanzas y las diferencias.

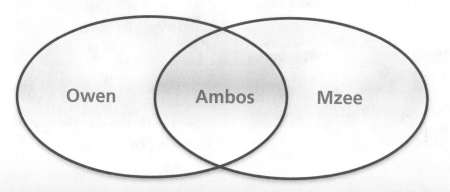

Owen — Ambos — Mzee

☑ ESTRATEGIA CLAVE

Analizar/Evaluar Cuando **analizas** y **evalúas** un texto, piensas detenidamente en lo que has leído. Usas la evidencia del texto para formar tu propia opinión sobre el tema principal.

ESTÁNDARES COMUNES

RI.4.1 refer to details and examples when explaining what the text says explicitly and when drawing inferences; **RI.4.5** describe the overall structure of a text or part of a text

Comportamiento animal

¿Qué crees que tratan de descubrir los científicos con el estudio del comportamiento de los animales? Una de las cosas sobre la que quieren saber más es de qué manera los animales construyen vínculos sociales o lazos estrechos unos con otros. En general, los vínculos entre los animales son fáciles de predecir. Sin embargo, a veces, los animales forman vínculos que sorprenden incluso a los expertos.

Owen y Mzee es una historia verdadera sobre un hipopótamo bebé y una tortuga anciana que se conocen en un refugio de animales. Mientras lees, descubrirás por qué estos dos animales fueron noticia en todo el mundo.

TEXTO PRINCIPAL

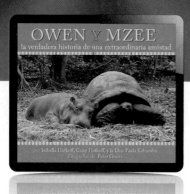

OWEN Y MZEE
la verdadera historia de una extraordinaria amistad

por Isabella Hatkoff, Craig Hatkoff, y la Dra. Paula Kahumbu
fotografías de Peter Greste

✔ DESTREZA CLAVE

Comparar y contrastar
Examina las semejanzas y las diferencias entre los animales.

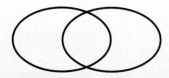

✔ GÉNERO

Una **no ficción narrativa** trata sobre personas, cosas, sucesos o lugares que son reales. Mientras lees, busca:

► información objetiva que relate una historia y
► elementos del texto, como fotos y pies de fotos.

 ESTÁNDARES COMUNES
RI.4.5 describe the overall structure of a text or part of a text; **RI.4.8** explain how an author uses reasons and evidence to support points; **RI.4.10** read and comprehend informational texts; **L.4.3a** choose words and phrases to convey ideas precisely

716

 Aprende en línea

CONOCE A LOS AUTORES

Isabella Hatkoff   **Craig Hatkoff**   **Dra. Paula Kahumbu**

Isabella Hatkoff tenía seis años cuando vio una fotografía de Owen y Mzee en el periódico. Isabella decidió escribir sobre ellos con la ayuda de su padre, Craig. La Dra. Paula Kahumbu es una ecologista de Kenia. Ella es responsable de la salud y la seguridad de Owen y de Mzee.

CONOCE AL FOTÓGRAFO
Peter Greste

Peter Greste tomó la fotografía del periódico que llevó a los Hatkoff y a la Dra. Kahumbu a escribir *Owen y Mzee.* Greste no solo trabaja de fotógrafo, sino también de reportero radial. Viaja por el mundo para cubrir los sucesos importantes.

OWEN Y MZEE

LA VERDADERA HISTORIA DE UNA EXTRAORDINARIA AMISTAD

por Isabella Hatkoff, Craig Hatkoff *y la* Dra. Paula Kahumbu
fotografías de Peter Greste

PREGUNTA ESENCIAL

¿En qué se parecen el comportamiento animal y el comportamiento humano?

Esta historia comenzó en Malindi, Kenia, en la costa oriental de África, en diciembre de 2004. Una manada de hipopótamos pastaban a lo largo de la costa del océano Índico cuando, de pronto, altísimas olas surgidas de un maremoto se precipitaron sobre la playa. Las poderosas olas causaron destrucción a lo largo de muchas millas. Después del descenso del agua, solo quedaba un hipopótamo, varado en un acantilado. Cientos de aldeanos trabajaron durante horas para rescatar a este hipopótamo bebé de 600 libras. Finalmente, un hombre llamado Owen pudo sujetar al animal que, entonces, fue bautizado con su nombre. Los socorristas envolvieron al hipopótamo en unas redes y lo colocaron en una camioneta.

Las personas no sabían con certeza adónde llevar a Owen. Llamaron al parque Haller, un santuario para animales a unas cincuenta millas de distancia, cerca de la ciudad de Mombasa. La Dra. Paula Kahumbu, la directora, inmediatamente ofreció un lugar para que Owen viviera allí y explicó que el hipopótamo no podría regresar jamás a la vida salvaje. Como todavía era un bebé, no había aprendido aún a arreglárselas por sí mismo. Además, nunca sería bienvenido en otra manada de hipopótamos: lo considerarían un intruso y lo atacarían. Sin embargo, en el parque Haller lo cuidarían muy bien. La Dra. Paula se ofreció a conducir hasta Malindi para buscar a Owen y llevarlo ella misma hasta su nuevo hogar.

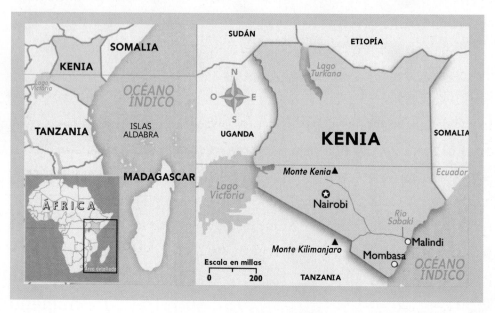

La Dra. Paula, Stephen y Sabine querían
ayudar al hipopótamo huérfano.

La Dra. Paula sabía que necesitaría ayuda. Le pidió a Stephen
Tuei, el guardián principal de los animales, que la acompañara.
Sabía que Stephen tenía una relación especial con los animales.
Algunas personas afirmaban que hasta sabía cómo hablar con ellos.
Con presteza, la Dra. Paula y Stephen se pusieron en marcha en su
pequeño camión y se dirigieron a Malindi.

Mientras tanto, en el parque Haller, la ecologista Sabine Baer se
puso a trabajar con otras personas en los preparativos para la llegada
de Owen.

Cuando la Dra. Paula y Stephen llegaron a Malindi, ayudaron
a quitar las redes y a conducir a Owen fuera de la camioneta. Pero
Owen se enfadó más que nunca y se abalanzó contra las personas que
lo rodeaban. Intentaron calmarlo envolviéndole una manta alrededor
de la cabeza. De esa manera, no vería las cosas que lo estaban
alterando. Sin embargo, esto también enfadó a Owen. Después de
muchas horas, alrededor de una docena de socorristas lograron
trasladar a Owen desde la camioneta hasta el camión de la Dra. Paula
y lo ataron para que estuviera seguro durante el largo viaje hasta el
parque Haller.

Stephen le hace cosquillas a Mzee.

Mientras tanto, Sabine y otros trabajadores prepararon un gran recinto cerrado para Owen. Escogieron una sección del parque que tenía un estanque y un revolcadero de barro y también árboles altos y arbustos: todo lo que un hipopótamo podría desear. El área ya albergaba una cierta cantidad de antílopes africanos, monos verdes y una tortuga gigante de Aldabra llamada Mzee.

Mzee, cuyo nombre significa "anciano sabio" en lengua *suajili*, era la criatura más vieja del parque. Con aproximadamente 130 años de edad, esta tortuga macho había estado viva desde antes de que naciera la bisabuela de Stephen. No era muy amigable, excepto con Stephen, quien parecía saber exactamente lo que le gustaba, como que le hicieran cosquillas debajo de la barbilla. Aparte de eso, Mzee era muy reservado.

Nadie podría haber imaginado de qué manera la vida de Mzee iba a cambiar.

Por fin, la Dra. Paula y Stephen llegaron con Owen, que estaba débil y agotado. Tan pronto como soltaron las cuerdas que lo amarraban, Owen se arrastró desde el camión directamente hacia donde se encontraba Mzee, que descansaba en un rincón del recinto. Owen se agachó detrás de Mzee, como hacen los hipopótamos bebés cuando se esconden detrás de sus madres para protegerse. Al principio, Mzee no estaba contento con esta atención. Le gruñó a Owen y se alejó arrastrándose; pero Owen, que podía fácilmente seguirle el ritmo a la vieja tortuga, mostrando poca vergüenza, no se rindió. Lentamente, a medida que transcurría la noche, Mzee comenzó a aceptar a su nuevo compañero. Cuando los trabajadores del parque fueron a inspeccionarlos en la mañana, Owen estaba acurrucado junto a Mzee y a Mzee no parecía molestarle.

Al principio, Mzee se alejó, pero Owen no se rindió.

ANALIZAR EL TEXTO

Hecho y opinión Busca un hecho y una opinión en esta página. ¿Cómo te diste cuenta de cuál era un hecho y cuál era una opinión?

721

En el transcurso de los días siguientes, Mzee continuó alejándose y Owen continuó siguiéndolo; pero, a veces, era Owen quien se alejaba de Mzee y Mzee quien lo seguía. Poco a poco, Mzee se volvió más amigable.

Al principio, Owen no quería comer ninguna de las hojas que le dejaban. Stephen y los demás cuidadores temían que se debilitara aún más. Entonces, notaron que Owen se estaba alimentando al lado de Mzee, como si Mzee le estuviera mostrando cómo comer. O, quizás, era la presencia protectora de Mzee que contribuía a que Owen se tranquilizara lo suficiente para alimentarse. Nadie lo sabrá nunca con certeza, pero estaba claro que el vínculo entre Owen y Mzee estaba ayudando al hipopótamo bebé a recuperarse después de haberse separado de su madre y de haber quedado varado en el mar.

Con Mzee a su lado, Owen comenzó a comer.

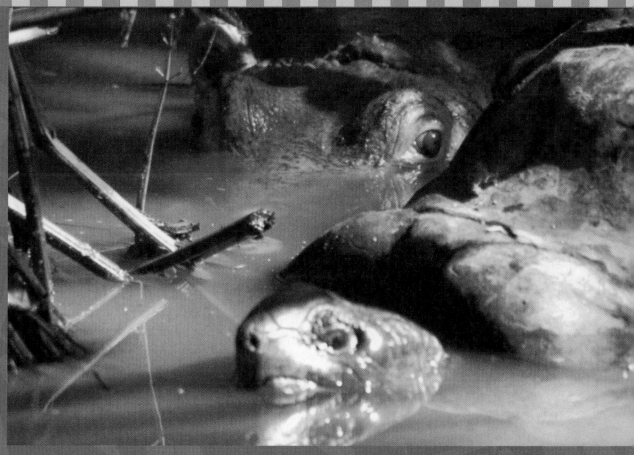

Tanto los hipopótamos como las tortugas adoran el agua.

A medida que transcurrían las semanas, Owen y Mzee pasaban cada vez más tiempo juntos. Pronto se volvieron inseparables. Su vínculo sigue siendo muy fuerte hasta el día de hoy. Nadan juntos, comen juntos, beben juntos, duermen uno junto al otro, ¡y se frotan las narices! Owen va adelante cuando recorren las diferentes partes del recinto, después es Mzee quien va adelante. Owen, juguetonamente, frota con su nariz el cuello de Mzee y entonces Mzee lo estira hacia adelante, pidiendo más, como cuando Stephen le hace cosquillas debajo de la barbilla. Los dos animales podrían lastimarse fácilmente el uno al otro; sin embargo, se tratan con gentileza. Un sentimiento de confianza ha crecido entre ellos.

ANALIZAR EL TEXTO

Elección de palabras de los autores Los autores eligen las palabras con cuidado para influir en tu opinión acerca de la amistad entre Owen y Mzee. ¿De qué manera las palabras como *acurrucado* e *inseparables* influyen en tu opinión sobre el dúo?

Owen acaricia con el hocico el cuello cosquilloso de Mzee.

Los expertos en animales salvajes siguen sorprendidos por la manera en que surgió esta amistad improbable. La mayoría nunca había oído de un caso como este, en el que un mamífero, como Owen, y un reptil, como Mzee, formen un vínculo tan fuerte.

Para Owen, quizás sucedió de esta manera: los hipopótamos jóvenes como Owen necesitan a sus madres para sobrevivir. Una tortuga vieja y lenta como Mzee nunca podría proteger a Owen del modo en el que lo haría una valiente madre hipopótamo. Sin embargo, como el color y la forma redondeada de Mzee son similares a los de un hipopótamo, es posible que, a los ojos de Owen, Mzee se parezca a la madre hipopótamo que necesita.

Todavía más difícil de explicar es el afecto que Mzee parece sentir por Owen. Al igual que la mayoría de las tortugas de Aldabra, Mzee siempre había preferido estar solo. Sin embargo, a veces, estas tortugas viven en grupos. Quizás Mzee ve a Owen como una tortuga compañera, la primera tortuga con la que desea pasar su tiempo. O quizás Mzee sabe que Owen no es una tortuga, pero le gusta de todas formas.

Las razones no son claras, pero las ciencias no siempre pueden explicar algo que nuestro corazón ya sabe: a veces, nuestros amigos más importantes son aquellos que menos hubiéramos imaginado.

La noticia sobre la amistad de Owen y Mzee se difundió rápidamente por todo el mundo. Gente de todas partes ha llegado a amar a Owen, quien tanto tuvo que soportar y, sin embargo, nunca se rindió, y a Mzee, quien se convirtió en el amigo de Owen cuando el hipopótamo más lo necesitaba. Sus fotografías han aparecido en un sinnúmero de artículos de periódicos y de revistas. Se han realizado programas de televisión e incluso una película documental sobre ellos. Los visitantes llegan al parque Haller todos los días para conocer a estos famosos amigos.

ANALIZAR EL TEXTO

Comparar y contrastar ¿En qué se parecen Owen y Mzee? ¿En qué se diferencian? Usa detalles del texto para explicar estas semejanzas y diferencias.

Owen y Mzee se cuidan entre sí.

El futuro de Owen es brillante.

Owen sufrió una gran pérdida, pero, con la ayuda de muchas personas solidarias y gracias a su propia resistencia extraordinaria, ha comenzado una vida nueva y feliz. Lo más notable es la función que ha tenido Mzee. Nunca sabremos con certeza si Owen ve a Mzee como una madre, un padre o un muy buen amigo. Pero, en realidad, no importa. Lo que importa es que Owen no está solo y tampoco lo está Mzee.

Esa es la verdadera historia de Owen y Mzee, dos grandes amigos.

Ahora analiza

Cómo analizar el texto

Usa estas páginas para aprender acerca de Comparar y contrastar, Hecho y opinión y Elección de palabras de los autores. Luego, vuelve a leer *Owen y Mzee* para aplicar lo que has aprendido.

Comparar y contrastar

Los autores de *Owen y Mzee* pensaron cuidadosamente en cómo organizar la información sobre dos animales muy distintos. En toda la selección, los autores **comparan** y **contrastan** al hipopótamo y a la tortuga indicando en qué aspectos se parecen y en qué aspectos se diferencian. Las fotografías de la selección también muestran semejanzas y diferencias entre los dos animales.

Vuelve a leer la página 721. ¿Qué reacciones distintas tuvieron Owen y Mzee en su primer encuentro?

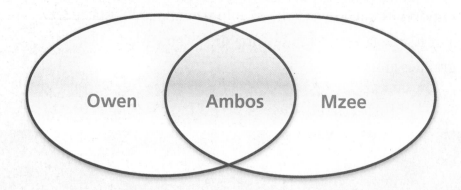

Owen   Ambos   Mzee

RI.4.5 describe the overall structure of a text or part of a text; **RI.4.8** explain how an author uses reasons and evidence to support points; **L.4.3a** choose words and phrases for effect

ESTÁNDARES COMUNES

Aprende en línea

Hecho y opinión

Los autores de textos de no ficción incluyen **hechos** en sus textos. Los hechos son afirmaciones que se puede comprobar que son verdaderas. Los autores de textos de no ficción también pueden incluir **opiniones,** es decir, enunciados que expresan pensamientos, sentimientos o creencias. Las frases como *creo que* y las palabras como *bueno, malo, hermoso* y *escalofriante* suelen señalar una opinión. Los autores incluyen evidencia y detalles para apoyar tanto los hechos como las opiniones.

> Hecho: El parque Haller está en Kenia.
>
> Opinión: El parque Haller es hermoso.

Elección de palabras de los autores

Los autores eligieron las palabras y las frases con cuidado para influir en tu opinión sobre la amistad entre Owen y Mzee. Usaron adjetivos y verbos específicos para expresar sentimientos. Lee esta oración: *Los visitantes del zoológico vieron a la madre criar con cariño a su bebé*. La frase *criar con cariño* sugiere que la madre cuidó a su bebé de manera amorosa. Esta **elección de palabras** comunica un sentimiento de amor y cuidado.

Es tu turno

mi **Escritura genial**

REPASAR LA PREGUNTA ESENCIAL

Turnarse y comentar

Repasa la selección con un compañero y prepárate para comentar esta pregunta: *¿En qué se parecen el comportamiento animal y el comportamiento humano?* Mientras comentas la pregunta, túrnate con tu compañero para repasar y explicar las ideas clave de la conversación.

Comentar en la clase

Para continuar comentando *Owen y Mzee*, explica tus respuestas a estas preguntas:

1 ¿Por qué crees que Owen y Mzee están tan apegados?

2 ¿Cómo va creciendo la confianza entre ellos?

3 "A veces, nuestros amigos más importantes son aquellos que menos hubiéramos imaginado". ¿Estás de acuerdo? ¿Por qué?

SI LOS ANIMALES PUDIERAN HABLAR

Describir tu vida Imagina que Owen y Mzee pueden hablar. Trabaja con un compañero. Uno debe imaginar que es Owen y el otro debe imaginar que es Mzee. Túrnate con tu compañero para describir tu primer encuentro con el otro animal. Cuenta cómo cambió tu vida desde ese primer encuentro. Usa evidencia del texto en la descripción.

Respuesta Owen y Mzee viven en una reserva natural de Kenia. Usa hechos y detalles de la selección para escribir un párrafo en el que expliques si te gustaría visitar a estos dos animales. Incluye algunas preguntas que le harías a Stephen sobre los animales. Asegúrate de escribir una oración de conclusión que resuma tus ideas.

OWEN Y MZEE
la verdadera historia de una extraordinaria amistad

por Isabella Hatkoff, Craig Hatkoff, y la Dra. Paula Kahumbu
fotografías de Peter Greste

ETIOPÍA

Lago Turkana

KENIA

SOMALIA

ago Victoria

Nairobi

Pradera del Serengueti

TANZANIA

Monte Kilimanjaro

Mombasa

Parque Haller

Sugerencia para la escritura

Empieza el párrafo con una oración introductoria que presente el tema principal con claridad. Asegúrate de usar los signos de puntuación correctamente.

Aprende en línea

ESTÁNDARES COMUNES

RI.4.1 refer to details and examples when explaining what the text says explicitly and when drawing inferences; **W.4.1a** introduce a topic, state an opinion, and create an organizational structure; **W.4.1b** provide reasons supported by facts and details; **W.4.1d** provide a concluding statement or section; **W.4.9b** apply grade 4 Reading standards to informational texts; **SL.4.1d** review key ideas expressed and explain own ideas and understanding

TEXTO INFORMATIVO

RESERVA MARINA
por Rob Hale

☑ GÉNERO

Un **texto informativo,** como este artículo científico, da información objetiva sobre un tema principal, organizada alrededor de ideas principales y detalles de apoyo.

☑ ENFOQUE EN EL TEXTO

Los **mapas** y los **diagramas** ayudan a que los lectores comprendan los datos de un texto informativo. ¿Qué información aporta el diagrama que está en la página 734 al texto de esta selección?

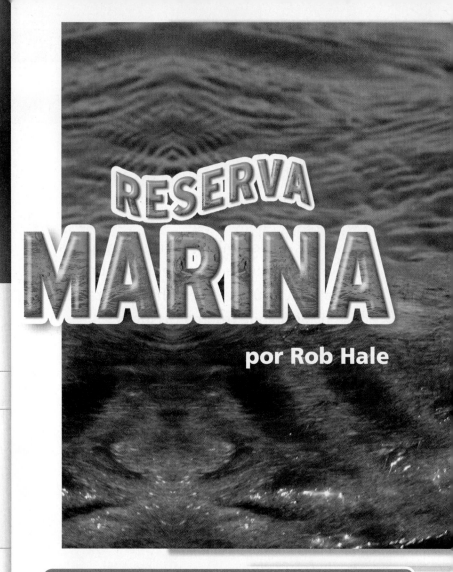

RESERVA MARINA

por Rob Hale

Santuario Marino Nacional de la Bahía de Monterrey

N
O • E
S

Bahía de Monterrey

OCÉANO PACÍFICO

El Santuario Marino Nacional de la Bahía de Monterrey tiene más de 5,300 millas cuadradas.

Aprende en línea

En la bahía de Monterrey, una nutria marina halla mucho alimento. A principios del siglo xx, hubo una gran disminución de estos animales porque los cazaban por su piel. Ahora, están regresando lentamente a la zona.

Generalmente, nos imaginamos que un santuario de vida silvestre es un lugar preciado en la tierra que ha sido reservado para su protección. Pero también hay santuarios oceánicos.

El gobierno de Estados Unidos ha preservado trece importantes áreas como santuarios marinos. El más grande es el Santuario Marino Nacional de la Bahía de Monterrey, en California.

Este santuario es un ecosistema, es decir, un medio ambiente cuyos elementos sin vida, como el agua y la tierra, interactúan con los seres vivos. Cada parte es como un compañero de la otra parte. Un ejemplo de esta interacción es un proceso denominado *surgencia*. El viento hace que el agua fría ascienda hacia la superficie del océano. Esa agua fría hace que crezcan plantas nuevas. Entonces, los animales vienen a comer esas plantas. Esa fuente de alimentos es la razón principal por la que tantas especies se ven atraídas hacia la bahía de Monterrey. Ningún recinto o lugar cerrado las mantiene allí. ¡Se quedan por el alimento!

Cadena alimenticia marina

Cada una de las plantas y los animales de un santuario es un eslabón de una cadena alimenticia. Existe un vínculo entre el cazador y su presa. La necesidad de alimento lleva a una orca hambrienta a abalanzarse contra un león marino. Es la misma razón por la que el león marino, después de una persecución, deja agotado a un pez roca. Uno depende del otro para vivir.

Santuario Marino Nacional de Flower Garden Banks

Los arrecifes de coral y las aguas del océano son inseparables. Se pueden encontrar arrecifes de coral a 110 millas de las costas de Texas y Luisiana. Están protegidos por el Flower Garden Banks, un santuario marino de 36,000 acres.

Los arrecifes de coral yacen sobre dos cúpulas de sal, antiguas montañas submarinas. En la actualidad, el Santuario Marino Nacional de Flower Garden Banks alberga 23 tipos de coral. Cualquiera que sienta afecto por las criaturas marinas encontrará muchos animales allí. Se pueden ver tortugas, mantarrayas o un extraño intruso: el inmenso tiburón ballena.

Texas Luisiana

Golfo de México

Santuario Marino
Nacional de Flower
Garden Banks

millas
0 100 200

Depredadores y presas

Un medio ambiente saludable mantiene a cada uno de los miembros de la cadena alimenticia bien alimentados. Las orcas se alimentan de leones marinos. Los leones marinos se alimentan de peces roca. Los peces roca se alimentan de krill. El krill se alimenta del diminuto plancton.

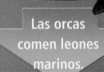

Las orcas
comen leones
marinos.

Los leones
marinos comen
peces roca.

Los peces
roca
comen krill

El krill
come el diminuto
plancton.

Comparar el texto

Comparar textos de no ficción Tanto *Owen y Mzee* como *Reserva marina* son textos de no ficción. Con un compañero, haz un diagrama de Venn para comparar y contrastar las dos selecciones. Incluye información sobre la organización de los textos, los tipos de gráficas y fotografías que se usaron y el propósito de los autores.

EL TEXTO Y TÚ

Escribir sobre un animal Piensa en alguna ocasión en la que hayas visto un animal en su hábitat natural, en el zoológico o en un acuario. Describe al animal y su hábitat. Cuenta cómo interactuaba con otros animales cercanos. Comparte tu texto con un grupo pequeño.

EL TEXTO Y EL MUNDO

Conectar con las Ciencias Piensa en alguna otra parte del mundo donde una reserva natural podría ayudar a proteger a las especies o los hábitats amenazados. Con un compañero, investiga en Internet o en otros medios para hallar más información sobre ese animal o sobre ese hábitat. Presenta lo que hallaste a la clase.

ESTÁNDARES COMUNES **RI.4.5** describe the overall structure of a text or part of a text; **RI.4.7** interpret information presented visually, orally, or quantitatively; **W.4.7** conduct short research projects that build knowledge through investigation; **SL.4.4** report on a topic or text, tell a story, or recount an experience/speak clearly at an understandable pace

L.4.2 demonstrate command of the conventions of standard language capitalization, punctuation, and spelling when writing

Gramática

¿Cómo se usan las comas? Se usa **coma** después de una palabra o frase introductoria en una oración. Se usan una o dos comas para separar el nombre de la persona a la que uno se dirige. La coma se usa para separar una ciudad de un estado en el nombre de un lugar y también para separar los elementos de una enumeración, que es una lista de sustantivos o acciones. Recuerda que no se usa coma entre los dos últimos elementos si están unidos por la conjunción *y*.

---

para separar una palabra introductoria
para separar un nombre
No, Wardell, eso no es un jabalí.

en el nombre de un lugar
Es el hipopótamo bebé que rescataron cerca de Malindi, Kenia.

para separar los elementos de una enumeración
Los aldeanos, los pescadores, los biólogos y los visitantes realizaron el rescate.

En las oraciones compuestas y complejas, se usa coma delante de las conjunciones *pero* y *aunque*. Recuerda que no se usa coma delante de las otras conjunciones.

---

delante de la conjunción *pero* en una oración compuesta
La tortuga no era muy amigable, pero le gustaba que le hicieran cosquillas.

 **Trabaja con un compañero. Lee las oraciones e indica para qué se usa cada coma.**

1. Lucas, Ana, Iván y Juan quieren saber si hay hipopótamos bebés en el zoológico local.

2. Hay hipopótamos adultos en el zoológico local, pero ninguno tiene bebés.

3. Los niños descubrieron que hay un hipopótamo bebé en un zoológico de Seattle, Washington.

4. Entonces, decidieron hacer una visita al zoológico de Seattle.

Es posible que los lectores tengan dificultades para leer oraciones a las que les faltan comas. Revisa tu escritura con cuidado para asegurarte de haber usado comas donde corresponda.

Oraciones sin comas	Oraciones con comas bien usadas
Sheila, Billy y Ana volaron a Mombasa Kenia.	Sheila, Billy y Ana volaron a Mombasa, Kenia.
—Mira Billy la tortuga y el hipopótamo están comiendo —dijo Sheila.	—Mira, Billy, la tortuga y el hipopótamo están comiendo —dijo Sheila.
—El hipopótamo es un bebé pero come mucho más que la tortuga —exclamó Billy.	—El hipopótamo es un bebé, pero come mucho más que la tortuga —exclamó Billy.

 ## Relacionar la gramática con la escritura

Mientras corriges tu informe de investigación la semana próxima, asegúrate de haber usado las comas correctamente. Deben usarse con palabras y frases introductorias, nombres, lugares, elementos de una enumeración y algunas conjunciones en oraciones compuestas y complejas.

W.4.2a introduce a topic and group related information/include formatting, illustrations, and multimedia; **W.4.2b** develop the topic with facts, definitions, details, quotations, or other information and examples; **W.4.5** develop and strengthen writing by planning, revising, and editing; **W.4.7** conduct short research projects that build knowledge through investigation

ESTÁNDARES COMUNES

Escritura informativa

Taller de lectoescritura: Preparación para la escritura

✓ Ideas Cuando planeas un **informe de investigación,** investiga para responder tus preguntas sobre el tema principal. Toma notas en tarjetas. Luego, haz un esquema de tus notas. Cada tema principal de tu esquema será un párrafo de tu informe. Usa la siguiente Lista de control del proceso de escritura para planear tu trabajo.

Maya tomó notas para responder a sus preguntas sobre los hipopótamos. Después, organizó todas sus notas en un esquema.

Lista de control del proceso de escritura

▶ **Preparación para la escritura**

✓ ¿Elegí un tema principal que será interesante para mi público y para mí?

✓ ¿Hice preguntas interesantes sobre mi tema principal?

✓ ¿Usé fuentes confiables para hallar datos?

✓ ¿Tomé notas sobre suficientes datos?

✓ ¿Organicé mi esquema con temas principales y secundarios?

Hacer un borrador

Revisar

Corregir

Publicar y compartir

Explorar un tema principal

¿Cuál es el hábitat de los hipopótamos?

-en África, junto a ríos y lagos, "pasan gran parte del día en el agua, porque el calor intenso puede deshidratarlos rápidamente" Langston, Kate. _Nature for Kids._ Mayo de 2003. Párrafo 1. <www.onfourfeet.org/mammals/ hippo> (7 de noviembre de 2010)

¿Qué comen los hipopótamos?

-principalmente plantas

-comen de noche en las praderas

-aproximadamente 80 libras de alimento por día Deets, Wayne. _The Hippopotamus._ Nueva York: Kite Tail Books, 2009. Pág. 14.

I. ¿Qué son los hipopótamos?

    A. Animales enormes emparentados con los cerdos

    B. Su nombre significa "caballo de río".

II. Hábitat acuático de los hipopótamos

    A. Viven junto a ríos y lagos en África.

    B. Pasan el día en el agua porque "el calor intenso puede deshidratarlos rápidamente".

    C. En el agua, pueden estar atentos al peligro; tienen los ojos cerca de la parte más alta de la cabeza.

    D. Caminan por el fondo de los ríos o los lagos; pueden contener la respiración durante casi cinco minutos.

III. Qué comen los hipopótamos

    A. Comen de noche en las praderas.

    B. Principalmente plantas

    C. Toman el alimento con los labios; usan los dientes filosos solo para luchar.

    D. Comen aproximadamente ochenta libras por día; poca cantidad para el tamaño que tienen.

Leer como escritor

¿De qué manera los datos que encontró Maya apoyan sus temas principales? En tu esquema, ¿dónde puedes agregar datos interesantes y específicos, información y ejemplos?

En mi esquema, agrupé los datos por cada tema principal. Los enumeré en un orden con sentido. Usaré los rótulos de cada tema principal como encabezamientos.

VOCABULARIO CLAVE

progreso
calcular
contradecir
siglo
superioridad
insertar
desperdicio
inspector
mecánicamente
promedio

Librito de vocabulario	Tarjetas de contexto

Vocabulario
en contexto

1 progreso

Las muchas maneras de aprender de hoy en día se podrían considerar un progreso, o mejora, de la sociedad.

2 calcular

Muchas personas calculan las respuestas de problemas de matemáticas usando calculadoras.

3 contradecir

Algunos dicen que la televisión no tiene valor. Otros los contradicen, pues sostienen que puede ser educativa.

4 siglo

Durante siglos, o cientos de años, hemos aprendido mucho de los libros.

Aprende en línea

▶ Estudia cada Tarjeta de contexto.

▶ Separa en sílabas las palabras más largas. Usa un diccionario para comprobar tu trabajo.

---

5 superioridad

Algunos consideran que Internet tiene cierta superioridad, o ventaja, sobre otras formas de aprendizaje.

---

6 insertar

Si insertas el CD de un libro en un reproductor portátil, puedes estudiar adondequiera que vayas.

---

7 desperdicio

Es un desperdicio enorme tirar las computadoras viejas. Se pueden reciclar.

---

8 inspector

Este inspector examina un disco compacto para asegurarse de que funciona correctamente.

---

9 mecánicamente

Las máquinas de escribir permitían escribir mecánicamente.

---

10 promedio

Probablemente, el promedio de los lectores prefieren los libros impresos a los libros electrónicos.

Leer y comprender

Aprende en línea

☑ DESTREZA CLAVE

Propósito del autor Mientras lees *Cuánto se divertían*, piensa en las razones que tuvo el autor para escribir el cuento. ¿Quiere entretener, informar o persuadir? Busca claves en la evidencia del texto sobre la trama y los personajes para descubrir el **propósito del autor.** Usa un organizador gráfico como el siguiente para identificar detalles que te ayuden a descubrir el propósito del autor.

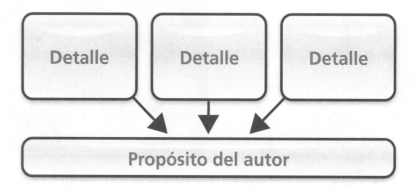

☑ ESTRATEGIA CLAVE

Preguntar Haz **preguntas** antes de empezar a leer, mientras lees y después de haber terminado. Hacerte preguntas te ayudará a descubrir el propósito del autor y a verificar si comprendes el cuento. Busca evidencia del texto para responder tus preguntas.

Los inventos

Un invento es algo que alguien idea y construye para resolver un problema o para que haga mejor una tarea. Los inventos suelen ser dispositivos o aparatos, como la bombilla eléctrica o la radio. Si bien los nuevos inventos pueden simplificar la vida, también pueden complicarla de maneras que los inventores nunca imaginaron.

En *Cuánto se divertían*, hay un maestro electrónico, un invento que el autor ha imaginado para los salones de clases del futuro. En el cuento, descubrirás si a los niños del futuro les gusta ese invento.

TEXTO PRINCIPAL

☑ DESTREZA CLAVE

Propósito del autor Usa detalles del texto para entender las razones que tuvo el autor para escribirlo.

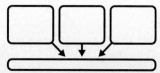

☑ GÉNERO

Un cuento de **ciencia ficción** es un cuento que está ambientado en el futuro y que se basa en ideas científicas. Mientras lees, busca:

▶ personajes que pueden actuar como personas reales o no,

▶ ejemplos de tecnología del futuro y

▶ sucesos que, hoy en día, no pueden ocurrir en la vida real.

 ESTÁNDARES COMUNES **RL.4.1** refer to details and examples when explaining what the text says explicitly and when drawing inferences; **RL.4.3** describe a character, setting, or event, drawing on details; **RL.4.10** read and comprehend literature

 Aprende en línea

---

CONOCE AL AUTOR

Isaac Asimov

Isaac Asimov es uno de los escritores de ciencia ficción más conocidos del mundo. Gracias a su trabajo, la gente ha tomado la ciencia ficción más en serio. Isaac vio por primera vez una revista de ciencia ficción en la tienda de golosinas de su padre. Después de escribir sus primeros trescientos libros, dijo: «Escribir es más divertido que nunca. Cuanto más escribo, más fácil se me hace».

CONOCE AL ILUSTRADOR

Alan Flinn

Alan Flinn ha sido ilustrador por más de veinte años. Con el escritor Jim Sukach, creó un libro de cuentos de detectives llamado *Elliott's Talking Dog and Other Quicksolve Mysteries*. También ha ilustrado *Constellations,* un libro de astronomía que brilla en la oscuridad.

Cuánto se divertían

por Isaac Asimov
selección ilustrada por Alan Flinn

PREGUNTA ESENCIAL

¿De qué manera los inventos cambian la forma en la que hacemos las cosas?

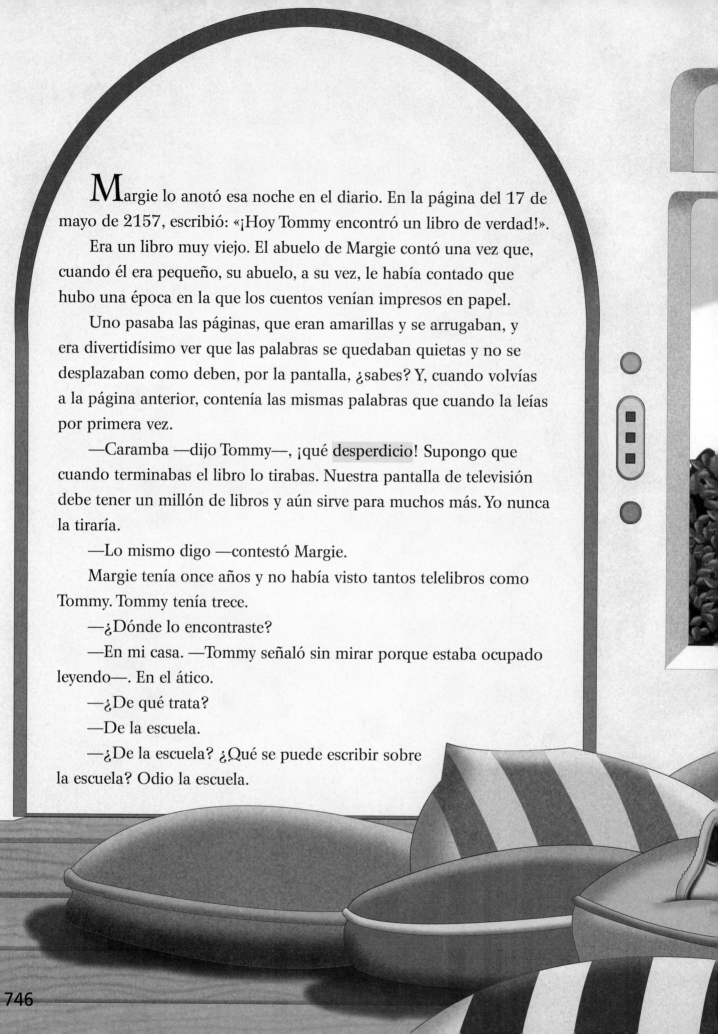

Margie lo anotó esa noche en el diario. En la página del 17 de mayo de 2157, escribió: «¡Hoy Tommy encontró un libro de verdad!».

Era un libro muy viejo. El abuelo de Margie contó una vez que, cuando él era pequeño, su abuelo, a su vez, le había contado que hubo una época en la que los cuentos venían impresos en papel.

Uno pasaba las páginas, que eran amarillas y se arrugaban, y era divertidísimo ver que las palabras se quedaban quietas y no se desplazaban como deben, por la pantalla, ¿sabes? Y, cuando volvías a la página anterior, contenía las mismas palabras que cuando la leías por primera vez.

—Caramba —dijo Tommy—, ¡qué desperdicio! Supongo que cuando terminabas el libro lo tirabas. Nuestra pantalla de televisión debe tener un millón de libros y aún sirve para muchos más. Yo nunca la tiraría.

—Lo mismo digo —contestó Margie.

Margie tenía once años y no había visto tantos telelibros como Tommy. Tommy tenía trece.

—¿Dónde lo encontraste?

—En mi casa. —Tommy señaló sin mirar porque estaba ocupado leyendo—. En el ático.

—¿De qué trata?

—De la escuela.

—¿De la escuela? ¿Qué se puede escribir sobre la escuela? Odio la escuela.

Género: Ciencia ficción Muchos cuentos de ciencia ficción suceden en el futuro. ¿De qué manera un entorno futurista afecta lo que podría suceder en el cuento?

747

Margie siempre había odiado la escuela, pero ahora más que nunca. El maestro electrónico le había hecho hacer un examen de geografía tras otro, mecánicamente, y los resultados eran cada vez peores. La madre de Margie había sacudido tristemente la cabeza y había llamado al inspector del condado.

El inspector era un hombrecillo regordete y de rostro rubicundo, que llevaba una caja de herramientas con perillas y cables. Le sonrió a Margie y le dio una manzana; luego, desmanteló al maestro. Margie esperaba que él no supiera ensamblarlo de nuevo, pero sí sabía y, al cabo de una hora, allí estaba de nuevo, grande, cuadrado y feo, con una enorme pantalla donde se mostraban las lecciones y aparecían las preguntas. Eso no era tan malo. Lo que más odiaba Margie era la ranura por donde debía meter las tareas y las pruebas. Siempre tenía que redactarlas en un código que le hicieron aprender a los seis años, y el maestro electrónico calculaba la calificación en un instante.

El inspector sonrió y le dio una palmadita en la cabeza a Margie.

—No es culpa de la niña, Sra. Jones —le dijo a la madre—. Creo que el nivel del sector de geografía estaba demasiado avanzado. A veces ocurre. Lo he sintonizado a un nivel promedio para los diez años de edad. Pero su patrón general de progreso es muy satisfactorio. —Y volvió a darle una palmadita en la cabeza a Margie.

Margie estaba desilusionada. Había abrigado la esperanza de que se llevaran al maestro. Una vez, se llevaron al maestro de Tommy durante todo un mes porque el sector de historia se había borrado por completo.

ANALIZAR EL TEXTO

Lenguaje formal e informal ¿El inspector usa lenguaje formal o informal? ¿Qué diferencia hay entre la forma en la que habla el inspector y el diálogo de Margie y Tommy de la página 746?

749

Así que le dijo a Tommy:

—¿Quién querría escribir sobre la escuela?

Tommy la miró con aire de superioridad.

—Porque no es una escuela como la nuestra, tonta. Es una escuela como la de hace cientos de años. —Y añadió, altivo, pronunciando la palabra muy lentamente:— Hace *siglos*.

Margie se sintió dolida.

—Bueno, yo no sé qué escuela tenían hace tanto tiempo. —Leyó el libro por encima del hombro de Tommy y añadió: —De cualquier modo, tenían un maestro.

—Claro que tenían un maestro, pero no era un maestro *normal*. Era un hombre.

—¿Un hombre? ¿Cómo puede un hombre ser maestro?

—Él les explicaba las cosas a los estudiantes, les daba tareas y les hacía preguntas.

—Un hombre no es tan inteligente.

—Claro que sí. Mi padre sabe tanto como mi maestro.

—No es posible. Un hombre no puede saber tanto como un maestro.

—¡A que sí!

Margie no estaba dispuesta a contradecir eso.

—Yo no querría que un hombre extraño viniera a casa a enseñarme.

Tommy soltó una carcajada.

—No sabes mucho, Margie. Los maestros no vivían en la casa. Tenían un edificio especial y todos los niños iban allí.

—¿Y todos aprendían lo mismo?

—Claro, siempre que tuvieran la misma edad.

—Pero mi madre dice que a un maestro hay que sintonizarlo para adaptarlo a la edad de cada niño al que enseña y que cada uno debe recibir una enseñanza distinta.

—Pues antes no era así. Si no te gusta, no tienes por qué leer el libro.

—No he dicho que no me gustara —se apresuró a decir Margie. Quería leer todo sobre las extrañas escuelas.

Aún no habían terminado cuando la madre de Margie llamó:

—¡Margie! ¡Escuela!

Margie alzó la vista:

—Todavía no, mamá.

—¡Ahora! —dijo la Sra. Jones—. Y también debe de ser la hora de Tommy.

—¿Puedo seguir leyendo el libro contigo después de la escuela? —le preguntó Margie a Tommy.

—Tal vez —dijo él con petulancia y se alejó silbando, con el libro viejo y polvoriento debajo del brazo.

Margie entró en el salón de clases, que estaba al lado de su habitación, y el maestro electrónico ya estaba encendido, esperando. Siempre se encendía a la misma hora todos los días, excepto los sábados y los domingos, porque su madre decía que las niñas aprendían mejor si estudiaban con un horario regular.

La pantalla estaba iluminada.

—La lección de aritmética de hoy —habló el maestro— se refiere a la suma de fracciones propias. Por favor, inserta la tarea de ayer en la ranura adecuada.

Margie obedeció, con un suspiro. Estaba pensando en las viejas escuelas que había cuando el abuelo del abuelo era un niño pequeño. Asistían todos los niños del vecindario, se reían y gritaban en el patio, se sentaban juntos en el salón de clases, regresaban a casa juntos al final del día. Aprendían las mismas cosas, así que podían participar en clase, ayudarse con los deberes y hablar de ellos.

Y los maestros eran personas de…

La pantalla del maestro electrónico centelleó.

—Cuando sumamos las fracciones ½ y ¼…

Margie pensaba en que los niños debían de adorar la escuela en los viejos tiempos. Pensaba en cuánto se divertían.

ANALIZAR EL TEXTO

Propósito del autor ¿Por qué crees que el autor escribió este cuento? ¿Qué detalles del cuento muestran su propósito? Recuerda que el cuento fue publicado por primera vez en 1951.

Ahora analiza

Cómo analizar el texto

Usa estas páginas para aprender acerca de Propósito del autor, Ciencia ficción y Lenguaje formal e informal. Luego, vuelve a leer *Cuánto se divertían* para aplicar lo que has aprendido.

Propósito del autor

En *Cuánto se divertían,* el autor imagina una época en el futuro en la que la escuela es muy diferente de la escuela hoy en día. Su cuento puede entretenerte, informarte y persuadirte al mismo tiempo. ¿Cuál crees que es su propósito más importante?

Para obtener pistas, busca los **detalles** sobre la trama y los personajes. Vuelve a leer el comienzo del cuento. ¿Qué dice Margie sobre la escuela? Usa un organizador gráfico como el siguiente para descubrir cuál fue el **propósito del autor** para escribir el cuento.

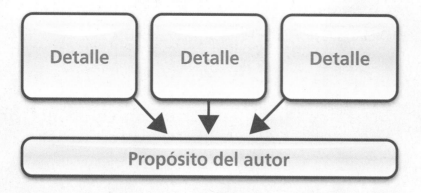

RL.4.1 refer to details and examples when explaining what the text says explicitly and when drawing inferences; **RL.4.3** describe a character, setting, or event, drawing on details; **RL.4.7** make connections between the text and a visual or oral presentation of it; **L.4.3c** differentiate contexts that call for formal language and informal discourse

Género: Ciencia ficción

Cuánto se divertían es un cuento de **ciencia ficción** que está ambientado en el futuro y que muestra tecnología que el autor imaginó en 1951. El cuento describe a un maestro electrónico y los telelibros. ¿Qué otros detalles futuristas incluyó el autor para hacer que el cuento fuera divertido para los lectores de la década de 1950? ¿De qué manera el ilustrador mostró los detalles?

Lenguaje formal e informal

El autor hace que algunos personajes usen **lenguaje formal,** que es el que usas cuando das una presentación. Un ejemplo es cuando el inspector dice "su patrón general de progreso es muy satisfactorio". También hay otros personajes que usan **lenguaje informal,** que es el que usas cuando hablas con amigos. Un ejemplo es cuando Tommy dice "¡A que sí!".

Es tu turno

REPASAR LA PREGUNTA ESENCIAL

Turnarse y comentar Repasa la selección con un compañero y prepárate para comentar esta pregunta: *¿De qué manera los inventos cambian la forma en la que hacemos las cosas?* Mientras comentas la pregunta, túrnate con tu compañero para repasar las ideas clave. Asegúrate de explicar con claridad tus propias ideas usando evidencia del texto.

 Comentar en la clase

Para continuar comentando *Cuánto se divertían,* explica tus respuestas a estas preguntas:

1. ¿En qué se parece la tecnología de hoy en día a la tecnología que el autor imaginó en 1951?

2. ¿Qué hizo que Margie cambiara de opinión sobre las escuelas?

3. ¿Cuáles son las ventajas de tener un maestro electrónico? ¿Cuáles son las desventajas?

UNA ILUSTRACIÓN CUENTA UNA HISTORIA

Relacionar las ilustraciones con el texto Con un compañero, observa atentamente las ilustraciones de *Cuánto se divertían* y repasa el texto. Piensa en cómo las ilustraciones se corresponden con las descripciones del cuento. Luego, elige una ilustración y haz una lista de los detalles del cuento en los que es probable que se haya basado el artista para crear su trabajo. Comparte tu lista con otra pareja de estudiantes.

ESCRIBE SOBRE LO QUE LEÍSTE

Respuesta ¿En qué se parece la escuela del futuro que imaginó el autor a las escuelas de hoy en día? ¿En qué se diferencia? Escribe un párrafo en el que compares y contrastes las escuelas de ambas épocas. Desarrolla y apoya tus ideas con algunos datos y ejemplos de tus propias experiencias en la escuela y también con evidencia del texto y citas del cuento.

Sugerencia para la escritura

Organiza tu párrafo y explica primero en qué se parecen las dos escuelas. Luego, explica en qué se diferencian. Recuerda encerrar las citas del cuento entre comillas.

RL.4.1 refer to details and examples when explaining what the text says explicitly and when drawing inferences; **RL.4.7** make connections between the text and a visual or oral presentation of it; **W.4.9a** apply grade 4 Reading standards to literature; **SL.4.1d** review key ideas expressed and explain own ideas and understanding

TEXTO INFORMATIVO

¡Juguetes!

Historias increíbles sobre grandes inventos

por Don Wulffson

Juguetes a cuerda y autómatas mecánicos

¿Cómo funciona un juguete a cuerda? Cuando se gira la llave, se tensa un resorte que está en el interior del juguete. Cuando el resorte se suelta, hace girar engranajes que mueven las partes del juguete.

Los juguetes de cuerda actuales son para niños y la mayoría son relativamente simples. Al principio, los juguetes de cuerda eran para adultos (por lo general, para la realeza) y solían ser extremadamente complicados y caros. En lugar de juguetes a cuerda, se llamaban autómatas mecánicos y, por lo general, representaban personas, animales o algún tipo de vehículo. Realizados con una gran destreza, los autómatas mecánicos se movían gracias a complicados mecanismos internos de relojería. El exterior estaba hecho y decorado a mano y, en muchos casos, con suma habilidad y atención a los detalles.

Aprende en línea

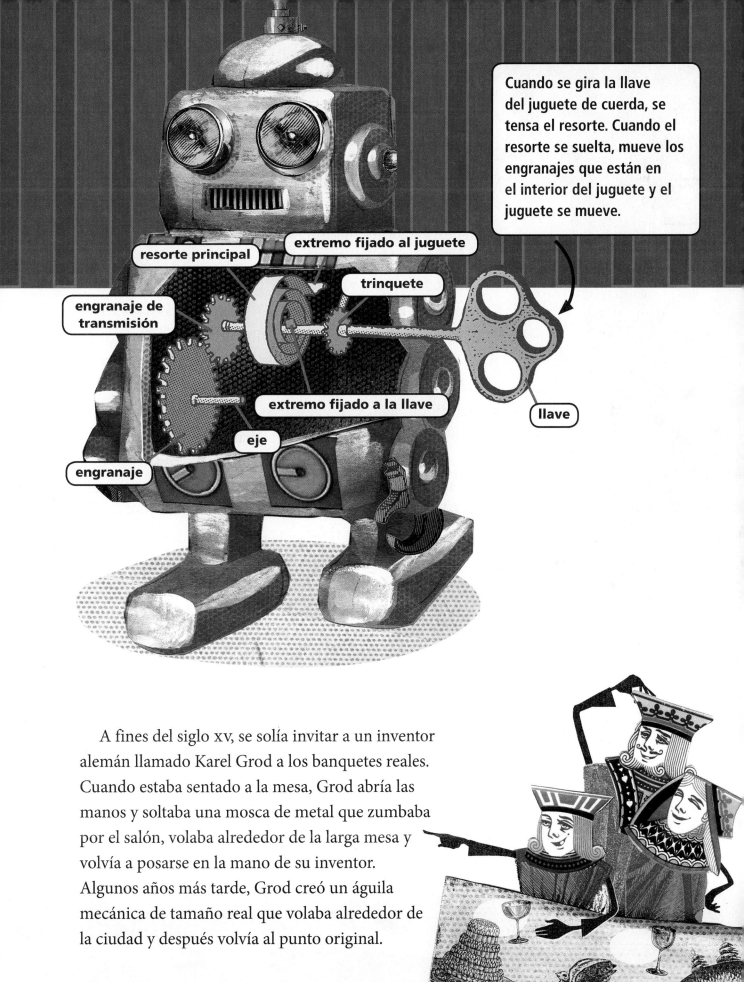

Cuando se gira la llave del juguete de cuerda, se tensa el resorte. Cuando el resorte se suelta, mueve los engranajes que están en el interior del juguete y el juguete se mueve.

resorte principal

extremo fijado al juguete

trinquete

engranaje de transmisión

extremo fijado a la llave

llave

eje

engranaje

A fines del siglo xv, se solía invitar a un inventor alemán llamado Karel Grod a los banquetes reales. Cuando estaba sentado a la mesa, Grod abría las manos y soltaba una mosca de metal que zumbaba por el salón, volaba alrededor de la larga mesa y volvía a posarse en la mano de su inventor. Algunos años más tarde, Grod creó un águila mecánica de tamaño real que volaba alrededor de la ciudad y después volvía al punto original.

En 1509, el famoso artista e inventor Leonardo da Vinci construyó un león mecánico para recibir a Luis XII en Italia. Cuando el rey francés se sentó en su trono, Leonardo puso al animal en el suelo, en el extremo opuesto del gran salón. Los espectadores miraron con asombro cómo el león mecánico se movía lentamente hacia el rey. El león se detuvo frente a él y, a modo de tributo, se abrió el pecho con las garras. De allí salió una flor de lis decorativa, el símbolo de la realeza francesa, que cayó a los pies del rey.

Otra historia que es aún más increíble es la que se cuenta sobre René Descartes, un famoso filósofo y científico francés del siglo XVII. Descartes creía que todos los seres vivos, incluso las personas, eran básicamente máquinas altamente desarrolladas. Para demostrarlo, construyó una niña mecánica de tamaño real. Poco después de terminar de fabricar a la autómata mecánica, a la que llamó Franchina, la llevó en un viaje por mar. El capitán del barco la puso en funcionamiento sin querer y, asustado por su movimiento inesperado, salió corriendo. La robot Franchina no dejaba de caminar hacia él. Presa del pánico, el capitán tomó a la autómata y la arrojó por la borda.

Quizás las figuras mecánicas más fantásticas fueron creadas por Jean-Pierre Droz, un relojero suizo, y por su hijo Henri-Louis. Una de las figuras fabricadas por Jean-Pierre, llamada el Escritor, era una imagen de tamaño real de un niño sentado en un escritorio. Cuando se ponía en funcionamiento, el niño mecánico mojaba la pluma en un frasco de tinta, quitaba el exceso con un movimiento de la muñeca y después escribía oraciones claras y correctas. A medida que completaba cada línea, la mano que sostenía la pluma se movía hasta el comienzo de la línea siguiente.

El Diseñador, un autómata mecánico creado por el hijo de Jean-Pierre, Henri-Louis, superaba al Escritor. Al igual que un artista que estudia su modelo, el autómata hacía pausas de vez en cuando mientras hacía el boceto, observaba su trabajo, corregía errores e incluso soplaba para quitar el polvillo de la goma de borrar del papel. En una ocasión, sentaron al Diseñador frente al rey Luis XVI de Francia. Después de trabajar por un tiempo, el autómata bajó el lápiz y señaló con la mano su obra: un retrato del rey francés. Más adelante, cuando Henri-Louis hizo una demostración en Inglaterra, su autómata mecánico dibujó retratos del monarca inglés y de otros miembros de la realeza.

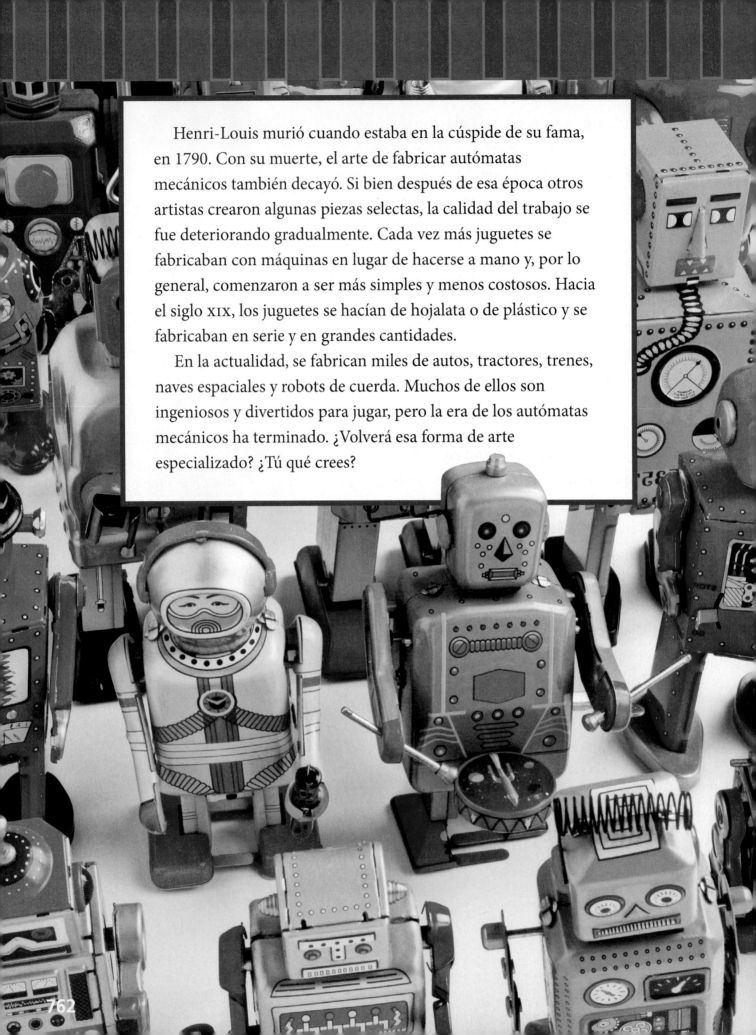

Henri-Louis murió cuando estaba en la cúspide de su fama, en 1790. Con su muerte, el arte de fabricar autómatas mecánicos también decayó. Si bien después de esa época otros artistas crearon algunas piezas selectas, la calidad del trabajo se fue deteriorando gradualmente. Cada vez más juguetes se fabricaban con máquinas en lugar de hacerse a mano y, por lo general, comenzaron a ser más simples y menos costosos. Hacia el siglo XIX, los juguetes se hacían de hojalata o de plástico y se fabricaban en serie y en grandes cantidades.

En la actualidad, se fabrican miles de autos, tractores, trenes, naves espaciales y robots de cuerda. Muchos de ellos son ingeniosos y divertidos para jugar, pero la era de los autómatas mecánicos ha terminado. ¿Volverá esa forma de arte especializado? ¿Tú qué crees?

Comparar el texto

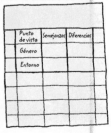

Comparar textos sobre tecnología Los cuentos *Cuánto se divertían* y *¡Juguetes!* tratan sobre la tecnología. Comenta esta pregunta con un compañero: *¿Qué pensaría Margie sobre los autómatas mecánicos que se fabricaban hace cientos de años?* Incluye evidencia del texto de cada selección para explicar y apoyar tu respuesta.

EL TEXTO Y TÚ

Escribir sobre la tecnología En *Cuánto se divertían*, Margie aprende con un maestro electrónico cinco días por semana. Piensa en algún producto tecnológico que uses con frecuencia. ¿Qué pasaría si este producto nunca se hubiera inventado? Escribe un párrafo y cuenta en qué aspectos tu vida sería diferente si ese producto no existiera.

EL TEXTO Y EL MUNDO

Hacer una tabla Compara y contrasta *Cómo se divertían* con otros cuentos que hayas leído, como *El mundo según Humphrey* (Lección 21). Piensa en qué se parecen y en qué se diferencian los sucesos, los personajes, el entorno, el tema, el punto de vista y las ilustraciones. Con un compañero, haz una tabla que muestre las semejanzas y las diferencias entre los cuentos.

ESTÁNDARES COMUNES **RL.4.1** refer to details and examples when explaining what the text says explicitly and when drawing inferences; **RL.4.6** compare and contrast the point of view from which stories are narrated; **RL.4.9** compare and contrast the treatment of similar themes and topics; **RI.4.1** refer to details and examples when explaining what the text says explicitly and when drawing inferences

Gramática

 Aprende en línea

¿Qué son las normas de escritura? Las **normas de escritura** son reglas para el uso correcto de las **letras mayúsculas** y los **signos de puntuación.** Se escriben con letra mayúscula inicial todos los nombres propios, como los nombres de personas y de animales; también los nombres propios geográficos (continentes, países, estados, ciudades, ríos, etc.), los nombres de los sucesos y documentos históricos, y la primera palabra del título de libros, películas, etc. Las oraciones terminan con punto, y los signos de interrogación y exclamación deben aparecer al principio y al final de una pregunta o una exclamación.

---

nombre geográfico

En la cuenca del río Amazonas se encuentra la selva tropical más grande

planeta

de la Tierra.

nombre de persona　　　　　título de libro

¿Por qué Carlos no leyó el libro *Cuentos de la selva*?
signo de interrogación de apertura　　　　　signo de interrogación de cierre

título de película

¡La película *Tiburón* se proyectará todos los lunes de abril!
signo de exclamación de apertura　　　　　signo de exclamación de cierre

---

Inténtalo **Escribe las siguientes oraciones en una hoja aparte. Añade los signos de puntuación que hagan falta y usa las letras mayúsculas donde sea necesario.**

1 isaac asimov se hizo famoso por escribir libros de ciencia ficción

2 Llegó a escribir más de trescientos libros!

3 Uno de sus cuentos se llama "cosas de niños"

4 ¿Sabías que leonardo fue un gran inventor que nació en italia

5 El relojero jean-pierre droz era de suiza

Cuando escribas, asegúrate de usar correctamente las letras mayúsculas y los signos de puntuación para que los lectores comprendan lo que quieres decir con mayor facilidad. Los errores en el uso de las letras mayúsculas y los signos de puntuación pueden confundir a los lectores, que quizás no comprendan lo que quieres decir.

Uso incorrecto de las mayúsculas y los signos de puntuación	Uso correcto de las mayúsculas y los signos de puntuación
El último libro que leyó mi hermana sofía se llama *el río más extraño.* Trata sobre un mamífero llamado ornitorrinco Qué piensas de un animal que parece una mezcla de castor y de pato?	El último libro que leyó mi hermana Sofía se llama *El río más extraño*. Trata sobre un mamífero llamado ornitorrinco. ¿Qué piensas de un animal que parece una mezcla de castor y de pato?

 ## Relacionar la gramática con la escritura

Mientras revisas tu informe de investigación, corrige los errores en el uso de las letras mayúsculas y los signos de puntuación.

ESTÁNDARES COMUNES

W.4.2a introduce a topic and group related information/include formatting, illustrations, and multimedia; **W.4.2b** develop the topic with facts, definitions, details, quotations, or other information and examples; **W.4.2c** link ideas within categories of information using words and phrases; **W.4.2d** use precise language and domain-specific vocabulary; **W.4.2e** provide a concluding statement or section

Escritura informativa

Taller de lectoescritura: Revisar

☑ **Elección de palabras** En un **informe de investigación,** los buenos escritores presentan datos que han encontrado en fuentes confiables. Los escritores desarrollan los temas principales con enunciados claros de datos, detalles, definiciones y citas. Cada tema principal se identifica con un encabezamiento y se describe con un lenguaje preciso. Los escritores también usan palabras y frases específicas para relacionar sus ideas.

Cuando Maya revisó su informe, usó un lenguaje preciso y añadió las definiciones de los términos científicos. Además, añadió encabezamientos.

Lista de control del proceso de escritura

Preparación para la escritura

Hacer un borrador

▶ **Revisar**

☑ ¿Presenté el tema principal y agrupé la información relacionada?

☑ ¿Incluí datos, definiciones y citas?

☑ ¿Usé un encabezamiento para cada tema principal?

☑ ¿Se resumen mis ideas principales al final?

☑ ¿Usé las reglas de puntuación correctamente?

Corregir

Publicar

Compartir

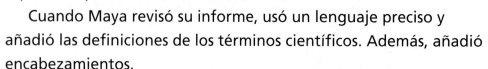

Borrador revisado

¿Qué son los hipopótamos?

Los hipopótamos son ~~animales~~ mamíferos africanos enormes que probablemente están emparentados con los cerdos y las ballenas. En griego, su nombre significa "caballo de río".

Hábitat acuático de los hipopótamos
Los hipopótamos viven cerca de los ríos y de los lagos de África. Como su cuerpo se seca con el sol, los hipopótamos pasan mucho tiempo en el agua. Mientras están sumergidos, pueden sentir si hay un depredador *(un animal que podría atacarlos)* cerca.

Eso se debe a que Tienen los ojos, las orejas y la nariz en la parte más alta de la cabeza.

Los asombrosos hipopótamos

por Maya Landon

¿Qué son los hipopótamos?

Los hipopótamos son mamíferos africanos enormes que probablemente están emparentados con los cerdos y las ballenas. En griego, su nombre significa "caballo de río".

Hábitat acuático de los hipopótamos

Los hipopótamos viven cerca de los ríos y de los lagos de África. Como su cuerpo se deshidrata, o se seca con el sol, los hipopótamos pasan mucho tiempo en el agua. Mientras están sumergidos, pueden sentir si hay un depredador (un animal que podría atacarlos) cerca. Eso se debe a que tienen los ojos, las orejas y la nariz en la parte más alta de la cabeza. Los hipopótamos también pueden caminar debajo del agua y pueden permanecer sumergidos durante cinco minutos. En *Todo sobre los hipopótamos,* Ceril Mayo dice: "Estas bestias con forma de barril pueden contener la respiración durante 30 minutos".

Los hipopótamos sí que tienen talentos asombrosos en el agua. ¡Con razón parecen estar emparentados con las ballenas!

Leer como escritor

¿Cómo escribió Maya la oración que copió de una de sus fuentes? ¿De qué otra manera podría haber incluido esa información?

En mi trabajo final, usé palabras precisas y añadí las definiciones de las palabras específicas del tema principal. Usé letras mayúsculas y los signos de puntuación correctos para la cita y el título.

Lee los pasajes "¿Estás preparado para hacer ciclocrós?" y "Mi primera carrera de ciclocrós". Mientras lees, haz pausas y responde cada pregunta usando evidencia del texto.

¿Estás preparado para hacer ciclocrós?

por Rick Spears, redactor

El ciclocrós es un deporte que consiste en correr en bicicleta a campo traviesa o por circuitos accidentados. Los competidores de esta disciplina solo permanecen en sus bicicletas durante una parte de la carrera, porque solamente una parte del recorrido es llano. Las otras partes del recorrido presentan obstáculos, como cajones de arena, charcos de lodo y pilas de madera. Cuando los competidores llegan a esos obstáculos, tienen dos opciones: sortearlos con sus bicicletas o levantarlas y correr.

Para competir en este deporte, tienes que ser un atleta fuerte y hábil. Aquí se incluyen algunas cuestiones básicas que tendrás que aprender y practicar antes de inscribirte en una carrera de ciclocrós.

> ¿Qué oración expresa mejor la idea principal del pasaje y qué detalles ha dado el autor para apoyar la idea principal?

Bajar de la bicicleta

Para ser uno de los mejores competidores, debes ser capaz de bajar de tu bicicleta sin reducir la velocidad. Comienza pasando la pierna derecha por encima del asiento. Al mismo tiempo, aleja la bicicleta de tu cuerpo y haz lugar para que el pie derecho se apoye en el suelo, junto al pie izquierdo. Cuando el pie derecho se acerca al suelo, quita el pie izquierdo del pedal, pon los dos pies en el suelo ¡y comienza a correr!

Cargar la bicicleta

Apenas empieces a correr, debes decidir cómo llevarás la bicicleta. Puedes cargártela al hombro o levantarla.

ESTÁNDARES COMUNES

RI.4.1 refer to details and examples when explaining what the text says explicitly and when drawing inferences; **RI.4.2** determine the main idea and explain how it is supported by details/summarize; **RI.4.6** compare and contrast a firsthand and secondhand account of the same event or topic; **RI.4.7** interpret information presented visually, orally, or quantitatively

A veces, tendrás que correr rápido y sortear una serie de obstáculos. En esos casos, es mejor si llevas la bicicleta al hombro. Cuando te bajes de la bicicleta y pongas los pies en el piso, agáchate y toma la parte de abajo del tubo inferior de la bicicleta. Levántala suavemente y colócate el cuadro de la bicicleta en el hombro derecho. Sostén el manubrio para evitar que la bicicleta rebote mientras corres.

Otras veces, quizás te resulte más cómodo levantar la bicicleta para sortear los obstáculos. Levantarla es similar a cargarla al hombro, excepto que, para levantarla, debes tomarla por el tubo superior en lugar del inferior. Entonces, levantas la bicicleta bien alto para pasar los obstáculos y, después de superarlos, vuelves a poner la bicicleta en el suelo.

Probablemente sepas que el tubo superior es la barra superior del cuadro de la bicicleta, que se extiende desde la parte inferior del manubrio hasta la parte inferior del asiento de la bicicleta. El tubo inferior es la barra inclinada que se extiende desde la parte inferior del extremo frontal del tubo superior hasta los pedales.

Volver a subir a la bicicleta

Después de haber bajado con éxito y de haber cargado tu bicicleta para superar un obstáculo, tendrás que volver a subirte. Apenas tu bicicleta esté en el suelo, apoya la pierna izquierda. Después, pasa la pierna derecha por encima del asiento de la bicicleta y deslízate hasta la posición de montar. Es posible que esta sea la destreza más difícil del ciclocrós.

Ahora, imagina que te acercas a un solo obstáculo bajo. Para sortearlo sin perder tiempo, haz un salto. Esto significa que debes elevar todo el cuerpo para que la bicicleta cruce el obstáculo de un salto.

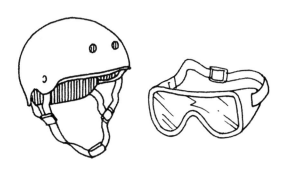

El ciclocrós es una manera excelente de estar activo y divertirse. Pero puede ser peligroso. Asegúrate de estar bien preparado y de tener todo el equipo de seguridad que necesitas. Entonces, ¡estarás listo para salir!

 ¿De qué manera la información de la ilustración te ayuda a comprender mejor el pasaje?

Mi primera carrera de ciclocrós

por Alex Woodward

Después de varios meses de entrenamiento intenso, finalmente estaba listo para correr mi primera carrera de ciclocrós. El día de la carrera hacía frío y, por momentos, llovía. Sabía que era muy probable que en el recorrido hubiera lodo, pero me había entrenado para superarlo. Sentía que estaba completamente preparado.

La primera parte del recorrido es llana y pareja, así que comencé bien. Estaba casi a la cabeza del grupo, con solo cinco competidores adelante, pero sabía que las posiciones podían cambiar rápido, especialmente, cuando comenzaran a aparecer los lugares difíciles.

El primer obstáculo que tuvimos fue una pila de troncos. El competidor que estaba a la cabeza ya se había vuelto a subir a la bicicleta cuando yo recién me estaba bajando, pero los otros competidores que estaban delante de mí todavía las estaban cargando. Me puse rápidamente la bicicleta al hombro e intenté correr por encima de los troncos. Como los troncos estaban resbaladizos por la lluvia, me retrasé un poco. Vi que los otros competidores también parecían tener dificultades. Uno se resbaló y yo pude adelantarme. En ese momento, solo tenía a cuatro competidores delante de mí.

 ¿De qué manera las condiciones climáticas afectaron la primera parte de la carrera? Usa detalles del pasaje para apoyar tu respuesta.

En poco tiempo, me encontré corriendo a través de una ciénaga con la bicicleta al hombro. Me alegré de haber practicado en el lodo porque pude mantener el equilibrio y logré un muy buen tiempo. Pasé a uno de los competidores que había estado adelante, así que ahora solo quedaban tres.

Al hacer un giro amplio en un tramo bastante llano, alcancé a otro competidor y lo pasé. No creía que podría alcanzar al primero, pero tenía la esperanza de terminar segundo. Intenté mantener el ritmo con todas mis fuerzas pero no pude. Terminé tercero: nada mal por ser mi primera carrera. ¡No veo la hora de participar en otra! Hasta que llegue el momento, estaré por allí practicando.

 ¿En qué se parecen y en qué se diferencian el enfoque de los dos artículos y la información que contienen?

Glosario

En este glosario encontrarás las palabras clave del libro. Los significados están dados según el uso de la palabra en las selecciones.

A

abalanzarse *v.* Lanzarse, arrojarse en dirección a alguien o algo: *Apenas empezada la corrida, el toro se **abalanzó** hacia el torero.*

acceso *s.* Permiso o capacidad para ingresar a un lugar o usar algo: *Tenemos **acceso** al patio de la escuela.*

acompañar *v.* Ir con alguien: *Desde hoy tengo que **acompañar** a mi hermanita a la escuela.*

acurrucarse *v.* Hacerse muy juntos: *Los niños **se acurrucan** debajo de la mesa para que no los encuentren.*

adopción *s.* Brindar el cuidado y amor de un hijo aunque no esté relacionado biológicamente: *Mis amigos tuvieron tres hijos por **adopción.***

adquirir *v.* Ganar, conseguir con el propio trabajo: *Mora trabajó arduamente para **adquirir** su habilidad de montar a caballo.*

afectar *v.* Causar un cambio: *Los ruidos fuertes **afectan** el vuelo de los murciélagos.*

afecto *s.* Sentimiento de cariño hacia una persona: *Le tengo mucho **afecto** a la mamá de mi mejor amiga.*

agotado *adj.* Completamente cansado: *No podía caminar de lo **agotado** que estaba.*

agotamiento *s.* Cansancio extremo: *Tanto entrenar me ha producido **agotamiento.***

aislado *adj.* Solo, suelto, individual: *El perro enfermo estaba **aislado** del resto.*

alarmarse *v.* Llenarse de miedo repentinamente, atemorizarse: *La familia **se alarmó** al sentir el olor del fuego que venía de la cocina.*

alboroto *s.* Ruido fuerte, causado por varias personas o animales: *¡Tanto **alboroto** por un simple ratón!*

alerta *adj.* Que está atento para prevenir el peligro: *Si vas a conducir, debes estar **alerta.***

alimentar *v.* Promover la vida, el crecimiento o el desarrollo: *Los cuentos del abuelo **alimentaban** nuestra imaginación.*

almacenamiento *s.* Espacio o lugar para almacenar cosas: *Hay que traer la mercancía de la tienda desde el **almacenamiento.***

ángulo *s.* Punto de vista: *Para observar el cuadro hay distintos **ángulos.***

anhelo *s.* Algo que se desea intensamente: *Mi **anhelo** es viajar al extranjero.*

almacenamiento

Antigüedad *s.* Tiempo remoto: *En la Antigüedad, las creencias eran diferentes.*

anunciar *v.* Hacer avisos publicitarios: *Los periódicos anuncian el estreno de la ópera.*

aplastar *v.* Caerse o hacer fuerza sobre algo como para romperlo: *La botella de jugo está aplastando el pan. El señor vio la cucaracha y la aplastó con su bota.*

apreciar *v.* Agradecer algo o darle valor: *Es bueno que hagas apreciar tu trabajo. Me gusta que aprecies lo que hago por ti.*

aprobar *v.* Estar de acuerdo con algo oficial: *El Congreso debe aprobar hoy cinco leyes. Yo no apruebo esa declaración.*

arduo *adj.* Muy difícil: *Las 16 horas de viaje son una ardua jornada.*

arrancar *v.* Tirar de algo de manera súbita: *Le arranqué el papel de las manos antes de que lo arrojara al fuego. El señor arrancó el periódico del estante como si fuera el último.*

asociación *s.* Grupo de personas que se reúnen con un propósito común: *Para que el profesor reciba su pensión debe dirigirse a la asociación.*

asombro *s.* Susto, espanto; gran admiración: *Los astronautas observaron la Tierra con asombro.*

avanzado *adj.* Muy complejo o adelantado: *El nivel de ese libro es muy avanzado; es para quinto grado.*

ávido *adj.* Ansioso, entusiasmado: *Terry es un lector ávido.*

ayudar *v.* Cooperar con alguien: *Los amigos se ayudan unos a otros.*

B

bloque *s.* Trozo plano y con forma cuadrada de algo como una piedra, pan, carne: *El edificio estaba construido con pequeños bloques.*

bramar *v.* Hacer un ruido estrepitoso: *Mientras nos acercábamos a la costa ya se oía bramar el mar.*

brillante *adj.* Que tiene o parece tener luz propia: *Había una estrella muy brillante.*

bulla *s.* Ruido fuerte y molesto: *Los fanáticos hicieron bulla toda la noche frente al hotel.*

C

calcular *v.* Hallar un resultado de una operación matemática: *Mi mamá calculaba el presupuesto de cada semana. ¿Cómo sabes cuánto necesitas si no lo has calculado?*

cámara *s.* Espacio cerrado o compartimiento: *La colmena de las abejas está formada por pequeñas cámaras.*

candidato *s.* Persona que se postula para un cargo u honor: *Había tres candidatos para la Alcaldía.*

capitolio *s.* Edificio donde funciona la legislatura de un estado: *La ley se firmará hoy en el capitolio.*

capturar *v.* Atrapar por la fuerza o por habilidad a alguien o algo: *Al final, los fugitivos fueron capturados. El cazador capturó al oso ayer por la tarde.*

característico *adj.* Cualidad que distingue a una persona o cosa de las demás: *Las ballenas hacen un sonido característico.*

cargar *v.* Transportar algo levantándolo con la propia fuerza: *No puedes cargar esas cajas tan pesadas. El bebé no va a caminar porque siempre lo están cargando.*

centrarse *v.* Concentrarse en algo: *Los científicos se centran en un solo problema a la vez.*

ceremonia *s.* Acto formal que se realiza para una ocasión especial: *La ceremonia del matrimonio fue muy elegante.*

cesar *v.* Suspenderse o acabarse una cosa: *El llanto del bebé cesó cuando su mamá le dio el biberón.*

civilizado *adj.* Que tiene una sociedad y una cultura avanzadas: *En ese país todos van a la universidad; es muy civilizado.*

coaccionar *v.* Obligar a alguien a hacer algo, a veces por la fuerza y contra su voluntad: *No es correcto coaccionar a alguien para que haga algo que no desea hacer.*

combinación *s.* Unión, mezcla: *Mezclar agua y aceite no es una buena combinación.*

como debe ser *adv.* Forma correcta de hacer algo: *Los niños se van a la cama a las 8 y así es como debe ser siempre.*

compañero *s.* Amigo o socio: *José fue mi compañero durante 11 años en el colegio.*

con lástima *adv.* Con pesar, con tristeza: *Se fue a trabajar con lástima por no ir al hospital.*

concluir *v.* Formarse una opinión: *El científico concluyó que el agua estaba contaminada.*

condensarse *v.* Convertirse un vapor en líquido o en sólido: *El agua de la atmósfera se condensa y forma nubes.*

condición *s.* Estado físico general: *Puedes correr la maratón porque estás en excelentes condiciones.*

conducir *v.* Guiar a alguien: *El novio condujo a María hasta la casa.*

confesar *v.* Admitir que se hizo algo malo o ilegal: *Cuando se sintió enferma, la niña confesó que se había comido todo el pastel.*

confianza *s.* Certeza o seguridad acerca de alguien o algo: *Te cuento este secreto porque te tengo confianza.*

conflicto *s.* Desacuerdo de ideas, sentimientos o intereses: *El conflicto político entre esos dos países los puede llevar a la guerra.*

capitolio

concluir
Un significado de *concluir* es "terminar, cerrar, llevar a término". *Concluir* proviene del latín: el prefijo *con-* más la palabra *claudere*, que significa "cerrar". Cuando decides algo, *concluyes* o llegas a una *conclusión*, "cerrando" tus pensamientos. La palabra *incluir* proviene de la misma raíz latina. Cuando incluyes a alguien, lo estás "encerrando".

conservar *v.* Mantener vivo y sin daño a alguien; guardar con cuidado algo: *El trabajo de la policía es* **conservar** *la paz.*

consolar *v.* Aliviar a alguien triste: *Cuando se murió su mascota no había quien la* **consolara.**

construirse *v.* Crear algo al unir las piezas: *Con esos bloques* **se construyeron** *cinco edificios. Los barcos deben* **construirse** *antes del invierno.*

consulta

Diccionario

consulta *s.* Búsqueda de datos que se realiza en un libro, periódico, etc., para informarse sobre un asunto: *Utiliza un texto de* **consulta** *para tu ensayo.*

consultar *v.* Examinar, tratar un asunto con una o varias personas: *El doctor está* **consultando** *el caso con otro médico.*

contar *v.* Estar seguro de alguien o de algo: *El profesor* **contaba** *con que le prestarían el auditorio.*

continente

continente *s.* Una de las masas de tierra principales del planeta: *África se conoce como el* **continente** *negro.*

contradecir *v.* Debatir, decir lo contrario de lo que alguien opina: *No lo digas solo por* **contradecir** *a tu papá; discute tus opiniones.*

costumbre *s.* Algo que hacen usualmente los miembros de un grupo: *Una de nuestras* **costumbres** *es tomar café después del almuerzo.*

crecer *v.* Aumentar de tamaño o cantidad; desarrollarse: *¡Mira cómo está* **creciendo** *nuestro pueblo! Ya tiene dos mercados.*

crítico *s.* Persona que juzga el trabajo artístico de otros: *Los* **críticos** *escriben columnas en los diarios.*

cuerpo *s.* Grupo de personas que trabajan juntas: *Mi hermano se unió al* **cuerpo** *de bomberos.*

culpa *s.* Responsabilidad de un error o falta: *El niño que pateó el balón tiene la* **culpa.**

D

debut *s.* Primera presentación de una obra: *Hoy es el* **debut** *de Juan en el papel de Romeo.*

declarar *v.* Comunicar, hacer público: *El gobierno* **declara** *el estado de excepción.*

dedicar *v.* Prestar toda la atención a hacer una cosa especial: *Para decorar toda la casa hay que* **dedicar** *mucho tiempo y dinero.*

defender *v.* Mantenerse en una posición con argumentos: *A pesar de que todos estaban en contra de la construcción, el alcalde* **defendió** *su proyecto.*

denso *adj.* Espeso o formado por elementos muy apretados; algo muy concentrado o con mucho contenido: *Cuando va a llover puedes ver las* **densas** *nubes en el cielo.*

desanimar *v.* Perder el aliento o el entusiasmo: *Al ver el día tan gris, el pintor se* **había desanimado** *por completo. No hay que* **desanimarse** *al primer contratiempo.*

desaparecer *v.* Volverse invisible: *El dinero de repente desapareció de la caja fuerte. Nadie sabe dónde está la mascota, ha desaparecido.*

desgracia *s.* Suceso adverso o funesto: *El accidente automovilístico fue una desgracia.*

desmayarse *v.* Perder el conocimiento: *Fue tal el susto que se desmayó. Mis amigas son tan fanáticas que en todos los conciertos se han desmayado.*

desobedecer *v.* No hacer caso: *Desobedecer las señales de tránsito es un riesgo grave.*

desordenado *adj.* Que no se comporta de acuerdo con las reglas: *En el ejército no aceptan jóvenes desordenados.*

desperdicio *s.* Lo que sobra y no tiene utilidad: *¿Cómo pueden caminar entre tanto desperdicio?*

desvanecer *v.* Atenuar gradualmente: *El humo comenzó a desvanecerse.*

devorar *v.* Tragar con ansia y apresuradamente; dedicar mucha atención a una cosa: *Mis perros siempre devoran su comida. Mi hermana devoró una novela en dos días.*

directamente *adv.* Derecho; en línea con algo o alguien: *Para ese permiso tienes que hablar directamente con el coordinador.*

disculparse *v.* Decir que lo sientes: *Tuve que disculparme por llegar tan tarde. Esos jóvenes siempre hacen un desorden y nunca se disculpan.*

E

echarse a perder *v.* Dañarse sin que se pueda reparar: *Toda la comida se había echado a perder por el calor.*

ejemplo *s.* Algo bueno que se debe imitar: *Sigan el ejemplo de Pedro; él ya terminó sus tareas.*

emocionante *adj.* Que causa emoción: *La montaña rusa es el juego más emocionante.*

enfrentamiento *s.* Discusión o debate frente a frente: *Este año hay más enfrentamientos entre los trabajadores y los dueños de las fábricas.*

enmienda *s.* Cambio que se hace para mejorar, corregir o agregar algo: *La enmienda de la Constitución aumentó las penas para los delincuentes.*

enseguida *adv.* Que se hace sin demora: *Le daré tu mensaje enseguida.*

entretenido *adj.* Que es agradable o divertido de ver: *Ese acto estuvo muy entretenido.*

escabullirse *v.* Escaparse entre la gente o las cosas: *El niño logró escabullirse con el pastel entre los invitados. El conejo se escabulló entre los arbustos.*

escasez *s.* Cuando algo no es suficiente: *Los niños están enfermos debido a la escasez de alimentos.*

des-

El prefijo *des-* tiene varios significados, pero básicamente el sentido es la negación o inversión de la palabra base. Así, *desobedecer* significa "no obedecer" y *deshacer* es lo contrario de hacer. *Des-* proviene del adverbio del latín *dis*, que significa "aparte". *Des-* es un prefijo importante que se encuentra con frecuencia en palabras en español, tales como *desconfiar, deshacer, descansar.*

enmienda

La base de la palabra *enmienda* es el verbo *enmendar*, que proviene de la palabra del latín "emendare" (corregir). La palabra *remendar*, que significa "arreglar o coser", proviene de la misma raíz latina. Cuando haces enmiendas, corriges o remiendas un error que alguien cometió.

escaso *adj.* Que no es suficiente para algo: *Durante el verano el alimento es muy* **escaso.**

escombro

escombro *s.* Materiales que sobran de una construcción o ruinas: *El constructor tiene que retirar los* **escombros** *de la calle.*

esfuerzo *s.* Fuerza física o mental para vencer un obstáculo: *Subir todas esas escaleras me representó un gran* **esfuerzo.**

especie *s.* Grupo de animales o plantas que son similares y pueden reproducirse: *¿Cuántas* **especies** *diferentes de insectos hay en ese bosque?*

especular *v.* Reflexionar, pensar detenidamente: *El director* **ha especulado** *sobre alargar las horas de clase.*

espléndido *adj.* Muy hermoso, espectacular: *El paisaje en ese desierto es* **espléndido.**

estándar *s.* Norma, modelo, patrón: *Los pantalones se fabrican de acuerdo con los* **estándares** *de la fábrica.*

festín

estudio *s.* Lugar donde trabajan los artistas: *El escultor tiene su* **estudio** *en su propia casa.*

evaporarse *v.* Convertirse los líquidos en vapor; desaparecer: *El agua no tardará en* **evaporarse** *bajo el sol. Hay que* **evaporar** *el agua para obtener sal marina.*

exceso *s.* Más de lo necesario o acostumbrado: *Comerte toda la caja de galletas es un* **exceso.**

experimentar *v.* Recibir una modificación o cambio: *Algunos estados* **experimentan** *más terremotos que otros.*

exposición *s.* Exhibición pública de algo: *Debo llevar la pintura a la* **exposición.**

extraordinario *adj.* Fuera de lo común, muy inusual: *El aterrizaje en la Luna fue un suceso* **extraordinario.**

extremo *adj.* Que está en su grado más intenso, elevado o activo; excesivo, exagerado: *En esta región experimentamos un clima de* **extremos.** *En invierno hace mucho frío y en verano hace mucho calor.*

F

fama *s.* Valor que le dan otros a algo o alguien: *Esa profesora tiene* **fama** *de ser muy estricta.*

favor *s.* Acto de ayuda para alguien: *Cuando le llevó los libros, le hizo un gran* **favor.**

festín *s.* Banquete, comida elegante: *A los invitados les habían preparado un* **festín.**

fracturar *v.* Romper, partir: *Esta pierna está* **fracturada** *y hay que enyesarla.*

frontera *s.* Límite entre un área, como un país o un estado, y otra: *Algunas veces la* **frontera** *está delimitada por un río.*

fuente *s.* Principio, fundamento u origen de algo: *La **fuente** del calor del aire es el Sol.*

G

generado *adj.* Producido como consecuencia de una causa: *Las inundaciones fueron **generadas** por las lluvias fuertes.*

gira *s.* Recorrido que hace un espectáculo: *Este año las **giras** del ballet comenzarán en California.*

graduarse *v.* Recibir un título o grado: *Solo espera **graduarse** para irse al extranjero.*

grandioso *adj.* Sobresaliente, magnífico: *Estos rascacielos son **grandiosos**.*

H

haber *v.* Existir, encontrarse en alguna parte: ***Había** diez sillas vacías en el teatro.* Ser necesario o conveniente lo que indica el verbo que sigue: ***Hay** que tener paciencia. **Habrá** que estudiar si queremos aprender.*

hábitat *s.* Lugar donde vive un animal o una planta en la naturaleza: *El hombre ha destruido muchos **hábitats**.*

hacerse cargo *v.* Encargarse de algo o de alguien: *Luis quiere que **me haga cargo** del gato. Me gustaría que usted **se hiciera cargo** de la pintura y los arreglos generales.*

horario *s.* Programación de clases o de eventos: *El **horario** dice que a las 9:30 hay descanso.*

horizonte *s.* Línea donde parece que se unen la tierra y el cielo: *Este terreno es tan llano que no se ve nada desde aquí hasta el **horizonte**.*

horrorizado *adj.* Sorprendido y asustado: *Mis amigos estaban **horrorizados** con el color de mi pelo.*

humedad *s.* Evaporación de agua en el ambiente: *Después de la lluvia se sentía la **humedad** por todas partes.*

I

idear *v.* Formar una idea de algo; trazar, inventar: *Los niños **idearon** un plan para organizar una venta de pasteles.*

impacto *s.* Choque, golpe físico o emocional: *El **impacto** de la caída partió el avión en dos.*

independiente *adj.* Que no depende de alguien o de algo: *Ahora que eres **independiente** tienes más responsabilidades.*

indescriptible *adj.* Que no se puede describir; algo demasiado extraordinario para expresarlo con palabras: *La luz en el cielo era **indescriptible**.*

indignado *adj.* Irritado, enfadado: *Miró a su hermana **indignado** por lo que le había hecho.*

graduarse

graduarse
La palabra ***graduarse*** proviene de la raíz del latín *gradus*, que significa "paso". La palabra *grado* (inclinación que cambia poco a poco) también proviene de la misma raíz. *Gradual* (algo que sucede en pequeños pasos a lo largo del tiempo) es otra palabra relacionada.

humedad

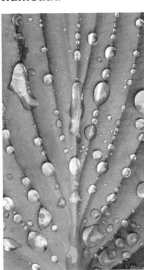

informado *adj.* Que tiene conocimiento o información: *Esa reportera está muy bien informada.*

ingenioso *adj.* Que tiene la capacidad de reflexionar e inventar con rapidez y facilidad: *El inventor del refrigerador seguramente era una persona muy ingeniosa.*

injusticia *s.* Desigualdad en el trato a otra persona: *No dejar que tu amiga te explique lo que sucedió es una injusticia.*

inocente *adj.* Que no es culpable de una falta: *Yo lo rompí; mi hermanita es inocente.*

inseparable *adj.* Que no se puede separar o partir: *Los mejores amigos son inseparables.*

insertar *v.* Incluir, introducir algo en otra cosa: *Julio insertó el DVD en el reproductor y se puso a ver la película.*

insistir *v.* Exigir: *Tu mamá insistió en venir con nosotros al juego. Esta vez sí han insistido en solicitar la identificación.*

inspector *s.* Persona que hace inspecciones: *El inspector les hizo preguntas a todos los sospechosos.*

inteligente *adj.* Que tiene habilidad para aprender, pensar, comprender y saber: *El niño aprendió a leer a los 3 años porque es muy inteligente.*

intercambio *s.* Dar una cosa por otra: *Con mis amigos siempre hacemos intercambios de videojuegos.*

intérprete *s.* Alguien que traduce o interpreta lo que se está diciendo: *El profesor extranjero solicitó un intérprete para su conferencia.*

intransitable *adj.* Que no se puede transitar o pasar: *Debido a las fuertes lluvias el camino estaba intransitable.*

intruso *s.* Persona que entra en un edificio con intenciones criminales: *El intruso llevaba una máscara.*

J

juzgar mal *v.* Equivocarse: *El jugador juzgó mal la distancia y perdió el lanzamiento.*

L

legislatura *s.* Grupo de personas con el poder de hacer y cambiar las leyes: *Cada cuatro años se nombra una nueva legislatura.*

local *adj.* Que pertenece a una zona o área determinada: *Puedes recuperar tus documentos con la policía local.*

lugar de referencia *s.* Objeto o edificio que sirve para identificar un sitio: *Nos encontramos en la heladería; es nuestro lugar de referencia.*

lúgubre *adj.* Que causa tristeza o luto: *La casa es tan oscura que se siente un poco lúgubre.*

luminoso *adj.* Que despide luz, que tiene mucha claridad: *El cristal era muy luminoso.*

M

madera *s.* Material para construcción que proviene de los árboles: *Utilizaremos esta* **madera** *para el techo.*

marinero *s.* Persona que trabaja en el mar: *El capitán llamó a bordo a sus* **marineros.**

mecánicamente *adv.* Relacionado con máquinas o herramientas: *Esos bocadillos se pueden hacer* **mecánicamente** *y toma menos tiempo.*

memorable *adj.* Que merece ser recordado: *La interpretación de la orquesta fue* **memorable.**

mencionar *v.* Hablar o escribir brevemente sobre algo: *¿Ya te* **mencioné** *que la casa tiene un patio grande? Me lo habías* **mencionado** *en tu carta.*

merecer *v.* Tener derecho a un mérito o reconocimiento: *Realmente* **mereces** *el aumento. Luisa no* **merecía** *que la despidieran.*

miniatura *s.* Representación de un objeto en tamaño pequeño: *Me trajeron de regalo un barco igual al Titanic pero en* **miniatura.**

N

negar *v.* No darle algo a alguien; rehusarse: *Por no asistir, el jefe le* **negó** *el pago de su salario. Nadie se* **ha negado** *a asistir a la fiesta.*

nocturno *adj.* Que se refiere a la noche: *El doctor está agotado porque trabajó el turno* **nocturno.**

numeroso *adj.* Que incluye un gran número de personas o de cosas: *Los animales eran tan* **numerosos** *que no cabían en el refugio.*

O

obstáculo *s.* Algo que bloquea: *Vamos a participar en la carrera de* **obstáculos.**

obstinado *adj.* Perseverante, tenaz: *Mi hermano siempre ha sido* **obstinado** *con el estudio y ha dado resultado: es el mejor estudiante de su clase.*

obtener *v.* Alcanzar, conseguir, recibir o lograr algo que se merece, se pide o se pretende: *Si estudiamos mucho,* **obtendremos** *buenas calificaciones.*

ola *s.* Movimiento del agua en el mar: *No dejes que te arrastren las* **olas.**

oportunidad *s.* Buena posibilidad de mejorar: *Cuando termines de estudiar vas a tener muchas* **oportunidades** *de trabajo.*

organismo *s.* Forma de vida individual: *Hay miles de* **organismos** *en una gota de agua.*

osado *adj.* Audaz, atrevido: *El ciclista fue muy* **osado** *al descender la empinada montaña.*

P

pacientemente *adv.* Con paciencia, sin quejarse: *Tuvimos que esperar dos horas **pacientemente** por el almuerzo.*

pensar *v.* Planear algo: *Ella **piensa** llamarte esta noche.*

perderse *v.* No encontrar el camino o la salida de un sitio: *Cada vez que Luisa va al aeropuerto, **se pierde** en el estacionamiento.*

permiso *s.* Autorización para hacer algo: *¿Pediste **permiso** a tus papás para ir a la fiesta?*

pertenencia *s.* Lo que es de una persona: *Cuando regrese de la piscina, no olvide retirar sus **pertenencias** del casillero.*

plan *s.* Diseño de algo que se va a hacer: *El **plan** que tenían para escaparse no les funcionó.*

política *s.* Ciencia, arte o trabajo de gobernar: *Se necesita conocer mucho la historia del país para trabajar en **política**.*

predecir *v.* Anunciar algo que ha de suceder: *El pronóstico del tiempo **predice** que esta tarde lloverá.*

preferir *v.* Tener mayor predilección por una cosa que por otra: *Yo **prefería** al perro de la finca y mi mamá al gato.*

preocuparse *v.* Estar ansioso por algo que puede suceder: *La mamá **se preocupa** por el examen de su hijo.*

presentar *v.* Poner a alguien o algo nuevo en conocimiento de otras personas: *¿Me **presentas** a tus nuevos amigos? Cada año nos **presentan** otros proyectos.*

presumir *v.* Alabarse a uno mismo por sus pertenencias o sus acciones: *Ella **presumió** de sus buenas calificaciones.*

principal *adj.* Más importante que otro de la misma especie: *En la escuela, el problema **principal** es la falta de orden en el comedor.*

proeza *s.* Logro que se alcanza por fuerza, destreza o valentía: *Atravesar ese río nadando es toda una **proeza**.*

progreso *s.* Avance, adelanto: *Con tantas construcciones, se nota el **progreso** en esta ciudad.*

prohibir *v.* Evitar que se haga algo, declarando que es ilegal hacerlo: *Los vecinos pidieron a la policía **prohibir** las fiestas en el barrio.*

promedio *s.* Cantidad igual o más próxima a la media de un conjunto de varias cantidades: *El artista escribe, en **promedio**, unas veinte páginas diarias.*

promocionar *v.* Hacer publicidad a algo para que se vuelva popular: *El productor se encarga de **promocionar** la película después de filmarla.*

proponer *v.* Sugerir o poner algo en consideración: *El jefe me **propuso** que trabaje medio tiempo. Los invitados no **han propuesto** nada para el menú.*

provisiones s. Cosas que se almacenan para usar después: *cuarto grado es el encargado de traer las provisiones para el campamento.*

provocar v. Tener deseos de algo o de hacer algo: *Con ese calor, me provocaba comerme un helado.*

prueba s. Evidencia de que algo es cierto: *Necesito una prueba de que me dices la verdad.*

publicidad s. Información que se da con el fin de hacer que algo tenga la aceptación del público: *Esa entrada sucia es muy mala publicidad.*

R

radiación s. Energía en forma de ondas o rayos que viaja por el espacio: *La radiación ultravioleta es la más peligrosa para la piel.*

rápidamente adv. Con ímpetu y velocidad: *Corrimos rápidamente hacia la meta.*

rastro s. Huella o señal que deja algo o alguien a su paso: *Ese chocolate contiene rastros de cacahuate.*

reaccionar v. Actuar en respuesta a algo: *Clara reaccionó con alegría cuando supo que había aprobado el examen.*

realizar v. Hacer, llevar a cabo: *Todos los años se realiza el reinado de belleza.*

recinto s. Área cerrada: *Los jurados se encuentran en el recinto tomando la decisión.*

recompensar v. Dar un premio o recompensa: *Él sabía que lo iban a recompensar por entregar al perrito perdido. Espero que te recompensen tanto trabajo.*

recordar v. Hacer memoria de algo o de alguien: *Recuerdo con gran cariño los pasteles de la abuela.*

recurso s. Algo que sirve como fuente de bienestar para un país: *La flora y la fauna son los mayores recursos naturales.*

reforzar v. Hacer que algo sea más fuerte: *Vamos a reforzar el equipo con dos jugadores más. El granjero reforzaba su cerca con madera de pino.*

registrar v. Mostrar o señalar información, como en una balanza u otro aparato: *El termómetro registró una temperatura de 35 °C.*

remolino s. Movimiento giratorio y rápido del aire, el agua, el polvo, el humo, etc.: *La corriente del río forma remolinos.*

remoto adj. Distante, lejano, apartado: *El médico del pueblo venía de una ciudad muy remota.*

resbaloso adj. De textura lisa o que se desliza: *¡Cuidado, la pista está resbalosa!*

robo s. Delito que se comete al entrar a una casa o edificio para llevarse las propiedades de alguien: *Durante las vacaciones hay muchos robos.*

rotar *v.* Dar vueltas alrededor de un eje: *La Tierra **rota** sobre su eje.*

rudimentario *adj.* Tosco; que se ha hecho sin mucho cuidado: *Ese recipiente de barro se ve muy **rudimentario.***

ruina *s.* Restos que quedan de un edificio que se ha destruido: *Después del terremoto, todo el pueblo quedó en **ruinas.***

ruta *s.* Camino que se sigue para ir de un lugar a otro: *La **ruta** más corta es a través de las montañas.*

S

sacar *v.* Retirar algo que se encuentra en un recinto o recipiente: *Casi no puedo **sacar** los lápices de la mochila.*

salvar *v.* Evitar que le suceda algo malo a alguien: *Los bomberos lograron **salvar** a muchas personas del fuego.*

satisfecho *adj.* Complacido o gratificado: *La comida estaba deliciosa, me siento **satisfecha.***

segregación *s.* Acción de separar o segregar unas personas o cosas de otras: *La **segregación** de estudiantes según su raza es injusta.*

seguro *adj.* Sin dudas: *¿Estás completamente **seguro** de que quieres ir?*

sequía *s.* Período en que llueve muy poco o nada: *La **sequía** acabó con todas las cosechas.*

siglo *s.* Período de 100 años: *La Independencia de muchos países se dio en los **siglos** XVII y XIX.*

símbolo *s.* Algo que representa una cosa: *El anillo es un **símbolo** de la unión.*

sincero *adj.* Honesto, que dice la verdad: *Yo sé que tus disculpas son **sinceras.***

situación *s.* Circunstancias determinadas: *Aprovecha ahora que tienes una buena **situación** económica.*

sobrepasar *v.* Estar más allá en algo, superar un límite: *Nadie pensó que **sobrepasarían** los 5 metros en el salto. Todos los autos **sobrepasaban** la velocidad permitida.*

sociable *adj.* Que vive en comunidades o en grupos, que le gusta relacionarse con los demás: *Una persona solitaria es muy poco **sociable.***

sonreír *v.* Reírse un poco o levemente, y sin ruido: *El artista **sonrió** cuando terminó su pintura.*

sospechoso *s.* Persona que se cree que es culpable de un delito o falta: *El **sospechoso** salió corriendo de la tienda.*

sueño *s.* Deseo muy profundo: *El **sueño** de mi vida es viajar por todo el mundo.*

sufrir *v.* Sentir dolor o angustia: *Enrique **sufrió** dos meses más después de la caída. No sabíamos que los soldados habían **sufrido** tanto.*

sugerir *v.* Insinuar o recomendar a alguien una idea: *Yo **sugiero** que mejor veamos la película en casa. Mis amigos me **sugieren** ahorrar el dinero en lugar de ir al viaje.*

superar *v.* Conquistar o superar lo máximo: *El alpinista finalmente logró **superar** el monte Everest.*

superficial *adj.* Que no es profundo: *Esas plantas crecen en aguas **superficiales.***

superioridad *s.* Excelencia, ventaja: *El equipo de fútbol que salió campeón demostró gran **superioridad** sobre su oponente.*

surco *s.* Marca o raya: *Ahora con tu uña haces un **surco** en la pintura.*

T

talento *s.* Habilidad natural para hacer algo bien: *Mi primo realmente tiene **talento** para la música.*

tarea *s.* Algo que se debe hacer: *La **tarea** para mañana es terminar de leer el libro.*

temblar *v.* Agitarse: *Tenía tanto frío que no paraba de **temblar.***

tener en mente *v.* Fijar un objetivo o propósito: *Para empezar a trabajar, primero díganme qué **tienen en mente.***

territorio *s.* Área o región: *Ese **territorio** pertenecía a los indígenas.*

traicionar *v.* No ser fiel u honesto con alguien: *Su socio lo **había traicionado** y le robó todo el dinero. Tú me **traicionaste** cuando contaste mi secreto.*

transmitir *v.* Comunicar a otras personas enfermedades o estados de ánimo: *El escritor quiere **transmitir** sus sentimientos acerca de su viaje a Brasil.*

transportar *v.* Llevar algo de un lado a otro: *Esos camiones **transportan** vacas. Mi tío **transportaba** muebles.*

triunfo *s.* Éxito, victoria: *Solo terminar la carrera ya era un **triunfo** para ella.*

U

untar *v.* Extender sobre una superficie: *Sin querer, había **untado** mermelada sobre la corbata.*

urna *s.* Recipiente donde se depositan los votos: *Ramón votó en la misma **urna** que el presidente.*

V

valer la pena *v.* Justificar el esfuerzo por lograr o conseguir algo: *Este paisaje es tan bonito que **vale la pena** hacer el largo viaje. En realidad no **valía la pena** pagar tanto por esa camisa.*

variedad *s.* Diferentes cosas que están en el mismo grupo para elegir: *Hoy había gran **variedad** de frutas en el mercado.*

trans-
El prefijo *trans-* proviene de la preposición del latín *trans*, que significa "al otro lado" o "a través". Muchas palabras comunes del español comienzan con *trans-* y tienen palabras base del latín: *transferir, transmitir, transpirar* y *transportar.* Otras palabras contienen *trans-* en combinación con adjetivos, como *transatlántico, transcontinental* y *transoceánico,* en donde significa "a través" o "al otro lado" de un elemento geográfico en particular.

G14

vasto *adj.* Muy grande o extenso: *El desierto del Sahara es uno de los más **vastos** del mundo.*

vestigio *s.* Restos de una construcción: *En la excavación se observaban los **vestigios** de una pirámide.*

vestigio

vínculo *s.* Fuerza que une, lazo: *Tú y yo tenemos un **vínculo** de amistad.*

violencia *s.* Uso de la fuerza física para causar daño: *Los ladrones abrieron la puerta con **violencia**.*

virtual *adj.* Disponible en Internet o en un programa informático: *Buscó la palabra en un diccionario **virtual**.*

visión *s.* Imagen mental de algo que imaginamos: *Esa niña era tan hermosa que parecía una **visión** de un ángel.*

vivienda *s.* Construcción adecuada para que vivan las personas: *La creciente del río está amenazando con llevarse estas **viviendas**.*

Acknowledgments

Main Literature Selections

"Ancestors of Tomorrow/Futuros ancestros" from *Iguanas in the Snow and Other Winter Poems/Iguanas en la nieve y otras poemas de invierno* by Francisco X. Alarcón. Copyright © 2001 by Francisco X. Alarcón. Reprinted by permission of the publisher, Children's Book Press, San Francisco, CA, www.childrensbookpress.org.

Antarctic Journal: Four Months at the Bottom of the World written and illustrated by Jennifer Owings Dewey. Copyright © 2001 by Jennifer Owings Dewey. Reprinted by permission of Houghton Mifflin Harcourt Publishing Company and Kirchoff/Wohlberg, Inc.

Because of Winn-Dixie by Kate DiCamillo. Copyright © 2000 by Kate DiCamillo. Reprinted by permission of the publisher Candlewick Press Inc., and Listening Library, a division of Random House, Inc.

Coming Distractions: Questioning Movies by Frank E. Baker. Copyright © 2007 by Capstone Press. All rights reserved. Reprinted by permission of Capstone Press.

Dear Mr. Winston by Ken Roberts. Copyright © 2001 by Ken Roberts. Reprinted by permission of Groundwood Books Limited, Toronto.

"Dreams" from *The Collected Poems of Langston Hughes* by Langston Hughes, edited by Arnold Rampersad with David Roessel, Associate Editor, copyright © 1994 by The Estate of Langston Hughes. Reprinted by permission of Alfred A. Knopf, a division of Random House, Inc., and Harold Ober Associates, Inc.

"The Dream Keeper" from *The Collected Poems of Langston Hughes* by Langston Hughes, edited by Arnold Rampersad with David Roessel, Associate Editor, copyright © 1994 by The Estate of Langston Hughes. Reprinted by permission of Alfred A. Knopf, a division of Random House, Inc., and Harold Ober Associates, Inc.

The Earth Dragon Awakes: The San Francisco Earthquake of 1906 by Laurence Yep. Copyright © 2006 by Laurence Yep. All rights reserved. Reprinted by permission of HarperCollins Publishers and Curtis Brown, Ltd.

Ecology for Kids by Federico Arana. Originally published as *Ecologia para los ninos*. Text copyright © 1994 by Federico Arana. Text © 1994 by Editorial Joaquin Mortiz, S.A. DE C.V. Reprinted by permission of Editorial Planeta Mexicana, S.A. DE C.V.

The Ever-Living Tree: The Life and Times of a Coast Redwood by Linda Vieira, illustrations by Christopher Canyon. Copyright © 1994 by Linda Vieira. Illustrations copyright © 1994 by Christopher Canyon. All rights reserved. Reprinted by permission of Walker & Company.

"First Recorded 6,000-Year-Old Tree in America" from *A Burst of Firsts* by J. Patrick Lewis. Published by Dial Books for Young Readers. Copyright © 2001 by J. Patrick Lewis. Reprinted by permission of Curtis Brown, Ltd.

"Fog" from *The Complete Poems of Carl Sandburg* by Carl Sandburg. Copyright © 1970 by Lilian Steichen Sandburg, Trustee. Reprinted by permission of Houghton Mifflin Harcourt Publishing Company and La Poesia Del Senor Hidalgo.

The Fun They Had by Isaac Asimov. Copyright © 1957 by Isaac Asimov from Isaac Asimov: The Complete Stories of Vol. 1 by Isaac Asimov. Reprinted by permission of Doubleday, a division of Random House, Inc.

"Giant Sequoias/Secoyas gigantes" from *Iguanas in the Snow and Other Winter Poems/Iguanas en la nieve y otras poemas de invierno* by Francisco X. Alarcón. Copyright © 2001 by Francisco X. Alarcón. Reprinted by permission of Children's Book Press, San Francisco, CA, www.childrensbookpress.org.

Harvesting Hope: The Story of Cesar Chavez by Kathleen Krull, illustrated by Yuyi Morales. Text copyright © 2003 by Kathleen Krull. Illustrations copyright © 2003 by Yuyi Morales. Reprinted by permission of Houghton Mifflin Harcourt Publishing Company and Writer's House, LLC, acting as agent for the author.

Excerpt from *Hurricanes: Earth's Mightiest Storms* by Patricia Lauber. Text copyright © 1996 by Patricia Lauber. Reprinted by permission of Scholastic Inc. SCHOLASTIC'S Material shall not be published, retransmitted, broadcast, downloaded, modified or adapted (rewritten), manipulated, reproduced or otherwise distributed and/or exploited in any way without the prior written authorization of Scholastic Inc.

I Could Do That! Esther Morris Gets Women the Vote by Linda Arms White, illustrated by Nancy Carpenter. Text copyright © 2005 by Linda Arms White. Illustrations copyright © 2005 by Nancy Carpenter. Reprinted by permission of Farrar, Straus & Giroux LLC.

Excerpt from *"Invasion from Mars" from The Panic Broadcast: Portrait of an Event* by Howard Koch. Text copyright © 1940 by Hadley Contril. Text copyright renewed © 1967 by Howard Koch. Reprinted by permission of International Creative Management, Inc.

José! Born to Dance by Susanna Reich, illustrated by Raúl Colón. Text copyright © 2005 by Susanna Reich. Illustrations copyright © 2005 by Raúl Colón. All rights reserved. Reprinted by permission of Simon & Schuster Books for Young Readers, an Imprint of Simon & Schuster Inc., and Adams Literary.

Excerpt from *The Kid's Guide to Money: Earning It, Saving It, Spending It, Growing It, Sharing It* by Steve Otfinoski. Copyright © 1996 by Scholastic Inc. SCHOLASTIC'S Material shall not be published, retransmitted, broadcast, downloaded, modified or adapted (rewritten), manipulated, reproduced or otherwise distributed and/or exploited in any way without the prior written authorization of Scholastic Inc.

The Life and Times of the Ant written and illustrated by Charles Micucci. Copyright © 2003 by Charles Micucci. All rights reserved. Reprinted by permission of Houghton Mifflin Harcourt Publishing Company.

Excerpt from "Lines Written for Gene Kelly to Dance To" from *Wind Song* by Carl Sandburg. Copyright © 1960 Carl Sandburg and renewed 1998 by Margaret Sandburg, Janet Sandburg, and Helga Sandburg Crile. Reprinted by permission of Houghton Mifflin Harcourt Publishing Company.

Me and Uncle Romie: A Story Inspired by the Life and Art of Romare Bearden by Claire Hartfield, illustrated by Jerome Lagarrigue. Text copyright © 2002 by Claire Hartfield. Illustrations copyright © 2002 by Jerome Lagarrigue. Reprinted by permission of Dial Books for Young Readers, a Division of Penguin Young Readers Group, A Member of Penguin Group (USA) Inc., 345 Hudson Street, New York, NY 10014. All rights reserved.

Excerpt from *My Librarian is a Camel* by Margriet Ruurs. Copyright © 2005 by Boyds Mill Press. Reprinted by permission of Boyds Mills Press

My Brother Martin: A Sister Remembers Growing Up with the Rev. Dr. Martin Luther King Jr. by Christine King Farris, illustrated by Chris Soentpiet. Text copyright © 2003 by Christine King Farris. Illustrations copyright © 2003 by Chris Soentpiet. Reprinted by the permission of The Permissions Company and Simon & Schuster Books for Young Readers, an imprint of Simon & Schuster Children's Publishing Division.

Owen and Mzee by Isabella Hatkoff, Craig Hatkoff, and Dr. Paula Kahumbu, photographs by Peter Greste. Copyright © 2006 by Turtle Pond Publications, LLC and Lafarge Eco Systems, Ltd. Photographs copyright © 2006, 2005 by Peter Greste. All rights reserved. Reprinted by permission of Scholastic Press, an imprint of Scholastic Inc., and Turtle Pond Publications, LLC.

Riding Freedom by Pam Muñoz Ryan. Text copyright © 1998 by Pam Muñoz Ryan. Reprinted by permission of Scholastic Press, a division of Scholastic Inc.

The Right Dog for the Job: Ira's Path from Service Dog to Guide Dog by Dorothy Hinshaw Patent, photographs by William Muñoz. Copyright © 2004 by Dorothy Hinshaw Patent. Photographs copyright © 2004 by William Muñoz. All rights reserved. Reprinted by permission of Walker & Company.

Sacagawea by Lise Erdrich, illustrated by Julie Buffalohead. Text copyright © 2003 by Lise Erdrich. Illustrations copyright © 2003 by Julie Buffalohead All rights reserved. Reprinted by permission of Carolrhoda Books, a division of Lerner Publishing Group, Inc.

"The Song of the Night" by Leslie D. Perkins from *Song and Dance*, published by Simon & Schuster.

"Stormalong" from *American Tall Tales*, by Mary Pope Osbourne. Text copyright © 1991 by Mary Pope Osbourne. Reprinted by permission of Alfred A. Knopf, a division of Random House, Inc.

Adapted from "Three/Quarters Time" from *Those Who Rode the Night Winds* by Nikki Giovanni. Copyright © 1983 by Nikki Giovanni. Reprinted by permission of HarperCollins Publishers.

"To You" from *The Collected Poems of Langston Hughes* by Langston Hughes, edited by Arnold Rampersad with David Roessel, Associated Editor, copyright © 1994 by The Estate of Langston Hughes. Reprinted by permission of Alfred A. Knopf, a division of Random House, Inc., and Harold Ober Associates, Inc.

"Weather" from *Always Wondering* by Aileen Fisher. Copyright © 1991 by Aileen Fisher. Reprinted by permission of the Boulder Public Library Foundation, Inc., c/o Marian Reiner, Literary Agent.

"Weatherbee's Diner" from *Flamingos on the Roof* by Calef Brown. Copyright © 2006 by Calef Brown. Reprinted by permission of Houghton Mifflin Harcourt Publishing Company and Dunham Literary as agent of the author.

Excerpt from "Windup Toys and Automatons" from *Toys! Amazing Stories Behind Some Great Inventions* by Don Wulffson. Text copyright © 2000 by Don Wulffson. Reprinted by permission of Henry Holt & Company.

The World According to Humphrey by Betty G. Birney. Copyright © 2004 by Betty G. Birney. Reprinted by permission of G. P. Putnam's Sons, A Division of Penguin Young Readers Group, A Member of Penguin Group (USA) Inc., and Faber & Faber, Ltd.

Credits

Photo Credits
Placement Key: (r) right, (l) left, (c) center, (t) top, (b) bottom, (bg) background
©Houghton Mifflin Harcourt; ©Houghton Mifflin Harcourt; **4** (bl) ©Bettmann/Corbis; **4** (bl) ©Corbis; **4** (cl) ©Yellow Dog Productions/Getty Images; **4** (tc) ©Houghton Mifflin Harcourt; **6** (bl) Artville / Getty Images; **6** (tl) ©Houghton Mifflin Harcourt; **7** (tl) ©Getty Images; **7** (bl) ©Science Source/Photo Researchers, Inc.; **7** (bl) ©Robbie Jack/Corbis; **8** ©U.S. Air Force; **8** (tc) ©Brand X Pictures/Getty Images; **8** (bl) Carolyn Mary Bauman/epa/Corbis; **9** (b) ©Digital Vision/Getty Images; **9** (bl) Ryan McVay/Getty Images; **10** (cl) Getty Images; **10** (cl) ©SHOUT/Alamy Images; **11** (bl) Buddy Mays/Corbis; **11** (cl) ©Ariel Skelley/Getty Images; **11** (cl) ©Oote Boe Photography/Alamy Images; **12** (tl) ©James Randklev/Getty Images; **13** (cr) ©David Courtenay/Oxford Scientific/Getty Images; Blind [15] ©Charles Bowman/Age Fotostock America, Inc.; **16** (br) ©Jupiterimages/Creatas/Getty Images; **16** (cl) ©Juan Silva/Getty Images; **16** (bl) ©Image Source/Getty Images; **16** (tr) ©Yellow Dog Productions/Getty Images; **16** (cr) ©Alamy Images; **17** (tc) ©Myrleen Ferguson Cat/PhotoEdit; **17** (tl) ©Blend Images/Alamy Images; **17** (br) ©Getty Images; **17** (cr) ©Brian Pieters/Masterfile; **17** (bl) ©Hill Street Studios/Age Fotostock America, Inc.; **17** (bc) ©Terry Vine/Getty Images; **19** ©Tony Anderson/Digital Vision/Getty Images; **21** Twentieth Century Fox Film Corporation; **22** (b) Twentieth Century Fox Film Corporation; **23** (t) ©Twentieth Century Fox Film Corporation/Candlewick Press; **25** Twentieth Century Fox Film Corporation; **27** (t) ©Twentieth Century Fox Film Corporation/Candlewick Press; **29** ©Twentieth Century Fox Film Corporation/Candlewick Press; **30** Twentieth Century Fox Film Corporation; **33** ©relaximages/Alamy Images; **33** ©Photodisc/Getty Images; **34** ©Comstock/Getty Images; **34** ©Photodisc/Getty Images; **35** ©Comstock Images/Getty Images; **36** (b) ©Purestock/Getty Images; **36** (tr) ©Yellow Dog Productions/Getty Images; **37** (t) ©Yellow Dog Productions/Getty Images; **38** (b) ©Houghton Mifflin Harcourt; **39** (tr) ©Houghton Mifflin Harcourt; **39** (br) ©Stockdisc Premium/Getty Images; **39** (tl) ©Yellow Dog Productions/Getty Images; **43** (br) ©Masterfile; **44** (tr) ©Sebastien Desarmaux/Godong/Corbis; **44** (bl) ©Danny Lyon/Magnum Photos; **44** (cl) ©Steve Schapiro/Corbis; **44** (tl) ©Bettmann/Corbis; **44** ©Alamy Images; **44** (tl) ©Corbis; **45** (bc) ©Andrea Thrussell/Alamy Images; **45** (cl) ©Patrick Durand/Corbis Sygma; **45** (cr) ©Robert Mass/Corbis; **45** (c) ©Kevin Dodge/Corbis; **45** (br) ©Dennis MacDonald_correct/PhotoEdit; **45** (bl) ©Steve Schapiro/Corbis; **46** (bg) ©National Archives at College Park Still Pictures Division; **47** ©Houghton Mifflin Harcourt; **63** ©Brand X Pictures/Getty Images; **63** ©National Archives at College Park Still Pictures Division; **64** ©Houghton Mifflin Harcourt; **66** (tr) ©Corbis; **66** (tl) ©Bettmann/Corbis; **66** (b) ©Bettmann/Corbis; **66** (b) ©Corbis; **68** ©Blend Images/Alamy Images; **69** (c) ©Flip Schulke/Corbis; **69** (tl) ©Corbis; **69** (tr) ©Bettmann/Corbis; **73** (br) ©Masterfile; **74** Stockbyte/Getty Images; **74** Image Ideas/Jupiterimages/Getty Images; **74** ©John Langford/Houghton Mifflin Harcourt; **74** ©Rana Faure/Getty Images; **75** Photodisc/Getty Images; **75** ©EIGHTFISH/